刘国光经济论著全集

（社会主义计划经济时期的研究 1955—1964年）第1卷

刘国光

知识产权出版社
全国百佳图书出版单位

图书在版编目（CIP）数据

刘国光经济论著全集：全17册/刘国光著. —北京：知识产权出版社，2017.1
ISBN 978-7-5130-4634-3

Ⅰ. ①刘… Ⅱ. ①刘… Ⅲ. ①经济—文集 Ⅳ. ①F-53

中国版本图书馆CIP数据核字（2016）第294506号

内容提要

《刘国光经济论著全集》收录了刘国光先生经济学文章、专著等所有保存下来的作品，并以文章、专著写作、发表或出版的时间为序分为四大部分（社会主义计划经济时期的研究、计划经济向商品经济和市场经济转型过渡时期的探索、进入社会主义市场经济初期的思考、社会主义市场经济的完善与发展时期的反思）分卷出版，“全”是此套图书的最大特点。《全集》将刘国光的经济思想理论完整而系统地展现给广大读者，不仅可以使读者从中全面认识和研究刘国光的经济思想理论，还可以使读者详细了解他的基本经济思维脉络及其演进轨迹和立场、观点、方法。这不仅是对他的学术成果积累的一份传世资料，也是为我国当代的经济发展留下的一份珍贵历史信息和参考记录，具有较高的理论价值和史料价值，必将嘉惠于经济学界和经济史界。

项目负责：蔡　虹　　**本卷责编**：李　瑾
套书责编：蔡　虹　　**责任出版**：刘译文

刘国光经济论著全集（全17册）

刘国光　著

出版发行：	知识产权出版社有限责任公司	**网　　址**：	http：//www.ipph.cn
社　　址：	北京市海淀区西外太平庄55号	**邮　　编**：	100081
责编电话：	010-82000860转8324	**责编邮箱**：	caihongbj@163.com
发行电话：	010-82000860转8101/8102	**发行传真**：	010-82000893/82005070/82000270
印　　刷：	北京嘉恒彩色印刷有限责任公司	**经　　销**：	各大网上书店、新华书店及相关专业书店
开　　本：	720mm×1000mm　1/16	**印　　张**：	408.75
版　　次：	2017年1月第1版	**印　　次**：	2017年1月第1次印刷
字　　数：	5127千字	**定　　价**：	1888.00元（全套共17卷）

ISBN 978-7-5130-4634-3

自　序

刘国光

我进入耄耋年纪，人过九十，现在已不算稀奇。我这一生没有什么大出息。自知不怎么聪明，自认还算守本分，勤奋以治学，平实以做人。做了一点有益于社会的事情，也是在现代的“天、地、君、亲、师”的培育、熏陶、教诲和朋友们的帮助下取得的成果。我这里说的现代的“天”“地”“君”，是指马克思主义的宇宙观和世界观、科学社会主义、真正的共产党；至于“亲”“师”和“友”，就不用解释了。我对他们给我的恩惠，怀着深深的感念之情。

九十多年来，有近七十年都是与经济学打交道。我是怎样走上这条道路的呢？年轻的时候，看到祖国积弱贫穷，感到富强之路要从经济做起。高中时候，开始接触《资本论》，马克思主义经济学对我有强烈的吸引力。再加上以为经济学可能是较好的谋生手段，于是考大学时选择了经济学，以后就一直走了下来。

新中国成立前，自学马克思主义政治经济学。在西南联大时，又受到正规的西方经济学教育。新中国成立后，进一步研习马克思主义经济学。改革开放以来，又受到西方经济学的冲击、影响。这两种经济学在我身上交错并存。我是怎样处理它们之间关系的呢？借用“中学为体、西学为用”这句话，我是以马克思主义经济学为“体”，西方经济学为“用”。现在，研究经济学要有立场、观点、方法的说法，不大时新了。但我总以为，马克思主义经济学的立场，劳动人民的立场，大多数人民利益的立场，关注社会弱势群体的立场，是正直的经济学人应有的良心，是共产党人的良心，是不能丢弃的。说到观点和方法，我以为，马克思主义的最基本观点和基本方法是要坚持的，但具体的观点、方法，马克思主义经济学和西方经济学都可以选择，可以借鉴，为我所用，为创建我国社会主义的政治经济学所用。

以"文化大革命"为界，我的经济研究工作可分为两个阶段。在"文化大革命"以前，研究领域主要在社会再生产和国民经济综合平衡方面。因为时代背景和研究条件的限制，当时只能用抽象理论的形式，来分析探讨社会再生产和经济增长的运动机理，避开了具体的现实经济问题。正因为如此，这些探讨在许多方面，对市场经济的运行也适用。感谢李建伟博士在《刘国光教授经济增长理论——改革开放之前的理论体系与实证研究》（《经济学动态》2003年第11期）一文中，对我"文化大革命"前这方面的研究作了一个集中的概述。"文化大革命"以后，我的研究领域从经济发展扩张到经济体制，更直接接触现实经济了，主要研究经济体制模式转换和经济发展模式转换方面的问题。感谢桁林博士在《从"双重模式转换"到"两个根本性转变"——刘国光经济思想专题研究》（《经济学动态》2003年第11期）一文中，对我在"文化大革命"后这方面的思想作了简略的介绍。以上这两个方面问题的研究，都得到当时学界的关注。

我的兴趣主要在宏观经济方面。在反通货膨胀和反通货紧缩的问题上，前些年同经济学界一些朋友进行了友好的交锋。"软着陆"的经验与扩大内需政策的采取，表明我国对付通胀和通缩的宏观调控手段的运用趋于成熟，短期运行问题可无大虑。问题在于中长期农村与城市、经济与社会、人与自然等能否协调发展，不致引起各种潜在的经济与社会的危机。我想这是当前我们要着重关心探讨的问题。

进入21世纪，八十岁以后，我已告老，出于职业习惯，老而不休。2003年的《八十心迹》，特别是2005年的《对经济学教学和研究中一些问题的看法》等几篇偶然写出的文章，把我带进一个新的是非争论的境地。这场争论反映了意识形态战线一个角落的硝烟，我就不深讲了。

近几年来，我脑力渐衰，勉强陆续写了一些东西，大多集中在讨论“市场经济”和“社会主义”的关系问题。我的总的理念其实也很平常：在社会主义初级阶段，我们需要继续完善市场经济的改革，但这个市场经济改革的方向必须是社会主义的，而不是资本主义的。这个问题关系到我国改革的前途命运，也是现今经济领域里意识形态斗争的焦点。环绕这个问题针锋相对的纷争，当然有理论是非问题，但是在更大程度上，这是当今中国社会不同利益阶层势力的对决。反对“市场经济”与“社会主义”相结合，主张私有化、自由化和两极分化的声音，虽然有雄厚的财富和权力的实力背景，但毕竟只代表少数人的利益。而主张“市场经济”必须与“社会主义”相结合，以公有制为主体，以国家宏观计划调控为导向，和以共同富裕为目标的声音，则代表了工农大众和知识分子群体的希望。中国经济改革的前景，不取决于争论双方一时的胜负，最终将取决于广大人民群众的意志。所以，我虽然来日不多，但对此仍满怀信心和激情。

2016年11月

编者说明

刘国光1923年11月23日生于江苏省南京市下关宝塔桥。1941年在云南昆明西南联合大学经济系学习，1946年毕业。后在北平清华大学研究生院徐毓楠导师指导下学习研究现代经济学问题。嗣转往天津南开大学任经济系助教，同时在南开经济研究所听平津两地名教授系列讲座。1948年9月经陈岱荪教授介绍，到南京中央研究院社会研究所任助理研究员。1949年11月至12月参加南京市手工业调查。1950年在北京华北人民革命大学政治研究院学习培训。1950年冬至1951年春在南京市汤山区参加土地改革。1951年秋中国科学院派他赴苏联留学，在莫斯科经济学院国民经济计划教研室学习研究。1955年7月回国到北京中国科学院经济研究所工作任学术秘书。1958年上半年孙冶方到经济研究所任代理所长后，让刘国光和杨坚白、董辅礽筹组国民经济综合平衡研究组。1960年10月至12月孙冶方组织撰写《社会主义经济论》一书，刘国光负责两章：一是社会主义经济发展速度的决定因素；二是社会主义经济发展的波浪式。孙冶方称“速度因素”是书稿中最好的一章。1962年1月参加国家十年计划工作经验总结（起草积累消费的关系部分）。1961年至1964年期间，刘国光对我国经济建设的经验教训进行理论反思，对社会主义再生产问题、经济发展速度与比例问题、积累与消费问题、固定资产再生产问题等进行探索研究，写作、发表了多篇文章，有人誉为这是刘国光第一次创作的井喷时期。

1964年10月至1965年9月经济研究所纳入“社教运动”，刘国光等被划入孙冶方、张闻天“反党集团”的“一伙人”受审查。

1966年6月“文化大革命”初期被划为“黑帮”，1967年至1969年落实中央干部政策，被解放。

1975年年初，国家计委经济研究所所长于光远借调刘国光、董辅礽、孙尚清、桂世镛、何建章等人到该所工作。“四清”“文化大革命”中断八年的经济研究工作逐步恢复，期间，刘国光主要是参与计委综合局和研究室合作调研工作。1979年调回中国社会科学院经济研究所任副所长。4月参加在无锡召开的社会主义商品经济和价值规律问题的讨论会。刘国光提交的会议论文是《论社会主义经济中计划与市场的关系》（与赵人伟合写）。当时中共中央总书记在发表该文的中国社会科学院《未定稿》杂志上批示：“这是一篇研究新问题的文章，也是一篇标兵文章。在更多理论工作者还没有下最大决心，作最大努力转到这条轨迹上的时候，我们必须大力提高这种理论研究风气。”中央党校、国家计委、社会科学院等内部刊物全文转载。此文改写本提交至1979年5月在奥地利召开的大西洋经济学年会，年会执行主席Helment Shuster给胡乔木电函称，该文受到年会的“热烈欢迎”，被认为在“学术上有重要意义”，并决定将此文同诺贝尔奖得主——英国的詹姆斯·E.米德的论文一起全文发表于《大西洋经济评论》杂志。1980年10月刘国光在《经济研究》第11期发表《略论计划调节与市场调节的几个问题》一文。1983年9月23日在《人民日报》发表《再论买方市场》一文，首次提出中国改革要解决短缺经济向买方市场过渡的任务。1981年至1982年兼任国家统计局副局长。1982年2月被任命为中国社会科学院副院长，兼任经济研究所所长，兼任《经济研究》杂志主编。

1982年9月被选为中国共产党第十二次全国代表大会代表，在十二大上被选为中央委员会候补委员。9月6日在《人民日报》发表《坚持经济体制改革的基本方向》一文，提出减少指令性计划，扩充指导性计划，受到《人民日报》评论员及《红旗》杂志的批判，以后事实发展证明此文观点正确。1984年9月参加中共十二届三中全会，参与制定关于经济体制改革的决定，确定中国社会主义经济为有计划的商品经济。1985年 11月4日刘国光撰写的《试论我国经济的双重模式转换》一文在《人民日报》上发表，该文第一次从理论上提出经济体制模式与经济发展增长模式的双重转换问题。1987年7月他所撰写的《关于我国经济体制改革的目标模式及模式转换的若干问题》一文（沈立人起草，刘国光定稿），作为“代序”辑入他主持编写的《中国经济体制改革的模式研究》一书，该书后来被评选为“影响新中国经济建设的10本经济学著作”之一，并于1989年荣获中宣部和国家新闻出版总署设立的“1988年度中国图书奖”第一名。

1987年10月他继续作为代表出席中国共产党第十三次全国代表大会并当选为中央委员会候补委员。11月23日国务院批准他为国务院学位委员会委员。12月在李铁映主持的体改委研讨会上，他作了“稳中求进的改革思路”的发言。并以《稳中求进的深化改革》专访稿刊载于1988年3月8日《人民日报》海外版。1988年5月27日在华沙召开的波兰科学院院士大会推选刘国光为波兰科学院外国院士。9月1日波兰驻华大使兹·邓鲍夫斯基和波兰科学院副学术秘书霍瓦伊教授代表波兰政府、波兰科学院授予刘国光“波兰科学院院士”称号。

1992年2月至10月参加中共十四大报告的起草工作。1993年3月12日至31日当选为全国人民代表大会第八届代表，参加3月13日至31日的人大八届一次大会，被选为常委会委员，教科文委员会委员。 5月31日至11月参加中共十四届三中全会关于经济体制改革文件的起草工作。11月18日卸任中国社会科学院副院长，与前副院长钱钟书二人被聘为中国社会科学院特邀顾问。1994年3月5日 由人大科教文委员会委员，转为财经委员会委员。1995年8月21日在鞍山出席中国经济规律学会研讨会，并作了“当前经济形势若干流行观点的一些看法”的发言。朱镕基副总理阅后，在全国棉花工作会议上讲话时说：“我顺便向同志们推荐一下社会科学院顾问刘国光同志，8月21日他在鞍山的一篇讲话，讲得非常好。我看刘国光同志的水平，不是一般的经济学家能赶得上的，他结合实际，他能用一些基础的经济学理论来解释当前经济生活中的一些现实问题，同志们学习一下，把形势看得清楚一点。” 1997年1月7日《人民日报》发表《论软着陆》一文（与刘树成合写），朱镕基副总理12月31日在原稿上批示：“这是迄今为止总结宏观调控经验的一篇最好的文章。”9月15日他撰写的《从短缺到宽松》一文在《光明日报》发表；1997年他又在《财贸经济》第10期发表《再论买方市场》一文。两文首次分析了中国经济经过两重模式转换，卖方市场格局开始转向买方市场。1998年4月27日在中国社会科学院经济形势分析与预测座谈会上作了“增长速度、宏观调控，供求关系”的发言。朱镕基副总理5月7日阅后批示：“刘国光同志的意见是经过深思熟虑的，文章很有说服力，建议可写成文章加以宣传。” 2001年9月18日俄罗斯科学院院士大会授予刘国光“荣誉博士”。

2003年10月11日至14日刘国光作为起草组成员列席中共中央十六届三中全会，参与制定关于完善社会主义市场经济体制的文件。2005年 3月24日中国宏观经济学会举办的“中国经济学杰出贡献奖”第一届颁奖仪式在人民大会堂举行，刘国光获首届“中国经济学杰出贡献奖”。刘国光在颁奖会上作了简短答辞，综述对中国经济发展、经济改革、经济学现状的感受与经济学界同仁交流。7月15日教育部社会科学中心樊建新访问刘国光的访谈稿——《关于经济学教学与研究若干问题》上报后，中央常委李长春8月17日在给宣传口几位领导同志的批示中说：“很多观点值得我们高度重视。”8月19日下午，当谈到刘国光同志时，他又说：“刘国光同志是一位有影响有贡献的经济学家，一贯坚持马克思主义为指导，从改革开放以来，发表了许多文章，参与过许多决策研讨，做出了重要贡献。我们抓意识形态，坚持正确导向，就应当使坚持马克思主义的理论家有地位，有声音。”上述访谈内容在网媒和纸媒发表后，引起激烈讨论。9月3日刘国光写信给胡锦涛、温家宝，送去《关于效率与公平》一篇小文，主张当前要淡化效率优先兼顾公平，把效率优先首先要放到生产领域，在分配领域强调要更加重视社会公平问题，并兼顾效率。2006年7月11日，中国社会科学院推选刘国光为中国社会科学院学部委员。2011年5月28日，获美国麻省大学阿姆赫斯特分校世界政治经济学学会颁发的首届“世界马克思经济学奖”。

刘国光曾兼任北京大学、南京大学、浙江大学、东北财经大学、上海财经大学等大学教授。曾任国务院学位委员会委员，国务院三峡工程审查委员会委员，全国社会保障基金会理事会理事，中国石油化工股份有限公司独立董事，孙冶方经济科学基金会理事长、名誉理事长、理事及其评奖委员会主任、名誉主任委员，中国城市发展研究会理事长、名誉理事长，中国生态经济学会会长等职。

刘国光已进入耄耋年纪。但他胸怀祖国社会主义事业，直至不久以前，还笔耕不辍。对他一生学术活动特别是八十岁以来的学术关注，可以从他对本套全集口述的《自序》（为其在八十、九十华诞庆祝会上所作《八十心迹》《九十感恩》二文的综述）里见其大略。

多年来，刘国光参加和领导过中国经济发展、宏观经济管理、经济体制改革等方面重大课题的研究、论证和咨询，是当前中国最著名和最有影响的经济学家之一。他潜心于马克思主义经济理论和中国经济发展问题的理论研究，成就非凡。特别是1978年以后，在兼收并蓄现代东、西方经济理论科学成果的基础上，他对中国经济体制改革、经济发展和宏观经济管理进行了深入系统的研究，提出了一系列精辟而深邃的理论观点和政策建议。对促进中国经济体制改革、确立和发展中国社会主义市场经济学理论做出了巨大贡献。

2016年应知识产权出版社约稿出版《刘国光经济论著全集》（以下简称《全集》），编入的文章、专著等以写作、发表或出版的时间为序。本《全集》囊括了刘国光先生经济学文章、专著等所有保存下来的作品，“全”是此套图书的最大特点。新中国成立以后经济发展和改革的实践，要求并推动着关于社会主义经济的理论探索，大体可分为四个发展阶段：建设社会主义计划经济时期、计划经济向商品经济和市场经济转型过渡时期、进入社会主义市场经济初期、社会主义市场经济的完善与发展时期。本《全集》就是以这四个发展阶段为脉络把刘国光的论著分为四大部分：社会主义计划经济时期的研究、计划经济向商品经济和市场经济转型过渡时期的探索、进入社会主义市场经济初期的思考、社会主义市场经济的完善与发展时期的反思。其中，刘国光对社会主义经济制度、计划与市场基本关系等核心问题的认识，在改革开放前后有某些实质性转变。刘国光的经济理论研究，在不同时期的观点、词语、主张也有不同。编入《全集》的文章、专著等，内容、文字仅对个别有误之处作了删减或修订，总体上保持他自己定稿的原貌。由于作者在出版不同文集时，有些文章在这些文集里有重复采用现象，为了避免重复，这次出版《全集》时编者对重复的文章酌情进行了删除，但个别文章因作者在不同文集采用时有少量的修改，现为保持作者所著内容完整以致有重复的，望读者理解见谅。《全集》最后附有《刘国光经济学年谱》《刘国光编著目录》《刘国光简历》和《〈刘国光经济论著全集〉总目录》可供参考。

编委会

2016年11月

目录

劉國光

论物资平衡在国民经济平衡中的作用*

（1955年）

苏联社会主义国民经济有计划地发展。由于实行计划管理经济，苏联在发展生产力和提高人民社会福利方面取得了巨大的成就。国民经济有计划的发展是社会主义经济体系对资本主义经济体系具有无可比拟的优越性之一。

苏联在国民经济计划发展中，积累了丰富的经验，这些经验可以为追求进步的全人类所共享。研究和总结这些经验对致力于建设社会主义的人民民主国家来说有着重要的实践意义。

编制计划的方法论和研究法是实行计划经济的重要问题之一。

按照社会主义经济法则的要求，苏联在编制计划时运用了不同的手段和方法，首先运用的是平衡方法，它是编制国民经济计划的主要方法。

当前，在进一步率先发展重工业的基础上实施农业高涨的重大措施之际，计划平衡法获得越来越大的意义。在1955年3月9日召开的苏共中央和苏联部长会议上，通过了关于改变农业发展计划工作的重要决议。在该决议中，党和政府责成计划部门要首先关注远景计划以及国民经济各部门之间发展的平衡衔接关系。

---

* 本文系作者1955年在莫斯科国立经济学院的经济学副博士学位论文提要。导师是H.P.贝切克，经济学博士。翻译者李芳华、张丹。

本论文涉及的问题是：以部分产品的物资平衡为例运用平衡方法。

论文由前言和三个章节组成：

第一章　国民经济有计划按比例协调发展的规律和编制计划的平衡方法；

第二章　国民经济编制计划中物资平衡表的作用和制定物资平衡表的方法论基础；

第三章　建筑材料平衡表。

论文中使用了马克思、列宁主义的经典著作、苏共中央以及苏联政府的有关决议，还引用了有关国民经济发展的公开发表的数据、专刊和计划部门统计材料。

一

从理论角度论证运用平衡方法作为编制国民经济计划的主要方法的必要性。

在劳动分工条件下，各种生产活动范围内的社会生产总是要按一定比例要求有计划地进行，否则就无法实现。在社会发展的各个阶段，各经济部门之间的发展比例呈现出多种特征、多种形式。

资本主义的主要矛盾——生产资料的私人占有性与生产的社会性之间的矛盾——决定了其生产的无政府状态和人民消费落后于生产。这必然导致资本主义经济各部门之间的比例性要通过经常性地违反这一比例性而实现，且仅在周期性反复爆发的经济危机中得到实现。

如果说资本主义制度下生产资料的私有制分解了资本主义企业，排除了经济部门按计划分配社会劳动的可能性，那么社会主义制度下生产资料的公有制，把无数经济单位连接为一个经济总体，使经济发展的比例性得到经常自觉的保持成为客观的必然。同时建立在生产资料公有制基础上和完全符合生产力社会性特征的社会主义生产关系，为社会提供了按比例发展国民经济的客观现实性，以及理性地使用物质、财政和劳动资源的可能性，从而为社会主义经济的发展赢得了高速度，极大地满足了社会需求。

在社会主义基本经济规律的基础上，国民经济有计划按比例发展规律不仅意味着比例是一成不变的，而且要按照不断变化的社会需求和生产技术条件去变更比例。由于工业化的顺利实施和作为社会主义经济主要基石的重工业的迅速发展，工业在工农业总产值中从1913年的42.1％提高到1937年的82.7％；重工业在工业产值中从33％提高到58％，1953年则达到了70％左右。

根据计划发展的客观规律和社会主义基本经济规律的要求，在共产党领导下的社会主义国家，实现了国民计划经济。在国民经济按计划发展过程中，毋庸置疑的是，共产党的领导和苏联国家各级经济部门所进行的经济实践起到了决定性的主导作用。

在国民经济发展中建立预防比例失调的预警机制和确定正确的比例是由计划发展规律所决定的主要任务之一。这一任务是建立在运用平衡法的基础之上的。

编制计划的平衡法是一种核算体系的运用，在此帮助下使国民经济的需求与物质基金、劳动力和货币手段等资源相结合、相一致。平衡表和平衡核算法可以显示国民经济的需求，确定实现这一需求的资源来源和对不同需求的资源分配。最主要的是：平衡法保障了国民经济各部门之间必不可少的比例性。

国民经济计划中运用平衡表可以分为：物资平衡表、财政平衡表和劳动平衡表。每一种平衡表都是由局部平衡表和综合平衡表组成的。综合平衡表以及起补充作用的局部平衡表总体组成国民经济平衡表的统一体系。

所有种类平衡表的一致性以及局部平衡表和综合平衡表的相

互联系都是以社会主义扩大再生产的全部参加者和所有因素为条件的。对这一复杂的社会主义扩大再生产的机制，曾在马克思列宁扩大再生产理论中加以科学论述。

本论文中扼要阐述了马列主义关于社会主义计划中的再生产理论基本原理的意义，着重介绍了各种平衡理论及其相互间的关系。

物资平衡表的特征是反映对物质财富进行生产、分配和消费三者之间的物资资料的比例关系。物质财富再生产与社会主义制度下受限制的价值规律作用前提下金融货币再生产之间的关系联系以及与劳动力再生产之间的关系的联系，决定了物质平衡与财政平衡和劳动平衡之间是不可分割的。

二

探讨国民经济计划中运用物资平衡表问题及其制定方法。

在国民经济发展中，建立物资平衡表的基本任务是揭示和确定国民经济发展中的物质一实体联系和比例关系。因此，本论文首先关注社会主义经济中物质一实体联系问题。

按照社会主义基本经济规律的要求，苏联生产的增长和完善是建立在高技术基础之上的。在国民经济范围上要求不断完善生产技术，首先必须加快发展那些为保证国民经济各部门建立物质技术基础的部门。较之其他经济领域，应将发展重工业以及其核心机械制造业作为首要任务。因此，从1913年至1954年这一时期，苏联的工业总产量提高了35倍，生产资料生产增长了近60倍，电能产量增加了75倍，而机械制造业的产量则增长了160倍。

发展重工业和机械制造业需要建立原材料和燃料供应地。原材料和燃料部门的发展速度与国民经济其他部门的发展速度二者之间的关系主要是由以下方式决定的：改变单位产品材料消耗定额、改变消费该类材料的部门成分和结构、在生产过程中实行技术革新等方式。通过分析几个相邻部门发展的相互关系，可以发现，比如在煤炭开采领域的增长速度，低于主要燃料消耗部门（如电站、黑色冶金和铁路运输）的速度。这一切主要取决于降低此类部门的燃料单位消耗量，发展废气余热供暖，提高水电站在电能再利用中的比重等方法。再者，作为消耗金属主要部门的机械制造业的发展，超前于发展机械制造业的原料供应地——黑色冶金业的发展。这不仅表明要节省金属产量的消耗，更要在机械制造产品中提高科技含量多的机器和精密仪器的生产比例。

在由固定基金和流动基金再生产过程决定的物质实体关系体系内，工业和农业的物质交换占有重要位置。工业和农业间的生产关系的特殊性部分体现在：如果农业经济以流动基金的物质成分来为工业提供供给，那么工业提供给农业的物质成分则不仅是流动基金，还有固定投资，比如劳动工具。

重工业为农业提供了相当丰富的现代劳动工具。1954年，苏联农业经济领域生产出126万台拖拉机、32.6万台收割机和众多其他农业机器。现代生产工具和其他材料（如可燃化肥、矿物肥料等）在农业经济领域的广泛应用成了资本主义国家所未曾见到的农业经济发展坚实的物资供应基础。

尽管轻工业和食品工业在原料供应和城市居民食品供应方面取得了一定业绩，但整个农业经济的发展是落后于国民经济增长需求的。1953年9月，苏共全会通过决议，党和政府决心极大地提高农业经济领域各部门的发展水平。1954年1月召开的苏共全会将国民经济发展目标定为每年实现粮食产量不少于100亿普特，将主要的畜牧业产品的生产量提高2倍乃至更多。为了实现这一宏伟目标，先决条件之一就是继续发展重工业，为其提供必不可少的物资技术供应基础。

社会主义经济中个人消费是生产的直接目的。保障居民的消费品方面的物质关系主要是通过苏联贸易中的买卖关系来实现的。这种贸易关系是通过有组织的方式来供应居民以商品、以最大限度地满足劳动人民的需求为目的。

商品供应和居民购买需求之间的比例取决于理顺二者之间总量和结构上的正确关系。在苏联，随着劳动人民物质和文化水平的提高，居民的总需求提高了，产品的结构也要加以改变，表现在加大工业品消费需求的比重，加大高质商品和高营养食品的生产比重，等等。如果说，1940年时工业产品份额在商品流通总额中占到36.9%，那么到1953年则达到45.3%，从1940年到1953年商品流通的增长率是79%，个别高价值的营养食品零售额翻了2~3倍，高质耐用工业品的零售额量增长得还要高。

为了实现生产和消费之间的物质联系，需要完成产品从生产地点到消费地点的调配。这就需要专门的物质生产部门，这就是运输业。

苏联经济在物质生产结构上以及增加有价值的高质产品的比重上的重大改进，决定了生产（按不变价格）的增长速度比运输量（按吨位）的增长速度更快。实现电气化、天然气化和热能，发展选矿业等技术革新以及生产力布局的改进促进了这一过程。例如，从1929年到1950年，工农业生产总值翻了6.5倍，而铁路吨位运输量只提高了4.4倍。需要指出的是，苏联时代，由于加大了运输的平均距离，铁路运输的货物流通量的增长在公里吨数上超过了吨位运输量，有时还超过了生产增长量。这首先是由全苏联领土上生产力的发展所决定的，特别是一些新建地区远离老工业中心所致。

社会主义计划经济中各种错综复杂的物质比例关系，借助于编制相互联系的物资平衡表表现出来。

由于在计划核算的实践中把各种产品归入第Ⅰ和第Ⅱ部类，

物资平衡表可以分为生产资料平衡表和消费品的平衡表。

生产资料的平衡又区别为劳动资料产品的平衡和劳动对象产品的平衡，后者又可分为工业产品的平衡和农业产品的平衡。

消费品的平衡分为食品平衡和工业产品平衡两种。

为了保障地区间的比例，物资平衡表不仅按苏联全境编制，也分地区编制。

在计划调节过程中利用物资平衡表可以解决以下问题：

1. 从需求角度和保障物质资料角度来论证生产计划和基本建设计划，从保障物质资源的角度来论证商品流通计划和补充国家后备任务等；

2. 确定物质技术供应计划；

3. 考察个别部门的发展中出现的比例失调和“瓶颈”之处，研究其产生的原因，找出解决问题的方法；

4. 运用先进定额来寻找物质资源的生产、分配和使用过程中的节约潜能；

5. 按区域范围编制的物资平衡表也可以论证生产力配置计划和运输计划。

编制物资平衡表，这不是一项单独的一次性工作，而是与制订国家计划的各个环节相关联。因而，不能把物资平衡表曲解或简化成它只是计划设计的需求与资源的机械比较。问题在于应发现和运用平衡表中所有增加资源、节约资源的可能性，修订国民经济计划草案，从而保证符合社会主义基本经济规律要求的各经济部门之间的必要比例。

从这一角度出发，本论文阐释了以工业产品平衡表为例证的物资平衡表的主要观点及其确定方法。

消除编制物资平衡表过程中发现的比例失调现象的最重要方法有：第一，寻找和运用增加和提高物质资源的内在潜能，改善现有生产能力的利用和加快投入新的生产能力，以保证生产的增长；第二，寻找和运用物资资源的节约潜能，首先是削减消耗定额；第三，考虑最大限度地满足国民经济主导部门的需求，在消费者之间重新分配资源。

制定物资平衡表和确定国民经济对物质资源的需求的先决条件之一是合理地制定物质资源的消耗定额。

从广义上讲，制定定额意味着确定在计划调节经济技术的条件下，为了制造单位产品或完成单位工作，社会所必需的劳动消耗量和材料消耗量。定额一方面是联结各部门之间社会关系的方式，另一方面也是衡量社会劳动消耗的尺度。作为联结方式，定额是制定国民经济比例的重要参考系数之一；而作为消耗尺度，定额则成为经济社会劳动节约的主要杠杆之一。

制定定额对节约的意义来源于先进的定额原则。在优秀企业、生产革新者和科技成果所积累的经验基础上制定的先进定额是社会主义国家作用于单位产品生产所消耗的社会必要劳动量使之下降的主要手段。由于在技术发展和劳动生产率增长的同时，物化劳动在总消耗中的比重提高了，因此，生产计划和组织运用的定额体系中，物质资源消耗定额具有越来越重要的意义，对定额种类的正确理解、对定额结构的分析和对影响定额水准的诸因素进行分析，都是正确解决制定物质资源先进定额的先决条件。

本论文从解决编制定额方法论的角度来考察物质资源消耗定额的不同分类及标志。其中之一便是将消耗定额材料的客体进行概括和合并后加以核算和分类。按这一标志，物资消耗定额首先区分为个别定额和分组（合并）定额。

规定某企业在既定的组织技术条件下的单位产品物资消耗的个别定额可以应用于个别企业的生产管理上；在制定平衡表和分配计划时，这些定额可以用来确定分配给具体消费者使用的资源。但这只限于在制定平衡表和分配计划的扫尾阶段，限于计划平衡的实施完成阶段。而在制订远景计划以及制订年度计划的第一阶段，物资平衡表应担负起确定必要比例关系的积极角色，主要运用综合的合并的定额。

制定先进定额取决于对所有材料消费的技术和管理参数进行深入的研究和精辟的分析，同时还要研究那些需要尽量缩减定额、把损失降到最低的措施。本论文以机器制造业的黑色冶金轧钢消耗为例，分析了缩减材料消耗定额的具体步骤。

把确定定额的工作归结为机械地计算材料消耗，无论从原则上说，还是从方法论上讲都是错误的。有些部门和企业编定定额，是按经验—统计方法，在报告期达到的平均实际消耗水平的基础上来编定，这种做法是不好的。这种定额不适合现代技术水平也不能反映出先进工人的经验，不能动员和迫使人们去争取先进的生产标准。

制定物资消耗定额的主要方法应当是分析核算法。它综合了经济技术核算和对作为定额基础的初始条件的批判性分析。在运用此方法时，对组成定额的三项元素（净消耗、工艺损耗和其他损耗）中的每一项都应该进行技术经济核算和比较分析。

三

用建筑材料包括砖以及其他墙体材料的平衡作为例证，说明物资平衡表在计划调节中的作用及其制定方法。

众所周知，基本投资规模是由国民收入中用于建立固定基金的积累部分规模以及现有固定基金的折旧提成的规模决定的。从物质保障角度考虑，基本建设的规模和增长速度取决于机械建设和建筑材料工业的规模和增长速度。

苏联基本工程的巨大规模要求建筑材料工业也应有与之相适应的发展。苏共第十九次代表大会提出第5个五年计划，强调在第5个五年计划中基本投资较之第4个五年计划要提高到90%，在

5年中对基本建筑材料的生产投资要提高两倍以上。按照广泛推行建筑工业化的任务，1954年下半年，党和政府出台了一系列决议决定提高钢筋混凝土等结构装配的生产速度和发展基础建筑材料生产的长远目标。

建筑过程中的材料名称种类繁多，可以涉及上百种。计划经济的实践表明，国民经济范围基本建设的物资保证，是可以由基础建筑物资材料中的主要物资平衡表来确定的，如水泥、玻璃、轻便石板瓦、木材、黑金属轧材，等等。

在详尽研究建筑物资平衡表中遇到的特殊和复杂问题是确定基本建设物资的需求状况，具体地讲是确定建设物资消耗的定额标准。

本论文对实践中运用的每百万卢布建筑安装工程消耗定额的合并方法作了批评性的评价。因为影响这些定额水平的不仅是建筑安装工程的生产部门和建设种类结构，而且建设完工程度和地区布局等都有影响。这些合并的定额只有在很大范围上确定建设的需求才是合宜的、准确的，即在国民经济范围及各个部门的范围才是这样的。各部门内部则要运用建设工程实物量和预算定额的直接核算方法，并考虑建筑工程构造和工艺领域的最新成果。进一步实现建筑工业化的任务和使用建筑组合构件和建筑零配件，就要在对建筑材料保证的核算上做一些变更。一方面，在基本建筑材料平衡表的基础上必须考虑到制造建筑组合体构件和建筑零配件的工厂以满足这些需求；另一方面，在物质技术供应上要以建筑的半成品为基础，实现建筑零配件和建筑组合构件之间的平衡。这应该纳入建筑材料平衡体系，成为其组成部分。

本论文中还涉及重要的建筑材料——砖石和墙体材料平衡理论。

砖体在保障基础建筑中的作用是显而易见的，因为砖墙成本大约占了整个房屋建造成本的三分之一。

砖的运输难度很大，生产原料可随地取材，这一特性决定了这种建筑材料有浓郁的地方性。

与其他建材（如水泥、轧材、木材等）不同的是，作为前者，这些资源性建材的平衡和计划调节是由中央来制定和分配的，而砖和其他墙体建材的平衡则可以由地方组织来制定（如州和边疆区的执行委员会），然后上报苏联部长会议审定批准。

随着基本建设规模的不断扩大，制砖工业在飞速发展的同时，很长时间内无法满足建设的需要。按照俄罗斯苏维埃联邦共和国（不包括莫斯科市和莫斯科州）提供的分析数字，1953年苏联所需墙体建材的短缺量达到需求量的6.2%，1954年，尽管核减定额，砖及其替代材料的短缺额按平衡核算还是达到需求量的9.6%。

墙体建材平衡中所出现的紧张局面促使从中央到地方的各个计划部门、各部委提出应认真挖掘建筑生产内部的潜力，努力提高砖和其他墙体建材的生产，并在建筑中加以节约使用。这也是本论文特别关注的一个问题。

制砖工业中存在巨大的尚未开发出来的生产潜能，这一潜能一旦得以开发，可以极大提高砖的产量。比如说，许多工厂至今还没有贯彻快速烧砖法，这一技术早在1950年就由帕·杜万诺维伊等人发明推广，并为此荣获斯大林奖。如果所有制砖厂均采取新的快速烧砖技法，则意味着在没有修建新的砖厂的同时，砖的产量却提高了2倍，也就是说节省了合100亿卢布的投资成本。

砖产量可以通过延长生产时间而获得可观的增长。直到最近，砖的季节性生产比重仍然相当大，几乎占全部产量的三分之一。而实际情况是，季节性开工的制砖厂的生产设备却远没有得到充分利用，有半年的时间是闲置的。

再者，那些不在建材部管辖范围的企业之中也存在提高砖产量的潜力。需要强调的是建材部所属企业的砖产量占总产量的

46%。另外，据统计数字，其他加盟共和国部委所属制砖企业的生产能力远远没有充分利用。为了实现扩大制砖企业的生产规模这一目的，需要在该类企业中进行统一的技术标准和管理。为此，建材部应对该类企业进行适当的转制。

本论文还对制砖工业中劳动生产率增长潜力、对工厂原料基地提供充足供应以及建设新型工厂等一系列相关问题予以考察。

对在建筑业中合理使用砖及其代用品进行研究，要求我们不仅要关注消除平衡中的短缺，还要全力贯彻建筑业的工业化的方法，降低建筑的劳动含量和建筑成本。

这一问题的解决首先取决于未来建筑的设计阶段。在设计墙体结构方案时必须通过采用有效材料和先进的墙体结构来避免材料亏损，实现最大限度的节约。

属于新型墙体结构材料系列的有多孔砖、陶瓷空心砖、矿渣混凝土砖块，轻薄型带保温层的墙体结构等。分析表明，与普通墙砖相比，轻型的保温墙砖，每平方米面积可以减少104块砖，劳动强度可降低7.29%；墙体成本可降低25%~30%。采用隔热材料提高了墙体的聚热力，改善了居住条件，节约了能耗，也保护了建筑。

建筑业的工业化发展为批量生产和运用钢筋混凝土结构及大型无钢筋的护墙板的应用提供了广阔远景。使用钢筋混凝土墙板装配的外墙比普通结构的砖墙在重量上节省了74%，减轻了90%的劳动量。批量化生产和采用轻型蜂窝状混凝土制成的巨型墙板具有巨大的发展前景。其优势体现在除了在建筑中节约劳动和建材消耗之外，还可以因为生产中采用了轻型蜂窝状混凝土而节约了经济成本。把建造砖厂的基本投资投入到生产新型板材的企业里，用同样的预算金额可以每年比原来多建1~4倍的楼房。

采用集装箱包装运输，以及瓦工参加筑墙作业中的节约和改进工艺过程等措施对运输过程和建筑工地作业中节约墙体材料具有重大意义。

所有这些砖和其他墙体材料的节约潜力都应在编制砖及其代用品平衡表和定额时予以考虑。但需要指出，目前在确定砖和代用品的需求时，合并预算定额并不能够反映出建筑结构技术领域中的最新成就，也不能积极促进墙体材料的节约。

由于1月苏共中央全体会议上通过决议，规定了实施畜牧场和其他农业设施的大规模建设。砖及其他墙体材料的平衡发展，对农业建设使用该类材料，具有越来越重要的意义。要想满足日益增长的农业经济对墙体材料的需求，单靠地方和合作社工业是无法实现的。因此，在9月和1月分别召开的两次苏共中央全会上，都提出要建议农庄社员们因地制宜，生产砖和其他建筑材料。

全方位地发挥潜能，提高了砖产量，扩大了有效墙体材料的生产，广泛在建筑业中应用该类方法是消除砖及其他墙体材料平衡中的短缺的首要条件，可以保证基本建设中对该类建材的不断增长的需要。

关于苏联国民经济平衡表的理论基础和编制方法的一些问题*

（1956年3月）

国民经济平衡表是社会主义计划工作的重要工具。编制国民经济平衡表的问题，只有在社会主义经济条件下才能产生。在以生产资料私有制为基础的资本主义社会里，由于竞争和生产无政府状态规律的作用，经济过程不可能按照统一的计划来进行；社会生产各部门间的比例关系经常受到破坏，不可能由人们有意识地来维持它们的均衡性。随着生产资料资本主义所有制的消灭和社会主义公有化的结果，竞争和生产无政府状态规律的作用被国民经济有计划（按比例）发展的规律所代替。这就为国民经济过程按统一计划来进行，为有意识地规定和改变生产各部门间的比例关系，提供了客观的可能性。

社会主义国家在制订国民经济发展计划，确定经济各部门发展的速度、水平和比例关系时，必须依据客观经济规律的要求，首先是社会主义基本经济规律的要求；必须全面估计现已达到的生产力发展水平，现有的人力、物力和财力资源，和当前所处的国内外环境。把客观规律、客观形势的要求和限制，通过计划工作，以互相联系的国民经济计划指标表现出来，需要运用科学的计划方法。根据苏联的经验，最能够完全地体现国民经济有计划

* 原载《经济研究》1956年第3期。

（按比例）发展的规律的要求、并从各方面符合社会主义基本经济规律要求的计划方法，就是平衡表方法。

平衡表方法是一套核算体系，它把各项计划指标联系在各种不同的双方对等的表式中，使经济各部门的计划任务互相适应，互相平衡。平衡表方法可以用来确定国民经济的需要，发掘满足这些需要的资源源泉和潜力，并把资源在不同的需要之间进行分配。利用这一套平衡核算体系，便能把国民经济的各种需要和人力、物力、财力资源加以比较，使其互相结合，从而规定经济各部门发展的必要比例关系，并促使人力、物力和财力资源得到最合理、最有效的使用。

苏联在计划经济发展的最初阶段，已开始运用平衡表方法。例如，1919年苏俄最高国民经济会议所属各总管理局在拟定最早的生产计划时，就曾作过一些简单的平衡计算。内战时期资源利用委员会在产品的分配计划工作中，曾广泛地运用了平衡核算方法。

平衡表方法在编制第一个远景计划即全俄电气化计划时，得到了更广泛的运用。列宁曾指出，电气化计划的科学根据的要素之一，就在于这个计划中有着“电气化的物资的和财政的平衡表。……这个平衡表是预定要在十年内把加工工业产量增加（按很粗略的估计）80%，而把采掘工业产量增加80%~100%”[①]。

1926年苏联中央统计局公布了第一个以整个国民经济为对象的“1923—1924年苏联国民经济平衡表”。这个平衡表的编制由于受到资产阶段经济理论的影响，不符合国家对国民经济的领导要求。党曾指斥这个平衡表不过是玩弄数字的把戏，并指出苏联国民经济平衡表应根据马克思主义的再生产理论来编制。

马克思主义再生产理论的基本原理对于编制国民经济平衡表

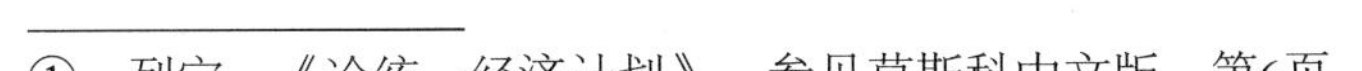

① 列宁：《论统一经济计划》，参见莫斯科中文版，第6页。

有着极重要的意义，因为这些基本原理揭示着社会再生产过程的主要因素、主要联系和主要的比例关系；而所有这些因素，联系和比例关系就是国民经济平衡表所应反映的主要内容。

再生产过程是在不断的联系中，在不断的更新之流中观察的社会生产过程。要对社会再生产过程进行分析，就必须把生产过程和再生产过程的其他要素，即分配、交换和消费过程联系起来观察。再生产过程的各个要素，根据马克思的说法，“构成一个总体的各个环节、一个统一体内部的差别”①。编制国民经济平衡表的任务，就是从再生产的总体上，即从它的各个要素间的互相联系和统一上来分析和把握社会主义扩大再生产过程。

马克思的经济理论在研究社会再生产的决定性的联系时，首先把社会产品按其价值和其使用价值的性质划分为不同的组成部分。

我们知道，在马克思以前，亚当·斯密和其他资产阶级经济学家把产品的价值归结为个人收入（工资、利润）的总和。亚当·斯密把产品价值中从生产资料转移来的价值部分看落了，这是因为他错误地把生产性的消费和个人消费混淆起来的缘故。马克思纠正了亚当·斯密的错误。他把产品价值分为两个部分，即从生产资料转移的价值和新创造的价值；而新创造的价值又分为两个部分，即相当于必要劳动创造的价值和剩余劳动创造的价值。在资本主义生产关系中，产品价值的三个部分表现为不变资本价值、可变资本价值和剩余价值。马克思以c、v、m符号来代表上述产品价值的不同组成部分。

产品按价值划分为不同的组成部分，对于理解社会主义再生产过程和编制国民经济平衡表来说，是一个必要的方法论的前提。社会主义社会中产品的价值也是由生产资料的转移价值和新

① 马克思：《政治经济学批判》，人民出版社1953年版，第161页。

创造的价值构成的，后者是社会主义社会国民收入的源泉。必须注意，在社会主义社会中，产品价值中的c并不表现为不变资本价值，v和m也不表现可变资本价值和剩余价值。在这里，“必要劳动”和“剩余劳动”的概念也不适用，因为它们蕴含着剥削关系的意义；应该用“为自己的劳动”“为社会的劳动”的概念来代替它们。

由于纠正了过去资产阶级经济学家混淆生产性的消费和个人消费的错误，马克思在正确地解决了产品的价值构成的同时，还第一次地把产品按使用价值的性质划分为生产资料和消费资料，并与此相应，把社会生产划分为两大部类：生产生产资料的第Ⅰ部类和生产消费资料的第Ⅱ部类。从产品按价值性质和按使用性质分类这两个方法论的前提出发，马克思极成功地解决了前人所不能解决的再生产理论的中心问题，即社会产品的各个部分怎样在其价值形态上和在其实物形态上互相代置的问题。

对于研究社会主义再生产和编制国民经济平衡表来说，产品按使用性质分类也是不可缺少的方法论前提之一。社会生产两大部类之间的比例关系，是社会主义再生产过程中极端重要的比例关系。这个比例关系在很大程度上决定着社会生产技术水平的提高和社会物质文化需要的满足程度，即社会主义基本经济规律的要求的实现程度。社会主义扩大再生产必然是按照生产资料生产优先增长这一规律进行的。

国民经济平衡表应当能够揭示在社会主义扩大再生产过程中两大部类间的交换关系。在这个过程中，第Ⅰ部类产品即生产资料的数额，应能保证在高度技术基础上两大部类生产不断增长的需要，特别是第Ⅰ部类优先增长的需要。另一方面，第Ⅱ部类产品即消费资料的数额，应能满足两大部类现有的和新增的工作人员以及非生产部门工作人员不断增加的需要。自然，还必须以一部分生产资料和消费资料来增加社会的后备基金和充

抵其他用途。

马克思在《哥达纲领批判》中对于社会主义社会的总产品在各种基金间的分配和使用所作的指示，也是研究社会主义再生产和编制国民经济平衡表的一个重要依据。根据马克思的指示，社会总产品中首先应扣除一部分作为抵偿生产中消耗了的生产手段的**补偿基金**；其次应拨出一部分作为扩大再生产所需的**积累基金**和预防不测事故的**后备基金**。总产品的剩余部分则构成**消费基金**，分配于下列用途：（1）管理费用；（2）共同性的消费；（3）救济无劳动能力者费用；（4）工作人员的个人消费基金。

社会产品在上述三大基金（补偿基金、消费基金、积累与后备基金）上的分配，和它按价值划分为c、v、m三个组成部分是不完全一致的。在社会主义社会中，产品的三个价值部分，并不直接实现于上述三种基金；不同社会基金的形成和使用是通过社会产品和国民收入的不同的分配阶段和交换过程来达到的。这些基金的形成和使用过程所产生的各种联系关系，应该在国民经济平衡表中得到表现。

必须注意，马克思主义的再生产理论对于国民经济平衡表的编制只提供了最一般的方法论的科学依据。运用马克思主义再生产理论来编制国民经济平衡表，当然并不意味着机械地抄袭马克思在《资本论》第2卷中所给予的再生产的公式，和《哥达纲领批判》中所谈到的关于社会主义社会总产品分配的图式。为了科学地解决国民经济平衡表的问题，必须创造性地应用马克思主义再生产理论的一般原理，来分析社会主义扩大再生产的具体条件和过程，设计符合于社会主义扩大再生产具体情况的平衡表表式，研究平衡表各项指标的确定方法等问题。

社会主义扩大再生产是社会主义生产力扩大再生产和社会主义生产关系扩大再生产的统一过程。这种统一过程，表现在三个方面，即物质财富的扩大再生产、货币财政关系的扩大再生产和劳动力的扩大再生产。与这三个方面相适应，国民经济平衡表是由以下三个基本部分组成的：（1）再生产的物质平衡表；（2）再生产的财政平衡表；（3）劳动平衡表。

国民经济平衡表又按编制目的的不同分为报告平衡表和计划平衡表。编制报告平衡表的目的，在于对过去时期国民经济计划执行情况作全面的检查和分析；在于表明由于计划执行的结果，国民经济中各种主要比例关系的变动情况；在于提供综合性的资料，作为编制国民经济计划和计划平衡表时分析基础情况的依据。编制计划平衡表的目的，在于表明未来时期由于计划方案执行的结果，国民经济重要比例关系可能发生的变化；在于检查计划方案各个组成部分之间是否互相平衡协调，从而保证国民经济有计划按比例地发展。

整个国民经济平衡表的中心环节是再生产的物资平衡表。这种平衡表表现着社会主义扩大再生产的物质基础，即物质财富的生产、消费和积累。它的主要内容，就是从实物形态上来阐明社会产品的创造和使用过程。

再生产的物资平衡表是由社会产品综合平衡表和一系列的补充平衡表所组成的。

“社会产品综合平衡表”的全名叫作“社会产品的生产、消费和积累平衡表”；它有时又简称为“综合的物资平衡表”。

计划的社会产品综合平衡表的表式一般如后（见下表）。

综合的社会产品平衡表由两个部分构成：（1）社会产品的生产，在这里社会产品是按四个标志来分组的，即按生产部门、按所有制形式、按再生产部类和按劳动性质来划分。（2）社会产品的使用，主要有三个方向——生产的消费、非生产的消费和积累。

确定社会产品的生产数值时首先碰到的一个问题，就是关于

社会产品的范围问题。社会产品是物质生产各部门产值的总和，它只能是物质生产领域人类活动的创造结果。所以，要正确计算社会产品总值，必须以正确划分物质生产领域和非生产领域之间的界限为前提。

社会产品的生产、消费和积累平衡表

	报告年度预期完成数额（报告年度价格）	报告年度预期完成数额（计划年度价格）	计划年度数额（计划年度价格）	计划年度与报告年度比较	
				绝对增长额	增长百分比
Ⅰ.社会产品的生产 社会产品总值 其中： 1.按部门分类 2.按所有制形式分类 3.按部类（Ⅰ、Ⅱ）分类 4.按劳动性质分类					
Ⅱ.进口物质					
Ⅲ.其他来源					
全部待分配的产品					
Ⅰ.生产的物质消耗					
Ⅱ.非生产性的消费 其中：从个人收入中开支的消费					

续表

	报告年度预期完成数额（报告年度价格）	报告年度预期完成数额（计划年度价格）	计划年度数额（计划年度价格）	计划年度与报告年度比较	
				绝对增长额	增长百分比
Ⅲ. 积累 1. 固定资产 2. 流动资金和储备 3. 国家后备物资					
Ⅳ. 出口物资					
V.未被分配的产品*					
全部被分配的产品					

*该项只在平衡表最终确定以前才有。

马克思列宁主义曾给物质生产规定了明确的定义。列宁在《俄国资本主义的发展》一书中说："在任何社会结构之下，生产总是在于工人对物质及物质力量的'作用'。"毫无疑问，物质生产活动的结果应当是创造满足人类需要的使用价值。但使用价值是不是一定要采取与生产过程相独立的实物形态，却是一个常常使人困惑的问题。这个问题对物质生产领域几个主要部门——采掘和加工工业、农业和林业、建筑业——来说，是不存在的，因为它们的产品都是与生产过程相独立的使用价值。关于货物运输业和商业的性质，马克思也曾有明确的指示。货运业使工农业产品的使用价值通过其空间地位的改变而得到实现，因此它也形成一个独立的生产部门。商业中的某些业务（分类、包装、保藏、分割等）事实上是使用价值生产过程的继续；就这一

部分而论，它也应属于物质生产范围[①]。关键的问题在于某些为居民提供“劳务”的部门，如客运业、邮电业、若干公用事业等，是否也应该把它们列入生产领域而计其产值？

在相当长的一段时期内，无论是苏联的经济学界或者是统计计划工作中，一般都认为一切为居民提供劳务的部门都不应列入物质生产范围。近年来若干苏联经济学家提出另一种意见。他们认为以实物形式来规定产品的定义，是不符合马克思主义的物质生产的概念的。社会产品的意义比实物产品广些，它应当还包括不采取实物形态的所谓“物质劳动”。这种物质劳动，也是“工人对物质及物质力量的作用”的结果。这一种特殊形态的使用价值，是在生产过程的本身，与生产过程同时被消费的[②]。

按照这种解释，客运、为居民服务的邮电业和若干公用事业如城市交通、照明电力和冷暖气的供应等，都应该列于物质生产范围而计其产值。自然，并不是一切劳务都是具有生产性质的。在物质生产范围以外，社会必要劳动的一部分从事着非生产性的活动。这部分劳动并不表现为“对物质及物质力量的作用”。它或者属于精神生产的范围（如文化科学工作），或者属于消费服务的范围（如住宅管理、城市清洁），或者是执行其他社会职能（如行政管理工作）。这些领域的社会劳动是不生产任何社会产

① 在计算社会产品总值时，商业的“产品”包括全部商业加成或折扣（等于商业费用加利润）以及商业组织所缴付的“周转税”。商业加成或折扣的一大部分代表着真正的社会必要的生产性劳动在商业部门中的消耗，另一部分则代表着纯粹流通费用，它是由物质生产领域的社会必要劳动消耗的相应部分来抵补的。至于通过商业环节所征收的“周转税”，显然是工业、农业及其他物质生产部门创造的。

② 参见Я.А.克隆洛得：《社会主义再生产》第三章第一节，莫斯科1955年版。关于客运业性质问题，参见M.保尔：“论社会主义社会国民收入的若干问题”，载苏联《经济问题》1954年第10期；斯图鲁米林：“论苏联国民经济平衡表表式”，载《统计学学报》第1卷，莫斯科1955年版。

品的。

确定社会产品生产总额的另一个重要问题，就是在社会分工系统中，应该从哪一个层次的生产单位开始计算？由于在计算期内某些生产资料会依次通过几个加工阶段，它们的价值就有被重复计算的可能。计算产值的阶段越多，重复计算的数值也越大。譬如按车间计算的总产值，就比按企业计算的总产值为大，因为后者减除了各车间之间的企业内部周围数额。同样，按企业计算的产值总额，较按托拉斯计算的产值总额为大。只有把整个国民经济作为一个单位来处理，才可能避免这种重复计算。

斯图鲁米林院士在其《国民经济平衡表是社会主义计划工作的工具》[①]一文中指出，马克思再生产表式中所表明的社会产品，是排除了生产资料的重复计算的。他认为统计工作中以企业为单位计算社会产品总值是不符合马克思再生产表式的要求的。

关于为什么要以企业为单位来计算社会产品，莫斯克文在苏联《经济问题》杂志上[②]作了详尽的解释。这些解释可以归结如下：第一，企业是社会主义经营管理系统中的、实行经济核算制的独立的基层经济单位；以企业为计算产品的单位，是符合国民经济计划管理和统计核算的实践要求的。第二，企业之间的产品周转，意味着国民经济范围上的实物联系；包括生产资料价值重复因素的社会产品总值，就反映着这种国民经济的实在联系关系。第三，假如放弃产值的工厂计算方法，而采用按整个生活部类计算的方法，则将人为地降低第Ⅰ部类的产值；这将意味着轻重工业之间和工农业之间的产值比例会受到歪曲。

自然，为了分析的方便，在上述意义的社会产品指标以外，还可另行计算不包括生产资料重复因素的社会产品指标。这种产品指标只能表现再生产过程的结果或静态，而不能反映再生产过

① 苏联《经济问题》1954年第11期。

② 苏联《经济问题》1954年第12期。

程的联系或动态。不过这个指标可以帮助我们分析一些重要的国民经济问题，如国民收入与过去劳动之间的比例关系，生产资料扩大再生产的速度，国民经济流动基金的总周转速度，等等。

社会产品按生产部门和所有制形式分组的意义，在于表现各生产部门和不同所有制形式在社会总产品的创造中所占地位及其相互间的比例关系。为了正确地反映物质生产各部门间和各种所有制形式间的比例关系，重要的问题在于正确地解决社会产品各个部分的估价方法。编制国民经济平衡表时，一般采用两种估价方法，即用可比价格和实际价格这两种方法。可比价格只能用来测量产品的实物增长数量和速度，它不能用来表现计算期社会生产各个部分间的真实联系和比例关系。这是因为不同产品的价格变动是参差不齐的，而社会生产各个部分之间的联系只能通过现行价格来实现。但是应该注意，按实际价格计算的社会产品各部分的结构，会与它们的价值结构不一致。这是因为按苏联现行价格制度，某些产品的部分价值，不是通过这些产品自己的价格，而是通过另一些产品的价格来实现的。例如，在消费品的价值中（通过周转税等形式）就实现着重工业、农业和建筑业所创造的部分价值；后者并没有被包括到这些部门产品的批发价格、收购价格和工程造价中去。各部门所创价值通过价格机构重新分配的结果，当然不能影响社会产品的总额；但产值的经济部门结构和所有制形式结构，却受到歪曲。因此，除了按现行价格计算在各部门所**实现**的社会产品外，还有必要研究各部门所**创造**的社会产品数值的确定方法。

特别困难的是农产品估价问题。在苏联，对同一工业品规定着以全国为范围的或分区的统一价格。但同一农产品却因有不同的出售渠道而有不同的价格（义务交售价格、采购价格、集体农庄市场价格等）。农产品的另一特点，就是它有很不小的一部分，是在自然形态上由集体农庄和农民自己消费的。过去在计算农产品产值时，其商品部分，分别不同的销售渠道，按上述不同价格来计算；而其非商品部分，则按所谓“平均商品价格”——商品部分的加权平均价格——来计算。由于义务交售在农产品的商品部分所占比重较大，而其价格则较低（为了补偿国家对农业的大量投资和为了使集体农庄参加全国性基金的形成），所谓平均商品价格相对于国营零售价格来说，其水平是较低的。因此按这种价格计算的农产品数值，不但不能正确地反映集体农庄农业在社会产品的创造中所占地位，而且使得集体农民的消费和工人消费的直接比较成为困难。如何正确解决农产品的估价问题，还有待进一步地研究。

综合物资平衡表的主要问题之一就是社会产品按使用性质划分为两大部类——生产资料和消费资料——的问题。在国民经济计划和统计指标中，通常只把工业产品分为甲、乙两类。国民经济平衡表则要求把所有各部门的产品加以划分。事实上，工业以外的其他一些部门，也生产着两类产品。例如，农业中的大部分产品（原粮、技术作物）一般都是继续加工的对象；而仅有如蔬菜、水果等少数产品是不需要通过工业加工阶段，就能直接满足居民的消费需要的。又如建筑业的产品，有生产性建筑和民用建筑之分。如果把整个运输业当作一个生产部门，则其货运部分可看为生产性的消费，客运部分则可看为个人消费性质。至于商业、物资技术供应业，由于前者的业务是把消费品送达居民，后者则在生产领域内部分配和送达生产资料，因此应该相应地把商业的“产品”计入消费资料部类，把物资供应的“产品”计入生产资料部类。

在划分社会产品的部类时，必须注意，有很多种产品可能有两种用途：它们既能作为生产性消费的对象，也能作为非生产性消费的对象。根据马克思再生产理论，产品应该按其实际使用性质来划分。在计划统计工作中，对工业产品甲、乙两类的划分，却不是按产品的实际用途，而是按其主要用途来决定的。例如，煤炭的主要用途是在生产方面，于是把它列入生产资料的范围（甲类），虽然，一部分煤炭是作为家庭取暖烹饪用的燃料来使用的。又如棉布的主要用途是在个人消费方面，于是把它列入消费资料的范围（乙类），虽然在汽车工业等部门也把棉布作为材料来使用。为了正确地反映社会生产两大部类的比例关系，在编制平衡表时必须把有关这方面的统计、计划资料进行重新分组的工作。这种工作，对于若干种主要产品可以根据它们的物资平衡表上的资料来进行，因为在这些物资平衡表中我们可以找到各该产品不同部分的不同使用方向。但对其余不编制物资平衡表的次要产品，只能采用估计的方法。应该说明，关于如何按实际使用性质来划分产品的部类的问题，还没有完全妥善解决。

在资本主义阵营仍然存在和帝国主义战争威胁仍未消除的条件下，社会主义国家不得不进行国防技术装备的生产。划分社会产品的部类时，这些产品应归属于哪一部类？我们知道，国防技术物资在再生产中的作用，与一般产品不同。当然，这些物资的生产，也需要从再生产的资源中，抽出一定的人力、物力；但这些物资本身，既不能作生产性的消费，也不能作个人的消费，它们在生产出来以后，就不再参加国民经济再生产的周转，国防技术物资的生产和社会再生产其他部分间的关系，只是单方面的。因此，在编制社会产品平衡表时，不但不能把它们归属于第Ⅰ或第Ⅱ部类，而且不能把它们看作是再生产的一个独立部类；只能把它们当作在当前外部条件下，社会再生产的不得已的损失，另列“国防技术物资”一个项目来处理。

除了按生产部门、所有制形式、再生产部类分组外，平衡表上还按生产产品时劳动消耗的不同性质，把社会产品划分为物化劳动（或生产的物资消耗）部分和活劳动（或新创的国民收入）部分。这种划分的意义在于表明社会产品中物化劳动和活劳动的比例关系，从而得出国民收入增长速度和社会产品增长速度的比较。

国民收入既然是从社会总产品中减掉生产的物资消耗的剩余部分，那么很显然，生产的物资消耗节约程度越大，国民收入增长的速度也越是比社会产品的增长速度为大。这种关系，无论从实物方面来看或从价值方面来看，都是一样的。

另一种情况是，由于社会劳动生产率提高，同一时间的活劳动得与更多的物化劳动结合，这就使得社会产品价值中物化劳动的比重增大。因此从价值方面看，在这种情况下国民收入的增长速度，可能较社会产品的增长速度为低。

物质生产部门结构的变化也影响着国民收入和社会产品的比例关系。这是因为不同生产部门产品价值中物化劳动和活劳动的比率是不同的；同时，如前所述，各部门产品的价格和其价值也可能不一致。前一种情况使得国民收入价值总额的增长速度和社会产品价值总额的增长速度不相符合。而后一种情况除上述影响外，还会在价格的表现下面歪曲社会产品和国民收入间的价值比例关系。

社会产品按劳动性质的划分是和社会产品的使用问题直接联系的。如果把有关输出入等问题存而不论，那么社会产品的主要使用方向有二：相当于物化劳动数额的产品部分，必须用来弥补生产的**物质消耗**，以维持最低限度的简单再生产的需要；相当于国民收入部分的产品，则形成**积累**和非生产性的**消费**的物质源泉。

积累和消费的比例关系，取决于产品的部类构成情况。很显然，消费基金只能由第Ⅱ部类产品构成，第Ⅰ部类的产品则不可能用作消费基金。后者的一部分用于弥补生产中的物资消耗，而另一部分则用于积累。国防技术物资在平时一般是作为积累（国家后备物资）用的。

自然，第Ⅱ部类产品并非全部用于当年的消费。譬如住宅是第Ⅱ部类的产品，但它不是全部在当年消费；作为当年的消费，只计住宅基金中相当于该年磨损的部分。消费品储备的增长，也属于积累的范围。

非生产性消费的主要部分是由居民的消费构成的；其另一部分则由非生产机关组织的物资消耗所构成。居民消费本身包括从个人收入中所实现的消费和在像医院、育儿机构、休养所等处所享得的免费消费。一般在计算非生产性的消费时，还专门列出通过国营和合作社商业渠道所实现的消费。

积累是扩大再生产的唯一源泉；但并非全部积累都用于扩大生产。毫无疑问，生产性的固定基金、流动基金的增长，是与扩大生产直接相关的积累。供应和商业企业消费品储备的增长，只能在企业流动资金数额增加的意义上，有条件地作为扩大生产的基金来看待。除此以外，积累还包括国家后备物资、非生产性固定资产和非生产领域消费物资储备的增长额。这一部分社会产品，一般是不能作为扩大再生产的基金来看待的，虽然它们与扩大生产不无间接关系。

消费和积累的比率一方面由当年物质生产的结构所决定，另一方面大大地影响着往后再生产的规模和速度。积累的规模越大，往后扩大再生产的速度也越大。但在社会主义社会中，积累的最终目的总是为了消费的扩大；同时，大规模的积累（增加基本建筑投资、发展重工业）也需要一定的消费资料的保证。因此，在积累和消费之间确定最合理的比例，并与此相适应，确定第Ⅰ部类和第Ⅱ部类间的合理比例，乃是编制社会产品平衡表中极端重要的问题。

综合的社会产品平衡表在一系列的补充平衡表中展开自己的内容，得到较具体化的表现。重要的补充平衡表有：各部类各部门产品的生产和使用平衡表、固定资产平衡表、主要产品的物资平衡表等。

“各部类、部门产品的生产和使用平衡表”是社会产品综合平衡表的另一种形式。由于表式的结构像棋盘，所以它有时又叫作“棋盘式平衡表（Шахматный баланс）”。表式的主栏列着：第一、第二生产部类；工、农、建筑业和“其他”生产部门。宾栏首先表明可以分配的产品数额，然后是按部门、部类和用途性质来划分的产品使用方向。这个平衡表可以用来确定：（1）物质生产各个部类、部门的产品是怎样使用的；（在哪些部门使用？作为生产性的消费、非生产性的消费或积累来使用？）（2）国民经济某一部门使用的物资，或某种使用方向（消费、积累等）的物资，是从物资生产的哪一部类、哪些部门得到的。因此，这个平衡表更适合于分析社会产品再生产过程中的各种联系关系；它可以用来检查计划中各部分产品的生产指标和其使用指标是否协调。如果发现失衡现象，就需要采取积极的措施加以消灭。

社会产品的生产和使用平衡表在一系列的个别产品平衡表中得到具体化。如果说综合性的社会产品平衡表只能表现大部类间或大部门间的物资联系关系，那么个别产品平衡表就能表现生产某一具体产品部门和消费该具体产品各部门之间的物资联系关系。例如，编制钢铁平衡表的意义就在于使钢铁工业的发展适应于消费钢铁的国民经济各部门（机器制造工业、基本建设等）日益增长的需要，使各种钢铁的产、供、销获得平衡。由于具体产品的品种为数繁多，个别产品平衡表的编制范围仅限于对生产和消费起主要的决定性作用的那些产品。

同社会产品平衡表有机地结合着的还有固定资产平衡表。事实上，作为物质财富的一个组成部分，固定资产的再生产是和社会产品的再生产密切相连的。生产性的固定资产是社会产品生产的基本条件之一。固定资产在年度中的磨损，是以一部分社会产

品即新置设备、新建厂房住宅等相当于磨损额的部分来补偿的。其中生产性固定资产的磨损属于社会产品的生产性消费即物资消耗的范围，而非生产性固定资产的磨损则属于非生产性的消费范围。新建的建筑物和新置设备超过本年磨损、退废额的部分，就构成固定资产的积累。

固定资产平衡表中表明着不同性质的固定资产（生产性的、非生产性的）按各种所有制形式和经济部门的分布情况，固定资产的年初数额，它们在年度中的变化（通过磨损、退废、大修理、新建基金的动用等方式），以及全年净增额和年终数额。这个平衡表的指标连同其他有关资料，可以用来分析劳动力的技术装备程度、各部门固定资产利用情况、生产能力潜在情况和固定资产投资各种源泉之间的比例等重要的国民经济问题。

此外，为了使社会产品综合平衡表中所包含的各种所有制形式之间的联系得到进一步的具体表现，还可以按国营经济、合作社、集体农庄和居民分别编制“产品收入的生产和使用平衡表”。这些平衡表揭示着每种所有制形式（或居民）与其他所有制形式（与居民）之间的物资交换和与此相伴随的货币收支关系。它们把产品平衡表和收支平衡表的指标接合在一起，从而使得再生产的物资平衡表的编制和再生产的财政平衡表的编制联系起来。

国民经济平衡表的第二个重要组成部分是再生产的财政平衡表。

为什么在社会产品平衡表之外还需要同时编制再生产的财政平衡表呢？

社会产品平衡表从物质形态上表明社会产品的生产和最终使用的情况。它告诉我们社会产品的物资内容、产品的来源和去处，产品的使用方向。但是，社会产品从生产过程出来到最终使用以前，必须经过复杂的分配和再分配阶段。这个中间过程在社会产品平衡表中是没有得到反映的。

在共产主义的第一阶段，当价值规律还在一定范围和一定程度上继续起作用的条件下，社会产品的主要部分还不能够采取（或者仅靠）实物调拨的方式，由社会直接进行分配。不仅消费性商品的分配需要通过货币收支的关系，就是按其社会本质说来不是商品的生产资料的分配，在国家按物资技术供应计划在国营经济内部进行实物调拨的同时，也需要按照经济核算制的要求，通过货币收支的关系。在目前条件下，货币的收入与支出或广义的财政资金的运动乃是社会产品实物运动的必要媒介。只有通过收入的形成、分配和实现的过程，社会产品才能够在不同部门和不同目的上得到使用，即在实物形态上完成其再生产的循环。

再生产的财政平衡表的编制，就是为了反映和把握上述过程，即社会产品怎样通过收入的形成、分配和实现的阶段，完成其再生产的循环过程。

自然，并不是全部社会产品的循环都通过货币收入的运动形式。例如，在制品和未完工程的增长部分，以及在生产单位本身使用掉的部分（尤其在农产品方面）就不采取货币收入的形式。但国民经济平衡表是应该包罗全部社会生产的。因此对于上述非商品部分的社会产品，也需要加以估计并把它们计入财政平衡表中去。只有这样，财政平衡表才能全面反映作为社会主义生产关系的一个重要方面，即社会产品和国民收入的分配关系。

苏联再生产的财政平衡表是由“国民经济综合财政平衡表”和一系列的补充财政平衡表组成的。综合财政平衡表通常又叫作“社会产品、国民收入的生产、分配和最终使用平衡表”，有时称为“国民收入的分配和再分配平衡表”，或简称为“国民收入平衡表”。

综合财政平衡表的简单表式如后（见下表）。

综合财政平衡表表式*

	社会产品和国民收入的生产			国民收入的原始分配			国民收入的再分配			国民收入的最终使用		
	社会产品总额$c+v+m$	生产的物资消费c	国民收入总额$v+m$	工资和其他劳动收入v	为社会的产品m	原始分配中的收入转移	交出	得到	结果（+）（-）	消费基金	积累基金	总使用额
（一）物质生产领域（按所有制形式和生产部门）	1000	400	600	360	240	−355	−248	+123	−125		120	120
1. 社会主义企业	880	350	530	290	240	−290	−248	+123	−125		115	115
2. 居民副业和个体经济	120	50	70	70		−65					5	5
（二）管理和服务领域（按部门和所有制形式）							−168	+203	+35	20	15	35
（三）居民（按阶级和社会集团）						+355	−92	+182	+90	430	15	445
合计	1000	400	600	360	240	0	−508	−508	0	450	150	600

*表中的数字是假定的。

综合财政平衡表的主要内容是反映社会产品和国民收入的分配和再分配过程；它说明经济各部门和各种所有制形式在社会产品总循环各个阶段上的收入的形成和变动的情况。平衡表的主栏辟为三个部分：（1）物质生产领域（按所有制形式和生产部门划分）；（2）管理和服务领域（按部门和所有制形式划分）；（3）居民（按阶级和社会集团划分）。表式的宾栏表现着国民收入从生产到使用所通过的四个阶段：（1）社会产品和国民收入的生产；（2）国民收入的原始分配；（3）国民收入的再分配；（4）国民收入的最终使用。

社会产品从生产过程产生出来以后，通过销售的形式变为生产部门的货币收入（非商品部分则采取实物收入形态）。总收入的一部分用于补偿生产的物资消耗，所余相当于净产值部分，则形成国民收入，在生产单位内部进行原始分配。

如前所述，社会产品和国民收入只能在物质生产领域被创造出来。因此，构成平衡表宾栏第一部分的几项指标，只能在主栏的第一部分即物质生产领域表现出来。不能设想，不创造社会产品和国民收入的部门会有生产性的物资消耗。非生产性服务领域的物资消耗，只能在国民收入的使用阶段才能表现出来[①]。

国民收入的原始分配，也只限于物质生产领域内部进行的[②]。在原始分配阶段，国民收入划分为两个部分："为自己的产品"和"为社会的产品"。前者构成物质生产领域劳动者的个人收入

①② 斯图鲁米林院士在他所建议的国民经济平衡表的表式中，把非生产领域的物资消耗作为c来处理，把该领域的劳动收入称作"为自己的产品"，作为v来处理。（见苏联《经济问题》1954年第11期。）正如莫斯克文正确指出，这种处理方法，事实上是把生产领域和非生产领域混淆起来。（同上书，1954年第12期。）但斯图鲁米林在其最近一篇《论苏联国民经济平衡表表式》一文中，仍坚持自己原来的意见。（见苏联《统计学学报》第1卷，莫斯科1955年版，第238—239页。）

（在平衡表式上转到居民收入栏），而后者则构成社会主义企业的净收入。

国民收入原始分配的具体形式，随着所有制形式而不同。在全民所有制的国营企业中，为自己的产品采取工人职员的工资收入形式；而为社会的产品则采取企业利润、周转税、社会保险提成等形式。在集体所有制的集体农庄中，为自己的产品以实物收入和货币收入的形式按劳动日分配给集体农民；为社会的产品则构成集体农庄的净收入。属于原始分配阶段的收入还有集体农民、工人、职员的副业收入和为数极少的单干农民和未合作化的手工业者的生产收入。

前面说过，为自己的产品或物质生产领域居民的初次收入，相关于产品价值的v部分；为社会的产品或社会主义企业的初次收入，相当于产品价值的m部分。产品价值的v部分，并不等于全部消费基金；而产品价值的m部分，也不全部实现于积累基金。消费基金和积累基金的形成，是通过初次收入的再分配和最终收入的使用来达到的。

关于国民收入的“再分配”这一概念，苏联有些经济学家认为它不能正确反映社会主义的生产关系，应该用“第二次的分配”或“进一步的分配”的概念来代替。其理由是“再分配”概念的本质，在资本主义社会中乃指资产阶段依靠国家机构和利用垄断价格，从工人阶级攫取一部分必要产品，而在一般的意义上它是指为着某一阶级的利益，无偿地征取另一阶级的部分收入。在向社会主义过渡的时期，社会主义国家曾通过赋税等形式，征收资产阶级的部分收入实行再分配，以利于社会主义经济成分的发展。在剥削阶级被消灭、社会主义建成后，这种意义的再分配自然不复存在了。但在社会主义社会中仍存在着对原始收入进行再分配的必要性；而这种再分配是在社会主义生产关系的基础上进行的。把这种“再分配”叫作“进一步的分配”或“第二次的分配”，其意义都是一样的。更重要的在于应该注意：社会主义社会中的再分配和资本主义社会中的再分配之间，是有着本质的区别的。

在苏联社会主义社会中对原始收入进行再分配的必要性，是由以下几个原因造成的：（1）必须维持非生产领域机关组织和工作人员的费用；（2）生产领域内部各个企业的货币积累量不一定和他们的计划需要量一致的，应该加以调整；（3）必须使合作社、集体农庄和居民对全国性需要的满足，贡献他们的力量；（4）必须动员企业、机关的闲散的货币资金，居民的货币储蓄，加以利用；（5）必须保证国家对于货币收入和积累的形成、分配和使用的监督。

国民收入再分配过程的主要内容可以归结为满足全民性需要的社会基金的形成和使用的过程。这种社会基金的形成和使用主要是借助于社会主义财政体系来进行的。

社会主义财政体系——其中主要部分是国家预算——通过各种形式（周转税、利润提成、社会保险提成、各种税收、公债、存款等），从各种所有制形式和居民吸收并积聚必要的资金。另一方面，财政体系又通过各种形式（基本建设投资、增加流动资金拨款和社会文化事业拨款、贷款等），把从国民经济中积聚起来的社会基金复用于国民经济的发展和人民福利水平的提高以及其他公共性的费用。在国民收入再分配过程中，在社会主义扩大再生产的组织中，财政体系起着重大的、积极的作用。

除了财政体系外，国民收入的再分配还通过以下三个渠道来进行：（1）在非生产性劳务的售卖和购买的基础上所产生的再分配；（2）生产性企业收入直接拨予非生产性机构所产生的再分配；（3）通过价格体系所产生的再分配。

财政平衡表宾栏的第三部分表现着上述国民收入再分配过

程[①]。它一方面表明国民经济各部门和居民通过再分配方式交出的资金，另一方面表明它们通过再分配方式得到的资金。从整个国民经济来看，通过再生产方式所交出的和所得到的资金应正好相抵。但就国民经济的个别部门而论，却不是这样。

社会主义生产企业通过再生产方式交出的资金主要采取利润提成、周转税、社会保险提成和所得税及其他缴款形式，上缴给财政体系。此外，它们的部分收入，直接拨予非生产机构使用（如以企业基金的一部分用来贴补厂设幼儿园、俱乐部等费用）。至于它们通过再生产方式得到的第二性的收入，主要是采取财政体系对基本建设和生产拨款的形式。由于物质生产领域承担着维持非生产领域的责任，再分配的结果对整个生产领域来说，总是负数；这就是说生产企业最终收入总额较其原始收入为少。但对个别生产部门或企业来说，再分配的结果，正负两种可能性都有。

管理和服务机构既然不创造产品和收入，则它们一切收入必然是从再分配过程中得来的第二性的收入。这些收入来源一般有三：一是财政体系的拨款；二是出售劳务所得；三是从生产企业直接拨来的资金。至于这些机构的属于再分配性质的支出，则包括向财政体系的各种缴款、支付工资和购买其他劳务的支出。很显然，再分配结果所形成的收支差额，对非生产性机构来讲必然是正数。

居民除了从物质生产领域得到原始收入外，在再分配过程中还得到下列收入：（1）非生产领域的工资收入；（2）恤金、补助金、助学金等；（3）从财政体系所得其他收入（利息、公债

① 必须注意，财政平衡表并不直接表现通过价格体系所形成的再分配。一般地说，价格构成及其变动不但与国民收入的再分配有关，而且与社会产品、国民收入的整个分配结构有关。这种关系，是通过各种产品的价格和价值的背离以及这些背离的不等程度的变化来实现的。

还本等）；（4）出售劳务所得。属于再分配性质的支出，则包括向财政机构的各种付款和购买非生产性的劳务。由于再分配的结果，居民的最终收入一般总大大超过其原始收入。

国民收入的最终使用情况，表现于平衡表宾栏的第四部分。

如果分别地来看国民经济不同领域最终收入的使用情况，那么，生产性企业的最终收入只能用于固定资产和流动资金的积累，以及后备物资的储备。管理和服务机构的最终收入，一部分用于这些机构的物资消耗，另一部分则用于固定资产、流动资金和后备物资（包括国防物资）的积累。至于居民的最终收入，则主要用于非生产性消费，但一部分也用于消费性财富的积累。必须注意，居民的消费基金和积累基金并不能完全地反映居民的最终的真实收入。在计算居民的真实收入时，必须把服务领域给予居民的免费供应和为居民提供劳务机构的物资消耗计入居民收入。只有这样，才能确定国民收入中真正用于满足人民物质文化需要的部分。

如果把综合财政平衡表的“国民收入的最终使用”部分和“国民收入的原始分配”部分加以比较，我们可以看见：积累基金在一般情况下小于社会主义生产企业的净收入总额，而消费基金则大大超过物质生产部门劳动者的原始收入。这主要是因为生产企业净收入的一部分，在再分配过程中转移作维持非生产机构的业务和在这些机构工作人员的生活的结果。

综合财政平衡表各部分间存在着相互平衡关系。毫无疑问，物质生产领域所创造的国民收入总额，应当等于该领域各当事人的原始收入总额，同时也必须等于最终使用的国民收入总额。由于综合财政平衡表各个部分的指标是和国民经济计划各个部分的指标体系密切联系的，所以这个平衡表就可以用来广泛地检查计划各部分的设计是否协调；如果发现不协调的情况，就需要研究采取积极措施，消灭失衡现象，从而保证计划任务的实现。

前面提过社会产品平衡表和综合财政平衡表的主要区别，在于前者反映社会产品在实物形态上的运动过程，而后者则反映社会产品在收入形态上的运动过程。为了进一步阐明两者的区别，可举一简单的例子。譬如在社会产品平衡表中反映着煤炭这一产品的生产和使用情况，但在综合财政平衡表中所表现的并不是煤炭这一产品的生产和使用，而是生产煤炭的部门——煤炭工业部门收入的形成、变动及其最终使用。这二者显然是不同的两种过程。当然，在综合平衡表表式中不可能详细地表现每种具体产品（如煤炭）和具体部门（如煤炭工业），它们所表现的只能是综合程度较高的产品指标和部门指标；但是问题的实质，并不因此而改变。

一方面，财政平衡表不只是和社会产品平衡表互相区别；另一方面，二者之间存在着密切的联系。这种联系的根据就在于货币收入（或广义的财政资金）的形成、分配和使用，不过是社会产品和国民收入在其实物形态上分配的媒介。货币收入最初是由产品销售得来，但它最终仍实现到产品中去。因此，生产企业、非生产机构和居民的货币收入最终用于消费、积累的数量与结构，应该符合于社会产品、国民收入在实物形态上划分为消费基金和积累基金的数量和结构。这就要求在编制平衡表时，密切注意计划的财政货币指标是否与计划的实物指标相适应。例如，对基本建设的投资，是否得到相应的建筑材料和设备的物资保证；居民的货币支出是否有充分的商品基金的保证，等等。

综合的财政平衡表是以一系列部分的财政平衡表来补充的。最重要的部分财政平衡表有：国民经济各部门财务收支计划或收支概算平衡表；居民货币收支平衡表；财政体系与国民经济各部门及居民间的往来平衡表等。

事实上，综合的财政平衡表可以看为由上述部分财政平衡表综合组成的。如果把综合财政平衡表按主栏横切，我们可以得到三类平衡表：（1）物质生产部门收支计划平衡表；（2）非生产部门的收支计划和收支概算平衡表；（3）居民收支平衡表。但应该注意，综合平衡表中所包含的这三类平衡表，不仅反映着货币收支关系，还包括实物收入和其使用的部分；而补充的、独立的部分财政平衡表则仅仅表明各部门和各居民集团的货币收支情况。

上述各种部分财政平衡表中，特别需要提一下居民货币收支平衡表。这个平衡表详细地计算居民从国民收入的初次分配和再分配中所得到的货币收入，和居民用于购买商品、购买劳务等货币支出，以及居民的货币储蓄。这个平衡表在国民经济计划中有着重大的意义；它可以用来表明居民所得货币数量和按不同渠道提供给居民的消费资料、劳务等数量间应有的比例关系。这个平衡表是编制消费商品的生产与流转计划、货币流通计划、税收和公债等计划的重要依据。

“财政体系与国民经济各部门、居民间的往来平衡表”是综合财政平衡表宾栏“国民收入再分配”部分的具体化和补充。这个平衡表反映着企业、机关和居民向财政机构缴付的一切资金（这些资金形成再分配基金的主要部分）；反映着财政系统拨给生产部门的资金，给非生产部门的经费和给居民的资金。“往来平衡表”的主要组成部分是国家预算；它同时也包括国家保险公司、国家储蓄机构的财务计划指标和国家银行的信贷计划指标。它和国民经济各部门财务收支计划、居民货币收支平衡表的指标是密切地联系着的。

决定社会扩大再生产的规模，决定社会产品和国民收入的最重要因素之一，就是社会劳动时间的正确分配和使用。为了解决这个任务，需要编制劳动平衡表。劳动平衡表是国民经济平衡表系统中第三个重要组成部分。

劳动平衡表应该能够表明：（1）社会主义社会劳动资源状

况；（2）劳动资源在物质生产领域和其他社会有益活动领域各部门间的分配状况；（3）劳动资源的使用情况和劳动力的后备源泉。

综合劳动平衡表如下：

劳动资源平衡表

	年初人数	年度内增加人数	年度内减少人数	年终人数	全年平均人数	全年可能工作时间	全年实际工作时间	劳动时间的潜力（或损失）
Ⅰ.劳动资源								
Ⅱ.劳动资源的分配和使用								

综合劳动平衡表的表式主栏通常由两个部分组成：（1）劳动资源；（2）劳动资源的分配和使用。

劳动资源的分配和使用方向有四：（1）从事物质生产人员（按部门和所有制形式分组）；（2）文化福利事业和管理机构的从业人员（按部门分组）；（3）脱离生产参加学习的有劳动能力居民；（4）从事家务及其他不在公共经济部门做工作的劳动后备。

平衡表的宾栏首先表明着年初、年末人数，以便研究计算年度中劳动资源及其分配的变动情况；其次应表明全年平均人数、全年可能工作时间和全年实际工作时间，这样便可以确定劳动资源的利用程度和潜在力量。

由于一年内不同时期实际工作量有变化（尤其在农业劳动方面），平衡表还应该分季编制。为了确定各个地区劳动力分布和平衡状况，它还需要分区编制。

综合劳动平衡表通常由一系列部分劳动平衡表来补充。重要的部分劳动平衡表有：各部门劳动力平衡表、集体农庄劳动力平衡表、熟练干部平衡表等。

作为再生产的一个重要因素，劳动力的再生产与物质财富、货币财政关系的再生产之间有着密切的联系。这种联系使得劳动平衡表的编制和再生产的物资、财政平衡表的编制紧密结合起来。

从劳动力的再生产和物质财富再生产之间的关系来看：首先，在一定的劳动资源条件下，社会物质生产的规模和结构，是和劳动资源在生产领域和非生产领域间以及它在生产领域内各部门间的分配互为条件的。精简行政机构，缩减管理人员的编制，尽可能把最大数量的劳动力投入生产部门，乃是提高物质生产规模和速度的主要条件之一。其次，在一定的生产水平下，社会生产两大部类各部门间的结构，一方面决定着劳动者的消费水平，另一方面决定着劳动者的技术装备水平；这就在很大程度上决定了劳动生产率的水平。最后，物质生产规模的增长一方面系于参加生产的劳动者人数的增长，另一方面系于社会劳动生产率的提高程度。所有上述在物质财富再生产和劳动力再生产之间的相互关系，规定了物资平衡表和劳动平衡表之间的必要联系。在编制这两种平衡表时，必须详细考察这些联系。

劳动平衡表和财政平衡表之间也有着密切关系。这是受下述因素决定的：首先，劳动资源在物质生产领域和非生产领域各部门间的分配，要求把货币收入或广义的财政资金作相应的再分配。其次，劳动资源按社会集团的分布结构，必须和国民收入按不同居民集团的分配结构相适应。最后，劳动者人数的增加和劳动生产率的提高，引起工资基金和其他劳动报酬的增长；这时特别重要的问题在于平均工资增长速度和劳动生产率增长速度之间的关系，因为这二者之间的关系在很大程度上影响着国民收入分配于消费基金和积累基金的比例。

所有上述联系关系，在编制有关的财政平衡表和劳动平衡表时，是必须加以仔细考虑的。

上述国民经济平衡表的三个主要的组成部分是从不同方面来反映社会主义扩大再生产的过程。为了把扩大再生产当作一个总体来把握，就有必要以上述三种平衡表为基础，编制一个包括再生产各个方面、反映它的总循环过程的表式。这个表式在苏联的统计和计划的实践中，通常叫作"国民经济平衡表主要指标的综合表式"。

所谓"国民经济平衡表主要指标的综合表式"，它本身实际上并不是一种平衡表，而只是利用国民经济平衡表各组成部分的主要指标，以及其他一些重要的计划指标和估算指标，按照再生产过程的循环秩序编排而成的一个表式。这个表式应当能够表明社会主义扩大再生产的人力和物资条件、它的过程和结果。"综合表式"通常包括下列各方面的指标：居民人数、劳动资源；国民经济的固定资产和流动资金；社会产品和国民收入的生产、分配和使用；社会产品和国民收入增长的因素分析；平均每个居民摊到的重要产品的产量；人民福利增长情况等指标。从这个"综合表式"中我们可以看到社会主义扩大再生产的水平、速度和主要比例关系的最一般的图景；从而可以判断国民经济计划方案的整体（或其执行结果）是否符合了社会主义基本经济规律的要求，是否体现了共产党和政府的政治经济政策的意图。

以上我们简略地叙述了苏联国民经济平衡表的意义和内容。苏联在编制国民经济平衡表方面，积累了极丰富的经验。但应该指出，到目前为止，国民经济平衡表的基本问题中还有不少复杂的问题需要研究，如上文指出的关于社会产品各部分的估价问题，两大部类的划分方法问题，等等。国民经济平衡表的表式，也有待于继续改善。所有这些问题的解决，对于加强社会主义计划工作的科学基础和深入研究扩大再生产的复杂过程，具有重要的意义。

目前，我国社会主义的改造和社会主义建设事业正以飞跃的速度向前发展，国民经济计划化正在包罗着越来越广的经济领域。这就迫切地要求提高计划工作的水平，特别是平衡工作的水平，来保证经济建设各方面工作的互相配合。编制以整个社会生产为对象的我国国民经济平衡表，将大大地有助于我国计划水平的提高，并有助于对我国过渡时期扩大再生产复杂过程的深入认识。

学习苏联编制国民经济平衡表的原理和方法，研究如何运用苏联经验来解决我国国民经济平衡表的编制问题，是目前我国计划统计工作者和经济科学工作者的重要任务之一。

苏联经济学界对社会主义社会中固定资产的无形损耗问题的重新认识*

（1956年6月）

关于社会主义社会中是否存在固定资产的无形损耗问题，长期以来，苏联经济学界一般都持否定态度。例如，《苏联大百科全书》（第2版）对“折旧”一词的解释中曾说：“所谓‘无形损耗’的现象仅仅是资本主义经济所固有的。在计划的社会主义经济条件下，技术的发展不会产生‘无形损耗’，固定基金的折旧不把无形损耗计算在内。”①在初版的《政治经济学教科书》中，也忽视了社会主义社会中的固定资产的无形损耗问题。过去否定社会主义社会中固定资产无形损耗的存在，是以这样一种见解为根据的：对社会主义社会来讲使用先进的机器设备和使用落后的机器设备，在经济上同样是合理的；这正是社会主义经济体系的优越性之一。这种见解的形成，在过去苏联机器制造工业还未发展起来，它还远不能充分满足国民经济各部门的发展对新技术的需要时，是有着一定的客观背景的。可是，这种理论对于加速技术进步和提高劳动生产率的要求，显然是有矛盾的。自从1955年苏联检查了工业某些部门在技术方面的落后停滞现象，并提出加速技术进步和更快地提高劳动生产率，以赶上并超过先进的资本主义国家的任务以来，苏联经济学界开始重视技

* 原载《经济研究》1956年第6期。

① 《苏联大百科全书》俄文第2版第2卷，第291页。

术进步中的经济问题的研究，其中包括对固定资产无形损耗问题的重新认识。1955年再版的《政治经济学教科书》和1956年初版的《工业经济学教科书》中，都肯定了社会主义社会中固定资产无形损耗现象的存在[①]。1956年年初苏联共产党第二十次代表大会布尔加宁同志的报告中曾特别指出过去那种理论的危害性，他说："不难看出，这种'理论'成了因循和保守的挡箭牌。它的目的是企图证明，仿佛采用不符合我国先进企业所达到的最高技术水平的陈旧设备是对社会主义社会有利的。"[②]在此以后，苏联的刊物上陆续发表了一些论述固定资产无形损耗的文章。由于对这个问题的研究的重视刚开始，目前已发表的文章多侧重于对问题的正面说明，而争论性的意见还不是很多。现在我们就已经接触到的刊物材料，把有关这个问题的阐述和讨论，作一简略的介绍。

固定资产的无形损耗在社会主义社会中的存在，目前已获得了普遍的承认。问题在于：为什么社会主义社会中会产生固定资产的无形磨损现象？社会主义社会中固定资产无形损耗的特点是什么？П.巴甫洛夫在《社会主义中的技术进步和机器的无形损耗》[③]一文中作了较详细的说明。他说："社会主义中劳动手段的无形损耗是技术进步的结果，而技术进步是受社会主义社会的经济规律，首先是社会主义基本经济规律所制约的。为了达到社会主义生产的目的，就必须在高度技术的基础上使生产不断地增长和完善化。因此，技术进步和生产的不断完善化，对社会主义社会来说乃是客观的必然性。而技术进步意味着劳动手段的经常

① 苏联科学院经济研究所编：《政治经济学教科书》俄文第2版，第491页；《工业经济学教科书》，苏联国家政治出版局1956年俄文版，第230页。

② 《苏联共产党第二十次代表大会关于1956—1960年苏联发展国民经济第六个五年计划的指示》，人民出版社1956年版，第111页。

③ 苏联《经济问题》1956年第2期。

更新。……随着新的、具有更高的生产性能的和更经济的机器的发明和推行，旧技术在生产中的使用就不再符合不断提高劳动生产率这一经济规律和尽量节约活劳动与物化劳动的要求。……社会主义国民经济中机器的无形损耗表现在：和开始使用的新机器相比，这些机器的生产效能较低，其使用时的经常耗费较高。这就产生了拆除在精神上已衰老的机器，和以新机器来代替它们的必要性。提前拆除陈旧的机器意味着：这些机器的残存价值将不能转移到产品中去，将不能从折旧中得到补偿。”①

关于社会主义条件下固定资产的无形损耗和资本主义无形损耗的区别，П.巴甫洛夫说：“资本主义社会中旧机器丧失自己的交换价值并且不能和新机器竞争，这并不是因为它不能保证社会劳动的真正的节约，而是因为它需要更多的资本，才能生产同样数额的剩余价值。社会主义社会中机器受到无形损耗乃是由于它和新机器相比，已不能保证社会劳动生产率的提高。”②巴甫洛夫引用了《政治经济学教科书》第2版中的一段话，说明机器的无形损耗在社会主义社会中表现着和资本主义社会不同的经济过程。他说：“资本主义社会中机器的无形损耗引起劳动条件的恶化和对工人剥削的加剧。社会主义社会中它表现着社会劳动的节约和劳动的减轻，以及更完全地满足社会经济增长的需要的必然性。”③

社会主义社会中机器的无形损耗有哪几种形式？最近出版的《工业经济学教科书》和上述巴甫洛夫的文章都指出：马克思对两种形式的无形损耗的分析，对于社会主义社会也是适用的。第一种形式的无形损耗是指机器的结构和性能不变，但它的再生产费用降低，因而引起旧机器原有价值的贬低。第二种形式的无

① 苏联《经济问题》1956年第2期，第16—17页。

② 同上。

③ 同上。

形损耗是指由于新的、具有更高生产性能的机器的出现，使得旧机器的生产性能相对下降而引起的损失。区别两种形式的无形损耗，对于正确解决旧机器设备是否继续使用，是否以新机器设备代替旧机器设备，以及对于解决无形损耗如何补偿的问题，具有重要的意义。

关于遭受第一种形式无形损耗的机器的继续使用问题，《工业经济学教科书》没有提出肯定的意见，只指出："当已经有了用较少的社会必要劳动的耗费生产出来的新机器时，使用旧机器将引起依靠旧设备之助而生产的产品价值的提高。"[①]Π.巴甫洛夫是肯定旧机器应该继续使用的，他说："在第一种形式的无形损耗下，机器变陈旧是因为结构相同的新机器比老机器更为便宜，在这种情况下没有必要拆除旧机器"[②]，因为这时旧机器在创造产品的使用价值上的作用并未改变，改变了的仅仅是产品成本较用新机器为高。另一方面，巴甫洛夫认为这种机器虽然可以继续使用，但不应继续生产，"如果工厂用过去同样多的生产费用继续再生产这种机器，这对社会将意味着劳动的损失"[③]。

此外，还有一种意见，即认为在超过某一定界限之后，遭受第一种形式无形损耗的旧机器设备，应当以价值更低的新机器设备来代替。这种界限就是当机器的再生产价值降低到旧机器大修理价值以下。持这种意见的有A.康松[④]。他认为：随着机器的再生产价值的降低，到了一定时期，对旧机器进行大修理的费用就可能大于购买一部新机器，这时机器就不值得再进行修理，而应该用更便宜的新机器来代替它，尽管从物质上来看旧机器经过大修还可以继续使用。不过需要指出，康松在这里所谈的机器价值

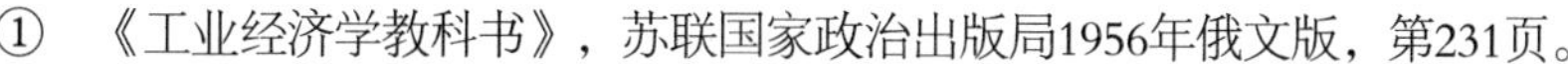

① 《工业经济学教科书》，苏联国家政治出版局1956年俄文版，第231页。

②③ 苏联《经济问题》1956年第2期，第17、19页。

④ A.康松："对采用新技术的经济效果的分析的一些问题"，载苏联《统计通报》1955年第5期。

的贬低，不仅由于它的再生产费用越来越便宜，而且也可能由于出产了新的生产能力更高的机器，换句话说，康松认为上述他的论点是适用于两种形式的无形损耗的。

关于遭受第二种形式无形损耗的机器，一般都认为它应该让位于新机器。这是因为“使用旧机器需要耗费更多的活劳动和物化劳动，旧机器不能保证工人完成先进的生产定额，在生产过程中将消耗较使用新机器为多的燃料和电力，它所生产的产品质量较低”[1]。“在已经有了更经济的、具有更高生产性能的机器以后，技术陈旧的机器的使用将阻碍劳动生产率的提高和产品成本的降低，引起较大的生产费用，归根到底这将使得社会主义社会的积累减缓。”[2]

社会主义社会中不仅存在着以新技术代替旧技术的必要性，而且存在着这种更新的可能性，因为社会主义社会中对以更完善的机器来代替结构陈旧的机器没有也不应该有任何障碍。可是，技术更新的必要性和可能性并不意味着在任何条件下都应该拆除旧机器，代之以新机器。以新机器设备来代替旧机器设备的规模和速度，不可能是漫无限制的。这种限制就是生产力发展已经达到的水平，是“某一时期能够保证国民经济以新技术到何种程度”[3]。《工业经济学教科书》说：“以新的、更完善的设备来代替陈旧的设备时应该考虑一系列的因素，首先是设备平衡的状况。机器制造工业的发展越是迅速，它掌握苏联国内外科学技术成就并生产数量足够的生产工具的速度越是快，则技术更新的速度就越高，以生产性能较高的机器来代替生产性能较低的机器就越快。”[4]在新技术的供应有限和国民经济某些部门（地方工

① 苏联《经济问题》1956年第2期，第18页。

② 《工业经济学教科书》，苏联国家政治出版局1956年俄文版，第231页。

③ 苏联《经济问题》1956年第2期，第20页。

④ 《工业经济学教科书》，苏联国家政治出版局1956年俄文版，第231页。

业、手工业合作社等）的技术装备程度很不足的情况下，“把旧技术转移到最需要它们的地方去，这不但是可能的，而且是必需的”[①]。并且，对这些暂时使用于生产中的旧技术，应进行现代化的改建措施。

关于决定技术更新的规模和速度的因素问题，斯图鲁米林院士在《劳动手段的有形和“无形”损耗》[②]一文中，作了较详细的叙述。他认为技术更新的速度，或“经济上已经陈旧了的技术可以容许使用的界限，决定于许多情况，其中包括计划的目的方针，即体现于计划中的对一定时期的技术政策”[③]。在计划经济发展的不同阶段，由于条件和任务不同，技术政策也不能相同。例如，在苏联经济发展最初阶段，任务在于从产品数量上赶上先进国家，当时劳动力有余而技术不足，因此需要采取具有这样倾向的一种方针：只要在劳动力容许的条件下，尽可能地利用一切新的和旧的设备来扩大生产；在旧设备还没有从物质上耗损以前，不以新技术来排挤旧技术。在这种场合，无形磨损的问题最容易被暂时遗忘。在苏联经济发展的以后阶段，随着剩余劳动力的消失和技术供应条件的改善，在提高劳动生产率方面赶上并超过先进资本主义国家的任务就逐渐提到重要地位。这需要尽一切可能来提高劳动的技术装备，而加速以新机器代替旧机器的问题就提到议事日程上来了。“因此，在我们的时代，‘无形’损耗的问题就获得越来越大的意义”。[④]

无形损耗意味着：随着更经济的、具有更高的生产性能的新机器设备的出现，旧机器设备将丧失部分的原有价值。这部分丧失的价值应从何处取得补偿？这部分损失的补偿，是否需要改变

① 苏联《经济问题》1956年第2期，第20页。
② 苏联《经济问题》1956年第8期。
③ 同上书，第46页。
④ 苏联《经济问题》1956年第8期，第46页。

旧机器设备的折旧提成呢？这个问题，也要分别两种不同形式的无形损耗，加以考察。

前面说过，遭受第一种形式无形损耗的旧机器设备，是可以在生产中继续使用的。因此这里不发生因提前拆除设备而生产的设备残存价值的损失如何补偿的问题，而只有因再生产费用降低而产生的旧机器原有价值贬低的损失如何补偿的问题。是不是可以用提高折旧提成的方式来弥补这种损失？答复是相反的。如Ⅱ.巴甫洛夫说："在第一种形式无形损耗下旧机器的折旧提成数额不应增加，而应减少。"[①]这是因为：既然旧机器和新机器在生产性能上完全相同，但旧机器按原有的较高价值提取折旧，新机器则按较低的价值提取折旧，"在其他的相等的条件下，这将产生产品成本的差异"[②]，C.康托雷尔在《无形损耗与新技术的效果》[③]一文中也指出按现行折旧提成的计算办法（不考虑第一种形式的无形损耗），即使新旧机器在创造使用价值上面的性能完全一样，但利用旧机器所生产的产品成本，较用新机器所生产者为高。这对于经济核算是不利的。此外，斯图鲁米林还从转移到产品中去的是机器的价值而非其使用价值这一角度，来论证折旧额应相应于机器再生产价值的降低而减少。他说："以劳动手段原有数额的一定比率或以不变价格来衡量的损耗，只能作为它们的实物量或使用价值量的尺度。作为它们的价值的尺度，只能是其再生产所必需的劳动数量；而后者在劳动生产率增长的条件下是降低着的。显然，只有这个现时的、而非过去的或未来的价值额，才能全部地转移到产品的生产费中去。"[④]根据斯图鲁米林随后所举的数字例证可以看出，他认为应该用降低对旧机器原有价值的折旧率的办法，把机器的实际价值磨损额摊入产品的生

①② 苏联《经济问题》1956年第2期，第21页。

③ 苏联《经济问题》1956年第9期。

④ 苏联《经济问题》1956年第8期，第50页。

产费用中去。

不过，用降低旧机器的折旧率的办法来平衡使用新、旧不同的机器所生产产品的成本，就需要对不同时期出产的同种机器订出不同的折旧率，这在实践中是很难办到的。所以，巴甫洛夫主张："更合理的办法是：当生产中出现新的、更便宜的，但结构和旧机器相同的机器时，对已安装的设备不应按其原始价值，而应按新出现的，更便宜的设备的重置价值，来提取折旧提成。"[①]康托雷尔也主张按现行批发价格所表现的机器价值来提取折旧。

可是，无论采取重置价值或采取降低折旧率的办法，都会使旧设备丧失部分的原有的交换价值，而不能从折旧提成中取得补偿。不过，用折旧提成来弥补上述损失，在事实上并无必要。这是因为：当旧设备有形耗损期间终了，需要更新之时，代置它的新设备不是按旧设备的原有价值，而是按新设备的降低了的价值购进的。斯图鲁米林在文章中曾列表以数字说明这点。他说："在那种场合（折旧减少的场合——笔者注），企业在使用期间不能把生产手段或投资的原有价值全部收回。对这一部分价值应该怎么办呢？从表格中可以看出：在有形磨损的全部期间，这些损失是从待更新的劳动手段的便宜化当中得到补偿的。"[②]"并且，劳动手段价值的损失，在它的实物量不变的场合，无论怎样也不会影响生产，因而这种损失是虚假的不幸；而弥补损耗时的节约，却完全是真实的节约，因为它意味着已磨损了的劳动手段再生产所需劳动的实际耗费的缩减……"[③]

第二种形式无形损耗的补偿问题：由于旧设备在有形磨损期终以前即被新设备所代替，因而产生的旧设备残存价值的损失，

---

① 苏联《经济问题》1956年第2期，第21页。

② 苏联《经济问题》1956年第8期，第50页。

③ 同上书，第49页。

应如何补偿？关于这个问题大约有以下三种意见。

第一种意见主张用提高设备的折旧率的办法，来补偿与第二种形式的无形损耗有关的损失。持这种意见的有巴甫洛夫、康托雷尔、康松等。如巴甫洛夫说："在确定折旧率时不能仅仅根据机器的有形的可用性，应该看到包括技术进步因素的机器使用的'经济界限'，而不仅是其'物理界限'。在解决各种机器的使用期限的问题时，必须同时考虑技术的计算和经济的指标。"①巴甫洛夫在这里并没有明确地提出旧机器原有价值的损失应全部从提高折旧率取得补偿，这是因为他考虑到两种情况：第一，新机器代替旧机器的时间，难以事先精确预计，所以，旧机器的部分价值可能从折旧中得不到补偿。在这种场合，他认为新设备代替旧设备所需费用，应从国民收入或为此目的而设置的专门基金中得到弥补。第二，巴甫洛夫认为折旧率是不能"过分提高"的。因为，"没有根据地提高折旧率，将使产品的成本急剧提高"②。从这里也可以看出，巴甫洛夫是主张用提高折旧率的办法（虽然不能"过分提高"）来补偿设备更新所引起的损失的。康托雷尔则明确地认为折旧率除了应该能够补偿机器复原和大修理所需费用外，还应该包括一个提成部分，用来设立为提前更换旧机器或使其现代化的措施所需的专门基金③。

对于上述主张，B.沃罗基洛夫在《论社会主义经济中固定资产的无形损耗和折旧》④一文中提出了以下几点反对意见。（1）固定资产转移到产品中的价值，不可能大于它在生产过程中实际消耗的价值；所以，折旧率应该只反映固定资产的实际损耗，反映在生产过程中实际消耗了的劳动手段的价值。（2）如

① 苏联《计划经济》1956年第2期，第21页。

② 同上。

③ 苏联《经济问题》1956年第9期，第49页。

④ 苏联《经济问题》1956年第4期。

果把劳动手段的未来残存价值的补偿计入折旧率，这将意味着把实际上并未转移到产品中去的价值计入成本，从而人为地提高了产品的成本，而这显然是和降低成本的任务相矛盾的，它和技术进步将降低产品成本这一公认的事实也是相矛盾的。（3）用提高折旧率的办法来弥补设备更新所引起的损耗，在实践上也是很难行得通的，因为设备更新的时期，是不可能事先精确规定的[①]。

B.沃罗基洛夫提出了第二种意见。他认为，消灭由于设备的无形损耗所造成的损失问题，可经由两条途径来解决。第一条途径是：从使用新的生产性能较高的机器设备所带来的活劳动和物化劳动的节约来补偿前述损失。第二条途径是：尽可能地加强设备的利用率，以减少无形损耗开始前的设备残存价值到最低限，即把可能的损失减低到最低限。这两种方法应该结合利用。"当提高生产的强度在设备的实际使用期间还不可能全部补偿设备的价值时，这个设备的残存价值应由使用新技术所产生的节约来补偿"。[②]

第三种意见是斯图鲁米林院士提出来的。他也反对用提高折旧率的办法来弥补设备更新所带来的损失，认为这是资本主义的办法。他说："资本主义的实践把这些损失称之为设备的'无形'损耗，把这种损失和真正的磨损并在一起算进总折旧率中去。诚然，'无形'的因素是最难进行会计核算的。但是，正因为如此，'无形'损耗就为亿万富翁从利润中无限制地提取折旧开辟了门路，并且在这个无形的掩盖下帮助他们颇大一部分的利润逃避所得税的课征。"[③]在计划的社会主义经济条件下，斯图鲁米林认为应当设立一种"使落后技术现代化的计划预置

① 苏联《经济问题》1956年第4期，第49—50页。

② 苏联《经济问题》1956年第4期，第51—52页。

③ 苏联《经济问题》1956年第8期，第50—51、52、53页。

基金”（Фондпланово–предупЪедителЪной модерниэации отстающей техники[①]），用来补偿上述劳动手段的无形损耗。斯图鲁米林认为，这项“现代化基金”不应和折旧基金混为一谈，二者在使用的目的上和在经济性质上都不相同。首先，折旧基金是在生产资料的简单再生产的要求范围内，补偿后者的损耗，而“现代化基金”则“仅仅补全劳动手段原有价值的贬低，用使陈旧技术现代化的方法来提高其生产能力。因此，它们是为劳动手段量的放大再生产服务，但不提高劳动手段的原有价值”[②]。其次，“现代化基金”和折旧基金的另一个主要区别在于：后者包括在产品成本之内，而前者“按其经济性质是从积累当中形成的，它们不应计入经常的生产费用中去”[③]。

①②③　苏联《经济问题》1956年第8期，第50—51、52、53页。

关于劳动生产率指标的一些问题的讨论*

（1957年1月）

劳动生产率指标是国民经济发展的一项极重要的指标。怎样正确理解这个指标的含义？怎样正确计算这个指标？近年来苏联经济学界对这个问题展开了一系列的讨论。我国统计界对此也有过一些讨论。讨论的问题中涉及劳动生产率指标所包含的对比关系的两个方面，即劳动消耗量方面和产品量方面。这篇介绍只限于前一方面的问题，就是在计算劳动生产率指标时，对劳动消耗量的范围应该如何理解和如何确定的问题。这一问题又可分为以下两个问题来叙述：（1）应该按全部劳动消耗（包括活劳动和物化劳动），还是应该只按活劳动消耗来计算劳动生产率？（2）在按活劳动计算劳动生产率时，应不应该把工人以外的其他类别的工作人员的劳动消耗包括在内？

关于第一个问题，即在确定劳动生产率指标时，只应该计算活劳动消耗，还是应该把物化劳动消耗也计算在内的问题有三种意见：第一种意见认为应该按全部劳动消耗来计算劳动生产率；第二种意见认为应该只按活劳动消耗来计算；第三种意见是上两种意见的综合。

C.斯图鲁米林院士是持第一种意见的。他从“单位产品的价

* 原载《经济研究》1957年第1期。

值和劳动生产率间存在着相反的依存关系”这一原理，来论证劳动生产率指标应该用产品量对全部劳动消耗的比率来表现。在题为《论劳动生产率的衡量》的一文中，他说：“大家知道，任何商品的价值决定于物化在该商品中的全部过去劳动和活劳动，所以，它可以用（t_1+t_2）：P公式来表现，式中t_1和t_2代表过去劳动和活劳动，P代表这些劳动所创造的产品的实物量，即使用价值量。大家也知道，价值和一定社会中的劳动生产力间存在着相反的依存关系。‘劳动生产率的提高，意味着活劳动的部分的减少，而过去劳动的部分增加，但其增加的结果，使得商品中所包含的劳动总量减少’（马克思）。换句话说，劳动生产率增长的动态，应该用P：（t_1+t_2）这一分数式的增长来衡量，在分母中应包括全部劳动消耗。马克思自己也十分明确地指出：‘在生产者按照事先规定的计划调节自己的生产的社会中，劳动生产率无疑地应该以这个尺度来衡量。’”①

斯图鲁米林指出，苏联统计工作中只计算活劳动生产率，是不符合马克思关于这一问题的指示的。“当然，在按全部劳动消耗计算劳动生产率指标的同时，计算工人单位活劳动的产量指标仍保留着它的特殊意义。但是这里有着不同的任务，不应该以某一种任务来代替另一种任务。只要把上引二式作一简单的比较，就可以明白：用工人产量这一旧的尺度，我们就会夸大劳动生产率已经达到的水平，因为P：t_2总是大于P：（t_1+t_2）的。如果考虑到马克思指出的在劳动总耗费中活劳动的分量不断减少，而过去劳动的分量不断增加，那么就会发现目前用来衡量劳动生产率的公式P：t_2还有一个严重的缺点：它不仅夸大了劳动生产率的水

① 苏联《社会主义劳动》1956年第4期，第34页。该段引马克思文，参见《资本论》第3卷，人民出版社1956年版，第311—312页。

平，而且夸大了劳动生产率的实际增长速度”。[1]

在实际工作中，运用$P:(t_1+t_2)$这一公式来计算劳动生产率是有困难的。困难在于：现行统计核算对于物化劳动的消耗，是用货币来计算的；物化劳动和活劳动不能直接按时间单位相加。为了克服计算上的困难，斯图鲁米林提出了以下两项建议：（1）假定各种产品的价格和它们的价值大致相符，从整个国民经济来看，$t_1:t_2$应该等于$c:(v+m)$；我们可以从$c:(v+m)$求出$t_1:t_2$的比率，然后从这一比率算出t_1的数值（t_2即工时消耗，是可以统计的）。这样，我们就能得到t_1+t_2即劳动消耗总额。如果知道$t_1:t_2$这一比率在若干年中的变化，就不难对过去计算的劳动生产率指数作出必要的修正。（2）用一个简单的公式：$I=(W+Э):W$来表现劳动生产率增长的指数，式中W为报告年度的产品总值，$Э$是报告年度与基期年度相比由于生产费用降低而获得的节约总数。这个公式的方便之处在于：它可以直接用货币形式来计算，而不必迂回求助于推算物化劳动消耗的时数[2]。

第二种意见。B.索波尔反对按全部劳动消耗计算劳动生产率，而主张仍采取统计工作中行之已久的办法，只计算活劳动的生产率。他的主要论据就是：唯有人才能生产，唯有活劳动才能是生产的。他在“劳动生产率统计的一些问题”和“论苏联劳动生产率的衡量”两篇文章中，反复地申述了上述论点。他说：“马克思主义者一般总是认为只有人才能生产物质资料，机器和其他生产工具并不具有生产产品的能力。苏联劳动生产率的统计就是以马克思主义的这些原理为依据的。”[3]如果，依照斯图鲁米林的意见，劳动生产率指标不以$P:t_2$而以$P:(t_1+t_2)$的比率

① 苏联《社会主义劳动》1956年第4期，第34页。该段引马克思文，参见《资本论》第3卷，人民出版社1956年版，第311—312页。

② 苏联《社会主义劳动》1956年第4期，第35、36页。

③ 详见苏联《社会主义劳动》1956年第9期，第24、25页。

来表现，那么，这就“意味着物化劳动也具有生产能力……可是，无论如何也不能把物化劳动认为是生产产品的劳动”[①]。这是因为，“生产资料一般，以及其中的机器，本身并不能为人类社会生产产品。普通所谓‘机床的生产能力’‘高炉的生产能力’等等，无非是指劳动者借助于这些生产工具，生产了多少产品而已”。[②]

索波尔指出，按照P：（t_1+t_2）这一公式来计算劳动生产率，在实际工作中是行不通的。这是因为在苏联的经济中并没有对于社会劳动消耗和产品价值的准确的核算，目前苏联价格结构体系中包含着价格和价值间的巨大的背离，因此，全部劳动消耗总额t_1+t_2在目前是无法确定的。“在我们的经济中，价格和价值的背离不能认为是个别的现象，这些背离的性质不是偶然的，而是一贯的，绝大多数生产资料的价格，规定得低于其价值。所以，以现行价格为基础计算出来的$\frac{c}{v+m}$这一关系，显然不能够反映生产资料的全部劳动消耗”。[③]根据同样的理由，他认为斯图鲁米林的公式$I=(W+Э):W$在事实上并不能利用，因为，“报告年度的产品总值W和由于费用降低而得到的节约总额$Э$，我们是不知道的”[④]。

需要指出，索波尔并非完全否认P：（t_1+t_2）这一公式的意义。不过他认为，公式P：（t_1+t_2）和其倒数产品价值公式（t_1+t_2）：P的意义一样，只能用来测量劳动节约的程度，而不能用来直接表明劳动生产率的增长程度。这是因为：虽然“社会劳动节约的指数可以作为劳动生产率的表征，但无论如何这不是直接的而只是间接的表征”[⑤]。

① 苏联《社会主义劳动》1956年第9期，第24、25页。

② 苏联《统计通读》1956年第2期，第40页。

③④⑤ 苏联《社会主义劳动》1956年第9期，第27页。

第三种意见。A.洛特金认为，活劳动生产率指标（$P:t_2$）在目前的计划和核算中仍有其重要意义，因为在目前的技术发展水平下，单位产品中活劳动消耗的减少，对社会劳动的节约仍起着重要作用。在题为《社会劳动生产率及其计算与计划的一些问题》一文中，他作了以下的说明："1955年苏联社会总产品中国民收入所占比重为52%，而在工业总产值中，净产值所占比重等于48%。由此可见，1955年每一单位工业产品的平均社会劳动消耗中，将近一半是由活劳动消耗构成的。这些数字证明了单位产品中活劳动消耗的降低对于国民经济（其中包括工业）的重大意义。"并且，"生产资料生产部门单位产品活劳动消耗在一定时期的降低，在下一时期就成为使用这些生产资料的部门降低活劳动消耗的因素。……在技术进步表现为单位产品中过去劳动消耗增加的一些场合，活劳动消耗的进一步的降低乃是降低单位产品劳动消耗总额的主要手段"[①]。洛特金还列举了工人产量指标（$P:t_2$——笔者注）在计划管理中的一系列的作用，并且指出它是通俗易晓的，容易计算和控制的指标。"所以，不应该放弃工人产量指标，而应当使它完善化，改善它在实际中的运用。"[②]

另一方面，洛特金认为，在目前技术迅速进步的条件下，物化劳动在总劳动消耗中的比重越来越大，所以有必要重视计算包括物化劳动消耗在内的总劳动生产率指标。他说："在保存并改善工人产量指标的同时，必须记住我们生活在新技术大转变的开始时代，以利用电力和原子能为基础的大规模的机器生产将走上自动化生产的阶段。在自动化生产中，活劳动消耗在总劳动消耗中所占比重急剧缩小。显然，在这些条件下，为了确定社会劳动生产率的水平和动态，除了对活劳动进行核算外，对单位产品的全部劳动——过去劳动和活劳动——消耗的核算就获得越来越大

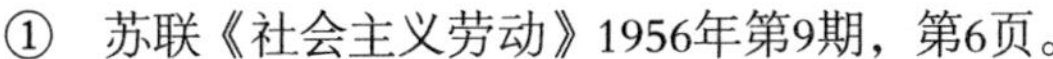

① 苏联《社会主义劳动》1956年第9期，第6页。

② 苏联《经济问题》1956年第9期，第6、7、8页。

的意义。”[①]

诺特金对怎样核算全部劳动的消耗和怎样衡量它的生产率的问题作了分析。他认为不能仅用某一种指标，而是需要用一系列的指标体系来核算社会劳动消耗和劳动生产率。“这个指标体系应该根据共产主义第一阶段生产关系的特征和经营、计划的基本要求。在我们的经济实践中是存在着那样的指标体系的，这就是：工人产量、产品成本的降低、企业赢利。这些主要指标的总和可以用来正确计算单位产品中过去劳动和活劳动消耗的变化，而不必陷于抽象的境地中去。但是，为了在实践中顺利地运用这些指标，就必须消除不同产品的生产成本、赢利和它们的实际社会必要生产耗费之间的不符；这些不符常常是没有根据的，是人为地造成的。”[②]诺特金指出：问题不在于取消现行的指标体系，而在于使它完善化，以满足国民经济发展的要求。至于斯图鲁米林建议的$I=(W+Э):W$公式，诺特金认为也可以和工人产量指标同时运用，借以帮助确定包含过去劳动消耗在内的劳动生产率增长的大约的百分比率[③]。

对于按全部劳动消耗计算劳动生产率持保留态度的经济学家中还可以举出Я.克瓦沙。他认为这样的计算只适用于整个社会生产的范围，而不适用于企业和部门的范围。例如，他在苏联科学院经济研究所1956年7月间的一次科学讨论会的发言中指出：“在企业中和工业部门中计算包括过去（物化）劳动在内的劳动生产率，事实上是不可能的，而这对经营管理也很少有用处。这个问题，只有在整个社会生产的范围上才能得到满意的解决。”[④]至于如何衡量整个社会物质生产领域的劳动生产率，克瓦沙认为，“就物质生产领域范围而言，可以把（按可比价格

①② 苏联《经济问题》1956年第9期，第6、7、8页。

③ 苏联《经济问题》1956年第9期，第9页。

④ 《苏联科学院通讯》1956年第9期，第115页。

计算的）社会总产品减除转移价值的重复计算部分，对生产中消耗的活劳动的比例，作为包括过去劳动消耗在内的劳动生产率指标。这个指标可以表现为（按可比价格计算的）国民收入对物质生产领域中工作人数的比例。这种指标可以帮助判断单位劳动提供给扩大生产的生活资料和生产资料是更多了还是更少了，多了几倍和少了几成”[①]。诺特金在前述文章中也提出直接用社会产品或国民收入的实物量和物质生产领域工人总数的对比，来表现包含物化劳动消耗在内的劳动生产率。这是因为：某一年度中所消耗的生产资料如原材料中的燃料、水电等绝大部分乃是当年生产这些生产资料的工人的活劳动所创造的，所以，“如果把整个国民经济的生产资料和消费资料的生产部门的活劳动消耗相加起来，我们就可以得到一年中过去劳动和活劳动消耗总额的绝大部分”。[②]

第二个问题：确定活劳动的生产率时，应该只计算生产工人的工时消耗呢？还是应该把工人以外的其他工作人员（工程技术人员、职员等）的工时消耗计算在内？

关于这个问题有两种意见：一种意见主张按一定生产领域内全体工作人员劳动消耗来计算该生产领域的劳动生产率；另一种意见则认为按工人劳动消耗来计算劳动生产率比较合理。

持第一种意见的以克瓦沙为代表。在题为《论计算劳动生产率的若干问题》一文中，克瓦沙指出，目前苏联统计工作中只计算生产工人的劳动生产率，这在理论上是没有根据的。他说：“在确定劳动生产率的动态时，反对计算工程师、技术员、工长、计划工作人员、办公室清洁工人等的主要理由就是他们没有直接参加生产过程，因而劳动生产率的大小不应该依他们为转移。……可是……不把工程技术人员、职员和勤杂人员等列为

① 苏联《经济问题》1956年第11期，第149—150页。

② 苏联《经济问题》1956年第9期，第10页。

生产过程的参加者，在理论上是否正确和在实践上是否合理，还需要讨论。”[①]克瓦沙认为，上述工作人员是“在物质生产领域中进行工作，并参加物质资料和物质性劳动的创造的”[②]；并引用了马克思关于随着劳动过程协作化的发展，生产劳动和生产劳动者的概念也扩大起来，以及苏联《政治经济学教科书》关于在物质生产领域工作的脑力劳动者也直接参加物质资料生产的论点，来证明自己的看法[③]。因此，克瓦沙认为，确定劳动生产率时不计入工程技术人员和职员等的劳动消耗，是没有理由的。

其次，克瓦沙指出：从全体工作人员组成的变化来看，由于机器制造工业的优先发展和工业生产过程的机械化和自动化，工程技术人员的比重越来越大，而工人的比重则有降低的趋势。十分明显，在这种情况下，按工人工时消耗量计算的劳动生产率指标不但会夸大劳动生产率的水平，而且会夸大它的增长速度。“如果说从前这种错误要经过很长时期才能发现，那么现在由于那些降低体力劳动工人在全体工作人员中的比重的条件的迅速发展，这种错误在较短的时期内即已显现出来，因而不仅使得长期计划工作、而且使得短期计划工作复杂化。这种情况，在工程技术人员和职员在全体人员中的比重超过三分之一或接近一半的那些工业部门中，例如在某些化学工业部门和机器制造业部门中，特别显著”。[④]

此外，克瓦沙还指出，目前计算的工人生产率指标很难用来作为“比较、监督和刺激劳动生产率增长的尺度。例如只计算工人时间消耗的劳动生产率指标显然不能促使企业的领导人员努力

①② 苏联《经济问题》1956年第6期，第121页。

③ 参见马克思：《资本论》第1卷，人民出版社1956年版，第624页；苏联科学院经济研究所编：《政治经济学教科书》增订第2版，下册，人民出版社1956年版，第582页。

④ 苏联《经济问题》1956年第6期，第123、126页。

克服职员和其他非工人类型的工作人员编制过大的现象，因为为生产服务的机构无论怎样扩大，都不会反映在按目前办法计算的劳动生产率指标上。同时应当指出，对成本曲线和劳动生产率曲线之间的比较会越来越复杂，因为前者反映着全体工作人员的支出，而后者只反映工人的劳动消耗；再者，生产同种产品各企业的劳动生产率水平的比较结果也越来越有分歧，因为工程技术人员和职员较多和可能是过多的企业，在比较当中是有着更有利的条件的”①。

根据以上的理由，克瓦沙主张按全部活劳动消耗量来计划和计算劳动生产率。他说：“在计算物质生产领域的劳动生产率指标时，应该把在这个领域的全部工作人员计算在内，不管他们是脑力劳动者或体力劳动者，是基本人员或辅助人员。在计划和计算工业的这一指标时也是如此；我们认为应该要看工时是这一物质生产部门消耗的，或在这个部门之外消耗的，来确定工时的消耗量。这也适用于国民经济其他部门（建筑业、农业等）劳动生产率的计算。在计算工业劳动生产率时，除了应该计算该部门工业企业的全部工作人员外，还必须计算该部门的设计局、实验所和组织生产的机构的工作人员。在计划和计算一个工业企业的劳动生产率时应该把各类工作人员全部计算在内（当然要把非工业的附属生产单位的工作人员除外）。”②

我国统计界对劳动生产率计算方法问题的讨论中，也有着和克瓦沙相似的观点。例如，朱德录在《我对劳动生产率计算方法的意见》③一文中，就是根据了和克瓦沙基本上相同的理由，来论证“只有按工业生产人员（包括工人以外的其他类型的工作人员在内——笔者注）计算的劳动生产率才是最基本最正确和相互

① 苏联《经济问题》1956年第6期，第123、126页。

② 同上书，第121—122页。

③ 《统计工作通讯》1956年第21期。

可比的指标”。不过他并不完全否认按工人计算的劳动生产率指标的意义，而认为它仍然可以保留作为企业领导上指导生产的根据之一。

在反对以全体工作人员的劳动生产率指标来代替工人劳动生产率指标的苏联经济学家中，可以举A.诺特金为例。在前面提过的文章中，诺特金从以下两个方面来论证他的看法。（1）不同类型的工作人员对生产和对劳动生产率所起的作用是不一样的。他说：“在企业中有着不同类型的工作人员：第一是制造一定物质资料的工人；第二是工程技术人员，他们对生产过程进行领导、组织和监督，但他们是通过工人而不是直接地对生产和对劳动生产率起作用的。他们和工人一起组成为‘工人总体’，但他们提高劳动生产率的作用不同于工人。因此，在目前技术水平下，工人产量仍然应该是劳动生产率的主要指标。”①（2）从统计数字上来看，苏联工业生产人员中工人的比重不是像克瓦沙所说的减少了，反而是增加了，“……这项比重在1932年为75%，1937年为78%，而在1955年为82%。工程技术人员的比重也增加了：从1932年的5%和1937年的7%增加到1955年的9%。职员的比重则从1932年的9%和1937年的6%降到1955年的4%。工程技术人员和职员合在一起的比重1955年的水平和1937年相同。因此，工程技术人员的比重的增长在我们的整个工业中还没有达到必须要放弃工人劳动生产率指标的规模。这个问题在将来才会发生”。不过，诺特金并不否认在个别场合也需要计算全体工作人员的劳动生产率，例如在工程技术人员比重较高的个别生产部门，以及在工人转变为工程技术类型的人员趋势增强的场合。在这些场合，问题在于补充一项新的指标，而不是以这个补充的指标来代替目前使用的工人劳动生产率指标。

①② 苏联《经济问题》1956年第9期，第11页。

我国统计界的讨论中也有人反对以全部生产人员劳动生产率指标作为最基本的指标。这可以举刘铮《工业劳动生产率分析方法中两个问题的商榷》[①]一文为例。该文作者认为只有按工人工时消耗计算的劳动生产率指标，才是“最基本、最正确和可比的指标”；而按全体工业工作人员计算的劳动生产率指数“只能用来与生产工人劳动生产率动态对比，说明生产工人比重的增加或减少对社会劳动生产率的影响时才有意义”，“通常是不计算这一指标的”。他的理由是：“由于这些人员（工人以外的其他类型的工业工作人员——笔者注）并不直接创造物质财富，他们与产量的增减也没有直接的比例关系。”

在以上对苏联经济学界的讨论的叙述中，我们顺便提到了我国统计界中的一些类似的看法。需要指出，我国统计界对计算劳动生产率时劳动消耗范围如何确定的问题，讨论的主要焦点不仅是应不应该把同一生产部门的工人外的其他工作人员的劳动消耗计算在内的问题；关于这个问题的讨论我们在上节已经介绍过了。我国统计界讨论的主要焦点还在于：计算工业企业的劳动生产率时，应不应该把工业企业内的非工业的工作人员计算在内的问题。关于这个问题，从《统计工作通讯》1956年各期（第11、18、21、22期）发表的文章[②]看来，有正反两种意见。

正面的意见是主张在确定工业企业的劳动生产率时，可以把非工业人员计算在内。持这种意见的可举王乃浦为例。他的理由，概括起来，有以下几点：（1）劳动生产率有广义狭义之分，从广义来讲，计算全员劳动生产率是可以的；（2）企业的

① 《统计工作通讯》1956年第11期。

② 参见《统计工作通讯》1956年下列各期：第11期，刘铮：“工业劳动生产率分析方法中两个问题的商榷”；第18期，王乃浦：“我们对计算全员劳动生产率的看法”；第21期，佟哲晖：“对‘全员劳动生产率’指标的看法”，朱德录：“我对劳动生产率指标计算方法的意见”；第22期，黄振兰：“我也谈谈对计算‘全员劳动生产率’的看法”。

非工业人员虽然不直接参加企业的生产过程，但是，他们是一个独立经济单位中不可缺少的人员，是直接为本企业服务的；若把企业作为一个整体来观察其劳动力利用的效果，那么就应该计算全员劳动生产率；（3）实践证明，通过全员劳动生产率动态和工人劳动生产率动态的对比，及其与全员劳动生产率计划的对比，可以查明企业劳动组织情况，达到控制人员，缩减非直接生产人员的目的。例如，前重工业部所属企业自建立全员劳动生产率指标后，非工业人员占全部人员的比重从1953年的16.5%下降到1955年的15.8%。

反对计算工业企业全员劳动生产率指标的有刘铮、佟哲晖、朱德录、黄振兰等。他们的主要论据，可以概括如下：（1）不论就广义的或狭义的观点来看，劳动生产率只应该理解为从事物质生产活动的工作人员每人在单位时间所生产的产品数量。如果把企业中从事非生产活动的非工业工作人员（政治工作人员、福利设施机构人员等）包括在内来计算劳动生产率，那么就不仅抹杀物质生产部门和非生产部门之间的区别，而且不符合劳动生产率的定义。（2）计算劳动生产率时必须要使这个指标所包含的对比的两个方面，即产品量和劳动量两方面在内容上互相适应。工业企业的工业产品既不是企业中非生产人员所创造的，也不是非工业性的生产人员（如房屋建筑物大修理人员、厂外运输人员等）所创造的。后者的产品已另计入其他生产部门（建筑业、运输业等）的总产值中；如果在计算工业企业的劳动生产率时也把这些人员包括在内，那么不但会破坏各个生产部门之间的界限，而且不符合劳动生产率指标的对比的两个方面必须互相适应的要求。（3）全员劳动生产率指标本身并不能收到控制企业人员的效果。前重工业部所属企业1954年后非工业人员比重的下降，并不是因为建立了全员劳动生产率指标，而是因为经济恢复时期结束后，各企业提高了计划管理水平，从而使得各项国家计划（包括劳动计划在内）得到了更有效的贯彻。（4）即使说全员劳动生产率指标可以用来查明企业的劳动组织，达到控制人员的目的，但这个目的可以直接从比较各类工作人员人数的动态来达到，而不必拐弯求助于全员劳动生产率指标。（5）增加全员劳动生产率指标和同时使用两种劳动生产率指标，将给企业的考核工作带来困难。根据以上的理由，参加讨论的绝大多数作者都反对计算包括非工业人员在内的所谓"企业全员劳动生产率"，建议把这个指标从实际工作中取消。

* * *

【补充】

以上的报道写完后，《统计工作》1957年第2期又发表了几篇讨论劳动生产率的文章。现在把这些文章中与本篇报道所涉及的问题的有关部分，简略补充如下。

许刚在《对如何计算劳动生产率的几点意见》一文中，认为只计算工人劳动生产率或只计算全员劳动生产率都是片面的，这两种指标各有不同的用处，也可以综合在一起观察。作者着重地说明了可以计算全员劳动生产率的理由。他认为用全员计算的劳动生产率，劳动量与生产量并不是不相适应的。从劳动生产率指标与工资、成本、利润等一系列重要经济指标间的内在关系看来，也有必要建立全员劳动生产率。作者还认为，现行报表制度中规定按"工业生产人员"计算劳动生产率，是没有多大意义的。例如，政治工作人员按现行规定不列入"工作生产人员"中，但这部分人员（企业、党、工会等组织工作人员）的劳动，与企业生产的成果却有着密切的关系。作者又指出，国民经济划分为各个部门，应以独立核算的基层单位为准，若把各个基层单位附属的不独立核算的机构，以至每个人员（如厂外运输人员、厂房设备大修人员、保卫人员等）视其工作性质不同而划到国民经济其他相应的部门去，这在实际工作中处理上是有困难的，而且也不很妥当。但是，企业附设的独立核算单位（如附属独立医院、小学等）的人员，则不应包括在全员劳动生产率的计算之中[①]。

姜培素的《究竟什么叫作直接从事物质生产劳动》和宁克庭《不同意用工业生产人员来计算劳动生产率》两篇文章基本上主张只按生产工人的劳动消耗来计算劳动生产率。姜文从体力劳动和脑力劳动间还存在着重大差别这一角度，说明工程技术人员即使在社会主义条件下，也不能一概认为是直接参加物质生产的，因此，目前还是以工人劳动消耗量来计算劳动生产率较合理。但是，随着脑力劳动和体力劳动间重大差别的消除，生产自动化逐渐占据主要地位，就可以逐步把工程技术人员等的劳动消耗量也计算在内，因为那时候“工程技术人员操纵电钮进行生产，那他也就是直接从事生产的了”[②]。宁文也认为工程技术人员等其他工作人员并非直接参加生产过程，而只是辅助劳动者；其劳动的最终成果并不直接表现为产品，而表现在为生产产品创造一切必需的条件上。因此在计算劳动生产率时为了使这个指标的生产量和劳动消耗量所包括的经济内容相适应，就不应当把其他工作人员的劳动消耗包括进去[③]。姜、宁二文对克瓦沙所列举的工人劳动生产率指标的缺点，都有所反驳[④]。

朱元的《应该用什么指标来确定工业劳动生产率水平》一文也认为，作为确定劳动生产率水平的指标，只能是工人劳动生产率指标。因为劳动生产率水平总是也应该是以平均数的形式表现，而算术平均数则要求分子分母互相适应。如果在计算劳动生产率时除直接生产产品的工人劳动外再“掺杂其他人的劳动”，

① 《统计工作》1957年第2期，第10—12、15—16页。

② 同上。

③ 同上书，第16、17、18、19页。

④ 同上。

那就不可能正确确定企业、部门的劳动生产率的平均水平，以及研究它的动态。另一方面，他又认为工业生产人员和全员劳动生产率指标作为“强度指标”来说，并不需要分母分子相适应，而都有它特定的经济意义；不过它们不能作为确定劳动生产率水平的指标罢了[①]。

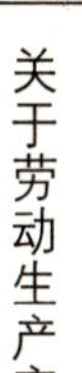

① 《统计工作》1957年第2期，第16、17、18、19页。

苏联经济学界对短期信贷问题的不同看法[*]

（1957年1月）

对于短期信贷问题，苏联经济学界目前存在着几种不同的看法，兹简单介绍如下。

通常流行的看法认为，信贷是动员和利用临时性的闲在资金的一种形式。这种看法可举《政治经济学教科书》和最近出版的《苏联财政与信贷》一书为例。《政治经济学教科书》说：“社会主义的信贷是国家根据偿还的条件动员临时性的闲置货币资金并有计划地利用这些资金以满足国民经济需要的形式。”①《苏联财政与信贷》一书对信贷下了这样的定义：“苏联信贷是经济关系的特种形式，通过这些经济关系，社会主义国家按照偿还的条件来动员并有计划地利用临时性的闲置货币资金，以满足社会主义社会国民经济的需要。”②

对于上述通常流行的见解，C.斯特因史雷格尔和B.西金，И.斯拉夫雷分别在苏联《经济问题》杂志和《苏联财政》杂志提出了批评。C.斯特因史雷格尔在《社会主义扩大再生产中的货币资金的周转》一文中说：“书刊中流行的认为国家银行资金来源是‘经济中的临时性闲置资金’的概念，是极其相对性的概

* 原载《哲学社会科学动态》1957年第1期。

① “Политическая Зкономия，Учебник”，Госиолитедат，1954. стр.

② “Финансьы н кредит СССР”，Госфиниедат，1956，стр. 54.

念。”因为这样就“造成一种印象，好像银行是以经济中的临时性的闲置货币资金来实行贷放，而贷放款是受着临时性闲置资金的限制的。事实上并没有那种限制。国家银行对经济实行贷放，给予货币资金（包括现金与非现金）时，并不以所谓临时性的闲置资金数额为限，而是以创造出来的和实现的产品价格总额为限。信贷并不是临时性闲置货币资金的运动形式，而是社会产品实现过程中占用着的并处于回归到起点（偿还债务）的各个不同阶段上的货币资金的运动形式”。[①]根据C.斯特因史雷格尔的意见，“社会主义的信贷，作为社会主义生产关系的特种形式，表现为国家银行按偿还条件对经济周转垫支的货币资金的计划循环，这些资金是在社会产品再生产过程中占用着的，它们分处在回归到起点（贷款的偿还）过程的各个不同阶段上”。[②]

B.西金和И.斯拉夫雷在《关于预算和信贷的相互关系的若干问题》一文中，也认为把社会主义信贷仅仅当作临时性的闲置货币资金的动员与利用形式的这种看法是“片面的，它不能说明信贷在流动资金的形成和集中于国家中的货币基金的分配中所占的地位和所起的作用”。[③]这篇文章的作者认为：“在社会主义经济中，再分配和利用临时性闲置货币资金的规模，相对地说来是有限制的……在苏联，国营企业的闲置货币资源仅仅是为了保证与供货单位的结算、工资以及其他支付的不中断才是必要的。换句话说，企业的货币资源仅仅在经常性的货币出纳的范围内形成，而企业的积累停留在银行账户上的时间，一般说来是极其短促的。……在我们的经济中，并没有什么原因促使临时性闲置货币资金的巨大增长，以作为扩张信贷关系的基础。……因此，那些试图把苏联信贷说成是经济中临时性闲置货币资金的动员和利

① 《вопросы Зкономии》，1956，№9，стр. 111—112.

② 同上书，стр.114.

③ 《Финансы СССР》，1957，№2，стр.18.

用形式的人们，是错误的。”[①]

B.西金和И.斯拉夫雷认为：“更正确地观察社会主义短期信贷这一范畴，是要从社会主义经济流动资金的组织问题这一角度来观察，是要把这个范畴看作为保证合理分配和有效使用经济中的物资基金而利用价值规律的一种形式。”[②]作者认为信贷的基本前提是经济组织对资金的临时性需要，而这种临时性需要乃是由于物质资财的运动性质所引起的，是由于个别企业的物资储备和消耗在某一个别期间较其他期间为大所引起的。“但是，信贷在社会主义经济中的运用，不仅限于满足经济的临时性需要。社会主义经济的实践表明：苏联信贷应当超越这个范围。在一定时间内按偿还的条件提供货币资金——这是在社会主义企业组织的储备的有计划的形成过程中，分配货币资源的必要形式。”[③]例如，银行贷款参与定额内储备的形成，季节性储备，等等。因此，“在苏联的条件下，信贷也是企业流动资金形成的有计划的形式，为了这个目的，需要使用国民经济中依靠纯收入而形成的资源，以用于增加国民经济各部门的流动基金。这就是除了经济中临时性的闲散资金之外，国家预算资金可能而且应该是形成银行资金来源之一的一个根本原因”。[④]

B.西金、И.斯拉夫雷二人也不同意前述C.斯特因史雷格尔所下的定义。他们指出，斯氏对信贷作用的混乱的表述只是下述的意义上，才能理解，即“由于社会产品的运动而产生的经济中的货币资金的任何运动，都是信贷关系的形式”。但这是不符合社会主义财政体系的实际情况的。“大家知道，由于生产资料公有制占统治地位这个事实，产生了有计划地从个别企业提取其实现

① 《Финансы СССР》，1957，№2，стр.18，19，20.

② 同上书，стр.20.

③ 同上书，стр.21.

④ 同上书，стр.22.

的积累，并按国民经济计划使用于国家的各种公共需要的可能性。因此，在社会主义条件下货币资源的分配和再分配的主要形式并不是信贷形式，而是预算形式。所以，斯特因史雷格尔认为信贷是社会主义货币资金运动的普遍形式的这种意见，并不符合社会主义经济规律和社会主义经营的实践。”[①]“社会主义信贷不能看作是货币资源的运动与分配的无所不包的形式。商品的实现……并不以信贷的参加为前提。至于在货币积累的分配方面，信贷也不起决定性的作用。短期信贷的作用乃在于，它是和预算拨款以及经济的自有资金同时作为企业流动资金的形成的源泉而出现的。”[②]

① 《Финансы СССР》，1957，No.2，стр.23.

② 同上书，стр.25.

苏联关于劳动生产率指标（分子方面）计算方法论问题的讨论*

（1957年2月）

劳动生产率指标的计算方法论问题，是近年来苏联经济学界热烈争论的问题之一。1956年6月苏联科学院经济研究所曾为此召开过一次学术讨论会。同年12月间苏联高教部、科学院和中央统计局又组织了一次大讨论会。讨论的问题集中在劳动生产率指标的分子和分母两个方面。关于分母方面（劳动消耗）的计算方法问题的讨论中的主要论点，《经济研究》杂志已有介绍①。这里我们把有关分子方面（产品量）的计算方法的一些问题和论点，根据苏联《经济问题》杂志1957年第3期的报道，扼要译述如下。

在劳动生产率指标分子方面，首先要弄清所谓“产品量”概念的内容是什么？有人举了下面一个有趣的例子。在石油工业中，勘察钻探的劳动生产率是以每一个工人的钻进码数来计算的。但是，十分明显，钻探是为了寻找新的石油矿床。投到这方面来的劳动的效果，不应该以钻进码数来衡量，而应该以找到的石油储量来衡量。按照目前计算劳动生产率的方法，那些不能找到石油的勘探队也可能有很好的表现。在国民经济的其他部门

---

* 原载《哲学社会科学动态》1957年第2期。

① 见《经济研究》1957年第1期，柳谷岗：“关于劳动生产率指标的一些问题的讨论”。

中，也常常遇到类似的困难问题。

其次，劳动生产率指标的分子（产品量）应该用什么形式来表现？用实物形式呢，还是用价值形式来表现？以这些不同形式的产品量指标来计算劳动生产率指标，其优点和缺点各为如何？

主张以实物形式来表现劳动生产率指标的分子（产品量）的同志认为：实物指标可以避免价值指标的如下缺点。例如，以食品的价值来计算厨工的劳动生产率，会使得食堂在菜单中增加价钱较贵的菜目，而减少价钱便宜但花费劳动较多的菜目，这样就降低了为消费者服务的质量。以平均销货的货币收入来表示商店售货员的劳动生产率，也会引起类似的情况。只要商店增加贵重商品在销售总额中的比重，在其他情况不变的条件下，就会使得每一售货员的平均销售货币收入提高，造成劳动生产率指标有了增长的假象。因此，有些人主张不要以平均每人产值或收入作为劳动生产率的指标，而用平均每人生产的实物产品量来代替前者。但是，讨论过程中有不少人指出实物产品量指标也有很大的缺点。它不能代表全部的产品量，例如它不能把“在制品”余额的变化计入在内。实物指标也不能反映产品的质量和品种的变化。以实物产品量作为计算劳动生产率指标的依据，只适用于主要的生产工人；它不能把辅助工人的劳动计入。此外，在很多场合，实物指标是不可比的，因而甚至在个别企业内也很少运用它。所以，实物指标里不能作为计算劳动生产率指标的基础的。

用“假定的实物指标”（условный натуралъный показатслъ）来计算劳动生产率也有着与用实物指标相同的缺点。除此以外，它还有着特殊的缺点，这就是在换算时所用的系数，包含着很多的假定性。不过，在个别部门（如运输业、农业）的某些场合，是可以利用这种指数来计算劳动生产率的，但这绝不是劳动生产率的主要指标。

在讨论过程中大多数经济学家都认为在计算劳动生产率时仍应以价值指标作为产品量的主要指标。问题在于：用哪一个价值指标？用“总产值”指标呢？还是用“商品产值”指标？或者用“净产值”指标？这些指标的优缺点又各为如何？

用总产值指标来计算劳动生产率，是有很多的缺点的。这些缺点归纳起来有以下几点：（1）总产值指标的数值，受着企业的组织结构、企业的专业化和协作化的影响。由于这个原因，对于处在甚至相同条件下的各个企业已经达到的劳动生产率水平，也不能进行比较。例如，纺织联合工厂每一个工人的总产值产量就较印染厂为低。（2）总产值的大小，还受着过去的物化劳动在总产值中所占比重的影响。如果企业以较贵重的原料来代替较便宜的原料进行生产，那么每一个工人的平均产量就会提高，反之就会降低。这就使得企业劳动生产率指标的水平受着用料计划变动的影响，并且使得企业为了追求产值指标和劳动生产率指标而破坏规定的品种。（3）以每一个工人平均总产值来代表劳动生产率，不能够反映过去（物化）劳动的节约或浪费的情况，因而也就不能完全地反映活劳动和过去劳动的节约总和。并且，这个劳动生产率指标在分子上包括全部劳动（产品的全部价值），而在分母上则只包括活劳动（工人人数或工时消耗），这在逻辑上也是不合适的。

虽然总产值指标具有上述的缺点，但仍有不少经济学家主张保持按总产值来计算劳动生产率的方法，同时提出了消除这些缺点的建议。例如，为了使报告指标和计划指标之间有更大的可比性，有人建议在报告期间如果企业的总产值因协作化专业化而有变动时，就对总产值指标进行适当的修正。为了使得劳动生产率指标的分子与分母可比，有人建议在分母中不仅包括活劳动消耗，同时也包括物化劳动的消耗。

按商品产值来计算劳动生产率的建议，在讨论过程中没有得到支持。商品产值指标除了具有与总产值指标相同的缺点外，还有另一个缺点，就是它不能反映“在制品”余额的变动，这对于机器制造业来说是特别重要的。在计算劳动生产率时，“在制品”余额的变动，会大大影响每一个工人或每个单位工时的平均商品产值。因此，这项指标也不能作为劳动生产率的主要指标。

关于净产值指标是否可以作为计算劳动生产率的根据的问题，在讨论过程中引起了广泛的争论。净产值指标能够避免总产值指标所具有的重复计算（过去劳动部分）的缺点，同时也可以使得劳动生产率指标的分子和分母在内容上相适应。主张按净产值指标来计算劳动生产率的经济学家们认为：它可以确定生产的各个部分在整个社会生产中和在社会劳动生产率的增长中所占的真正地位，并且能够反映活劳动和过去劳动的节约。在讨论过程中也发现了按净产值计算的劳动生产率指标有不少的严重缺点。例如，各个部门的净产值在很大程度上决定于价格形成和工资制度；因此，净产值指标并不能表现一定企业所真正创造出来的新价值。同时，需要注意，目前在工业各部门产品的总额中，工资所占的比重相差是很大的。例如，1955年工资的比重在制糖工业为9.1%，而在煤炭工业则为59%。

沙文斯基教授指出计算劳动生产率的净产值法只能适用于研究整个国民经济的劳动生产率。索波里对这种用途也表示怀疑，他指出净产值或国民收入的比重，在轻工业就较重工业为高。因此，当劳动在两部类间的分配有改变时，国民收入的数值也会受到相当的影响，从而使劳动生产率指标的数值得到不正确的表现。

巴克兰诺夫等提出了利用“假定的净产值”（Условна ячистая продукчца）（或称“生产量”Обьем производства；“真实的总产值”реальнся валовая продукдиа，或“加工价

值”Стоимостъ добавленной обработкой）来计算劳动生产率指标。“假定的净产值”的内容包括新创造的价值加最近期的固定资产折旧额。主张采用这一方法的同志认为它比总产值法有如下的优点。首先，“假定的净产值”指标不包含重复计算，不受生产中物质消耗量的影响。其次，在用这个方法计算劳动生产率时，生产起点情况（组织结构、专业化、协作化等）的改变，不会影响到平均每个人的产量；并且这种方法使得各个部门内部和各部门相互间的劳动生产率的比较，劳动生产率计划完成情况与固定资产利用计划完成情况之间的关系的研究，和劳动的技术装备程度与劳动生产率之间的关系的研究，成为可能。此外，巴克兰诺夫还认为“假定的净产值”指标较“净产值”指标更能正确地反映一个企业的“生产量”，因为净产值指标在更大程度上受着价格形成的影响。

讨论中对于所谓“假定的净产值”指标的缺点也作了分析。例如，由于固定资产是按其动用年度的价值估价的，因此同一部门的不同企业虽然技术装备是一样的，但折旧提成在生产变用中所占的比重也可能有差异。每年对所有的固定资产进行一次重估价，在实践上是不可能的。在不同的工业部门中，折旧占产品价值的比重相差也很大，例如1955年折旧所占比重在棉纺织工业为1.1%，而在石油采掘业为47.8%。因此，如按这个方法来计算劳动生产率，那么各个部门劳动生产率的比例关系就不能够得到正确的表现。此外，还有人指出，以“生产量”（“假定的净产值”）代替“产品量”来计算劳动生产率，在原则上是错误的；因为所谓“生产量”所指的是工作量，而劳动生产率并不是表现每一个工人平均完成的工作量，而是每一个工人平均生产的产品量。这两个概念（“产品量”和“生产量”）虽然近似，但是仍有区别。

最近，在讨论过程中也有人主张按“定额工资”法和“定额工时消耗”法来计算劳动生产率，但这种主张没有得到支持，因为“定额工资”或“定额工时消耗”等指标在很大程度上决定于各种计划的和核算的定额，而这可能使得劳动生产率的统计数字不能互比，并且会歪曲劳动生产率指标。

以上简略地介绍了苏联经济学界关于劳动生产率指标分子方面的一些看法和不同的论点。至于有关分母方面的问题的讨论，《经济研究》杂志已有介绍，这里就不再重复了。

苏联关于社会主义制度下商品生产价值规律和价格形成的一些问题的讨论*

（1957年6月）

苏联科学院经济研究所于1956年12月间组织了一次关于价值规律和价格形成问题的讨论会；讨论的一些问题本刊已有介绍①。关于这些问题的讨论，以后在苏联刊物中继续进行。1957年5月间苏联经济研究所又组织了一次大规模的讨论会（以下简称五月讨论会——编者注）。讨论的问题包括：关于商品生产问题；关于利用价值规律为巩固经济核算、降低产品成本和提高企业盈利服务的问题；关于流通领域中的一些问题和关于价格形成问题等②。由于篇幅的限制，我们这篇报道不可能涉及所有问题。现在仅就我国经济学界关心的一部分问题，把苏联经济研究所5月讨论会上和苏联刊物上的争论情况，作一简单介绍。

关于社会主义社会商品生产存在的原因

关于这个问题，过去的讨论中有两种基本不同的意见。一种意见主要是从社会主义所有制的两种形式来说明社会主义社会中商品生产存在的必然性；另一种意见则主要从社会主义社会中劳

* 原载《经济研究》1957年第6期。

① 《经济研究》1957年第3期，第164页。

② 参见苏联《社会主义劳动》1957年第8期，第136页。

动性质的差别和按劳分配原则来说明。在五月讨论会上，奥斯特洛维强诺夫院士对上述第二种意见作了批判。他指出："从马克思列宁主义方法论的观点看来，在劳动耗费的核算当中和消费品的分配领域中去找商品生产存在的原因，是完全错误的。大家知道，消费品在社会中的分配首先依存于生产资料的分配，换句话说就是依存于生产资料的所有制形式。只有从分析所有制形式出发，才能够解释一定社会中物质资料的分配制度。此外，分配观念完全不能说明生产资料的商品性质，因为社会主义社会中只有消费品是按劳分配的。从各种具体劳动的质的差异中直接地引申出商品生产的必然性，也是错误的。因为这等于从劳动的社会分工引申出商品生产的必然性，而不考虑所有制形式。……他们忘记了，只有在商品生产的条件下才产生那种化具体劳动为抽象劳动的必要性。……大家知道，在共产主义的高级阶段，社会劳动性质的重大差别将会消失，但是脑力劳动和体力劳动之间、工业劳动和农业劳动之间仍然会有些差别。如果用社会主义社会劳动性质的差别来解释商品生产存在的必然性，那么就应该承认：即使在共产主义高级阶段，也仍然会有什么不要紧的商品生产和不要紧的价值规律存在着。"①

奥斯特洛维强诺夫认为："社会主义社会商品生产和流通的基础首先是城乡之间劳动的社会分工和国有制（全民所有制）与合作社集体农庄所有制这两种生产资料的社会主义公有制形式之间的相互关系。"②他认为社会主义中商品生产和流通的范围，包括国营成分和合作社集体农庄成分之间以及集体农庄合作社相互之间交换的产品；国营企业和集体农庄为了出售给城乡居民而生产的全部消费品；以及国营成分内部各个企业之间流通的生产资料。奥氏指出消费品的商品性质，是"由国有制、合作社集体

① 苏联《共产党人》1957年第13期，第89、91页。
② 同上。

农庄所有制这两种形式的生产资料与劳动产品的社会主义公有制同消费品的个人所有制之间的相互关系中产生的。在社会主义阶段，消费品的个人所有制不同于它在共产主义高级阶段的特点，在于它同按劳分配规律的相互联系，这个规律要求在工作人员给予社会的劳动和他们从社会所得到的报酬（在扣除了满足全社会需要的剩余产品以后）之间有着一定的等价关系”。[①]至于国营成分内部流通的生产资料的商品性质，奥氏认为这首先是由国有制和国内存在的其他所有制之间的相互关系所决定的，是由社会主义经济的统一性，社会主义经济中工业和农业之间、生产资料的生产和消费资料的生产之间的相互联系和彼此依存所决定的。其次，生产资料的商品性质还是由国有制本身在社会主义阶段的发展特点和内部需要所决定的。“在社会主义国有制的基础上，产生了一种结合劳动力和生产资料的方式，在这种方式下工作人员对自己劳动成果的物质利益的关怀成为发展社会主义生产的决定力量。……因此，在国家和国家所有的企业之间以及在国营成分各个企业之间的相互关系，就必须建筑在活劳动和物化劳动消耗的等价补偿原则上，也就是建筑在商品生产和流通所固有的原则上。”[②]

在讨论的过程中大多数发言人都同意奥斯特洛维强诺夫对社会主义制度下商品生产存在原因的分析。但是，克隆洛德、吉雅琴柯、巴什可夫等人也提出了不同的意见。

А.И.巴什可夫认为，社会主义条件下商品生产存在的原因不应该同两种社会主义公有制形式联系起来观察，因为“这种说法意味着：商品生产不是国营成分内部所固有的，而是从外面导入的。但是，事实却表明了商品联系形式是国营经济成分的客观需要”。他说“在《资本论》第1卷第一章中，马克思是把商品生

① 苏联《经济问题》1957年第8期，第73、74页。

② 同上。

产作为历史上已经形成的事实来进行分析的。在那里，私有制只是当作分析商品和价值的前提。商品生产、市场联系形式在从资本主义向社会主义过渡时期和在社会主义制度下的必要性，早已为经验所证明，为苏联和人民民主国家社会主义经济建设的实践所证明。应该就用这些事实来说明社会主义社会中商品生产和市场联系形式存在的必要性，而不必用纯粹分析方法从社会主义所有制本身来引申出这种必要性”。①

对于巴什可夫的上述意见，奥斯特洛维强诺夫反驳如下：“巴什可夫认为没有必要来说明社会主义制度下商品生产存在的原因，只需把存在商品生产这一事实确认下来就够了。但是，科学的任务不在于确认事实，它的主要任务是解释事实，并且利用理论，为革命地改变现实而服务。”②

Я.А.克隆洛德对奥斯特洛维强诺夫关于商品生产存在原因的分析，提出了以下的批评：“如果奥斯特洛维强诺夫同志承认了国有制本身也需要商品生产，那么，他就不能不承认，这里也有着社会主义制度下商品关系存在的主要原因，因为全民所有制乃是社会主义所有制的统治形式。用个人所有制的存在和按劳分配来说明消费品的商品性质，也是错误的。如果生产资料作为商品来生产和流通，那么消费品也就是商品。”③克隆洛德认为，对于苏联和其他一些国家来说，集体农庄合作社所有制的存在不过是商品存在的补充原因，而商品生产的主要原因应该从全民所有制的特点来说明。克隆洛德指出，正是全民所有制给予劳动以直接的社会性，但是，在社会主义阶段，直接的社会劳动还具有社会意义上的差别，它还具有一种非对抗性的矛盾，即“社会产品的生产所消耗的总劳动同个别企业产品的生产所消耗的个人劳动

① 苏联《经济问题》1957年第8期，第90、106、96页。
② 同上。
③ 同上。

与集体劳动之间的矛盾”。“直接的社会劳动的矛盾在于：作为生产社会总产品所消耗的总劳动，它是一般的、平均的社会必要劳动；而作为一定企业内生产产品所消耗的个人和集体劳动，它又是特殊的、在社会意义上不同质的劳动，它对于社会的必要程度是不等的。这个矛盾表现在：体现着直接社会劳动的产品，应该（按马克思的话）具备直接的可交换性；但作为社会意义上不同质的劳动的产品，它又不能具备那种可交换性。”克隆洛德认为这个矛盾必须由产品作为商品来生产和交换加以解决，“产品当作商品也就是当作价值来进行生产和交换，就是上述矛盾的解决形式；在这个过程中不同的和不等的劳动转化为同等的平均社会劳动”。克隆洛德还认为，产品之所以成为商品，并不是由于它的所有者的改变，而是由于它是以等价补偿的原则完成其经济的周转的[①]。

对于克隆洛德的上述意见，奥斯特洛维强诺夫作了以下的答复。第一，他不同意从国有制来论证商品生产的必要性，因为：“商品生产在历史上和逻辑上都先于社会主义，而不是在社会主义社会中第一次产生的。所以，不能认为商品生产是从生产资料的社会主义国家所有制当中产生的。国有制是所有制的高级形式，它最接近于未来的共产主义所有制。它在自己的发展过程中创造出过渡到共产主义分配制的条件。国营成分内部创造和流通的生产资料虽然是商品，但已具备着它们在未来共产主义社会中转化为产品的一些特点。”第二，“克隆洛德同志用来论证商品关系的直接社会劳动的矛盾，实质上是个人劳动和社会必要劳动间的矛盾。它所表现的只是价值的数量方面，而不是质量方面。确定价值数量的必要性，只是在有了商品生产和价值以后才产生的，所以，从这个矛盾中绝对不能引申出商品关系的必然性，所

① 苏联《经济问题》1957年第8期，第89—90页。

有这些范畴只是随着商品生产的发生而发生，随着商品生产的消灭而消灭的”。第三，“克隆洛德同志修改了马克思关于商品交换的定义，把它归结为等价原则。毫无疑问，等价原则是商品交换所固有的，但绝不可以把这两者混为一谈。等价原则不仅可以在货币形态上进行，而且也可能在没有商品货币关系的实物形态上进行”。[①]

В.П.吉雅琴柯也不同意奥斯特洛维强诺夫关于商品生产存在原因的解释。他认为只有放弃从两种所有制形式来论证商品生产的企图，才能找到社会主义商品生产存在原因的统一解释。吉雅琴柯对社会主义社会存在商品生产的原因的解释是：“劳动的社会分工和生产资料的社会主义所有制决定了社会劳动的特殊性，而社会劳动的特殊性则决定了商品生产的必要性和社会主义商品矛盾的特殊性。”吉雅琴柯还批评了奥斯特洛维强诺夫等关于按劳分配原则同生产资料没有关系的说法，批评了他们只是在说明消费品的商品性质时才把按劳分配作为补充的因素来加以考虑。他说：“按劳分配是借助于社会生产的两大部类所创造的新价值的分配来进行的。但是在分配价值以前，必须把它生产出来，对它进行核算，并使它得到实现。因此，第Ⅰ部类的劳动产品也应该作为价值也就是作为商品生产出来。再者，新创造的价值应该以货币形式进行分配并与商品（消费品）进行交换。这个‘迂回的’途径并不是个人所有制所决定的（共产主义社会中也有个人所有制），而是社会主义社会生产的两大部类所共同的社会劳动的特殊性质所决定的。”[②]吉雅琴柯的上述意见没有被奥斯特洛维强诺夫所接受，他说：“如果按照吉雅琴柯同志的方法，那么资本主义的商品生产就必须用劳动的两重性来说明，而这是违背马克思的方法的。马克思从商品生产者的分离性中引申出商品

① 苏联《经济问题》1957年第8期，第103、106、107页。

② 同上。

生产，而这个分离性的基础就是劳动的社会分工和生产资料的私有制。”①

关于价值规律对社会主义生产有无调节作用，和价值规律同国民经济有计划按比例发展规律的关系

关于价值规律对社会主义生产是否起调节作用，苏联经济学界目前仍有分歧意见。大多数经济学家认为价值规律对生产不起调节作用，虽然它对生产的影响作用是不能忽视的。但仍有少数经济学家认为它有调节作用，例如在五月讨论会中В.И.佩雷斯列金认为：价值规律虽然不是社会主义生产的唯一调节者，但却是“调节者之一”②。М.В.布列也夫在他的博士学位论文中也持着类似的论点，并作了较详细的说明。他说：“所有的经济规律都是运动规律；作为运动规律，它们同时也尽着调节生产的职能。我们的现代政治经济学承认了价值规律仅仅在流通领域有着一定程度的调节作用。至于生产领域，包括消费品的生产在内，那它就不是生产的运动规律和生产的调节规律了，它只是对生产发生影响（？）（注意：影响并不等于调节，否则就无须调换名词了）如果价值规律并不起调节生产的职能，而它又没有别的什么职能，那么就必须认为它在生产过程中是完全不发生作用的。计划经济的实践却表明了：在生产过程中价值规律仍保存着一定程度的生产调节者的职能。关于这点，可以举很多例子来说明。现在举其中一例。在第六个五年计划中，对毛织品和棉织品生产的比例规定为1∶17；并且，每一人口的毛织品大约只有二码。任何人都可以看到，如果仅仅从居民的需要出发，那么在计划中

① 苏联《经济问题》1957年第8期，第103、106、107页。

② 同上书，第105页。

对毛、棉织品的生产就应当规定另一个比例。但是目前还不可能大大改变这个比例关系，因为毛织品生产的价值还很高。由此看来，价值规律（在一定范围内）仍有调节不同生产的比例关系的作用。当然，作为生产调节者的价值规律的作用范围，是受到限制的。……”[①]

既然价值规律不但对流通过程而且对生产过程起调节作用，那么，它同有计划按比例发展规律的关系如何呢？布列也夫说：“有计划按比例发展规律是在仍然保持着商品形式的社会主义生产中起作用的。但是，在商品生产中，不管它是以怎样的社会所有制形式为基础，都存在着价值规律。所以，有计划按比例发展规律对商品形式的生产和流通主要是作为价值规律而起作用的；生产和分配在商品货币形式上的比例关系，就是在价值规律的基础上确定的。”[②]

С.Г.斯特鲁米林院士也持着类似的论点。在五月讨论会上，他认为：“国民经济有计划按比例发展规律并不是什么取消价值规律的东西，而是来代替价值规律的，也就是说，有计划按比例发展规律就是在发展的社会主义经济条件下价值规律的变形。”[③]斯特鲁米林虽然没有直接提出价值规律是社会主义生产的调节者，但他在《社会主义经济中的价值规律和社会生产费的计算》一文中，认为价值规律对于生产比例的关系和对于价格比例的关系是同等重要的，是互相联系的，是一个现象的两个方面；价格比例的失调将引起生产比例相对于消费结构的失调。他认为：“不彻底地承认价值规律，在实质上就是在实践中拒绝它。”[④]斯特鲁米林指出：“苏联的大多数经济学家倾向于把价

① 《苏联国立莫斯科经济学院学报》1957年第2期，第47—48、54页；着重点是作者加的。

② 同上。

③ 苏联《经济问题》1957年第8期，第99页；着重点是作者加的。

④ 苏联《计划经济》1957年第2期，第39页。

值范畴看成是什么过去时代的残余，它的作用范围越来越受到限制。但是，这等于说我们要在社会主义的条件下‘限制’劳动生产率增长规律的作用……”[①]此外，还有些经济学家把利用价值规律同限制价值规律的作用对立起来，他们认为不应该限制价值规律的作用，而应该尽量利用它[②]。

上述意见在讨论过程中受到许多经济学家的批判。如奥斯特洛维强诺夫指出：把价值规律的利用和限制对立起来的“那种立场是错误的。对价值规律作用的限制，正是尽量利用它来为共产主义建设服务的条件。如果说资本主义制度下这个规律是劳动和生产资料在国民经济各部门间分配的调节者，那么在社会主义制度下劳动和生产资料的分配，是按照基本经济规律的要求，并考虑价值规律的作用在有计划按比例发展规律的基础上进行的”。[③]奥斯特洛维强诺夫指出了斯特鲁米林等人把有计划按比例发展规律看为价值规律的某种变形的错误性，他说：“正是由于我们根据了国民经济有计划按比例发展规律、社会主义基本经济规律和我们经济中的其他规律，从根本上摧毁了劳动和生产资料的旧的分配比例而建立了与价值规律自发作用相矛盾的新的比例，我们才能够实现我国的工业化并建成社会主义。调节我们的经济的依据是国民经济有计划按比例发展规律。价值规律则是经济的计划领导的重要杠杆，必须最大程度地利用它来为不断提高社会主义生产而服务。”[④]他又指出：“价值规律是调节者的这个观点，意味着开放生产的自发性和无政府性，容许由此而产生的一切后果，这同以生产资料公有制为基础的社会主义计划经济的性质是根本不相容的。”[⑤]

① 苏联《工业经济报》1956年12月23日，第2版。

② 苏联《共产党人》1957年第13期，第96页。

③ 同上。

④ 苏联《经济问题》1957年第8期，第107页。

⑤ 苏联《共产党人》1957年第13期，第100页。

Ш.Я.图列兹基也批评了斯特鲁米林关于有计划按比例发展规律不过是价值规律的变形这一说法，认为它是“没有说服力的，没有根据的，因为它同现象的本质相矛盾，并且被我们的实践所驳倒。我国过去落后经济中旧比例关系的消灭和适合于社会主义的新比例关系的有意识有计划的建立，这是考虑了社会主义经济规律的结果，首先是考虑了社会主义基本经济规律和有计划按比例发展规律的结果。在个别时期我们还不得不有意识地‘排挤’价值规律。这些都是我们经济的发展过程中确定不移的事实”[①]。

在某些人民民主国家的一部分经济学家中间，曾流行过一些夸大价值规律的作用、贬低国家的集中计划的意义、要求国家计划应根据价值规律来确定比例关系等修正主义的论点。这些错误的论点，在苏联经济学家的讨论中，也同时受到了批判[②]。

关于生产资料和消费品价格水平的关系，和社会主义制度下确定价格的准则是什么

（一）苏联消费品和生产资料的价格总额是否等于它们的价值总额

长期以来苏联消费品和生产资料的价格水平有着相当大的差别。虽然经过了1947年以后几次降低消费品零售价格，经过了1949年工业品批发价格的改革和1953—1956年农产品原料收购价格的提高，但是直到现在消费品和生产资料的价格水平仍不一致。关于消费品价格加生产资料价格的总和是否等于二者的价值总额，也是苏联经济学界长期争论的一个问题。1956年12月的讨

① 苏联《经济问题》1957年第8期，第100页。

② 苏联《共产党人》1957年第9期，加托夫斯基的文章，第40、41页；第13期，奥斯特洛维强诺夫的文章，第90、100页。

论会上，克隆洛德在他的报告中详细地论证了他对两大部类产品价格总额必然等于价值总额的看法。他认为这个相等是“由对价格标准的调节和有计划的价格形成来保证的。计划价格水平的改变如果不符合于商品和货币商品（黄金）相对价值的运动的话，就会改变货币商品的黄金内容即价值内容。借助于价格标准的机构，社会生产某一部类产品价格的计划改变，将为另一部类产品价格的相应改变所抵消”。[①]克隆洛德的意见，在1956年12月讨论会上受到巴秋林等人的批判，本刊已有介绍[②]。在以后的讨论过程中这个意见也没有得到扶持。如五月讨论会中Г.Т.柯瓦缪夫斯基指出：“消费品的零售价格同生产资料的批发价格根本不能相加，因为前者表现国民收入的分配关系，而后者则表现实行经济核算的各个企业之间的关系。”[③]Д.康德拉雪夫认为：“目前我们这里生产资料的价格总额低于它们的价值总额，而消费品的价格总额等于价值总额。因此，生产资料和消费品的价格总额，低于价值总额。有些经济学家（Я.克隆洛德等）却认为所有商品的价格总额等于价值总额。为了论证这点，他们指出了生产资料和消费品有着不同的价格标准。现在要问：在统一的再生产过程中，什么是不同的价格标准？这是不是意味着：在任何价格比例失调的情况下，甚至当流通领域中货币数量显然过多时，价格总额也会等于价值总额？我们认为关于社会生产两大部类产品的价格总额同价值总额相等的论点是错误的。事实上，如果价格总额永远等于价值总额，那么就不会再有什么调整价格的

① 苏联《货币与信贷》1957年第3期，第41页。详见苏联《经济问题》1957年第2期，克隆洛德的文章。

② 《经济研究》1957年第3期，第164页。

③ 苏联《经济问题》1957年第8期，第87页。

问题了。”①

（二）苏联生产资料和消费品价格水平的差别是怎样形成的？这种情况是否需要根本改变？怎样改变

1. 生产资料的价格水平何以会低于消费品的价格水平？一种意见认为这是国家有意识的价格政策的结果。如克隆洛德指出：生产资料的低价政策在过去对实行国家工业化的事业上起了积极的作用，它促进了新技术的发展和社会主义积累的形成。В.И.卡兹不同意关于生产资料的价格低于价值是由于消费品价格变动所强制引起的结果的说法，他认为：“国家是有意识地这样做的，这是为了工业化的利益的一定政策的表现，这个政策促进了我国的社会主义积累。”②图列兹基根据1927年联共中央全会的决议和对苏联价格发展史的分析，指出工业品批发价格的低价和降低政策，是党的一贯方针；因为低价（保证成本和正常低额利润的价格）有利于促进降低成本和提高劳动生产率，从而为国家工业化所需要的积累提供了健康的源泉③。

另一种意见认为两大部类产品价格水平的差别是由于消费品生产的增长赶不上居民需要的增长因而引起消费品价格提高的结果。如М.Ф.马卡洛娃指出：价格水平的差别，“是许多年来个人消费品和销售给居民的商品基金的增长落后于劳动者有支付能力的需求的增长的结果。生产增长和有支付能力的需求增长之间的这种关系，是迅速消灭我国经济落后状态的必要性所决定的，这种关系使得消费品的价格提高到价值以上。在国民经济改造的年代中，工资的提高超过了劳动生产率的增长，也促成了这种

① 苏联《经济问题》1957年第5期，第73页。又：A.斯密尔诺夫在苏联《经济问题》第6期发表了一篇专门讨论这个问题的文章，详细反驳了克隆洛德的论点。

② 苏联《货币与信贷》1957年第3期，第45页。

③ 参见苏联《经济问题》1957年第5期，图列兹基的文章。

情况。”[①]迈生别尔认为：从苏联价格发展情况看来，消费品价格水平每一次大幅度的变动，都会通过重工业部门工资的变动以及工资同劳动生产率增长的不同关系，而引起生产资料价格在另一幅度上变动。“在我国经济发展史上在1932—1935年、1939—1940年和1946—1947年曾有过三次消费品的大提价。紧接着在1936年、1939—1940年和1949年生产资料价格就以另一幅度提高。这些情况客观上造成了生产资料和消费品的不同价格水平。”[②]

2. 苏联消费品和生产资料目前的不同价格水平是否需要调整？怎样进行调整？关于这个问题的不同意见，《经济问题》1957年第3期已简略介绍。在五月的讨论会中，克隆洛德仍坚持他原来的意见，即认为目前生产资料价格水平低于其价值水平已不再适合国民经济进一步发展的需要，并建议通过一次提高重工业产品价格的途径，使价格接近于价值，从而使生产资料的价格和消费品的价格处在同一的水平上。主张生产资料和消费品应该达到同一的价格水平的经济学家还有马雷舍夫、康德拉雪夫等人，不过他们所提出的定价准绳各不相同，这到下节再谈。

Ш.Я.图列兹基和Л.迈生别尔等人从原则上反对对现行价格制度进行根本的调整。图列兹基认为：生产资料的低价（保证部门平均成本和包括低额利润的价格）和降低政策，不但在过去帮助了国家工业化的实现，而且在今后仍可以用来正确地管理经济。他指出：“虽然价格工作的实践已经有了显著的改善，但是在现代的生产资料批发价格制度中仍有着重大的缺点。其中有些缺点是忽视价值规律的结果。……这些缺点常常是非常严重的，然而，它们只是个别商品价格的缺点；从根本上来讲，现行的批发

① 参见苏联《经济问题》1957年第2期，第73页。

② 苏联《货币与信贷》1957年第3期，第44页。

价格制度完全适合于社会主义经济进一步发展的条件。”[①]“在社会主义条件下有意识地利用价值规律的优越性并不在于使商品的价格符合于它们的价值。价格背离于价值并不是同价值规律不相容的，而是从后者的本质中产生的。”[②]迈生别尔也认为苏联现行价格制度中虽然有不少缺点需要改进，但现行价格制度本身却是在社会主义经济的各种特殊规律的影响下（特别是社会主义积累规律的影响）形成的。如果忽视了这些规律的影响，而单纯地按照价值规律的要求，以价格完全符合于价值的方法来进行根本的价格改革，那就会大大降低国民经济的积累水平，从而降低国民经济的发展速度[③]。

一些经济学家对上述两派意见持中间立场，如Л.М.加托夫斯基，他一方面批评了否认进一步调整价格必要性的论点，另一方面也批评了那种在实质上把价格接近于价值的任务同使价格符合于价值混为一谈的看法[④]。多数经济学家都认为目前进一步地使价格接近于价值仍然是必要的；这个任务今后应循下列途径来解决：“（1）提高某些工业商品的价格，以使得生产这些商品的企业不靠津贴可以维持；（2）在提高劳动生产率的基础上降低产品成本；（3）随着商品的增加和居民需求的增长，降低消费品零售价格。必须注意：降低批发价格是影响企业经济活动的重要杠杆，因此，作为经济核算重要支柱的价格的这项职能，应该成为确定批发价格的依据。”[⑤]

① 苏联《经济问题》1957年第5期，第61—62、68页。

② 同上。

③ 参见苏联《经济问题》1957年第8期，第101、77页。

④ 同上。

⑤ 苏联《社会主义劳动》1957年第8期，第138、139页。

（三）社会主义社会中确定价格所根据的标准是什么？或价格应该按照什么公式来确定

关于这个问题，在讨论过程中可能遇到以下几种主要的意见。

1. 第一种意见主张商品的价格一般地应该等于价值；这样的价格应该等于平均成本加上比例于工资的平均积累；用公式表现出来就是：$P=c+v+v\times m'$（式中P——价格；c——物质消耗；v——工资；m'——平均工资积累率，$m'=\frac{M}{V}$，M是国民经济积累总额，V是国民经济劳动报酬总额。）

主张按这种方法来确定各种商品的价格的有C.斯特鲁米林、Г.А.柯兹洛夫、Я.克隆洛德等人。他们的主要论据是：价值是活劳动创造的，在按劳分配原则下，工资或劳动报酬大约可代表活劳动的消耗量，所以，应该比例于工资把剩余产品价值分配到个别产品的价格中去，这样才能使得商品价格符合于它的价值[①]。

这种意见受到许多经济学家的反对。如图列兹基指出："虽然苏联的劳动报酬是受同劳同酬的要求调节的，并且劳动报酬的差别基本上反映了劳动质量和数量的差别，但是由于工资组织上的缺点，以及一系列客观条件，实际工资并不能够作为衡量社会平均必要劳动时间消耗量的真正比例的尺度。所以$c+v+v\times\frac{M}{V}$这一公式不能够被接受来确定个别商品的价格。"[②]许多经济学家指出了这种定价方法可能给实践带来的恶果，如康德拉雪夫说："按照这个建议，那些支付工资较多的部门，也就是那些利用手工劳动较多的部门会得到较高的利润；这些部门的企业将有可能

① 参见斯特鲁米林在苏联《经济问题》1956年第12期，和《计划经济》1957年第2期，以及《工业经济报》1956年12月23日发表的文章；克隆洛德在苏联《经济问题》1957年第2期发表的文章等。

② 苏联《经济问题》1957年第5期，第67、72页。

以利润来满足自己扩大生产的一切需要，并支付本企业职工文化福利的费用。而那些机械化程度较高的生产部门的企业，却要依靠国家预算拨款来解决上述需要。我们认为：这种定价方法是没有根据的。它阻碍技术进步，因为在这样的价格形成的条件下，技术进步不能够通过利润从物质利益上得到鼓励。”①

2. 第二种意见认为个别商品的价格应该按照“生产价格”的原则来确定，也就是说价格应等于部门平均成本加比例于工资和生产基金的平均利润；用公式表现出来就是：$P=c+v+(v-\Phi)\times\frac{M}{V+\Phi}$（式中$\Phi$、$\Phi$都代表生产基金。）

持这种意见的可以И. 马雷舍夫为代表。他说，“由于生产资料的装备程度不同，由于生产的物质条件不同，各部门以及每一部门内各企业所处地位也就不同。而价值规律的意义恰好在于社会对所有企业、所有工作人员在经济上提出同等要求，而不管他们的客观的和主观的具体生产条件是否相同。社会必须创造一些条件，以便在经济上消灭各企业由于劳动技术装备程度和生产的物质条件的不同所引起的差别。……为此价格须包括部门平均成本和一部门在社会生产中创造的剩余产品价值，这部分价值同该部门的活劳动数量、同该部门固定资产和流动资产数量成一定的比例关系……”②

按“生产价格”原则来确定个别商品价格的意见，也受到了许多经济学家的反对。例如，这次讨论会上Г.柯兹洛夫批评了这种建议。他说：“社会主义制度下不存在竞争，因此也不存在利润转化为平均利润的客观必要性；不存在生产价格这个范畴。价格的基础应该是价值。有些经济学家认为在这种价格形成的条件下，具有不同技术装备的部门会有不等的盈利。但是，第一，

① 苏联《经济问题》1957年第5期，第67、72页。

② 苏联《计划经济》1957年第7期，第72页。

利润大小可用周转税来调整；第二，生产使用手工劳动较多的产品，对国民经济说来是更为耗费的。而生产价格却歪曲了真相：以生产价格为基础来确定价格，会使得技术最完善的企业的产品更贵些。”[①]M.保尔在一篇文章中指出：“剩余产品按各部门生产基金的比例来分配，会使生产资料的价格高于价值，而消费品的价格低于价值。因此，物化劳动和活劳动之间的比例关系以及产品成本的核算仍然会被歪曲，这同现在的情况一样，不过因素不同罢了。在这种情况下，就不可能测量运用新技术的效果，不可能确定消费和积累间的比例关系、各个社会成分之间的比例关系等。甚至那些能够保证社会劳动节约的真正先进的机器，在按高于价值的水平进行估价时，也会像是落后的。积累基金的比重将会提高，而消费基金的比重则将降低，而这是没有任何根据的。如果所有现行价格制度的缺点仍然会以另一种形式保存下来，那么又何必摧毁现在的价格制度，改变国民经济中的财政联系体系呢？”[②]

3. 第三种意见主张个别商品的价格应等于部门平均成本加上比例于成本的平均积累，用公式来表现就是：$P=c+v+(c+v)\times\frac{M}{C+V}$。这个意见是Л.康德拉雪夫提出的。他说：“我们认为比较合理的办法是：在保持积累总额水平的情况下重新分配货币积累，使得两大部类各个产品的价格中包括比例于部门平均成本的积累额，这样我们就可以得到每种产品的平均价值。”[③]康德拉雪夫并不主张立刻就对现行价格制度按照这个方法来进行调整，而建议通过新产品的定价和对某些产品调整价格的途径，逐渐采取上述方法来改变现行的价格制度。康德拉雪夫的意见，并没有

① 苏联《计划经济》1957年第8期，第89页；着重点是作者加的。

② 苏联《经济问题》1957年第3期，第113页。

③ 苏联《经济问题》1957年第5期，第71页。

得到支持。

4. 上述三种意见，都是以消费品和生产资料的价格的同一水平为前提的。如前所述，图列兹基、迈生别尔等人不同意生产资料和消费品价格必须处在同一水平上的看法，他们认为目前价格制度基本上是适合于管理经济的需要的。在生产资料的批发价格方面，他们认为批发价格应该以部门平均成本为基础，加上“正常的”盈利。按照他们的意见，批发价格中所包含的“正常盈利”对成本的比率（正常盈利率）的确定，应该考虑各个部门扩大再生产的不同条件。工业品批发价格中的正常盈利应该能够保证下述需要：（1）本部门扩大生产、增加固定资产和流动资金投资的需要（当然，新成立的部门和旧有部门的大规模扩建应当由国家预算拨款来解决）；（2）设立企业基金的需要，这项基金用来作为物质鼓励和改善经济活动的质量；（3）某些与生产一定产品无关因而未列入成本的费用如干部培养费、科学研究费等。此外，还需要考虑不同产品间的价格比例关系和同一产品在不同地区生产费用的差别等。由于各部门再生产条件不同，因此，各部门产品价格中所包含的盈利率也就不能规定在同一的水平上①。

对于这种意见，康德拉雪夫提出了以下的批评：“某些经济学家认为在规定价格时不需要任何准绳和公式。例如图列兹基实质上只承认价格政策是规定价格的唯一依据。但是，很显然，价格政策如果没有客观依据就会失去枢轴。这种意见的主张者过分地高估了价格工作中的主观因素，而忘记了在我们的十分复杂的经济生活中，产品种类极其繁多，如果它们的价格没有一些为实践所考验过的并为理论所总结了的客观结论（这些结论表现在这

① 以上参见苏联《经济问题》1957年第5期，图列兹基的文章和该刊第7期迈生别尔的文章。又参见该刊第8期，第83—84页，库里可夫的意见。

种或那种公式中）的帮助，那么管理经济是困难的。”①

5. 第五种意见认为，上述各种价格公式有着一定的参考意义，但不能笼统地运用。例如，加托夫斯基说：“在价格工作中不容许对不同部门不同区域采取笼统的公式化的无区别的做法。这意味着忽视它们各自的特点，并且为某些部门、某些企业造成一种人为的、没有经济上的根据的特权地位；或者相反，为它们造成一种不利地位。在进一步改进价格制度的工作中，重要的是全面考虑各个部门的特点：生活条件、技术水平、费用结构、固定资产和流动资金的比重、职工人数、劳动生产率，等等。比较全国的和每一部门的纯收入对职工劳动报酬基金、对成本，以及对生产基金的比例关系，可能有很大的意义。这种比较可以作为每个部门计划价格的一定的准绳，并且能够使得价格更接近于价值。”②

① 苏联《经济问题》1957年第5期，第71页。

② 苏联《共产党人》1957年第9期，第49页；着重点是作者加的。

苏联关于国民经济平衡表方法论的一些问题的讨论*

（1958年1月）

1957年中，在莫斯科举行了一次全苏统计工作者会议。会议的议题之一是讨论B.索波里："关于国民经济报告平衡表的基本方法论问题"的报告。现在我们把讨论中争论较多的一些问题，扼要介绍如下①。

关于生产领域和非生产领域的划分问题

关于这个问题，特别是其中关于客运业是不是生产部门的问题，在苏联经济学界有过长期的争论，一直未能达到一致的认识，这次讨论中仍然存在着两种互相对立的观点。B.索波里等认为客运不是生产部门，他在报告中说："客运只提供劳务而不生产产品。马克思教导我们：在物质生产过程中，人借助生产工具作用于劳动对象。然而在客运中并没有劳动对象，所以，不能把

* 本文是根据苏联《统计通讯》1957年第4期、《经济问题》1957年第9期和《计划经济》1957年第8期关于全苏统计工作者会议的材料写成的；文中所引材料，不再一一注明出处。原载《经济研究》1958年第1期。

① 为了节省篇幅，我们在叙述中直接提出讨论的问题；至于这些问题在国民经济平衡表整个问题中所占的地位和过去的情况，参见《经济研究》1956年第3期，《关于苏联国民经济平衡表的理论基础和编制方法的一些问题》一文。

它列入物质生产领域。还必须注意，把提供服务的客运列入物质生产领域，就会为其他提供服务的部门列入物质生产领域打开方便之门；在那种情况下，物质生产领域和非生产领域的界限就会消失。例如，把城市客运业列入物质生产领域，会引起其他公用服务事业（如理发、洗衣等）也列入这个领域的必要性问题。”对于索波里的这种看法，C.斯特鲁米林、Я.维尔克斯、H.苏斯达里采夫等人提出了不同的意见。

斯特鲁米林院士认为客运是生产部门；他指出在客运中并不是没有劳动对象的，这里的劳动对象就是“客运从业人员所服务的运输手段”。苏斯达里采夫认为整个运输业是统一的过程，不能人为地把客运和货运分割开来。他指出，在运输业中“路轨是统一的，车站、港口、码头是统一的，设备是统一的，服务人员是统一的。把这个统一的生产过程人为地划分为二是不对的。这种划分会给社会产品和国民收入的确定，造成多余的计算工作。关于客运业应否划入物质生产领域的问题，应该根据马列主义的理论和计划工作的实践来解决。在计划的编制中，在对产品成本和劳动生产率进行计划的实践中，包括货运和客运的运输业是作为整体来对待的，就是说把运输业当作统一的组织”。维尔克斯指出：“马克思是把运输工业（不管它是运送旅客或是运送货物）称为物质生产的第四个部门的，所以，旅客运输业所提供的服务，也应该列入物质生产领域。”

维尔克斯不但把客运业消耗的劳动看为生产性的劳动，而且把一切提供使用价值（包括服务在内）的劳动都认为是生产性的劳动，从而是社会产品和国民收入的创造者。他说：“马克思把创造国民收入的生产性劳动当作历史的范畴。但是，在经济著作和统计著作中，以及在统计工作的实践中，却把生产性的劳动看成只是物质生产领域中所运用的劳动。这是不正确的。……资本主义生产的直接目的不是生产商品，而是生产剩余价值。从这个观点看来，只有创造剩余价值的劳动，才是生产性的劳动。在社会主义制度下，所有的劳动都是生产性的劳动，如果它是按照社会主义基本经济规律的要求，服务于社会主义生产的目的，为扩大再生产和满足居民个人物质文化需要而创造使用价值（包括服务）。”维尔克斯继续说：“如果采取了生产性劳动的这个定义，那么，在国民经济平衡表的表式中，就应该把公用事业、住宅管理、旅客运输从业人员的劳动，以及科学文化事业中的一切劳动都当作创造物质资财和文化资财的劳动。提供服务的劳动同创造物质产品的劳动之间的区别，在这里是没有任何意义的。”

索波里的总结发言中表示，他不能同意斯特鲁米林等人关于这个问题的意见。他说：“马克思在《剩余价值论》一书的‘作为物质生产部门的运输工业、运输工业中的生产性劳动’中，把旅客运输（他称之为服务）同增加货物价值的货物运输区别开来。所以，客运只是服务，像其他任何服务一样，我们把客运列入非生产领域。必须把增加物质资料数量的生产性劳动同不增加物质资料数量而只为社会提供服务的种种活动，区别开来。”

关于社会产品指标的重复计算问题

关于这个问题，过去也有两种意见：一种意见认为社会产品指标中应该扣除生产资料价值的重复计算部分；另一种意见则认为应该包括重复计算部分。这次讨论时，索波里在报告中再次强调社会产品指标不应该扣除重复计算因素，并对相反的意见作了详细的批评。他说：“有些经济学家认为报告年度的社会产品应该扣除重复计算。他们认为社会产品应该是新创造的价值加年初原材料积存的价值再加固定资产的折旧额所构成的。这种对社会产品的理解同马克思关于社会产品的理论是不相容的，它不能揭示国民经济各部门之间的和社会生产两大部类之间的联系。马克思彻底批判了亚当·斯密关于产品价值分解为利润、租金和工资的学说，并且指出社会产品还包括转移到产品中的生产资料的价值。如果按照某些统计学家的建议，从社会产品中扣除重复计算，那么c的数值就会被低估。在这种计算方法下，c的数值将依存于我们计算社会产品的时间，因此这个数值就不再决定于再生产的客观条件，而决定于计算方法。例如，如果我们以全年来计算社会产品，那么，按照上述方法计算的社会产品就等于年净产值或年国民收入加年初原料、材料、燃料的积存，再加年折旧额；但是，如果分季计算社会产品，那么四个季度社会产品之和，就会大于按全年计算的社会产品，它们之间的差额就是在按全年计算产品时所没有的三个追加日期的原料、材料、燃料的积存数值。”索波里以马克思关于简单再生产的公式说明：如果第Ⅱ部类的产品不包括当年第Ⅰ部类生产出来的而为第Ⅱ部类所消耗了的生产资料的价值，而只包括初期积存的原材料的消耗价值，那么我们就不可能达到简单再生产所固有的平衡关系，即：Ⅰ$(v+m)=$Ⅱc，他说：“在这样的情况下，二者的相等只能是例外。事实上，如果年初的原料、材料、燃料的积存在比报告期为短的时间内全部被消耗掉了，并全部重新补偿了（例如积存在一个月中被耗完，而报告期是一年），那么，在这种情况下，Ⅱc一定小于Ⅰ$(v+m)$。同样地，如果把Ⅱc从第Ⅱ部类的产品中扣除，那么在简单再生产的条件下Ⅰ$(v+m)+$Ⅱ$(v+m)=P_2$这一等式也是不可能达到的。”

讨论过程中，许多经济学家都表示不能完全赞同索波里的上述见解。一般的意见认为：包括生产资料价值重复计算因素在内的社会产品指标和扣除了重复计算的社会产品指标，对于国民经济平衡表是同样需要的，它们有着不同的分析上的用途。例如，斯特鲁米林指出：“对于我们的经济分析来说，总产值指标和假定的净产值指标（условно чистая продукция）这两者都是需要的。在研究各部门经济的内部联系时，必须考虑每一部门同另一部门之间的产品的转移，也就是说需要社会产品毛额（общественный продуктбрутто）指标。但在研究社会产品的动态时就需要利用假定的净产值指标（或社会产品净额общественный продуктнетто），这个指标是不受生产组织在部门构成上、地区构成上、专业化和协作化程度上的变化的影响的。”B.涅姆钦诺夫院士也建议在总产值指标以外，同时也要计算最终的社会产品（конечный реал ь ный общественный продукт），这就是消费性产品、生产工具加劳动对象积存增长额的总和。他认为这对于从物质内容上把国民收入展现在最终的年产品的形式上来说，是极其必要的。И.马雷认为：虽然按工厂法计算的社会产品是表现社会产品量的基本指标，但是，不管这个指标如何重要，不能忽视这样计算出来的产品量不适用于比较各地区各共和国间的生产水平，因为它受到不同地区的不同生产组织结构的影响。此外，这种计算方法会使得那些拒绝从外地接受供货的地区，在确定生产量和比较生产水平时处于有利的地位，因此会促成各地区的闭关自守。所以，在研究各个共和国间、各地区间的生产比例关系时，需要在一般的总产品指标之外，同时计算各地区的最终产品指标。H.留比莫夫指出：在完全扣除了重复计算因素的情况下，Ⅰ（$v+m$）同Ⅱc之间的关系的确不能得到正确的表现。但是为了某些分析的目的，有些关系消除重复计算因素的建议，在编制国民经济平衡表时不能不加以考虑。例如，为了比较两大部类产品的增长动态，就必须消除第Ⅰ部类内部由于生产组织的变动而引起的重复计算因素的变动，否则就不可能正确地表现两大部类的速度关系。又如在国民经济的计划和核算中以及在国民经济平衡表的编制中，工业生产量不仅要作为各个企业产值的总和来观察，而且要作为各个生产部门扣

除了部门内部周转额后的最终产值的总和来观察。说明每一工业部门的工作对国民经济的具体经济效果的，不是各个企业产值的总和，而是每个部门的最终产值。所以，最终产值的指标同按工厂法计算出来的总产值指标应该同样地受到计划机关和统计机关的重视。留比莫夫还指出在按工厂法计算社会产品量的条件下，国民经济中的许多重要的相互关系和联系并不能得到充分的表现。如果利用各部门的最终产值指标，那么这些部门之间的相互关系，就可以得到更确切的反映。

关于按实际价格和按价值来编制国民经济平衡表的问题

在苏联的计划和统计工作中，国民经济平衡表是按现行的实际价格来编制的。为了比较各年的动态，平衡表的某些指标也同时按不变价格来计算。我们知道，各部门产品的价格和价值是不一致的。国民经济平衡表是否也要按价值来编制？在这次讨论时对这个问题的意见是有分歧的。索波里在报告中指出：计算各部门产品的社会必要劳动消耗（价值），在目前是有困难的，为此就不仅要计算活劳动的消耗，同时也要计算物化劳动的消耗。他反对用反映价值的假定价格来编制国民经济平衡表，并指出只有在国民经济改用了这些假定价格时，才能在国民经济平衡表的编制中采用这些价格。他认为国民经济平衡表只能用现行价格来编制；随着价格体系的改进，国民经济平衡表指标的估价也会得到改进。

斯特鲁米林、马雷等人不同意上述意见。他们认为国民经济平衡表的编制不应该只限于利用实际价格，而应该同时也按价值来编制。例如，斯特鲁米林说：“由于价格背离于价值，第Ⅰ部类几千万元的产值就以周转税的形式转移到第Ⅱ部类中去，所以，按现行价格计算的第Ⅱ部类产品在整个国民经济的社会总产品中所占比重，就会较第Ⅰ部类为大。关于国民经济各部门产品价格背离于价值的程度，是完全可以确定的。但是，不知道为什么在我们所讨论的平衡表的表式中，并未提出这个问题。在编制平衡表时，所有的指标除了用价格来表现外，还应该用社会价值来表现。”[①]马雷也认为：国民经济平衡表的编制不应该只利用实际价格；他指出：按照实际的“实现价格”来计算产品量，会歪曲各共和国间、各地区间的比例关系，因为各地区所生产的不同产品的价格中所包含的周转税额是不同的。譬如说，酿酒业在生产中占比重较大的那些地区所创造的国民收入，似乎就比那些没有这个行业的地区所创造的更多些，因为酒的价格中包括很大的周转税率。这当然歪曲了真实的情况。他认为各个部门、各个地区所生产的产品的价值，可以通过再分配周转税的办法，得到近似的反映。他建议把周转税总额按照各共和国生产领域中的劳动消耗的比例，分配给这些共和国；为此，需要拟订关于按共和国并分别部门计算周转税额的方法指示，以便各共和国统计局能够自己进行这项计算。此外，主张国民经济平衡表不仅按实际价格，而且也按价值来编制的有：B.涅姆钦诺夫、B.卡兹、M.艾德里曼、П.墨斯基斯拉夫等人，其中涅姆钦诺夫、墨斯基斯拉夫甚至还认为产品价值的确定问题，可以借助于电子计算机来解决。

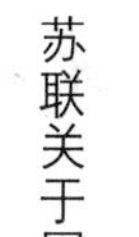

按价值编制平衡表的建议，在讨论过程中受到A.孟德尔逊、Ш.图列兹基、И.玛洛左娃等人的反对。孟德尔逊认为价值这一范畴是不能进行计算的，他指出：斯特鲁米林等把价值范畴变成统计的范畴，这是错误的，因为马列主义政治经济学的价值范畴根本不是一个统计的范畴。他说：“当然，这并不意味着价值不是

① 斯特鲁米林院士建议的计算价值的方法，参见苏联《经济问题》1956年第12期、《计划经济》1957年第2期发表的文章；或《经济研究》1957年第6期的介绍（第123页）。

实际存在的、是不可知的。价值是一个客观存在着的现实范畴。如果说我们不能把某一范畴变成统计的范畴，不能用统计方法来表现这一范畴，这并不是说这个范畴是不真实的。价值就属于这类不能用统计方法来表现的范畴。当价值可以计算时。它对我们也就不需要了，那时，我们可以直接计算劳动时间的消耗。”图列兹基批评了“某些经济学家为了计算社会产品和国民收入平衡表（特别是按地区编制的平衡表）的‘方便’，建议把每个商品的价格定在价值的水平上，从而大大提高生产资料的价格”。他认为这是从“统计计算的角度来观察价格和价值的关系”，这种立场同各部门间、各地区间的有计划的分配和再分配过程的实际情况是完全不相容的；他以为：国民经济平衡表离开了实际的现行价格，就不可能反映社会主义再生产的实际过程和分配关系。玛洛左娃也指出：“价值的计算问题还没有得到充分的研究，因此现在就用价值指标来编制国民经济平衡表还不合时宜。必须注意：国家统计机构的计算是要提供政府作为制定建议和结论的依据的，所以必须使这些计算能够正确地反映国民经济中形成着的各种相互关系。斯特鲁米林推荐我们按照一定的系数把一个数值加到成本上去，并宣称这就是产品的价值；但我们却不能以这样的‘勇气’来办到。……马雷建议按劳动消耗的比例把周转税分配给各加盟共和国，并认为这样的计算方法可以避免通过价格而发生的价值再分配的过程。但是谁能够保证这些建议是正确的？在这样的情况下，以农产品为主的地区同以重工业为主的地区难道不会处于不平等的地位吗？在这样的场合下，产粮区同产棉区的农业产值能够互相比较吗？”

索波里在结论发言中仍坚持只能按实际价格来编制国民经济平衡表。他说：“我们能够计算生产商品的社会必要劳动的消耗，而这就构成社会主义社会中商品的价值。但是，按价值编制国民经济平衡表的要求是不能办到的。第一，我们不能创造一套谁也不会利用的、并且在实际的经济周转中不存在的新的价格体系；第二，不能单为国民经济平衡表来创造一套专门的价格体系，这做起来极复杂，极浪费。因此，斯特鲁米林提出按价值编制国民经济平衡表的建议是不正确的，这个要求是办不到的。”

关于计算社会产品的农业部分时，对拖拉机站要不要单独计算产品的问题

拖拉机站为集体农庄完成的农业工作，是不是单独的“产品”？在集体农庄的产品之外，是不是应该另行计算拖拉机站的“产品”？对于这个问题，M.保尔的答复是否定的。他认为不应该计算拖拉机站的“产品”，因为在这里国家的和集体农庄的生产资料和劳动结合起来生产同一的产品即农产品。集体农庄的产品，不是它单独生产的，而是和拖拉机站共同生产出来的；计算了集体农庄的产品，再计算拖拉机站的产品，便是重复计算。

但是，索波里和A.巴甫洛夫等人却认为应该另外计算拖拉机站的“产品”。索波里说：“任何产品都不是某一经济单位单独生产出来的，任何产品都是在社会分工的基础上由许多经济单位共同生产出来的。然而我们还是把每个产品当作是一定的经济单位生产出来的。没有任何理由把拖拉机站的产品作为例外。由于集体农庄和拖拉机站是不同的经济单位，而每个经济单位应当有自己的特殊的产品，所以，把拖拉机站完成的工作当作共同生产的产品的看法，是经不住批评的。”巴甫洛夫也指出：“拖拉机站是国营的组织，它的生产资料是国家所有的，它的固定资产计入国有的农业生产固定资产中，它有自己的技术干部，它是在合同的基础上替集体农庄完成农业工作的。平衡表应该能够反映国营成分同合作社集体农庄成分之间的在社会产品和国民收入的生产和分配中的联系，所以农业中计算拖拉机站的产品是有理由的。并且，这可以使农产品的计算方法接近于工业产品的计算方法，因为工业总产值也是各个企业产值的总和。”[①]巴甫洛夫承认这种计算方法会使农业总产值的动态受到农业组织形式变动的影响，例如在把集体农庄和拖拉机站合并为国营农场的场合下，虽然改组后的国营农场的生产水平高于改组前的集体农庄和拖拉机站的共同的生产水平，但是按照这种方法计算的农业产值还是可能降低的。为了避免产品量的动态受到这类的歪曲，巴甫洛夫认为可以采用斯特鲁米林的建议，即把扣除了重复计算的、不受组织形式变动影响的假定的部门净产值，作为补充的指标。这个方法在农业方面可以：“第一，排除农业总产值中的经济内部的周转额；第二，比较农业的假定净产值和工业的假定净产值。”

关于国民经济平衡表的表式和指标体系的一些问题

根据索波里的报告中的叙述，苏联中央统计局提交统计会议讨论的国民经济平衡表是由三种表格组成的：（1）国民经济平衡总表；（2）国民经济平衡表的基本表格；（3）国民经济平衡表的辅助表格。国民经济平衡表的基本表格包括以下四个表格：①社会产品、国民收入的生产、消费和积累平衡表（国民经济综合物资平衡表）；②社会产品、国民收入的生产、分配和再分配平衡表（国民经济综合财政平衡表）；③劳动资源平衡表；④固定资产平衡表。

讨论中，A.彼得洛夫、B.卡兹、Φ.里夫西兹等人都认为，国民经济平衡表的基本表格应该适应于再生产的三个方面由三个

① 需要注意的是：工业总产值不包括每个企业内部的重复计算，而企业总产值则包括农业企业内部的重复计算因素。

表格所构成，而不是统计局所提出的四个表格。例如，彼得洛夫说："社会主义再生产的许多现象和过程要从不同的方向来加以研究：第一，应该研究物质资料的再生产过程，并与此相应编制物资平衡表；第二，应该研究收入的再生产过程并与此相应编制财政平衡表；第三，应该研究劳动资源的再生产（并与此相应编制劳动资源平衡表）。"卡兹说："国民经济平衡表应该包括三个表格组成的系统，这三个表格阐明再生产的三个重要方面：社会产品在实物形态上的运动和利用；社会产品运动的价值方面，这一方面表现在国民收入的运动中，表现在国民收入的分配和再分配以及它在消费和积累目的上的最终使用中；劳动资源的平衡。"里夫西兹说："科学和实践不是偶然地找到国民经济平衡表的三个部分的体系的，这三个部分就是综合物资平衡表、综合财政平衡表和劳动平衡表，它们反映了再生产过程的相互联系的三个方面。所以在国民经济平衡表的基本表格的组成中再包括第四个平衡表——固定资产平衡表——这是不正确的。固定资产平衡表应该被列入辅助的平衡表格，而不是基本的平衡表格。"

不过，对于国民经济平衡表的三分法的意见，索波里在结论发言中表示不能同意。他说："许多同志谈到再生产的三个方面，并谈到必须要有三种表格：物资平衡表、财政平衡表和劳动平衡表。但是，再生产并不是由三个方面而是由两个方面构成的。再生产是生产力和生产关系再生产的统一。不能把劳动平衡当作再生产的第三个方面。作为再生产因素的劳动，已经被考虑在物资平衡表和财政平衡表中了。所以我认为，关于国民经济平衡表的三个方面的理论，是不能令人信服的。"

在讨论过程中，一般都认为在国民经济平衡表的基本表格的基础上，有编制国民经济平衡总表的必要。统计局提出讨论的总表表式，在主栏方面是按所有制形式，按物质生产部门、非生产领域和按居民的社会阶级排列的；宾栏方面则展示了再生产过程的下列基本要素：（1）期初、期末的劳动资源和物质资源；（2）社会产品的生产和国民收入的初次分配；（3）社会产品的流通；（4）社会产品和国民收入的再分配；（5）社会产品和国民收入的最终使用。对于统计局提出的这个总表的表式，讨论中提出了不少的意见。例如，彼得洛夫指出，这个总表的表式不过是国民经济平衡表各项表式（特别是财政平衡表）的机械的凑合，这个总表并不能给予任何新的东西。他认为总表应该是总结性的表格。这个表格应该包括再生产的最重要的指标，例如社会劳动生产率，等等。但是，卡兹不同意彼得洛夫关于总表应该当作总结性的表格来编制的意见，他认为如果按照彼得洛夫的意见，那么在总表中也不能避免重复国民经济平衡表其他表格中的内容。卡兹认为国民经济平衡总表应该能够反映社会产品按使用价值和按价值的运动过程，应该能够表现再生产中最主要的比例关系。图列兹基也认为国民经济平衡总表和社会产品平衡表应该能够帮助确定国民经济中的基本比例关系，即一定的物质资料的生产量同生产这些物质资料所消耗的社会必要劳动量之间的比例关系，但是统计局提出讨论的平衡表并不能解决这个任务。图列兹基和其他许多经济学家都不满意统计局提出的综合表式中没有能够充分地反映Ⅰ、Ⅱ两大部类产品在再生产各阶段上的运动过程。但统计局的玛洛左娃解释说，如果在总表中社会产品按照实际用途分组为两大部类，那么就不可能把所有的指标都填入平衡表中去；所以只能用一个辅助表格来反映社会产品两大部类的比例关系。

讨论中提出了不少关于平衡表表式和指标的修改和补充的意见，也提出了不少关于平衡表的分析和利用的意见，由于篇幅的限制，我们在这方面就不多作介绍了。需要指出的是，由于苏联近年来国民经济管理体制（特别是工业建筑业管理体制）的改进，引起了一系列的关于地区之间的和部门之间的平衡与联系的问题，这些问题在这次讨论中受到很大的注意。索波里在他的结论发言中指出："关于国民经济平衡表问题的讨论表明了，必须对平衡表表式方案作如下的基本的修改和补充：第一，平衡表表式中描述部门之间的联系的那一部分应该大大充实，必须考虑编制棋盘式的平衡表，以反映国民经济各部门之间的联系，这个平衡表在目前对统计工作和计划工作有着很大的意义。第二，必须加强地方统计机构的平衡工作。首先需要展开关于区际联系的研究工作。目前各加盟共和国统计局的平衡工作的组织还处在开始的阶段。在这方面还需要做很多工作。"

苏联关于国民收入分配和再分配的一些问题的讨论*

（1958年1月）

国民收入的分配和再分配问题是社会主义国民收入的重要问题之一。苏联经济学界过去曾有人否认社会主义社会中存在着国民收入的再分配。这个错误的论点后来受到批评，我国刊物上已有介绍[①]。但是，关于社会主义社会中国民收入的分配和再分配的性质，关于初次收入和派生收入的划分，关于国家在国民收入的初次分配和再分配过程中的地位和作用等问题，苏联经济学界仍有分歧意见。1957年《苏联财政》杂志第3期和第7期发表了B.库兹和Φ.格拉却夫同志的文章[②]，在这方面有所讨论。现在把讨论中的一些问题扼要介绍如下：

1. 物质生产领域国营成分内部各个部门、企业间的纯收入的转移，是不是国民收入的再分配？B.库兹认为：这是再分配。库兹是从较广的意义上来理解国民收入的再分配的。他说："国民收入的再分配意味着调整初次收入额或派生收入额。因此，再分配国民收入就是把国民经济某些部门的一部分收入转交给另一些部门，把某些社会主义企业的一部分收入转交给另一企业，把国

* 原载《哲学社会科学动态》1958年第1期。

① 参见《经济研究》1956年第5期，第134—136页。

② B.库兹："社会主义国民收入的分配和再分配问题"，载《苏联财政》1957年第3期；Φ.格拉却夫："论社会主义国民收入的分配和再分配"，载《苏联财政》1957年第7期。

民经济某一成分的一部分收入转交给另一成分，把居民的一部分收入转交给国家或者从国家转交给居民、把某些居民社会集团的部分收入转交给另一些社会集团，把某些人的部分收入转交给另一些人。”[①]库兹不同意别尔金等人把国民收入的再分配过程局限于在生产组织和非生产组织之间，在各种不同经济成分之间和在不同居民集团之间的再分配。他说：“这种死板的解释忽视了国民收入通过价格机构和通过财政制度在国民经济的国营成分内部（各部门之间）的再分配过程，也忽视了国民收入在地域上的再分配过程……”[②]很显然，库兹把国营成分内部的纯收入在各部门、各企业间的转移，看成是国民收入的再分配过程。Φ.格拉却夫对库兹的上述见解提出了反驳。他指出，库兹“把国民收入的再分配首先理解为通过价格在社会主义企业之间的再分配过程。我们不能同意这种看法，因为在国营企业之间进行着的不是国民收入的再分配，而是它在国家所有制形式内部的分配”[③]。格拉却夫是从较狭的意义上来理解国民收入的再分配的，他说，“社会主义社会中存在着国民收入的再分配，这一方面是由于存在着两种形式的社会所有制和公民的个人所有制，另一方面则由于存在着物质生产和非生产部门两个领域。……国民收入的再分配就是国家把集体农庄、手工业合作社和个人的一部分收入……动员起来并集中于预算而形成集中的纯收入，然后把这些资金用于社会主义扩大再生产、维持非生产部门和满足劳动者的共同需要。这是国民收入的有计划的再分配。此外还有计划以外的国民收入再分配，这种再分配是通过劳务的支付，在居民集团之间进行的”[④]。很显然，格拉却夫并没有把国营成分内部各生产部门

① 《苏联财政》1957年第3期，第23页。

② 《苏联财政》1957年第7期，第18、28—29页。

③ 同上。

④ 同上。

之间的收入的转移包括在再分配的范畴内。他说："库兹的文章中指出物质生产领域各部门间和各部门内也有国民收入的再分配。我们认为这种看法是不正确的。在物质生产领域各部门间和国营成分各部门内部进行着的，并不是国民收入的再分配，而是国民收入的分配，因为国家是社会主义企业的生产资料的所有者。把剩余产品从一些部门转交给另一些部门，或从一些企业转交给另一些企业，这乃是国家转移自己的纯收入。这是为了调节积累，保证生产资料生产的优先增长所必需的。"①

2. 价格机构在国民收入的分配和再分配过程中的地位。库兹认为：纯收入通过价格机构而发生的转移，属于国民收入的再分配过程，他说："社会主义社会中，通过价格机构实现着国民收入的再分配过程，这个过程预先决定了通过国家预算而进行的国民收入的进一步的再分配。这些过程是由国家以价格背离于价值的方法实行的。"②在库兹看来，在某一部门（企业）所创造的纯收入才是初次收入，而"国民经济某一部门所创造的但通过价格机构在另一些部门实现的积累，应该被看作是派生收入，因为，这些积累并不是后一些部门所创造的，并不是他们的经济活动的结果"。③格拉却夫不同意库兹的这个看法。如前所述，格拉却夫认为，纯收入在国营经济内部各部门间、各企业间通过价格机构而发生的转移，并不属于国民收入的再分配的范畴，而属于国民收入的分配的范畴。格拉却夫并不否认价格机构是国民收入再分配的杠杆之一，但是，价格机构只是在国营成分和非国营成分之间，以及合作社集体经济内部才能对再分配发生作用④。

① 《苏联财政》1957年第7期，第29页。

② 《苏联财政》1957年第3期，第21页。

③ 同上书，第21、22、23页。

④ 《苏联财政》1957年第7期，第28、29页。

3. 初次收入的内容和社会主义国家在初次分配过程中的作用。对初次收入（初次分配过程中产生的收入）和派生收入（再分配过程中产生的收入），库兹作了如下的划分："属于初次（基本）收入的是：物质生产领域就业人员的收入，以及社会主义企业的积累。属于派生收入的是：非生产领域的收入，和物质生产领域各部门在再分配初次收入的基础上所产生的收入。"[①]这里需要注意，库兹列入初次收入的生产企业的积累，是各企业所创造的没有经过任何修正的（包括通过价格机构在其他部门实现的和通过周转税等形式上缴给国家的等）积累。格拉却夫不同意库兹对于收入的划分，他说：从库兹详细列举的初次收入和派生收入的项目中"可以看出，社会主义国家的一切收入都是派生的，换句话说，是在再分配过程中得到的收入。因此，苏维埃国家自己并不参加国民收入的初次分配过程，仅仅是社会主义企业参加初次分配过程"。[②]格拉却夫认为，从马克思在《资本论》中的一些论述看来，"国民收入的初次分配是在物质生产领域的所有的参加者（不论参加的形式如何）之间进行的。资本家和地主也参加物质生产领域，因为他们是生产资料的所有者。在社会主义社会中，参加物质生产领域的有：生产部门中就业的劳动者，作为国营企业所有者的社会主义国家，以及合作社、集体经济。"[③]因此，"社会主义社会的国民收入在初次分配中分解为：物质生产领域就业居民的收入，国家的收入和合作社集体经济的收入。库兹同志和一些别的经济学家认为初次收入是指物质生产领域就业者的收入和社会主义企业的积累。这样一来，苏维埃国家就不参加国民收入的初次分配了，直接参加初次分配的乃是企业。这就把社会主义企业同国家对立起来，低估

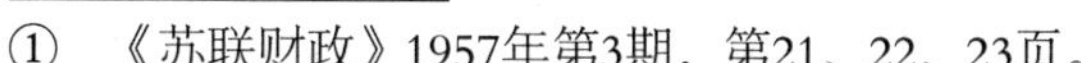

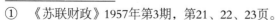

① 《苏联财政》1957年第3期，第21、22、23页。

② 《苏联财政》1957年第7期，第24、25、26页。

③ 同上。

了社会主义国家的经济组织的职能，和它与资产阶级国家的根本区别。好像社会主义国家并不是国营企业的生产资料的所有者似的”。[①]格拉却夫接着对初次收入的内容作了分析，并对国家在国民收入的初次分配过程中的地位作了以下的结论：“国民收入的初次分配过程表明了，苏维埃国家是直接参与国民收入的分配的，它有意识地利用社会主义客观经济规律，通过各种经济杠杆来影响收入的初次分配。”[②]

4. 周转税、利润提成等是初次分配的形式还是再分配的形式？国家预算仅仅执行国民收入再分配的职能还是同时也有着初次分配的职能？库兹指出，在这个问题上，还存在着混乱的观点，例如克隆洛德在《社会主义再生产》一书中一方面认为社会主义国民收入初次分配的特点之一就是大部分的社会产品直接以周转税的形式集中于国家预算，另一方面又把周期税看成是为社会的产品的再分配的形式之一。库兹认为把周转税当作初次分配的形式是错误的，因为周转税的重要来源之一是通过价格的再分配而形成的社会主义企业的积累。“所以，说周转税是初次分配的形式，就等于说，初次分配的形式可以在国民收入的再分配的基础上发生。这种论断显然是站不住脚的。”[③]同时，库兹指出，合作社、集体经济组织也缴纳周期税，于是他们的积累便转变为国家的收入，改变了所有形式；就这一点来看，也不能把周转税当作初次分配的形式。再者，国营企业上缴的周转税，利润提成等的相当大的一部分是支出在社会文化措施的目的上，转化为公民的收入，这也就是改变了所有形式。根据以上的理由，库兹认为周转税、利润提成等都只能是国民收入再分配的形式。不仅如此，他根本反对把国家预算的某些项目看成是初次分配的

① 《苏联财政》1957年第7期，第26、27页。

② 同上。

③ 《苏联财政》1957年第3期，第25—26页。

工具，而认为全部预算都是国民收入的再分配的杠杆。他说：“苏联某些经济学家为了自圆其说，在他们把国民收入再分配的理解仅仅和所有制形式的改变联系起来的时候，甚至把国家预算的收入与支出逐项地区别开来，例如，他们把国家预算收入的某一部分（周转税、利润提成和国营企业组织的其他缴款）看成为国民收入的初次分配，而另一部分（居民缴纳的税款、公债等）则看成是国民收入的再分配（进一步的分配）；他们把国家预算支出的某一部分（对国民经济的拨款）看成是初次分配，而另一部分（社会文化事业费、支付居民有奖公债奖金和公债还本、国防费和国家行政管理费）看成为国民收入的再分配（进一步分配）。”[1]库兹还指出，上述见解之所以产生，是由于“通过国家预算所进行的再分配过程，往往被不正确地当作或者与动员资金列入预算相联系的或者与从预算支出资金相联系的单方面的过程来观察。实际上国民收入通过国家预算的再分配乃是一个既包括动员资金方面又包括支出资金方面统一的过程。”[2]

对库兹关于国家预算只是国民收入的再分配的工具这一见解，格拉却夫提出了以下的批评：“库兹同志认为国家预算仅仅是对国民收入进行再分配，这是可以理解的，因为，根据他的看法，苏联国家并不参加国民收入的初次分配，国家的一切收入都是从再分配得来的。这样，国家预算就只能表现社会主义社会的再分配关系……虽然库兹反对详细地划分或‘把国家预算收支逐项区别开来’，但是，我们以为这种划分是必要的。没有这种划分就不可能理解国民收入通过国家预算进行分配的全部机构。在库兹同志看来，国家预算的一切收支都是在再分配的过程中发生的，所以不需要‘逐项加以区别’；我们则认为国家预算是国民

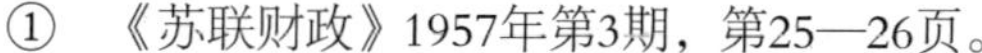

① 《苏联财政》1957年第3期，第25—26页。

② 同上书，第26页。

收入的分配和再分配的主要工具。”[①]根据格拉却夫的意见，属于初次分配的国家预算收入有物质生产部门国营企业的周转税和其他上缴预算的款项，属于再分配的预算收入有合作社集体农庄和居民向国家预算缴纳的各种税款，属于初次分配的预算支出有对国营生产部门的拨款，属于再分配的预算支出有社会、文教，国防费用等[②]。

① 《苏联财政》1957年第7期，第30、29—31页。
② 同上。

关于国民收入的初次分配和再分配的一些问题*

——1957年苏联讨论情况概述

（1958年3月）

初次分配和再分配是国民收入整个运动过程的重要组成部分。国民收入在物质生产领域生产出来后，通过初次分配和再分配过程，形成各阶层居民、各企业机构等的最终收入，并实现为全社会的消费基金和积累基金。因此，初次分配和再分配乃是国民收入的重要问题之一。过去苏联经济学界在讨论国民收入问题时，曾有人认为只有在阶级对抗的社会中才有国民收入的再分配，并且否认社会主义社会中存在着再分配。这一错误的论点，后来受到了批判[①]。但是，关于国民收入初次分配和再分配中的一系列问题，苏联经济学界仍存在着分歧意见。1957年《苏联财政》和《经济问题》杂志曾发表了一些文章，在这方面有所

* 原载《经济研究》1958年第3期。

① 参见《经济研究》1956年第5期，第134—136页。

讨论[1]。现在把去年一年的讨论中所涉及的一些问题，扼要介绍如下：

关于初次分配的参加者，和社会主义国家在初次分配过程中的作用问题

对于物质生产领域的劳动者参加国民收入的初次分配，其所得到的收入是初次收入性质这一点，所有的经济学家都是同意的。分歧在于对社会主义生产性企业所创造的积累的看法，特别是对于国营企业积累的看法，这就涉及社会主义国家在国民收入初次分配过程中的作用问题。

关于上述问题，大约有三种意见。第一种意见把社会主义企业看成是初次分配的参加主体，并把企业积累全部看作初次收入。第二种意见认为在国营生产成分中，企业并不是参加初次分配的主体，而国家才是；企业积累并不是初次收入，而国家收入才是。这种意见并且认为：国家是物质生产领域的参加者。第三种意见认为国家与国营企业同为参加初次分配的主体，可是，国家并不是物质生产领域的参加者。

持第一种意见的，以B.库兹为代表。他说：初次收入“是由于国民收入分配（指初次分配。——笔者注）的结果所产生的。它又分为两小类：物质生产领域各部门就业居民的收入，以

① 1957年《苏联财政》和《经济问题》杂志发表的有关这一问题的文章有：B.库兹：“社会主义国民收入的分配和再分配问题”，载《苏联财政》1957年第3期；Φ.格拉却夫：“论社会主义国民收入的分配和再分配”，载《苏联财政》1957年第7期；H.卡塞里斯基：“国营生产成分中国民收入的初次分配”，载《经济问题》1957年第9期；Γ.托契勒里可夫：“国民收入的再分配和苏联全国性财政”，载《苏联财政》1957年第12期；M.费多托夫，И.席弗林：“关于国民收入分配和再分配概念”，载《苏联财政》1957年第12期；H.卡塞里斯基：“怎样理解初次收入和派生收入”，载《苏联财政》1957年第12期。

及社会主义企业的积累。初次收入的总和，等于一国的国民收入”[①]。需要指出的是，库兹所谓的社会主义企业的积累，乃是指这些企业所创造的，没有经过任何修正的全部积累。

持第二种意见的有：M.费多托夫、И.席弗林、Φ.格拉却夫等。他们首先对库兹把社会主义企业积累一般地作为初次收入，提出了批评。如费多托夫和席弗林指出：“国营企业所创造的剩余产品并不属于企业，而属于生产资料的所有者即苏维埃国家。国营成分所创造的剩余产品，不管它是通过哪些企业的产品实现的，并不为企业而为国家所占有。”[②]他们指出：库兹在这里忽视了国民收入初次分配所赖以进行的依据，即生产人员和生产资料所有者之间的关系；这样就不可避免地会“否定苏维埃国家是物质资料生产的参加者，否定生产资料的国家所有制，低估苏维埃国家的经济组织的职能，并在实质上抹杀社会主义国家同资产阶级国家的根本区别”[③]。格拉却夫认为，从马克思在《资本论》中的一些论述看来，“国民收入的初次分配是在物质生产领域的所有的参加者（不论参加的形式如何）之间进行的。资本家和地主也参加物质生产领域，因为他们是生产资料的所有者。在社会主义社会中，参加物质生产领域的有：生产部门中就业的劳动者，作为国营企业所有者的社会主义国家，以及合作社、集体经济”。因此，“社会主义社会的国民收入在初次分配中分解为：物质生产领域就业居民的收入；国家的收入；合作社集体经济的收入”[④]。

持第三种意见的可举H.卡塞里斯基为例。他从另一角度批评库兹把社会主义企业积累列为初次收入的见解。他指出：企业的货币积累不过是该企业生产的或实现的剩余产品的一般

① 《苏联财政》1957年第3期，第22页。着重点是作者加的。

② 《苏联财政》1957年第12期，第42页。

③ 同上。

④ 《苏联财政》1957年第7期，第26页。

表现形式，它并不能说明国民收入的初次分配的内容。他说：“国民收入初次分配问题的实质，就在于形成具体形式的初次收入。……离开了具体形式初次收入的形成来考察国民收入的初次分配，就意味着：关于初次分配甚么也没有说。”[①]卡塞里斯基指出，应该根据生产关系的特点来考察初次收入的具体形式。在国营经济成分中，初次收入采取以下三种基本形式，即：1.工资，2.国营企业纯收入（利润），3.国家集中纯收入（周转税）。他说：“初次收入采取这三种形式的必要性，决定于以生产资料的国家（全民）所有制形式为基础的国营成分的生产关系，而这一所有制形式是用商品生产、同经济核算密切结合着的。”[②]

卡塞里斯基也不同意格拉却夫关于国家是物质生产领域的参加者这一说法。他说：“格拉却夫引用了马克思的《资本论》，但却作出了我们看来是不正确的结论。马克思曾指出资本主义社会中收入的拜物教性质，在那里资本、土地和劳动是同利润、地租和工资相对峙，前者是被看作生产后者的。可是马克思指出，只有劳动才创造新价值，即一切收入的源泉。在很多地方，他着重指出：地主是不参加物质生产领域的，虽然地主取得的地租也是初次收入。借贷资本家和他们取得的利息的性质，也是这样的。所以，当格拉却夫同志（比照资本主义社会中收入的形成）把苏维埃国家看为物质生产领域的参加者时，想必他是认为国家是自己创造自己的收入的。可是这却把社会主义社会中十分明白的关系弄得神秘化了。……苏维埃国家参加国民收入的初次分配，并不是因为它像劳动者一样地参加物质生产领域，而是因为它执行着管理和领导整个国民经济的职能。……这就要求把劳动者创造的一部分国民收入以初次收入的形式，集

① 《苏联财政》1957年第12期，第48、49页。

② 同上。

中到国家手中。”①

关于“国家集中纯收入”的范围，及它同“国家集中基金”的区别

上节已提到，格拉却夫把初次收入划分为三个部分：（1）生产人员收入；（2）社会主义国家收入；（3）合作社集体经济收入。格拉却夫又把上述第二部分收入划分为国营企业纯收入（利润）和国家集中纯收入（周转税、利润提成等）；在合作社集体农庄收入部分，除了用于自身需要外，“其余部分通过价格与所得税转变为国家集中纯收入”。这样看来，格拉却夫所说的“国家集中纯收入”，不但包括了国营企业上缴的周转税、利润提成等，而且包括了其他经济成分的一部分纯收入②。

对于格拉却夫的上述看法，Г.托契勒里可夫、Н.卡塞里斯基提出了批评。托契勒里可夫说：“如果别的经济学家在‘国家集中纯收入’的名下只包括了周转税（这也是不尽恰当的），那么格拉却夫则把国营企业和合作社集体农庄对财政的一切缴款都包括到这一概念中去了，这就是说这一概念在实质上不过是国家预算收入的同义语。因此，格拉却夫认为甚至在国民收入的初次分配过程中，苏维埃国家就直接地规定国民收入中用于满足全国性需要的那一部分，并且把国家收入的一切预算动员和使用方法都看为初次分配形式，而这是不符合国民收入的现行计算方法。”③卡塞里斯基也指出：“有些经济学家在考察作为初次收入的国家集中纯收入时，把国营企业的利润提成、对合作社集体农庄利润所课征的所得税等都包括进来了。他们的理由是：这些

① 《苏联财政》1957年第12期，第50页。

② 参见Ф.格拉却夫的文章，《苏联财政》1957年第7期。

③ 《苏联财政》1957年第12期，第34页。

部分的社会纯收入是通过集中的方式来使用的。可是，在同样的理由下，也可以把居民缴纳的税款以及通过集中方式使用的新创造价值的其他部分，列到'国家集中纯收入'项下。显然，在这里，作为初次收入的'国家集中纯收入'的形成，是同'国家集中基金'（Централи з ованный Фонд государственных средств）的形成混淆起来了。"[①]他认为，"国家集中纯收入"应该是指国营经济创造的纯收入中直接归国家掌握的部分如周转税、社会保险提成等，而"国家集中基金"则不仅指这一部分，而且还包括从国营企业、合作社、集体农庄等其他初次收入中征收的部分。这两个概念，是不应当加以混淆的。

国民收入的再分配过程是不是仅仅限于纯收入在不同经济成分间、在生产领域与非生产领域间的转移？国营生产成分内部各个部门间各个企业间的纯收入的转移，是不是国民收入的再分配对于国民收入的再分配所包括的范围问题，存在着广义和狭义两种不同的看法。广义的看法认为再分配不仅即于不同经济成分间和生产领域与非生产领域间的收入的转移，而且也包括国营生产成分内部纯收入在不同部门间和不同企业间的转移。狭义的看法认为只有不同经济成分间、不同居民集团间、生产领域与非生产领域间的收入的转移才是再分配。

对国民收入再分配持广义看法的有H.卡塞里斯基、B.库兹等人。如卡塞里斯基认为：再分配包括下列关系：（1）社会主义生产的两大成分之间的再分配关系；（2）每一生产成分内部的再分配关系；（3）物质生产领域和非生产领域间的再分配关系[②]。在他看来，"国民收入再分配之所以必要，是因为：形成初次收入的地方，同使用初次收入所表现的产品的地方是不一致的。……例如国营生产成分中，实行经济核算的企业的纯收入，

① 《经济问题》1957年第9期，第129页。

② 《苏联财政》1957年第12期，第52—53页。

不能在生产它的地方全部使用掉，这是因为：第一，它不是个别企业所有的；第二，它的使用应该符合于制驭整个生产的社会主义经济规律，而这就要求再分配。假如每一个别国营企业把‘自己的’全部纯收入都使用掉了，那么这将不可避免地引起国民经济中比例关系的严重破坏”。[①]库兹也指出不应当忽视国民收入通过价格机构和通过财政体系在国营成分内各部门之间的再分配过程和它在各地区之间的再分配过程。他认为：国民收入的再分配乃是对初次收入或派生收入进行调整；因此，在他看来，任何在部门之间的、在企业之间的、在经济成分之间的，和在居民之间的收入的转移，都是国民收入的再分配[②]。

对再分配持狭义看法的有M.费多托夫、И.席弗林、Φ.格拉却夫等人。费多托夫等认为，再分配同初次分配一样地同属于分配过程，并决定于生产方式；因此，“……国民收入的再分配只同收入的所有形式的改变有关，再分配是表现社会主义扩大再生产过程中的社会经济关系的。不应当把国民收入再分配的概念归结为国营企业内部各个企业间、各个部门间以及各共和国间、各经济行政区间的资金的再分配”。[③]格拉却夫也认为：国营生产成分内各部门间所进行着的并不是再分配而是初次分配，因为：“国家是社会主义企业的生产资料的所有者。把剩余产品从一些部门转交给另一些部门，或从一些企业转交给另一些企业，这乃是国家转移自己的纯收入，这是为了调节积累，保证生产资料的优先增长所必需的。”[④]在他看来，国民收入的再分配在社会主义社会中之所以必要，乃是因为一方面存在着两种不同形式的社会所有制以及公民的个人所有制，另一方面存在着物质生产领域和非生产领域的区

① 《苏联财政》1957年第12期，第52—53页。
② 《苏联财政》1957年第3期，第23页。
③ 《苏联财政》1957年第12期，第44页。
④ 《苏联财政》1957年第7期，第29页。

别。只有在不同所有制形式之间、不同居民集团之间以及生产领域与非生产领域之间的收入的转移，才属于再分配的范围。

关于周转税、利润提成等分配形式的性质，以及国家预算是否仅仅是国民收入再分配的工具

关于这个问题，主要有三种意见。第一种意见认为周转税、利润提成是再分配形式，国家预算仅仅是再分配国民收入的工具。第二种意见认为周转税、利润提成是初次收入性质，国家预算不仅执行着再分配的职能，而且也是初次分配的工具。第三种意见认为周转税同时具有初次收入和派生收入的性质，而国家预算则只是再分配的工具。

持第一种意见的是库兹。他认为，周转税不是初次收入，因为周转税的重要来源之一是通过价格的再分配而形成的企业积累。在通过价格的再分配的基础上产生的周转税，当然就不可能是初次收入，而只能是派生收入[①]。并且库兹根本反对把国家预算的某些项目看成是初次分配的工具，而认为国家预算只是再分配国民收入的杠杆。他对于某些经济学家把国家预算的收入与支出逐项地区别为初次分配性质或是再分配性质，表示不能同意；并且指出，这种见解是从对于通过国家预算所进行的分配过程的不正确的理解当中产生的。"实际上，国民收入通过国家预算的再分配，乃是一个既包括动员资金方面，又包括支出资金方面的统一的过程。"[②]

持第二种意见的有费多托夫、席弗林、格拉却夫等人。如费多托夫、席弗林关于周转税和利润提成的性质这样写道："周转税和利润提成是国营企业创造的纯收入，并且属于国家。……不管这一纯收入集中于国家手中也好，还是留给国营企业掌握也

① 《苏联财政》1957年第3期，第25、26页；着重点是作者加的。

② 同上。

好，都不能改变它和它的各种形式的初次收入的性质，因为，这些收入的所有者并没有改变，而仍然是苏维埃国家。……”[①]费多托夫指出，库兹以周转税的重要来源是通过价格的再分配为理由，来反对周转税的初次收入性质，这是不能令人信服的，因为：“有谁在什么时候在什么地方断言过：通过价格机构进行的，只是国民收入的再分配呢？……”“库兹在文章中断言通过国家预算进行的，只是国民收入的再分配。这一断言主要是从他对再分配过程的实质的不正确理解中产生的。而再分配过程的实质就在于它同收入的所有形式的改变是密切关联着的。[②]格拉却夫指出，把国家预算收支项目按其是初次分配性质或是再分配性质逐项加以划分，是必要的。“没有这种划分，就不可能理解国民收入通过国家预算进行分配的全部机构。”[③]所以，在格拉却夫等人看来，国家预算不仅是国民收入的再分配的工具，而且也是它的初次分配的工具。

第三种意见。这种意见一方面认为国家预算只是国家收入再分配的工具，另一方面认为周转税同时具有初次收入和派生收入的性质。持这种看法的是Г. 托契勒里可夫。他指出：单纯地从收入的所有形式并未改变这一观点，把周转税看成为初次收入，这是不妥当的；因为通过周转税也征取了合作社、集体农庄的一部分纯收入。他认为，对周转税的性质应从两方面来看。从价格构成方面看，“周转税是计划价格的组成要素，它表现着通过商品计划价格实现的剩余产品的一部分价值；就这点讲，周转税是初次分配的形式”。另一方面，从周转税对国家预算的关系来看，它又表现着再分配关系。“为了使周转税变成为所谓‘国家集中纯收入’，它就必须像利润提成一样地‘走过’社会主义分配的

① 《苏联财政》1957年第12期，第46—47页。
② 同上。
③ 《苏联财政》1957年第7期，第30页。

特殊阶段，即再分配阶段，并且，只有通过这一过程，它才能成为社会主义国家的财政资源。”[①]托契勒里可夫还批评了把利润提成作为初次分配形式的看法，他指出：毫无疑问，国营企业的利润是初次分配形式；但是，如果把利润提成也“看成是初次分配形式，那么，就无法解释‘（初次）分配内的（初次）分配’这一方法的客观必要性了。如果承认利润提成不是国民收入初次分配所能概括的、价值运动的特殊过程（实际上也是这样的），那么我们就有了‘进一步的分配’或再分配。虽然，在这里所有形式并没有改变”。[②]

关于价格机构在国民收入的分配和再分配过程中的作用

这个问题可分为以下两个问题来叙述：

1. 价格机构仅仅是国民收入的再分配的工具，还是同时也是初次分配的工具？

把价格机构看成仅仅是再分配国民收入的工具的，可举库兹为例。库兹认为：纯收入通过价格机构而发生的转移，属于国民收入的再分配过程。“这个过程预先地决定了通过国家预算而进行的国民收入的进一步的再分配。这些过程是由国家以价格背离于价值的方法实行的。”[③]在库兹看来，在某一部门（企业）所创造的纯收入，才是这一部门的初次收入；而某一部门所创造的，但通过价格机构在另一部门实现的积累，应该被看作是后一部门的派生收入，“因为，这些积累并不是后一部门所创造的，并不是他们的经济活动的结果”。[④]

① 《苏联财政》1957年第12期，第39页。

② 同上书，第37页。

③ 《苏联财政》1957年第3期，第21、23页。

④ 同上。

有些经济学家不同意把价格机构看为仅仅是再分配的工具。如前所述，格拉却夫认为纯收入通过价格机构在国营经济内部各部门间、各企业间发生的转移，并不属于国民收入的再分配的范畴，而属于初次分配的范畴。格拉却夫并不否认价格机构是再分配的杠杆之一，但是，价格机构的作为再分配杠杆的作用，只是在国营成分和非国营成分之间，以及合作社集体经济内各企业间才能发生的。[①]费多托夫和席弗林也指出："苏维埃国家在确定价格时所实现的不仅是国民收入的再分配，而且也是它的初次分配。库兹同志也不能否认这一点，因为他把价格构成因素之一的利润也看作初次收入。……"[②]

此外，还有一种意见，即认为纯收入通过价格机构在国营成分各部门间的转移，不但不是再分配，而且这个过程还先行于初次分配，它是在生产过程中完成的。如卡塞里斯基说："大家知道，由于初次分配的结果形成了初次收入，……再分配只是直接同初次收入打交道的。可是，新创造的价值通过价格在国营经济成分各个部门之间的转移——这一'再分配'却是在初次收入形成以前就发生了。这个过程是在国民收入的生产阶段上完成的，它并不同初次收入打交道，而是同新创造的价值打交道的。……"[③]

2. 通过价格机构的再分配同通过财政体系的再分配之间的关系；价格机构是不是国民收入再分配的一个独立存在的渠道？

在苏联的书刊中，一般都把通过价格的再分配同通过财政体系、通过非生产性劳务买卖的再分配并列，认为国民收入的再分配是通过这三个渠道进行的。例如，库兹说："在社会主义社会中，国民收入的再分配过程，第一是通过价格形成的机构来实现的；第二是通过财政信贷体系来实现的；第三是通过非生产领

① 《苏联财政》1957年第7期，第28、29页。

② 《苏联财政》1957年第12期，第46、54页。

③ 同上。

域各种劳务的买卖方式实现的。”[①]又如，格拉却夫说：“国民收入的再分配过程是经由三条途径实现的：通过财政体系；通过在国营企业同合作社集体农庄经济之间的以及合作社集体农庄经济内的商品交换中的价格体系；通过对铁路和其他运输，对邮电等非生产部门所提供的劳务的支付。”[②]

对于上述国民收入再分配三途径的说法，Г.托契勒里可夫提出了反对的意见。首先他指出：“决不能把通过价格机构所形成的派生收入同通过预算系统的再分配过程对立起来。B.库兹也承认，被他列为派生收入的周转税，是通过价格机构形成的，也正是通过预算渠道形成的。……格拉却夫也重复了库兹所犯的错误，把通过财政体系的再分配同通过交换过程中的价格体系的再分配对立起来，并且，不知道为什么他把交换过程局限在国营商业组织同合作社集体农庄经济之间的关系内。作者在这里所指的，大概是合作社集体农庄的产品在国营商业系统中的出售以及通过国营商业把生产资料卖给前者。可是要知道，这已经在这种或那种形式上反映于周转税中了。而Φ.格拉却夫是把周转税从再分配关系中剔出的。”[③]

根据上述理由，托契勒里可夫认为，国民收入再分配所由进行的主要途径不是三条而是两条，即（1）通过非生产性劳务的买卖；（2）通过财政、信贷体系。至于价格机构，则并不是再分配的独立渠道。他说：“我们以为，除了……从非生产领域劳务买卖中所产生的再分配以外，社会主义社会中所有的再分配过程，归根结底都是通过预算财政方法或信贷方法实现的。这应该作为划分再分配过程的依据。……”[④]

---

① 《苏联财政》1957年第3期，第19页。

② 《苏联财政》1957年第7期，第29页。

③ 《苏联财政》1957年第12期，第34、35、36页。

④ 同上。

关于固定资产无形损耗的一些问题*

——苏联经济学界近两年来讨论情况综述

（1958年9月）

固定资产的无形损耗是与技术进步密切相关的一种经济现象。过去苏联经济学界对于社会主义制度下是否存在无形损耗的问题，曾长期地持否定态度。自从1955年苏联提出加速技术进步和更快地提高劳动生产率，以赶上和超过先进的资本主义国家的任务以来，苏联经济学界开始重视技术进步中的经济问题的研究，其中包括对固定资产无形损耗问题的重新认识。关于这方面的情况，我们在《经济研究》1956年第6期已作了简单的介绍[①]。这两年来，苏联经济学界对固定资产无形损耗问题的研究和讨论，有了进一步的发展。现在我们把这两年来讨论中的一些重要问题，特别是无形损耗与固定资产折旧的关系问题，作一综合叙述。

关于无形损耗的内容的一些不同理解

大家知道，有两种无形损耗。第一种无形损耗是指劳动手段的结构和性能不变，但它的再生产费用降低了，因而引起原有

*　原载《经济研究》1958年第9期。

①　参见“苏联经济学界对社会主义社会中固定资产的无形损耗问题的重新认识”，载《经济研究》1956年第6期。

劳动手段的价值的贬低。第二种无形损耗是指由于新的、具有更高的生产性能的劳动手段的出现，使得原有劳动手段的生产性能相对下降而引起的损失。如果说在第一种无形损耗的情况下，固定资产价值的降低，是由于在生产固定资产各要素的部门中劳动生产率提高的结果，那么，在第二种无形损耗的情况下，新的劳动手段的运用，将提高运用这一劳动手段的部门的劳动生产率。

关于第一种无形损耗的内容如何确定的问题，是比较明确、并无争论的问题。既然这种无形损耗是由于劳动手段的再生产价值降低所引起的，那么，只要我们知道了劳动手段的再生产价值，或重置价值，并从原有劳动手段的原始价值减去这一重置价值，所得差额即为第一种无形损耗。

比较复杂的问题是如何确定第二种无形损耗的内容。关于这个问题，在苏联经济学家中，存在着三种不同的见解。

第一种见解认为，第二种无形损耗是在新的更完善的劳动手段出现后，原有劳动手段的使用价值相对降低，从而其本身的价值也发生相对的贬低。持这种见解的可举П.布尼契为例。他说："无形损耗的第二个原因在于：出现了新的更完善的劳动手段。……如果说为了制造生产性能较高的机器，在目前需要一定数量的社会必要劳动，那么，过去制造出来的、生产性能较低的机器的价值，就要相应地降低。这个由于丧失使用价值的结果而丧失的价值，就叫作第二种无形损耗。"[①]

第二种见解认为，第二种无形损耗并不是指在新的、较完善的劳动手段出现后，旧有的劳动手段本身价值的贬低，而是指继续使用这一旧的劳动手段在生产过程中所引起的损失。持这一种看法的可举A.密特洛范洛夫为例。他说："如果第一种无形损耗

① П.布尼契：《工业固定资产的折旧》，苏联财政出版社1957年版，第23、24页。

等于劳动手段的原始价值与重置价值之差，那么，第二种无形损耗可以按下列公式计算：

……

$M=(C+э)\times\Pi$”[①]

上式中：M代表无形损耗的绝对值；C代表与新技术比较，继续使用旧设备时生产单位产品的成本的差额；$э$代表由于利用新技术所生产出来的产品质量的改变，继续利用旧设备生产出来的产品在使用时使用费用的差额；Π代表产品的实物量，这些产品是借助于受到无形损耗的旧设备在计算无形损耗的这段时期中生产出来的。

第三种意见认为，第二种无形损耗是指：由于以新的、较完善的和生产性能较高的机器代替它们（指旧的劳动手段。——笔者注）而把它们从生产过程中排除出来的结果，机器在未来才丧失的那一部分价值[②]。持这种意见的以A.别尔乌辛为代表。

上述对于第二种无形损耗的三种不同的理解，究竟谁是谁非呢？我们认为，固定资产的无形损耗应该是指由于技术进步的结果，它本身所丧失的价值，这一价值的丧失，应当同遭受无形损耗的劳动手段的继续使用而引起的损失加以区别。后者不是固定资产本身价值的损失。从这一角度来看，上述第二种见解，是把无形损耗这一经济现象的后果，同无形损耗这一经济现象本身混淆起来了。更正确的理解，应该包括上述第一种和第三种理解。这两种意见都是指固定资产本身丧失的价值，因而都属于第二种无形损耗的范围。

与第二种无形损耗有关的旧劳动手段的贬值，同与第一种无形损耗有关的旧劳动手段的贬值之间，有着共通之点。事实上，确定第二种无形损耗时，也需要比较劳动手段的原始价值和再生

① 苏联《经济问题》1957年第9期，第125页。
② 苏联《经济问题》1957年第1期，第118页。

产价值；不过这时的重置价值是按单位生产能力、根据制造新的较完善的劳动手段所需社会必要劳动量进行换算的数值而已。在这里，区别第一种与第二种无形损耗的主要特点，在于遭受第一种无形损耗的劳动手段可以继续使用到物质上磨损完毕，因而其无形损耗仅限于价值的贬低；而遭受第二种无形损耗的劳动手段在生产力发展水平和设备供应平衡条件容许的情况下，要求提前以新的设备来代替旧的设备，因而在设备本身的价值贬低之外，它还遭受由于提前更新而造成的残余价值的损失。

关于固定资产的无形损耗同折旧的关系

从以上的叙述看来，固定资产的无形损耗或者表现为由于再生产价值降低而造成的贬值（第一种无形损耗同第二种无形损耗都有此情况）；或者表现为由于使用期限缩短而造成的损失（第二种无形损耗有此情况）。由此产生以下几个问题：（1）由于再生产价值降低所造成的固定资产的价值的损失，是否应当在固定资产的折旧里得到反映？如何反映？（2）由于使用期限缩短所造成的固定资产的价值的损失，是否应在折旧中得到反映？如何反映？（3）为了消除第二种无形损耗而对原有机器设备进行技术改造（或称现代化改造）所需资金，是否应包括在折旧之内？

（一）关于固定资产的贬值同折旧的关系

对于这个问题，基本上有两种意见。一种意见是认为属于无形损耗性质的固定资产的贬值，应以提高折旧率的办法，从折旧基金中取得补偿。另一种意见则反对从折旧基金中补偿固定资产的贬值。

持第一种意见的可举A.斯揭旁可夫为例。他说：“由于社会劳动生产率的增长和生产新机器的费用便宜化的结果而发生的固定资产的贬值，应当以提高折旧率的办法来得到补偿。”[①]斯揭旁可夫引证了马克思的指示。马克思曾指出，劳动手段的价值“并不决定于它们充当生产手段的劳动过程，而决定于它们充当生产物的劳动过程。在它们当作生产手段的劳动过程内，它们只是使用价值，只是有用物，倘若不是在加入这个过程以前，原来就有价值，它们就不能以任何价值，转移到产品中去”[②]。根据这一点，斯揭旁可夫得出结论说：“劳动手段的价值，决定于它们作为产品的劳动过程，并且，只是劳动手段的这一原始价值才转移到产品中去，并且应当从折旧提成中取得补偿。”[③]

多数苏联经济学者都不同意斯揭旁可夫的意见，例如布尼契指出：“由于折旧提成代表着转移到产品中去的那一部分固定资产的价值，因此它们不应当高于（或低于）劳动手段的重置价值（在扣除了其退废部分的残存价值以后）。如果固定资产的价值降低了（其中包括由于无形损耗的结果），那么，它们在折旧提成的形态上转移到产品中去的那一部分价值，也应当减少。因此，客观上折旧提成是在固定资产的真正的、重置价值上提取的，因而并不补偿从原始价值降低到重置价值的差额。在原始价值上提取折旧只会引起折旧额的人为的提高，并且会把一部分利润转入折旧基金。所以，我们不能同意斯揭旁可夫的这一论点；即‘由于社会劳动生产率的增长而发生的固定资产的贬值，应当以提高折旧率的办法来得到补偿’。”[④]

П.巴甫诺夫也主张在固定资产发生第一种无形损耗的场合，折旧提成不但不应提高，而且应当相应地减少。他指出，在这种场合之所以要相应于设备价值的贬低而降低折旧提成，除了因为

① 苏联《经济问题》1957年第3期，第117、121页；着重点是作者加的。

② 参见马克思：《资本论》第1卷，人民出版社1953年版，第228—229页。

③ 苏联《经济问题》1957年第3期，第117、121页；着重点是作者加的。

④ 苏联《经济问题》1957年第2期，第121页。

机器转移到产品中去的价值并不决定于实际物化在这一机器中的劳动时间，而是决定于当前再生产这一机器所必需的劳动时间这一理论上的理由外，还有实践上的理由。如果较便宜的机器出现以后，旧机器仍按原来规定的折旧额提取，那么在其他条件相等时，就会引起产品成本上的差别。另一方面，在这种场合，使用旧机器的企业，将较使用新机器的企业掌握更多的折旧资金，这样就使得做同种工作的同类企业，处于不同的条件①。

K.别特洛强也认为，不以原始价值而以再生产价值为依据来确定折旧数值是正确的。他还指出，如果按重置价值计算折旧，就可以在确定折旧率时不必考虑由于劳动生产率提高的结果而发生的生产工具的贬值，因为重置价值本身已经把这一贬值的因素包含在内了②。

如果相应于劳动手段价值的贬低而减少折旧提成，或按劳动手段的再生产价值来规定折旧提成，那么，劳动手段原始价值贬低的部分，应该从何处取得补偿呢？A.戈洛夫磋夫提出了这个问题。他问道："由于无形损耗所引起的旧设备价值的损失，应向何处报销？例如，机器的原始价值为10 000卢布，使用期限为10年，已经使用了两年，因此机器剩余下来的价值为8000卢布。具有相同结构和相同使用期限的新机器价值为7000卢布，旧机器在扣除了损耗之后的重置价值为5600卢布（$7000-\frac{7000\times 2}{10}$）。在这里产生了由于无形损耗而造成的损失2400卢布的补偿源泉问题。……"③

可是，与无形损耗有关的固定资产的贬值，是不是一定，

① 参见П.巴甫诺夫：《固定资产的损耗与折旧》，苏联财政出版社1957年版，第208—211页。

② 参见苏联《计划经济》1958年第2期，第51页。

③ 《苏联工业中的折旧》论文集，苏联财政出版社1956年版，第81—82页。

如戈洛夫碰夫所说，要得到“报销”呢？并不是的。因为对于社会主义社会来说，与无形损耗有关的固定资产的贬值，并不构成国民经济的真正的损失。斯特鲁米林院士就曾指出，劳动手段的贬值，是从待更新的劳动手段的便宜化当中得到补偿的，并且，劳动手段价值的损失，在它的实物量不变的场合，无论怎样也不会影响生产，因而这种损失只是“虚假的不幸”[①]。由此可见，折旧提成随着固定资产的贬值而降低，并不影响固定资产在实物形态上或按生产能力的再生产；后者将由于新生产出来的劳动手段的便宜化而得到保证。不仅从实物形态上看，即使是从价值形态上看，在这里也不发生真正的损失问题。因为根据马克思的价值理论，一切产品的价值，其中也包括劳动手段的价值，并不决定于生产时的社会必要劳动消耗量，而是决定于当前再生产所必需的社会劳动消耗量。由于技术进步和社会劳动生产率提高的结果，产品的再生产价值下降，而过去积累起来的社会财富（其中也包括劳动手段）的价值相应贬低，这是符合价值运动的规律的；因此原始价值降低到再生产价值的差额，对于社会主义国民经济来说也并不构成任何真正的损失。

（二）固定资产使用期限缩短同折旧的关系

在发生第二种无形损耗的情况下，继续使用原来的劳动手段的效率，低于改用新劳动手段的效率。在劳动手段供应条件或设备平衡条件许可的情况下，就应当在原有劳动手段的有形损耗期限终了以前，提前以新的劳动手段代替旧的劳动手段。这样，原有劳动手段的使用期限缩短了，从而丧失了一部分使用价值和价值。在确定固定资产的折旧率时，是否应当考虑机器设备的使用期限由于技术进步而缩短这一因素呢？由于使用期限缩

① 参见苏联《经济问题》1956年第8期，第49页。

短而造成的固定资产一部分价值的丧失，是否应当从折旧基金中得到补偿呢？

关于这个问题，在苏联存在着互相反对的两种意见。一种意见认为折旧率应当考虑由于无形损耗而引起的使用期限缩短的因素，折旧基金应当弥补由于使用期限缩短而丧失的一部分固定资产的价值。另一种意见则认为，不应当因为使用期限的缩短而提高折旧率；由于使用期限缩短而丧失的价值，不应当从折旧基金中获得补偿。

别尔乌辛是反对根据第二种无形损耗所确定的固定资产使用期限来确定折旧率的。他说："要知道，在实现的商品中补偿丧失了的价值是不可能的，因为不可能存在不具有使用价值的价值。建议把由于无形损耗而丧失的价值包括到折旧率中去——这意味着承认不具有使用价值的价值的存在。这一建议的出发点是认为商品价值不决定于社会必要劳动，而决定于什么别的因素，例如说资本家的主观愿望。假如固定资本把由于无形损耗而损失的价值转移到产品中去，那么，以新的设备代替旧的设备就没有任何困难了。……"[①]在别尔乌辛看来，没有得到折旧的那一部分提前退废的固定资产价值，在资本主义条件下是从剩余价值取得补偿的，而在社会主义条件下则是从为社会创造的纯收入当中得到补偿的；这一部分剩余价值或纯收入是从采用新的现代机器以代替技术上陈旧了的机器而提高了劳动生产率的结果当中形成的[②]。别尔乌辛还指出，在社会主义社会中，提前以新设备更替旧设备，是由国家计划根据当前的和长远的需要而规定的，它并不取决于某一部门是否有足够的折旧基金，不取决于原有设备的价值是否已经全部折入折旧基金中去。所以，在折旧率中考虑提前退废的固定资产的价值是没有必要的。这不过是把一部分利润

① 苏联《经济问题》1957年第1期，第118页。

② 同上书，第119页。

（纯收入）转入折旧基金而已。

同别尔乌辛的见解类似的还有密特洛方洛夫、沃洛吉洛夫等人。例如，密特洛方洛夫认为，在已经陈旧的固定资产提前退废时，社会为了节约更多的活劳动，不得不承受过去劳动的损失；可是，社会在活劳动节约上的所得，将大于在过去的物化劳动上的所失。因此，“那些断定无形损耗应以提高折旧率的办法从折旧提成中取得补偿的作者们，是错误的”。[①]

苏联多数经济学家都不同意上述这种意见。现在仅举布尼契为例，如前所述，布尼契是反对以折旧提成来弥补与无形损耗有关的固定资产的贬值的。但是他赞成在折旧中考虑由于无形损耗而致固定资产使用期限缩短的因素。布尼契并且指出，在折旧提成中考虑，与使用期限缩短有关的无形损耗，有助于正确地确定真正的生产费用和采用新技术的经济效果[②]。

布尼契对别尔乌辛所说的“假如固定资产由于无形损耗而丧失的价值转移到产品中去，那么以新设备代替旧设备就不会有任何困难……”这一论点提出了反驳。他指出折旧并**不能补偿与无形损耗有关的一切损失**，而只补偿那些**由于劳动手段使用期限在社会必要的限度内缩短而引起的损失**。有一些属于无形耗损性质的损失，例如由于劳动手段再生产价值降低而造成的贬值，使用期限过度缩短而造成的损失等，都不能够在产品的价值中再生产出来，因而也不应包括到折旧中去[③]。

布尼契还认为，不能因为采用效率较高的新机器所带来的节约能够绰绰有余地补偿无形损耗而反对提高折旧率，因为“较高的经济效率并不排斥较高的折旧率。这是两个不同的问题”[④]。

① 苏联《经济问题》1957年第9期，第136页。
② 苏联《经济问题》1958年第2期，第77页。
③ 同上。着重点是作者加的。
④ 《苏联工业中的折旧》论文集，苏联财政出版社1956年版，第20页。

此外，他还指出，考虑与无形损耗有关的使用期限的缩短而提高折旧率，并不一定就引起产品成本的提高，因为产品成本的高低，不仅取决于折旧率，而且，与其说取决于折旧率不如说取决于其他因素。由于采用了新的机器，产品增加了，单位产品所摊到的折旧金就减少了。并且，新机器的使用还会促进原料与劳动力消耗的节约。此外，由于固定资产的再生产价值降低了，这意味着折旧金所依以计算的基础之一也降低了，而这就使得折旧提成的绝对数值减少。综合以上这些因素来看，由于使用期限缩短而提高折旧率，并不一定会像有些经济学家所顾虑的那样，会引起个别产品成本的提高①。

与布尼契持有类似意见的有斯揭旁可夫、巴甫洛夫、别特洛强等人。

需要指出的是，在讨论过程中，不管是赞成在确定折旧率时考虑使用期限缩短因素的经济学家，还是反对这一主张的经济学家，在谈到固定资产的使用期限同技术进步的关系问题时，都一致强调：不是在任何情况下都要以新的设备来代替旧的设备，这要取决于国内机器制造的生产能力和设备平衡的状况如何而定。并且，被提前更换的旧机器设备，也不应当在任何场合都加以毁弃，而应当利用于技术装备较差的部门或企业，这对于提高这些部门、企业的劳动生产率是有好处的。苏联经济学家们还指出，技术进步对使用期限的影响，不是单方面的缩短使用期限，而且也可能延长使用期限。例如，提高机器设备的修理质量，对原有机器设备进行技术改造，为利用新材料创造条件，等等，都可能延长机器设备的使用期限，这些因素，在考虑固定资产使用期限对折旧的影响时，也都必须同时加以考虑。

① 《苏联工业中的折旧》论文集，苏联财政出版社1956年版，第20—21页。

（三）对原有劳动手段进行技术改造（或称“现代化改造”）所需资金的来源及其同固定资产折旧的关系

在技术进步的条件下，对继续使用的原有生产设备进行技术改造，具有十分重要的意义。技术改造可以提高原有设备的技术水平，并且能够延长它的使用期限；因此，技术改造乃是克服第二种无形损耗的重要手段。从一定的意义上讲，技术改造对于无形损耗的意义，犹如大修理对于有形损耗的意义，在制定固定资产的折旧率时，大修理费用是必须考虑的因素之一。现在要问，对原有设备进行技术改造所需的费用，是不是也应当按同样原则处理？技术改造措施费用的来源是什么？它同固定资产的折旧又有什么关系？

关于这一问题，苏联经济学界大约有三种意见。第一种意见认为技术改造措施费应从国民收入的积累基金中取得补偿；第二种意见认为应从折旧基金中取得补偿；第三种意见则认为技术改造措施费的来源一部分应该出自折旧基金，另一部分则出自积累基金。

斯特鲁米林院士是持第一种意见的。在他看来，对原有设备进行技术改造，是扩大再生产的性质，而不是简单再生产的性质，故所需资金应从积累基金中支付。为此目的，他建议设置一个专门的“使落后技术现代化的计划预置基金”。斯院士认为，这一基金按其使用目的和按其经济性质来说，同折旧基金有着本质上的区别。前者只补偿劳动手段原始价值的贬低部分，其目的是以使落后技术现代化的办法，来提高它的生产能力，从而是为劳动手段的扩大再生产服务的。其次现代化基金与折旧提成的重要区别还在于：按其经济性质说来前者是从积累基金中形成的，因而不应当包括到经济性的生产费用中去[1]。

别尔乌辛也认为对原有设备进行技术改造所需资金应出自

① 参见苏联《经济问题》1956年第8期，第51、52页。

积累基金，可是他不赞成斯院士把“现代化基金”限于劳动手段的再生产价值贬低数额的范围内（即不赞成把这一基金限制在原始价值同重置价值之间的差额范围内）。他说：“无论如何，不管这一基金如何确定，把技术进步的经济界限规定在这一基金数额的范围内，是不恰当的，应当指出，在我们的社会主义条件下，技术进步的经济界限，只能是全部积累基金。”①

斯揭旁可夫、别特洛强等人是持第二种意见的，即认为应从折旧基金中补偿技术改造措施费用。例如，斯揭旁可夫指出，斯特鲁米林把现代化基金同折旧基金划分开来，这一建议是没有根据的。他说：“在这里重要的是：以折旧提成来设立折旧基金，而折旧基金应当足够支付大修理、对旧有劳动手段的技术改造，以及为了更换已经衰老了的和折旧完了的固定资产而进行的新的建设。至于折旧基金在大修理、劳动手段的技术改造和新的基本建设拨款之间的分配问题，只能在每一个别场合，根据最经济有效地和最合理地使用这一基金的原则来解决。”②

布尼契、巴甫诺夫等人是持第三种意见的，即认为原有设备的技术改造费用一部分应由折旧基金来补偿，另一部分由国民收入来补偿。例如，布尼契说，“对于某些固定资产（例如金属切削，锻压，建筑用的设备）来说，折旧提成应当作为技术改造拨款来源之一加以利用。这是因为，技术改造在一定程度上抵消了固定资产的个别部件的迅速磨损，这种磨损不是由于负重或结构上的差别，而是由于引起劳动手段某些部分的使用期限缩短的无形损耗所造成的。技术改造所需资金的聚积办法，应当同大修理一样；其不同之点在于，在确定使用期限时必须考虑的不是个别部件的有形损耗，而是其经济效能的损失（即无形损耗。——笔者注）”。另一方面，布尼契指出：“技术改造的费用并不是永

① 苏联《经济问题》1957年第1期，第122页。

② 苏联《经济问题》1957年第3期，第123页。

远都能够从部件或零件的折旧中拨付的，这些部件、零件在其有形损耗结束以前就退废了。在技术改造过程中，常常要增加部件和零件，要装置价值更高的零件，等等。这种技术改造不能仅从旧部件、旧零件的价值的折旧当中取得资金；因此，技术改造费用的一定比例须从国民收入中来拨付，所以，我们不能同意斯院士，他没有看到技术改造所需资金的一部分，在客观上已包含在折旧当中，而断言技术改造的全部费用都应从积累中拨付。”布尼契还认为，从折旧提成中得到的技术改造资金，最好是并入补偿大修理费用的那一部分折旧基金当中去。他说：“这是因为，技术改造常常是同大修理一道进行的，并且，应当给予企业以自己决定对机器设备进行大修理还是进行技术改造的权力。”①

① 以上参见苏联《经济问题》1958年第2期，第75—76页。

弗·阿·索波里对社会主义制度下商品生产和价值规律问题的一些看法*

（1958年）

1958年上半年我国国家统计局曾邀请苏联中央统计局国民经济平衡问题专家弗·阿·索波里同志来我国，作关于国民经济平衡理论和方法论问题的讲学。在讲学过程中涉及了社会主义制度下商品生产和价值规律的问题。现在把索波里对有关问题的一些意见，介绍如下①。

关于社会主义制度下商品生产的范围和社会主义国民经济是否具有商品性的问题

索波里认为，只有在不同的所有者之间的产品交换才是商品关系。他说："商品生产关系在苏联的社会主义经济中毫无疑问是有的。其所以有着商品关系，是因为存在着不同的生产资料所有制形式。""在苏联的社会主义经济中，商品关系的范围是有限的。商品关系，是由于存在两种形式的社会主义所有制，存在集体农庄、工人和职员所经营的副业的个人所有制而产生的。"

具体说来，苏联经济中的商品关系存在于哪些范围内呢？索

* 原载《苏联经济学界关于社会主义制度下商品生产和价值规律问题的论文选集》，科学出版社1958年版。

① 本文中的引文均引自索波里《关于国民经济平衡问题的报告》第1、2、3讲的报告提纲和报告记录，不再一一注明出处。

波里说：“在苏联，商品关系存在于：

甲、各集体农庄之间；

乙、集体农庄和国营机构之间；

丙、集体农庄庄员、工人和职员的个人副业经济之间；

丁、集体农庄庄员、工人和职员个人副业经济和国营、合作社营经济之间。”

索波里指出，存在于上述不同所有者之间的关系，“不能无条件地一律叫作商品关系。这些关系，是带有一定条件的商品关系。它们服从于计划的调节和社会主义国家的影响，这些带有一定条件的商品关系在国民经济中所处的地位，是比较不显著的”。

由于商品关系只存在于不同所有者之间，因此，索波里认为，国营企业生产的产品并不是商品，国营企业之间的关系，并不具有商品性。至于通过国营零售商业售予职工消费品，索波里也认为这不是商品交换。他说：“在社会主义社会中，工人和职员不是向社会主义的全民所有的企业出卖自己的劳动力，因为他们是整个全民财产的集体所有者。工人、职员以货币工资的形式从企业取得已生产的国民收入的一部分。工人在国营商业中购买消费品，这只不过是选择用什么样的使用价值来获取已经分给他的那部分国民收入。换句话说，如果工人既不是出卖自己的劳动力，那么根据同一理由，他也就不是从国家购买消费品了。”

根据对于苏联商品经济的分析，索波里认为，在苏联社会主义经济中，商品关系只存在于国民经济的某些个别部分。（但是，这些商品关系并不包括整个国民经济。）社会产品和国民收入的绝大部分，即由国营企业生产的，而通过国营商业售予职工的消费品以及在国营企业之间调拨的产品均不具有商品性，因此，从整个国民经济来看，“不能认为苏联的整个经济是建筑在商品经济上的”。并且，随着社会主义经济的发展，现存的带有一定条件的商品关系也将逐渐缩小。

关于商品经济的价值规律和社会主义的特殊的价值规律（或称“社会主义的劳动消耗规律”）

索波里认为，既然苏联经济中还在一定的有限范围内存在着商品关系，所以价值规律也还起着作用。可是，“作为商品经济规律的价值规律，只对于那些具有商品关系的部门发生影响，也只在商品关系所包括的范围内发生影响”。“但是它并不能调节整个国民经济，因为苏联的整个国民经济并不是基于商品关系。”所以，“作为商品经济规律的价值规律，并不是苏联社会主义经济的发展规律”。

索波里指出，苏联的经济是在社会主义固有的经济规律的基础上发展的。这些经济规律中特别重要的是社会主义基本经济规律、社会主义的特殊的价值规律（或社会主义的劳动消耗规律），等等。这里需要特别叙述一下索波里所谓“社会主义的特殊的价值规律”的含义。

根据索波里关于这一问题的阐述看来，“社会主义的特殊的价值规律”是同“作为商品经济规律的价值规律”正相反对的，这两者都是一个适用于一切社会生产形态的一般规律在不同的社会经济条件下借以实现的具体规律，这个适用于一切社会生产的一般规律就是马克思发现的“社会劳动按需要的比例进行分配的规律”。

索波里引述了马克思关于这一规律的著名的表述：“大家知道，为了要有适合于各种不同需要量的产品量，就需要有不同的和数量一定的社会综合劳动量。显而易见，这种按一定比例分配社会劳动的必要性，决不可能被社会生产的一定形式所消灭；所能改变的只是它的表现形式。自然规律是根本不能消灭的。可能依不同历史条件而发生改变的，只是这些规律所由以表现的形式。在社会劳动的联系是表现于个人劳动产品的私人交换的社会制度下，这种按比例实行的劳动分配所由以表现的形式，也就是这些产品的交换价值。”①

“社会劳动按需要比例进行分配”这一普遍规律，在资本主义社会中，是借助于商品经济的价值规律来实现的。索波里说：“在资本主义经济中，价值规律起着按社会需要在各部门间分配社会劳动的作用”，这种作用，是通过价格与价值的不断背离，从而引起资本与劳动从一些部门深入另一些部门，通过竞争，也就是通过经济的错误、不协调与社会劳动的浪费，自发地实现的。索波里认为，商品经济的“价值规律的实质就在于，在由大量互不相关而又互相竞争的企业所组成的商品经济中，它确立着生产同需要之间的相适应”。

上述意义的自发的价值规律，在社会主义经济条件下，当然不可能起按需要比例分配社会劳动，从而使生产品需要相适应的作用，因为社会主义社会中整个国民经济的基础不是商品生产，在这里并不存在互不相关的私人企业之间的竞争。

那么，在社会主义经济中，按需要比例分配劳动的规律是怎样实现的呢？

索波里说：“在苏联，如同在资本主义社会一样，社会劳动在各部门按比例分配的规律也在起作用。但是，在资本主义社会它是以自发的价值规律的形式起作用的，而在社会主义社会它只有靠计划机关自觉的措施才能实现。让我举例说明。假定苏联工业所生产的某一种商品超过对它的需要。这种情况如发生在资本主义社会，就会使该种商品的积存有所多余，从而工业家只好降低价格，减少生产。但在苏联这个过程就不是这样，工业将继

① 《马克思恩格斯文选》中文版第2卷，第462页。

续生产这种产品，产品价格也不会变，尽管未出售的商品库存还在增加，这种情况一直将继续到计划机关下令降低价格或缩减生产时为止。这是一个很简单的例子，实际情况要比这复杂得多。但是，最重要的一点是资本主义社会里经济过程是自发地发生变化，而社会主义社会则是以自觉的计划命令为基础而变化的。……计划命令不是随意发出的，而是反映社会劳动消耗按比例分配的客观规律的作用。”

索波里把有计划地按需要比例分配社会劳动的规律叫作“社会主义的特殊的价值规律”，以别于资本主义社会中自发地发生

作用的商品经济意义上的价值规律。有时他把它简称为“社会主义劳动消耗规律”，或“有计划的价值规律”。

很显然，索波里所称的“社会主义的特殊的价值规律”，按其内容来讲，实际上就是一般熟知的“国民经济有计划按比例的发展规律”。索波里自己也说：“……国民经济有计划按比例发展规律……马克思早就发现了。马克思在许多著作中指出，在社会主义社会，和在任何社会一样，应该按照社会需要来分配劳动。马克思对这一规律的表述是具体的，因为他指出应当怎样利用社会劳动以便能最好地满足社会需要。可是在我们的教科书中，却失去了这个规律的内容。有计划性和成比例性在于什么呢？没有内容。这个规律要求按照需要来确定分配各个生产部门的社会劳动比例，而需要是由社会主义基本经济规律决定的。因此，国民经济有计划按比例发展的规律，是以社会主义基本经济规律为前提的。”

为什么索波里把有计划地按照需要的比例分配社会劳动的规律，称为“特殊的价值规律”呢？既然社会主义的整个国民经济不是以商品生产为基础的，那么价值、价值规律又何从说起呢？为什么按需要比例分配社会劳动要借助于价值呢？

索波里认为，“社会主义社会，不能作为自然经济而存

在”。他所说的“自然经济”，就是“对生产品并不按照生产中的劳动消耗来进行估价”的经济。他说：“乍看起来，社会主义社会可以根据对实物需要和实物生产的估计确定生产和需要如何相适应，这就大致同在古代农业自给经济时，农家估计自己的生产和需要的那种做法一样。但是社会主义建设的实践证明，仅按实物来使生产和需要达到适应是办不到的。问题在于如果我们一一观察每一种需要时，则我们会看到人们对各种使用品的需要量是非常不固定的，因此需要量无法同生产量对比。需要量和生产量应当用可比的单位表现出来，这样两者才能一致。根据马克思的理论，可以作为需要量和生产量的这种可比的计量尺度仍是社会劳动消耗量。社会劳动消耗量决定生产总量和消费总量。只有在这样的条件下，才能较准确地确定各种需要量。由此可见，社会主义社会应当计算整个生产的社会劳动消耗和每种产品生产的社会劳动消耗。”索波里还指出，以劳动单位表现需要量并使其适应于生产量，必须借助于货币形式的产品分配（即货币收入与有支付能力的需求的形成）才能达到。所有这一切，都要求“社会主义再生产的一些基本指标应该按价值来表现，而不应该按实物来表现”。

“那么，按照什么价值来表现这些指标呢？”索波里回答说：“在社会主义社会中，价值也决定于社会必要劳动量，可是在这里，价值是由社会主义社会有计划地加以计算的。这就是计划的价值的实质之所在。……社会主义社会的计划的价值表现什么呢？它同样地表现社会劳动的消耗。它之所以是计划的，是由于它是合理地有计划地确立的，由于它是从属于国民经济的计划领导，由于它是在整个计划经济的条件中产生的。”

在这里需要指出，索波里对于为什么在社会主义条件下，社会劳动必然要表现为价值，从而必然在货币形态上表现为价格，并没有给予说明。他说：“产品的价值是用卢布来计量还是用小时来计量，并没有多大关系。这只是技术性的问题”而已。在索波里看来，重要的问题仅在于：社会主义社会必须计算劳动消耗或价值，借助于劳动消耗或价值来确定生产和需要，只有这样，才能按需要的比例来安排社会劳动的分配，从而使生产与需要达到适应。正是在这个意义上，索波里认为社会主义社会中存在着价值，作用着特殊的计划的价值规律，并且，“在这个规律的基础上，社会主义社会才能节约劳动消耗和提高劳动生产率，社会劳动才能按照需要的比例在各部门间进行分配”。

社会主义社会中价值、货币、价格、经济核算、物质关怀等范畴的存在，是否与商品生产有关

从以上的叙述中可知，索波里认为在纯社会主义社会中（即以全民所有制为基础的社会主义社会，不考虑引起商品关系的其他所有制），没有商品生产，也没有商品经济意义上的价值规律的作用；代替这一价值规律而执行着按需要分配社会劳动这一职能的，是社会主义的特殊的价值规律。

根据索波里的看法，社会主义社会存在着的价值、货币、价格、经济核算、物质关怀等范畴，是同社会主义的特殊的价值规律密切联系着的，而同商品关系则没有必然的联系。因此，以这些范畴在社会主义社会中的存在，来证明社会主义社会中商品关系的存在，索波里认为这是错误的。

关于社会主义社会中价值、货币、价格的性质及其同商品生产的关系，索波里作了以下的说明：

“有些同志，常常以货币的存在为理由，来坚持他们关于在社会主义社会中存在商品关系的主张，因为商品经济没有货币是不可能的。既然有了货币，也就会有价值。可是问题在于：是什么样的价值？货币反映着社会劳动。但是，社会劳动在货币上

的反映，可以是自发的，例如在资本主义社会；也可以是有计划的，例如在社会主义社会。不管是在资本主义社会，还是在社会主义社会，货币都反映劳动，可是，在资本主义社会中，货币是在竞争的基础上，通过价格背离于价值的途径，来反映劳动的；而在社会主义社会，货币不是在竞争的基础上（这里根本没有竞争）而是通过有计划的措施，来反映劳动的。我们必须承认这一点。否则，我们就会犯各式各样的错误。……对于社会主义经济中价值、货币、价格等范畴的不同理解，决定着我们采取不同的经济措施。如果我们承认社会主义社会中所有的经济关系（如价格、价值、货币等）都是在国家的计划措施的基础上确定的，那么在一旦发生错误时，就可以采取相应的经济措施来纠正这些错误。……计划措施，应该以客观经济规律的作用为依据。社会主义经济的重要规律之一，就是社会按需要的比例在各部门间进行分配的规律。要实现劳动的这种分配，只有在用价格来表现产品，和在货币收入的形式的条件下才有可能。”

索波里又说：

“社会主义再生产客观上要求按照与生产产品所消耗的劳动量成比例的价格来对社会产品进行计价[①]。如果不对产品进行计价，就不可能编制国民经济计划，不可能合理地组织生产，以便用同样多的劳动消耗取得最多的产品。因此，在社会主义社会里，产品的价格是由社会主义再生产的本质中产生的（也就是说，不是从商品生产的本质中产生的。——笔者注）。固然，商品关系也要求对社会产品进行计价，但是，即使假定没有商品关系，如果不对社会产品进行计价，社会主义再生产也是不可能进

① 索波里在另一处说：“按照劳动消耗来对产品进行计价，这是社会主义经济的客观规律。这个规律，可以叫作社会主义经济的价值规律。这个价值规律，原则上不同于资本主义经济的价值规律，资本主义经济的价值规律，是发生在竞争的基础上的，并且调节资本主义经济。”

行的。这里必须指出，在商品关系的基础上产生的产品价格和在社会主义经济规律的基础上确定的产品价格，其内容是一个，这就是社会劳动，只不过确定这些价格的社会形式不同而已。因此，有计划的社会主义经济同商品经济之间，甚至同资本主义经济之间，也可能进行劳动产品的交换。在社会主义经济内部，这种交换并不能引起商品关系。”

关于社会主义经济中实行经济核算的必要性及其与商品关系之间的联系问题，索波里说：

“上面，我谈了在生产中计算产品价值的重要性。为了正确地规定产品的价格，各个企业还必须互相了解生产产品时耗费了多少劳动。从这里就产生了经济核算的必要性。社会主义经济如果没有经济核算的话，是无法进行管理的。没有经济核算，就不可能计算社会劳动，不可能计算费用是多少，所得成果又是多少。这样看来，经济核算，并不是从商品关系中产生的，而是从合理的管理社会主义经济的必要性中产生的。”

索波里批评了把经济核算、物质关怀同商品关系及商品经济意义上的价值规律联系起来的看法。他说：“如果真是这样的话（即如果经济核算、物质关系是同商品关系有必然联系的话。——笔者注），那么可以说，我们的情况就很悲哀了。如果……没有了商品经济，那么，我们的情况就不是变好，而是变坏了。因为，经济核算将没有了，劳动消耗将无法计算了，而物质关怀也将没有了。这样，谁工作得多些，谁得到的就少些。也可以将基本建设投资用到不需要的地方去。”索波里指出，这种观点，是同把社会主义经济看作是自然经济有联系的。可是，如前所述，社会主义经济不可能是自然经济，它要求对产品的劳动消耗进行核算，并进行计价。“也就是在这个意义上，价值规律（特殊的价值规律。——笔者注）在社会主义社会中还起作用。从这个价值规律中产生了社会主义社会中的一定的经济关系，首先是经济核算。社会主义的经济核算不是从商品关系中产生的，而是从社会主义价值规律中产生的，从合理地管理经济这一要求中产生的。”

索波里认为把物质关怀同商品关系联系起来的看法也是错误的。他说：“似乎，在商品经济之外就没有物质关怀了。马克思曾认为，在社会主义制度下将没有商品关系，但是他认为在社会主义制度下将遵守‘按劳付酬’的原则。这个原则，也就是物质关怀的原则。它意味着，多劳者多得。物质关怀的原则，不能仅仅同经济的商品性质联系起来。”索波里认为，在社会主义社会中，物质关怀原则应当同社会主义的特殊的价值规律联系起来，他说：“恩格斯也说过，人们是按其所提供的劳动的质与量来取得产品的。为了做到这点，就必须知道生产产品花了多少劳动。因此，当社会发给人们以产品时，社会必须知道劳动消耗量，并且与劳动消耗量相适应地发给产品。所以，根据恩格斯的提法，在社会主义社会中也应该按劳动计算产品。……社会应当知道产品的价值，否则就不可能正确地按劳动来分配产品。事实上，如果我们不知道生产产品消耗了多少劳动，我们就不可能按照劳动的质与量来分配社会产品。这就是说，如果产品的价格规定得不正确，那么也不可能进行正确的分配。”

由此可见，在索波里看来，物质关怀原则或按劳取酬原则，也是同社会主义的特殊的价值规律联系着的，而不是同商品关系联系着的。

社会主义的特殊的价值规律的要求：价格符合于价值，或价格与价值一致

索波里指出，社会主义的价值规律的要求，同资本主义的价值规律的要求是正相反对的。他说：“社会主义价值规律……不

仅在名称上同资本主义社会的价值规律不一样，而且它的作用也不同于后者。资本主义社会中的价值规律要求价格与价值背离；相反地，社会主义价值规律则要求价格与价值一致。否则，就不可能合理地管理经济。”

关于资本主义社会中价值规律的要求，索波里说：“在资本主义社会中，价格同价值的背离不是价值规律偶然的破坏，而相反的是这个规律实现的方法。因此，对于资本主义社会来说，具有特征的不是等价交换，而相反的是不等价交换。”“价格与价值的背离，是资本主义社会本身存在的必要条件。假定在资本主义社会中价格符合于价值，那么这个社会就不可能存在。因为，在这种假定的情况下，没有需求的商品将继续生产而不受限制，另一方面，需求很大的商品，将不会增产。”

索波里又说：“在商品经济中，供求关系使商品的价格背离其价值，从而迫使生产满足需求。商品经济中价格背离于价值的意义就在这里。但是在社会主义社会里，为什么要在供求的影响下使价格背离于价值呢？这仅仅对集体农庄（但不尽然）和农庄庄员的副业经济才有意义。……要知道，国营企业不管在其价格是亏本的或有所收益的情形下，都要进行生产。国营企业的缩减生产或扩大生产，不是由于价格背离价值而引起的。”

关于社会主义价值规律的要求，索波里说：“社会主义社会的价值规律不要求价格与价值的背离。相反地，如果产品的价格，与其价值一致，即与劳动消耗一致的话，计划机关就能够更准确地计算各个不同生产部门的劳动消耗，更准确地按照社会需要的比例来分配劳动。”

索波里从以下三个方面，来论证在社会主义社会中，价格必须符合价值或劳动消耗，否则，社会就不能够正确地管理生产，进行分配，换句话说，就不能够正确地按照社会需要的比例来分配社会劳动。

1. “生产资料的价格与价值的背离，会引起社会劳动的无益的浪费。”

索波里认为，生产资料的价格，应当有利于选择用料最少（物化劳动消耗最少）的那种生产方案，而这只有在生产资料的价格符合于价值或劳动消耗的情况下，才能达到。如果生产资料的价格背离于价值，并且背离的程度不一致，那么，从价格上看来的最省的方案，从价值上看（也就是从劳动消耗上看）却不一定是最省的，因而经济工作人员也就不能从价格上判断究竟哪一个方案对于社会来说是最节约的方案。“因此，只知道价格是不够的，如果价格与价值背离的比例不一致，那么我们就可能迷失方向，而不能够正确地计算社会劳动消耗。”索波里还认为，不仅在选择不同的生产资料的配合方案中有此问题，而且在以机器代替活劳动时也有此问题。他说：“如果生产资料的价格定得低于价值，那么对于以机器代替职工的有益程度的计算，就势必不能正确。”索波里得出结论说：“社会主义社会中生产资料的价格，是组织最节约的生产的重要工具，是争取大大提高劳动生产率的重要工具。而这一点，只有当价格与价值一致时方能做到。”

2. “消费品的价格与价值背离，会助长消费者的不合理的需求趋向，从而减少满足社会一切需要的可能性。此外，还会使按劳动的质与量的比例进行的分配复杂化。”

索波里指出，在消费品的价格背离于价值，并且背离的程度不一致的情况下，“社会对其两个成员所作的等量劳动所给予的产品价值就会不同”。“假定两个工人每日作了同样的劳动得到同样的工资，但是由于家庭成员的不同以及其他原因，他们把自己的收入用于购置衣食住三个方面的比例却不相同”，在这种情况下，如果各类消费品价格与价值背离的程度不一，那么，“这两个工人以等量的劳动，却取得了不等的产品报酬”。由此可

见，由于价格与价值的背离，就不可能正确地进行按劳分配。

索波里反对通过价格与价值背离的办法来实现国民收入的再分配。他指出，“通过价格来进行再分配，就是征收间接税”。这种通过价格的再分配方法，“是不考虑支付人的收入情况的。通常这不是一种好方法。更好的办法是通过根据收入来课税”。他又说：“要知道，再分配可以通过直接税来实现。税收的历史证明，实物税和间接税，是由直接税代之而起的，直接税更能保证经济的发展，并且从工人阶级的利益看来，它是更为进步的。”

3. “价格与价值的背离，会歪曲国民经济中的比例关系，并使计划工作复杂化。”

索波里认为，国民经济的一切比例关系，是在“社会主义价值规律的基础上”确定的，也就是说，只有在价格与价值一致的基础上，才能正确地按照社会需要的比例分配社会劳动，才能正确地确定国民经济的一切比例关系。这一点同以上两点是直接联系着的。价格与价值的背离在生产中引起社会劳动的浪费，在分配中造成一部分社会需要的不能满足，引起按劳分配原则的不能贯彻，等等，所有这一切都将在国民经济比例关系的歪曲当中得到反映。“实际上，我们对某些产品用某一尺度来衡量，而对另一些产品则用另一尺度来衡量，这样就歪曲了国民经济各部门间及其他的比例关系。”

此外，索波里还认为，在价格与价值背离的条件下，由于社会主义社会中没有自动调平价格与价值的机制（像资本主义中的竞争机制那样），因此，全部社会产品的价值总和同价格总和也就不一定相等[①]。这对于按价值计算社会产品和国民收入的问题

① 关于社会主义制度下价格总和与价值总和是否相等的问题，索波里基本上同意斯米尔诺夫的意见。参见斯米尔诺夫的文章。原载苏联《经济问题》1957年第7期。

有着重大关系。因为，如果价格总和同价值总和在社会主义社会中并不一定相等，那么，就不可能根据价值总和等于价格总和的这一原理，来计算按价值的社会产品和国民收入。这也是价格背离于价值对计划工作引起的困难问题。

总结以上所述，索波里认为根据社会主义价值规律的要求，价格不应当背离于价值，而应当符合于后者，应当正确地反映劳动消耗，这样才能够合理地管理生产，进行分配，正确地安排国民经济中的比例关系。

可是，在谈到定价准则时，索波里认为，应该按照“生产价格”的原则来定价，即对相等的资金，在价格中要规定相等的利润。这是因为，在规定价格时，不仅要考虑转移到产品中去的价值，而且要考虑未转移到产品价值中去的，但已“从社会资源中抽出占用的”生产资料的价值，这样才能便于正确地比较成本和正确地选择投资方案。关于这一问题，索波里基本上同意马雷舍夫的意见[①]，这里就不详述了。这里只把索波里的一段自我解释的话，引述如下：

“我想，同志们可能责备我，说我前后不一贯。以前我讲过应该按价值来规定价格，而现在又说应该按生产价格来决定价格。

“我以前说应该按照价值来规定价格时，是从以下两点想法作为出发点的。第一，按价值定价，解释起来比较简单些，因为归根到底，所有价格的基础都是价值；第二，如果承认了按价值定价的原则，就比较容易解释生产价格的问题，要知道，生产价格不过是价值理论的进步的发展。”

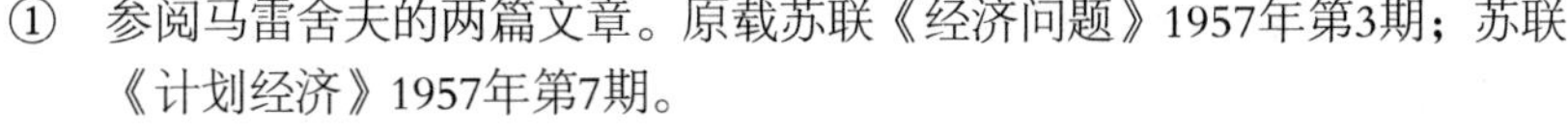

① 参阅马雷舍夫的两篇文章。原载苏联《经济问题》1957年第3期；苏联《计划经济》1957年第7期。

苏联《政治经济学教科书》第3版的重要修改和补充*

（1958年10月）

苏联科学院经济研究所编写的《政治经济学教科书》第3版已于1958年10月底出版。

第3版同第2版比较，在结构上有以下的改变：

1. 第2版中前资本主义形态分为三章，在第3版中合并为一章，作为研究政治经济学的历史引论；

2. 第2版中，“资本主义简单协作和工场手工业”“资本主义的机器时代”两章置于“商品生产”一章之后，“剩余价值”一章之前；在第3版中，“简单协作”、“工场手工业”和“大工业”合并为一章，并置于“剩余价值”一章之后；也就是说，基本上恢复了《资本论》的叙述次序。

3. 第2版中“国民收入”和“社会资本的再生产”划为两章，并且把国民收入放在社会资本再生产的前面；在第3版中，“国民收入”同“社会资本再生产”合并为一章，并且把国民收入放在社会资本再生产的分析下面来叙述。

4. 第2版的社会主义生产方式部分，原来专门有一部分论述人民民主国家的社会主义建设，包括欧洲人民民主国家，中华人民共和国和社会主义阵营各国的经济协作三章。在第3版中，这

* 原载《苏联〈政治经济学教科书〉第3版的重要修改和补充》，科学出版社1958年版。

一部分取消了。人民民主国家社会主义建设放在“从资本主义到社会主义的过渡时期”部分的各章中叙述。“社会主义阵营各国的经济协作”改为“社会主义世界经济体系”，仍作为教科书的最后一章。

5. 第2版中“社会主义的物质生产基础”一章，在第3版中取消了，这一章原来所包含的材料，分散在其他各章中加以利用。

6. “社会主义经济规律的性质”“社会主义国家的经济作用”，在第2版中是放在“社会主义基本经济规律”一章中论述的。在第3版中，这两个问题移到“社会主义所有制和社会主义生产关系的性质”一章中去考察。

7. 第2版的“社会主义制度下的社会劳动”一章，包含着关于按劳分配原则和劳动生产率问题的叙述。在第3版中这一章基本上是讲劳动生产率问题，至于按劳分配原则问题，则单独另提出来，并且同工资问题放在一起叙述。

8. 第2版的“社会主义的农业体系”一章，原来既包括集体农庄，也包括拖拉机站、国营农场。在第3版中这一章改为“集体农庄制度的经济基础”，基本上是讲述在集体农庄经济中应用社会主义经济范畴的特点。

9. 社会主义制度下的国民收入问题，在第3版中也没有单列一章，而是并入“社会主义再生产”一章中讲述。

10. 第1、2版的导论，在第3版中以“政治经济学的对象”为题，作为全书的第一章而出现。第1、2版各章末尾的“简短的结论”，在第3版中取消了，以避免重复正文中已经叙述过的定义。

第3版中关于现阶段资本主义总危机问题修改补充较多。在叙述资本主义总危机的现阶段时，着重指出了社会主义世界体系的形式和帝国主义殖民体系的瓦解所起的决定性意义，并且考察了两个体系的和平共处等问题。

修改补充得最多的是社会主义生产方式部分。关于这一部分，第3版的序言里说：

“在准备教科书的第3版时，作者力求对社会主义的经济规律和范畴，它们的表现形式和在社会主义经济的计划领导的实践中利用的方式，作出更详尽的理论分析。因此，同在经济建设中进一步发展列宁的民主集中原则有关的理论问题，以及同以合作社集体农庄所有制形式为基础的集体农庄生产发展的计划领导的特点有关的理论问题，在教科书中得到更加广泛的阐述。

“在教科书中，对于以下问题给予了更加重要的地位；价值规律的作用问题，特别是它在生产资料生产的领域和在集体农庄的经济活动中的作用问题；巩固经济核算问题；发展增加生产，提高劳动生产率和降低成本的物质刺激问题；为加速解决苏联的基本经济任务和建成共产主义的物质生产基础而尽可能充分地实现社会主义计划经济的一切优越性问题。

……”

新版教科书在社会主义生产方式部分，有以下一些主要的修改和补充。

（一）关于社会主义社会的生产力

新版对社会主义生产是大规模的和积累程度很高的生产这一特征，作了较旧版更进一步的说明。“社会主义生产方式意味着以高度技术为基础的大机器生产在工业、农业和整个经济中占统治地位。社会主义生产力的特征是生产的积聚程度很高，生产资料、劳动力和产品集中在越来越大的企业中。联合化这个积聚的形式在社会主义制度下得到广泛的发展。联合化意味着把工艺过程互相联系的不同生产部门联合在一个大企业中。”教科书指出，生产和劳动的社会主义社会化的这一过程，是同社会主义生产力发展的另一特征即技术的不断进步密切相关的。技术进步的内容包括：生产工具和工艺过程的完善化、劳动过程的机械化和自动化、国民生活的电气化、在生产中广泛利用化学以及和平利用原子能。关于生产力中的人的因素，新版指出它是社会主义社会的最基本的生产力。新教科书说： “生产人员的文化技术水平，即生产经验、劳动技巧、普通教育和专业教育的总和乃是生产力的物质要素首先是生产工具发展的决定性因素之一。”

（二）关于社会主义制度下生产关系与生产力之间的关系

旧版对于这一问题，是根据斯大林的阐述，认为：“在社会主义社会中，生产关系与生产力完全适合”；同时也指出它们之间也可能有非对抗性的矛盾。在新版中，取消了上引关于二者完全适合的一段话，而对二者间非对抗性的矛盾问题，作了较旧版为详细的说明。教科书说：“社会主义生产方式的发展，是在克服社会主义和共产主义建设过程中发生的非对抗性矛盾的基础上进行的。由于生产力的不断增长，社会主义生产关系，生产、分配和交换领域中人与人间的关系的这一方面或那一方面、经济的计划领导的形式会变成过时的，落后于已经达到的生产力水平，不再适应进一步发展生产的需要。这就要求改变生产关系，改变经济的计划领导的形式，使它们适应于已经达到的生产力水平。”旧版中“生产关系一定要适合生产力性质的规律”，其中“一定”二字，在新版中取消了。

（三）关于社会主义基本经济规律

在第3版中对于这一规律的特征，是这样表述的：“社会主义基本经济规律的特征是，在先进技术的基础上，使生产不断扩大和完善化，其目的在于尽量充分满足不断增长的需要和使社会所有成员得到全面的发展。”

这一表述同过去不同之处：（1）着重点在生产。从俄文原文看，过去的表述是需要在前，生产在后，（中文译文倒过来了）而在新的表述中（俄文），则把生产的扩大和完善化放在前面，满足需要放在后面，重点倒了过来。（2）“在高度技术的基础上”，在第3版中改为“在先进技术的基础上”。（3）“最大限度地满足……需要”，在第3版中改为“尽量充分地满足……需要”。（4）基本经济规律所含目的，在新的表述中，不仅是指满足需要，而且增加了“社会所有成员的全面发展”。

（四）关于国民经济有计划按比例发展的规律

第2版在叙述这一规律的基本特征和要求时，首先指出：“国民经济有计划按比例发展规律是社会主义生产的调节者。”在新版中这一段话取消了，而直接对这一规律的要求作了如下的表述：“国民经济有计划按比例发展的规律，要求所有经济部门的发展服从于社会的统一的计划领导；要求国民经济所有部分之间和要素之间保持比例性。”这一表述，把旧版原有表述中关于这一规律的第三个要求（即“最充分有效地利用物质、劳动、财政资源”）省略了，而新表述中所包含的两个要求则较旧版有所发展。新版对国民经济的比例关系作了以下的归类：（1）国民经济各个部门发展的比例关系及每一部门内各部分发展的比例关系；（2）生产同消费之间，积累同消费之间，物力同财力之间，居民货币收入总额同商品周转额及劳务提供额之间的比例关系；（3）干部（劳动资源）同国民经济对其需要间的关系；（4）生产配置上的比例关系。此外，新版中还明确指出，由于社会主义国民经济世界体系的形成，有计划按比例发展规律也扩大了，“社会主义阵营各国间的相互经济关系，逐渐开始从属于这个规律的作用”。

（五）劳动生产率不断增长的规律

在第3版中较第2版更加集中地说明了劳动生产率增长的意义。“劳动生产率的增长，表现为生产单位产品所耗劳动数量的减少，或者，换句话说，表现为同等数量的劳动消耗所生产的产品量的增加。劳动生产率的增长意味着整个社会的活劳动和物化劳动的节约。马克思主义教导说，真正的节约在于劳动时间的节省，这种节省和劳动生产率的发展是相联系的。”新版对“社会劳动生产率不断增长的规律”的要求作了这样的表述“这一规律要求不断提高一切生产部门的劳动生产率，要求每一企业和整个社会的活劳动和物化劳动的不断节约”。新版较旧版更详细地分析了劳动生产率增长的条件，这些条件是：（1）技术装备程度的提高；（2）工人熟练程度和生产经验的提高，每一企业及全社会活劳动资源的充分利用；（3）社会分工及劳动协作的发展和劳动组织、计划的改善；（4）物质鼓励和社会主义竞赛；（5）国民经济的有计划的发展，以及物质、劳动、财政资源的合理有效的使用；（6）自然条件。由于科学技术的发展，依存于自然因素的程度也将减少。

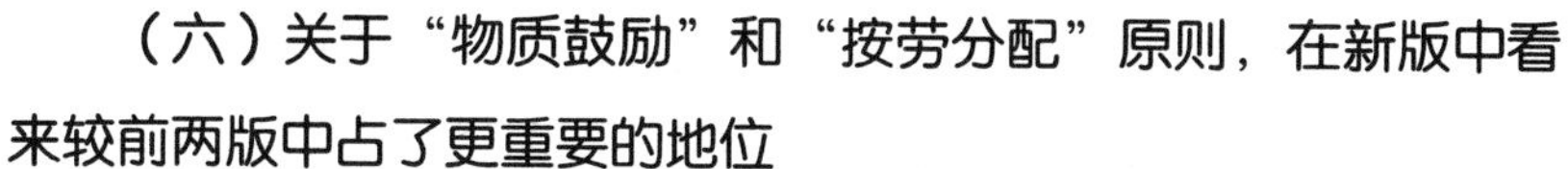

（六）关于“物质鼓励”和“按劳分配”原则，在新版中看来较前两版中占了更重要的地位

首先，在阐述“社会主义制度下劳动的性质”时，对于社会主义社会下对劳动采取物质鼓励的必要性的原因（即1.劳动尚未成为第一乐生要求，人们意识中的资本主义残余尚未去尽；2.旧的社会分工的残余，各种劳动的差别），在新版中较在旧版中叙述得详细些。其次，在阐述劳动生产率增长要素时，新版中把“劳动的物质鼓励”，同“社会主义竞赛”并列，看作是提高劳动生产率的条件之一，并认为“按劳分配对于社会主义竞赛的发展起着重大作用”。再者，在新版中，还把“按劳分配的

经济规律”同“社会主义制度下的工资”并为一章的题目，对这一规律给予较前两版为详细的论述。此外，在论商品生产、经济核算和集体农庄制度等问题时，也提到“物质鼓励”“按劳分配”的原则。

（七）关于社会主义制度下的商品生产和价值规律

新版对于这一章的修改补充有以下几点：

1. 社会主义制度下商品生产的必要性问题。在旧版中是用“社会主义生产的两种基本形式——国家形式和集体农庄形式——的存在”来说明商品生产的必要性。在新版中，基本上也是用不同形式的所有制的存在来说明商品生产的必要性的；但也考虑到其他因素，如社会分工的发展等。教科书说：“在社会主义制度下，生产力的发展还未达到可以过渡到生产资料的统一的共产主义所有制和共产主义的按需要分配的水平。社会主义社会在生产领域和劳动产品的分配领域利用着商品货币关系。这是由于以下的情况所决定的：生产资料的社会主义所有制形式——国家的（全民的）和合作社集体农庄所有制形式——的特点，以及不同所有制形式之间的相互联系，这些不同的所有制形式存在于社会主义社会内部，也存在于同社会主义社会发生经济上的相互关系的外国。”根据教科书的意见，凡属不同所有者间的产品交换，都必须要采取买卖商品的形式。

2. 国家所有制内部流通的生产资料是不是商品？在第1、2版中认为，国营企业生产的并在国家所有制成分内部分配的生产资料，在实质上不是商品。但由于社会主义经济是各个部分相互联系的统一的整体，因此，在国营部门内部流通的生产资料也“保存着商品的形式”。在第3版中改变了这一看法，认为生产资料从一个国营企业转移到另一个国营企业虽然不改变所有者，但仍需通过买卖形式，因此是商品。国营部门内部流通的生产资料之所以是商品，有两个原因：第一个原因是社会主义经济的统一性和国家所有制同其他所有制之间的相互联系；生产资料的最终目的是生产消费品，其价值要转移到消费品中去；消费品的价值影响创造生产资料部门的职工的实际工资水平，从而也会影响生产资料的价值。第二个原因是国家所有制本身的特点和国营部门发展的内部要求：国家所有制中，劳动力同生产资料的结合方法是同工作人员和企业对其劳动成果的物质关怀相关的，这就引起社会对每一企业劳动消耗所创造的产品给予等价补偿的必要性；而在存在着不同的所有制形式的条件下，对企业的活劳动和物化劳动进行等价补偿就必须通过商品交换和商品货币关系。

第3版还对国营成分内部流通的生产资料作为商品同其他商品的区别作了分析。前者的特点如下：甲.转移时不改变所有者；乙.基本上按物资技术供应计划来流通，而不是自由买卖的对象；丙.国家企业及其固定生产基金（生产工具、建筑物等）不能买卖，而只能根据国家机关的决定，从一个国营机构转交给另一国营机构。

3. 社会主义制度下商品的两重性问题，关于为什么在社会主义制度下，直接的社会劳动，需要借助于价值和价值形式取得间接的表现，第3版作了些补充。在叙述了在不同所有制形式中劳动的社会化程度有所不同之后，教科书说："虽然在社会主义制度下社会劳动是以计划的方式在各生产部门间进行分配的，但是，通过商品的实现来辨明下述问题，仍有着客观必要性，这一问题就是商品产品（特别是消费品）的生产和分配在怎样的程度上适应于社会主义成员的需要。由于在社会主义制度下存在着商品生产和商品流通，消耗在生产商品上的直接社会劳动的各种不同的具体形式，需要借助于价值和价值形式来取得间接的表现和比较。这种表现和比较的基础，就是把各种不同的具体劳动，化为创造商品价值的抽象劳动。"

关于价值和使用价值间的非对抗性矛盾问题，第3版指出这一矛盾反映了社会主义社会中“推动前进的矛盾，即已经达到的生产水平同增长着的社会需要之间的矛盾”，并且举了以下的例子：（1）消费品质量不够好会使这些商品的价值难以实现；（2）生产落后于增长的群众需要，会使个别企业为了追求生产收入较高的产品而不遵守产品品种和质量计划；（3）某些消费品的高价值阻碍它们的销售，从而不能促进这些商品的扩大生产。教科书指出，这些非对抗性的矛盾，在社会主义计划经济下是完全可以解决的。

4. 社会主义制度下价值规律作用的性质问题。关于这一问题，第1、2版主要是从对价值规律作用的限制方面着眼来叙述的（也谈利用），而第3版则主要是从对价值规律的利用方面着眼来叙述的（也谈限制）。前两版没有明确价值规律的作用究竟是什么；第3版对此作了明确的表述：“价值规律的要求是：在社会必要劳动消耗的基础上来进行商品的生产和实现。”前两版中，价值规律的作用主要是限于商品（特别是消费品）流通领域，在此领域这一规律在一定范围内保持着调节作用；而对于生产领域，则只具有一定的影响作用。第3版未作此划分，而说：“价值规律既在生产领域也在流通领域表现其作用。”国营部门内部流通的生产资料，第1、2版既然认为不是商品，而只具有商品形式，因而也认为这些生产资料只具有价值形式；在第3版中则明确指出：“社会主义经济生产的商品——生产资料和消费品——具有价值，其大小决定于社会必要劳动量。”在第2版中，价值规律对生产资料生产的影响，是通过补偿劳动消耗的消费品是商品这一环节来解释的，而在第3版中这一解释取消了，因为生产资料本身也是商品。在新版教科书中，在谈到经济核算体系（价值规律对生产的影响是通过经济核算体系表现出来的）时，特别着重指出经济核算对于集体农庄的重要意义，这一点在前两版中是没有的。新版教科书中还对于把价值规律看成是社会主义生产调节者的观点进行了批判。

（八）关于经济核算

旧版中把经济核算看作是“社会主义企业有计划地管理经济的方法”，在新版中“方法”二字改为“形式”，并且指出：“经济核算是社会主义制度下客观必要的经济范畴”。经济核算同商品生产、价值规律的关系，在新版中较旧版的阐述更详细些。经济核算的基本特点如利用价值的货币形式进行费用的计算、收支的比较、盈亏的确定，以及以企业本身的销售收入来补偿生产支出等，都与商品生产和商品流通的存在密切相关；而价值规律的作用则促使企业努力降低其个别生产费用，使之低于社会必要消耗，从而获得赢利。新版强调指出企业赢利是社会主义社会发展的极重要的因素，同时也指出从整个国民经济和从较长时期着眼的赢利的重要性和优越性，但旧版中“高级的”字样在新版中没有了。旧版中虽然没有明确指出，但实质上是认为经济核算只适用于国营企业，并且认为：“经济核算建立在国家对社会主义企业的集中领导同每个企业的经济业务上的独立性相结合的基础上。”新版认为运用经济核算对于社会主义国民经济的一切部门，包括农业中的集体农庄在内，都是客观的经济上的必要；对上引的一段话也作了这样的修改：“国营企业的经济核算建立在国家及其机关对社会主义企业的领导同每个企业的经济业务上的独立性相结合的基础上”，在这段话里加上了“国营企业”，取消了“集中”的字样。同时，第3版指出，不同部门和不同企业由于其特点不同，在运用经济核算的具体形式上也不可避免有一定的差别。“例如，集体农庄中实行经济核算的特殊性，就决定于合作社集体农庄所有制的特点，决定于生产和分配的实物形态占颇大比重，等等。”由于明确了国营企业间流转的

生产资料的商品，在新版中还对国营企业之间的商品流通予辟出专节阐述，指出共同经济核算的关系。教科书说：“企业间的商品流通，是借助于根据国家计划订立的经济合同来调节的。严格地遵守经济合同乃是经济核算的最重要的要求之一。”

（九）旧版中“社会主义的农业体系”一章在新版中改为“集体农庄制度的经济基础”，内容改变较大

原来的几节：“社会主义农业在国民经济中的地位和作用”“机器拖拉机站是集体农庄生产的工业基础”“国营农场的发展和提高其赢利的途径”——都取消了，代之以“社会主义农业体系的特点和优越性”一节。在这一节中指出：在社会主义农业体系中合作社类型的企业（在苏联叫作集体农庄）是社会主义农业企业的主要形式；国营农场在社会主义农业中占统治地位和起领导作用；而机器拖拉机站在集体农庄制度的建立、巩固和发展上曾经起过巨大的历史作用。教科书指出，在社会主义制度下，农业发展的主要规律性就是生产的社会主义公有化程度不断提高；这一过程表现在：（1）社会主义企业固定基金和流动基金的增长；（2）农业劳动组合公有经济的比重越来越高于庄员个人副业的比重；（3）小集体农庄合并为较大集体农庄；（4）新建大型国营农场。在这一节中还对合理的农业经济制度（包括集体化、专业化、多种经营等），农业中的技术革命、农业劳动生产率的提高等问题作了阐述。

新版中对于“集体农庄的公积金”这一范畴所作的论述是值得注意的。教科书指出：集体农庄的公积金是在国家的巨大财力物力的帮助下形成和扩大起来的；因此，“集体农庄的公积金在实质上是全民创造的。按其性质来讲，它们接近于全民财产……”

新版中专门辟了一节讲集体农庄的经济核算，在这里谈了

集体农庄的总产值、成本[①]、总收入、纯收入等范畴。至于集体农庄的商品产品及其实现形式，则另辟一节叙述。全章都是根据近年来苏联农业生产制度上的改变（如机器拖拉机站改组）和流通制度上的改变（如农产品采购制的改革）的精神来阐述的。

（十）关于向共产主义逐渐过渡问题

新版对共产主义高级阶段（共产主义）同低级阶段（社会主义）的区别，略有修改补充：（1）旧版只指出共产主义高级阶段在经济上和文化上将更为成熟，在新版中除了经济上文化上外，还指出它在技术的发展上也将是一个更高的阶段；（2）关于共产主义高级阶段的生产力，新版补充说："……共产主义将拥有更雄厚更完善的物质生产基础，这一基础的最重要的特征之一将是自动化的机器系统在生产中占统治地位。这将不可计量地提高劳动生产率并保证物质资料达到社会主义社会所不可及的丰富程度。"（3）关于所有制形式问题，在旧版中只提了在社会主义阶段是社会主义所有制两种形式，而在共产主义阶段将是统一的共产主义所有制。在新版中补充指出前两种所有制向后一种所有制的过渡是逐渐的过程。（4）关于旧的社会分工问题，旧版中认为城乡之间、脑体之间的本质差别将消失，而非本质的差别将保留。新版未提非本质的差别问题，只说随着生产力和公有制的发展前述本质差别将得到克服。新版还指出，在共产主义阶段部门之间、地区之间和不同职业之间的专业化仍将保存，但在某种程度上同阶级差别、城乡之间和脑体之间的本质差

① 新版对集体农庄产品成本所下的定义是这样的："集体农庄产品成本是这一产品价值的一部分在货币形态上的表现；这一部分包括集体农庄用于生产产品的一切消耗：固定性生产资料的折旧，种子、饲料、肥料和其他流动性生产资料，以及代表必要劳动的活劳动消耗部分。"

别以及同社会成员经常束缚于某一职业相关的旧的社会分工，将会消灭。新版还把工人、农民、知识分子之间阶级界限的消灭，看成是“共产主义的全民所有制”的本质特征之一，以此与“社会主义的全民所有制”相区别，因为，在共产主义的全民所有制下，“生产资料和全部国民财富的所有者将是没有阶级差别的人民”。（5）关于劳动态度问题，新版补充说，在共产主义阶段每一工作人员对自己所负社会义务的自觉性将极大地提高，“社会所有成员将按照自己的能力来工作”（各尽所能）。对初级阶段未提“各尽所能”，同旧版。（6）旧版简单指出在统一的共产主义所有制和统一的共产主义生产形式下商品生产、商品流通和货币的必要性都将消失。新版则比较详细地列举了商品生产等范畴消失的条件，包括：生产力达到能够保证丰足产品的高度水平、统一的共产主义所有制的建立；和劳动转变为第一生活需要。新版并且进一步提出按需要分配将是不借助于货币的产品分配，社会将逐渐直接用劳动时间而不求助于价值和价值形式来计算劳动。“在解决这一任务时，将要广泛地利用电子计算机。”（7）关于向共产主义过渡中国家职能的变化问题，新版补充较多，说明较旧版详细。现在引其中一段为例：“在向共产主义过渡的过程中，社会主义国家在逐步扩大民主管理的基础上发展和变化。国家管理的纯粹行政的强迫命令的方法越来越被经济刺激和教育工作的方法所代替，而在这一工作中社会组织起着积极作用。国家活动的各别方面将逐渐转移给社会组织。”

除了以上所述之外，第3版教科书还有许多修改补充，如在术语上把“为自己的劳动（产品）”“为社会的劳动（产品）”恢复为“必要劳动（产品）”“剩余劳动（产品）”，等等。

苏联关于社会主义商品和劳动的两重性问题的讨论*

（1959年2月）

1956年苏联《列宁格勒大学学报》和《经济问题》杂志，先后发表了几篇讨论社会主义商品和劳动的两重性问题的文章。现在把讨论中涉及的几个较重要的问题，简略介绍如下。

关于社会主义的商品是否具有内在的客观矛盾问题

根据M. C. 库库施金《论社会主义社会的商品》一文[①]的反映，对这个问题大约有三种意见。

第一种意见否定社会主义商品具有内在的客观矛盾。持这种意见的经济学家认为："社会主义的商品是统一的直接的社会劳动所创造的，因此社会主义商品中不存在任何内在矛盾。谈到这点时，通常都援引恩格斯的下面一段指示：'当社会掌握了生产资料并把它们运用于直接的社会生产中时，各个人的劳动无论其有用性如何差异，将成为直接的社会劳动'。"[②]

* 原载《经济研究》1959年第2期。

① 苏联《列宁格勒大学学报》1956年第5期。

② 苏联《列宁格勒大学学报》1956年第5期，第4—5页；恩格斯的引语，见《马克思恩格斯全集》俄文版，第VIV卷，第315页。

第二种意见不否认社会主义商品的矛盾，但认为这种矛盾只在一定的场合下才会发生。“在社会主义建设的实践中，当经济规律特别是国民经济有计划发展规律的要求被违反时，就可能在商品中产生使用价值和价值间的矛盾。这种情况会发生在例如下面那些场合：当个别企业的领导为了追求完成产值计划努力于生产对企业更有利的一些品种的产品，而不去完成生产计划所规定的全部品种。不过这类矛盾并不具有对抗性，它们通过计划领导的方式得到解决。”①

第三种意见是库库施金本人的意见。他首先对上述两种看法提出了批评。他指出：否定社会主义商品矛盾的人是错用了恩格斯的指示。“恩格斯的原理在社会是一切生产资料和全部产品的所有者的条件下才是正确的”，但是在国家所有制和集体所有制同时并存的条件下，“以国家为代表的社会并不是一切生产资料和全部产品的所有者”②，因此，说社会主义商品是统一的直接的社会劳动所创造而不具有任何内在矛盾，这一论点是不能成立的。

对上述第二种看法，库库施金指出它把社会主义商品矛盾看成为“局部的，偶然的，依存于领导质量的事情。于是，社会主义商品会不会有矛盾？这要看领导者如何：如果是坏的领导，则会产生商品矛盾；如果领导是好的，则不会有矛盾。……不能否认，上述的广泛流传的关于社会主义商品二因素的看法，会给主观解释问题以直接的论据”。③

库库施金认为社会主义商品的使用价值和价值间的矛盾，是商品本身具有的，不以人们（领导者）的意志为转移的，客观存在的矛盾。他说：“当企业的领导者为了追求完成产值计划而

① 苏联《列宁格勒大学学报》1956年第5期，第5、6页。
② 同上。
③ 苏联《列宁格勒大学学报》1956年第5期，第5、6页。

不去完成品种计划时，矛盾并不是产生了，因为它是商品所固有的；而是公开地表现出来，给国民经济带来损失的。苏联国家在制订计划并督促企业按品种和按成本完成生产计划时，力求并在实际上考虑这个矛盾；如果矛盾被考虑到了，那么，在正确的价格政策下，矛盾并不是消灭了，而是在一定时期获得了正确的解决。国民经济按品种和按产值得到了必要的产品。在商品的实现过程中，不需要任何冲突就可以解决矛盾。这是依靠经济机构的正确行动达到的。不过，矛盾的有意识的解决和它通过人们的正确行动而获致解决的必然性，也是商品矛盾的表现形式之一。从整个看来，矛盾是通过买卖行为，借助于货币来解决的。但当矛盾解决时，在一种场合我们从表面上并不能察觉到它，而在另一种场合即当商品的实现遭遇困难时，我们却明显地看出这个矛盾的作用。”①

关于如何理解社会主义商品和生产商品的劳动的两重性问题

对这个问题，大约有三种不同的看法。

库库施金在上述文章中认为社会主义社会中生产商品的劳动的两重性，从而商品本身的两重性，是由于同一的社会劳动具有不同程度社会化的两个方面所造成的。一方面，由于存在着不同形式的社会主义所有制，生产商品的劳动乃是“一定的社会主义联合生产者（国家、集体农庄、合作社）的具有一定社会化程度的社会劳动”；它生产的商品，归各该联合生产者所有。另一方面，由于这些商品生产者“被统一的社会主义社会所有制结合起来”，它们生产的产品又是“为了出卖，为了全社会的”，因

① 苏联《列宁格勒大学学报》1956年第5期，第6—7、8—9页。

此，生产商品的劳动同时又是“为全社会的劳动”或“国民经济的一般劳动”①。

生产商品的劳动的上述两个方面，表现为具体劳动和抽象劳动的矛盾。库库施金说：“社会劳动作为一定的社会主义联合生产者的具有一定社会化程度的劳动，表现于具体劳动中。抽象劳动则表现着不依存于一定的社会主义联合生产者劳动的社会化程度，作为国民经济一般劳动的社会劳动。”库库施金还指出，抽象劳动之所以必要，乃是由于“在商品生产中，直接的社会劳动是通过与其他商品的比较才能表现出来”，“作为一般劳动的社会主义联合商品生产者（国家、集体农庄、合作社）的社会劳动，不是直接的而是通过和具有不同社会化程度的不同所有者所生产的商品之间的比较，才能表现出来”。②

根据上述的论点，库库施金作了以下的结论：“具体劳动和抽象劳动表现着同一社会劳动在其不同社会化程度上的两个方面。这是商品生产中劳动两重性的全新的内容。历史上从来不知道这种同一社会劳动的不同社会化程度的两重性，这种两重性是从基于两种基本形式的社会主义所有制的商品生产的特殊性质中产生的。”③

对库库施金的上述论点，В.П.科尔尼颜柯在《论社会主义生产商品的劳动的性质》④一文中提出了不同的意见。

科尔尼颜柯指出：库库施金对社会主义社会中生产商品的劳动的两个方面的分析是不正确的。他说：“按照作者的说法，由于不同形式所有制的存在，劳动便‘作为一定的社会主义联合生产者的社会劳动’而出现；但由于统一的所有制的存在，同一劳

① 苏联《列宁格勒大学学报》1956年第5期，第6—7、8—9页。

② 同上书，第9—10页。

③ 苏联《列宁格勒大学学报》1956年第5期，第10页。

④ 苏联《列宁大学学报》1956年第23期。

动就表现为全社会的劳动。这是毫无意义的。二者取一：或者是不同形式的所有制，或者是统一的所有制。原来作者混淆了社会劳动的不同定义，即从劳动的社会分工的观点和从生产资料所有制的社会形式的观点对社会劳动这一概念所下的不同定义。这是一个大错。”①

这里需要简单叙述一下科尔尼颜柯对“社会劳动”这一概念的不同意义的解释。首先，从最广泛的意义上讲，社会劳动就是“在社会中的劳动，而不是个别的孤立于社会之外的人的劳动。就这个意义而言，人类社会发展的一切阶段上的劳动都是社会劳动”。此外，社会劳动还有两个不同的比较具体的意义：（1）“劳动由于它的社会分工而具有社会性……在这种情况下生产不再是自然经济性的。劳动的这种社会性是资本主义和社会主义所共有的。”（2）与私有劳动对立意义上的社会劳动，即“在生产资料社会所有制基础上的直接的社会劳动”。②

直接的社会劳动是受生产资料的社会所有制决定的。由于生产资料的社会所有制有不同的形式，直接的社会劳动也有不同的形式。“社会主义社会所有制可以按其成熟程度分为三种形式：集体形式、国营形式和统一的全民形式。与此相应，直接的社会劳动也有三种形式：直接的集体性劳动，直接的国家性劳动和直接的一般劳动。”③

从劳动的社会分工意义上来看，社会主义劳动分工已发展到包括全社会的范围，社会劳动已在全社会范围内社会化，因而它具有一般性，是一般劳动。但从生产资料的社会所有制形式看，目前并没有统一的社会主义所有制，而只有国家和集体所有制，因而同一的社会劳动，并不直接地具有一般性，并不是直接的一

① 苏联《列宁大学学报》1956年第23期，第42页。

② 同上书，第33、34、36页。

③ 苏联《列宁格勒大学学报》1956年第23期，第33、34、36页。

般劳动，而只是直接的国家性劳动或集体性劳动。因此，“社会主义生产商品的劳动便有了这些矛盾：1.集体性劳动和一般劳动间的矛盾；2.国家性劳动和一般劳动间的矛盾”。这些矛盾在实质上反映着“统一的社会劳动和不存在统一的生产资料社会所有制之间的矛盾”①。

因此，科尔尼颜柯认为：库库施金把商品生产的矛盾看成为不同形式社会所有制的社会劳动和统一的社会所有制的社会劳动之间的矛盾，这是不正确的，因为统一的社会所有制目前并不存在。而且，所谓“为全社会的”，“一般的”社会劳动也和社会所有制无关，因为它是在劳动的社会分工意义上讲的社会劳动。他还批评了库库施金关于社会主义商品生产中抽象劳动是表现直接的社会劳动的说法，因为劳动之所以成为直接的社会劳动，纯粹是由于在生产资料社会所有制基础上，劳动可以直接地表现自己的社会性，而无须借助于和其他商品之间的比较，借助于抽象劳动。至于抽象劳动所表现的，并不是直接的社会劳动，而是全社会性的、一般的人类劳动。抽象劳动之所以必要，乃是因为国营经济和合作社经济中生产商品的“劳动的一般性，只有通过市场，通过商品交换，才能表现出来”②。

根据以上的论点，科尔尼颜柯对商品和生产商品的劳动的两重性问题作了如下的结论：

“劳动的两重性是由于这样的情况产生的：在存在着许多集体所有者时，生产商品的劳动乃是在一定所有制范围内的集体劳动，但同时又是一般劳动，即为全社会的劳动。一方面，它是具体劳动，另一方面则是抽象劳动。

“这种矛盾也是国营经济成分生产商品的劳动所具有的特征。

① 苏联《列宁格勒大学学报》1956年第23期，第41、43页。

② 苏联《列宁格勒大学学报》1956年第23期，第43页。

“因此，在社会主义社会中存在着集体性劳动、国家性劳动和一般劳动之间的矛盾。这种矛盾反映为生产商品的劳动的两重性即具体劳动和抽象劳动中。

“具体劳动和抽象劳动间的矛盾，表现为使用价值和价值间的矛盾。这个内部矛盾的外部表现则是：商品世界分裂为商品和货币。”①

以上简略叙述了库库施金和科尔尼颜柯二人对社会主义商品和劳动两重性的不同看法。此外，A.里夫西兹在《论社会主义的劳动的两重性问题》一文②中，提出了另一种看法。他认为：“在我们的社会里，具体劳动和抽象劳动都是直接的社会劳动的表现形式。”为什么呢？作者指出，社会主义劳动由于生产资料和生产者相结合而获得直接的社会性质，劳动的直接社会性决定了在全社会范围上有计划的组织劳动的必然性和可能性。不仅各种具体劳动有计划地组成为统一的社会劳动体系，而且作为价值实体的抽象劳动的消耗，也是有计划的，“因为一切价值范畴，诸如成本、价格、纯收入、赢利等，都是计划着的”，“国家通过有关机构来检查各企业的劳动消耗是否符合于社会必要劳动消耗”。③至于抽象劳动这一范畴，里夫西兹也和前述两位作者一样，认为是和商品生产联系着的。“在社会主义社会如同在其他存在着商品生产和商品流通的社会形态一样，体现于商品价值中的抽象劳动构成商品交换的基础。商品交换要能成立，客观上必需劳动的具体形式的抽象化。”“在完全的共产主义社会中，当确立了统一的共产主义所有制形式和当劳动成了人的乐生要求，劳动生产率能够充分保证各取所需时，商品生产和商品流通将不

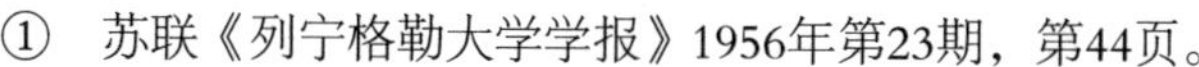

① 苏联《列宁格勒大学学报》1956年第23期，第44页。

② 苏联《经济问题》1956年第10期。

③ 同上书，第112、114、116页。

存在，劳动的两重性也随之消失”。[①]

关于国营经济内部调拨的生产资料是否具有抽象劳动（价值实体）的问题

这个问题事实上也就是：生产资料在实质上究竟是不是商品，有没有价值的问题。

大家知道，几年来苏联经济学界流行一种论点，这种论点认为：社会主义社会中，在国营企业间进行分配的生产资料，实质上不是商品；它们只保存着商品形式和价值形式。由此产生一种看法，这种看法认为：生产资料中并不存在着价值的实体，即抽象劳动；因此，生产生产资料的劳动，并不具有两重性。

在1956年的讨论中，继续抱着上述见解的人，可仍举库库施金为例。他说：“在社会主义条件中内部周转的基本生产资料在实质上不是商品”，因为这些生产资料“不是通过买卖，而是由国家直接分配，以满足整个国民经济的需要的”。他认为生产这些基本生产资料的劳动，“在实质上并不具有两重性，它乃是真正的统一的直接社会劳动，是为了全社会主义社会的劳动。不仅如此，体现在任何非商品的产品中的劳动，都没有两重性。……在（非商品的）产品的生产中利用抽象劳动范畴的必然性，乃是由于价值规律对生产的影响引起的”[②]。

对上述见解，里夫西兹在自己的文章中提出了批评。他认为基本生产资料并不是形式上的商品，而是实质上的商品，它们不是只具有价值形式，而是具有价值实体——抽象劳动。里夫西兹证明自己的论点的理由，归结起来，有以下几点：

1. 没有内容的形式是不可能存在的。“事实上，如果生产资

① 苏联《经济问题》1956年第10期，第112、114、116页。

② 苏联《列宁格勒大学学报》1956年第5期，第8页。

料不在实质上具有价值，换言之，它们并不是抽象劳动消耗的结果，那么，我们根据什么来计划生产生产资料的部门的成本和价格呢？甲类部门的经济核算如果不是以价值为基础，那么又以什么为基础呢？”①

2. 决定商品的标志，并不是它的所有权是否转移，而是它是否通过买卖在市场上进行交换。如果以所有权的转移作为确定商品的标志的话，那么“通过赠送方式从某人转给另一人的东西都会是商品了”。由于经济核算制的要求，企业具有一定程度的经营上的独立性，因此，“生产资料虽然以计划方式集中分配，但它们是通过买卖方式从一个企业转给另一企业的。企业通常以货币按计划价格来获得生产资料，货币在这里并不是作为计算单位，而是作为具有自己的相应的职能的经济范畴而出现的。因此，这里在实质上是有买卖的，这种买卖是在国家为生产资料的所有者的条件下进行着的，这些买卖行为的基础乃是抽象劳动”。②

3. 社会主义扩大再生产是统一的整体。不可能对不同部门的社会劳动消耗的计量采取不同的表现形式。“只要举这样一种情况为例：在个人消费的商品价值中包含着它们赖以生产的生产资料的价值。如果从否定生产资料有价值的经济学家的观点来看，那么个人消费品中就会一方面包含着生产资料的价值形式，另一方面包含着实质的价值。这类说法的勉强性是显而易见的。创造消费品的具体劳动所转移的，并不是生产资料的价值形式，而是它们的价值”。③

根据以上的理由，里夫西兹认为：“在社会主义社会中，生产资料并非在形式上，而是在实质上是商品，并具有价值。”自

① 苏联《经济问题》1956年第10期，第113页。

② 同上书，第113—115页。

③ 同上书，第112页。

然，这种商品是有其特点的。这就是“生产资料的计划分配和它们的作为商品的运动，是在国家所有制范围内进行的。当作社会生产关系的因素之一的分配，在相当大的程度上决定了商品生产和商品关系的特性”。[1]

① 苏联《经济问题》1956年第10期，第112页。

孙冶方访问苏联科学院经济研究所报告资料*

（1959年2月）

1959年1月21日至2月26日，根据中苏两国科学院的合作协定，孙冶方同志在苏联对苏联科学院经济研究所等单位进行了一个多月的学术访问。我作为冶方同志的助手随同访问，回国后在他的指点下，帮他起草了“访苏报告”，并整理、订正了几份访问资料，作为“访苏报告”的附件。现在把我整理和订正的几份资料发表出来，供研究参考。

一、苏联科学院斯特鲁米林院士关于经济学几个问题的谈话纪要

这是1959年2月11日孙冶方等同志访问苏联科学院斯特鲁米林院士时的谈话纪要，谈话内容有经济发展速度问题，投资效果的确定原则问题和经济学中运用数学方法问题。斯院士是在他自己的寓所接见孙冶方等同志的，在座的还有苏联科学院经济研究所副博士粟宁等人。谈话是随便聊天性质，因此记录片段不全。现在把斯院士谈话要点整理如下，供大家参考。错误之处，由整

* 本文原载《苏联东欧几国的经济理论和经济体制》，中国展望出版社1984年版。整理时得到：甘光熙（列宁格勒工程经济学院研究生）的帮助。

理人负责。

关于速度和平衡的关系，斯院士说，我们的任务是既要高速度，也要遵守必要的比例关系。在计划工作中，要尽可能防止比例失调现象，如果出现这些现象，这说明计划工作中存在着某些失算。在保证高速度时不要造成过分的紧张。要做到这一点，必须设立后备。后备是计划工作中调剂平衡的主要杠杆。没有后备，比例失调的现象就是不可避免的。

斯院士说，在执行计划的过程中出现某些不平衡的现象，如计划完成的百分比不一致，这并不可怕。这些不平衡的现象可以随时通过计划措施得到调整。但是，必须注意，那些会引起阶级关系紧张化的比例失调，我们不能容许它们发生。

斯院士指出，苏联和中国的劳动资源都很多，这对速度有很大意义。最初，我们曾担心失业问题，特别是农村中的潜伏性失业问题难以解决。但实践表明：众多的劳动力如果利用得当，是一项极大的财富。中国在这一方面做得特别好。

斯院士认为，在劳动力资源充分利用后，速度问题主要取决于劳动生产率的提高。中国和苏联在这方面的潜力都很大。特别是中国，即使在到达机器生产阶段以前提高劳动生产率的潜力还是很大的。中国劳动力很多，一下子使全部劳动力得到全盘机械化是不容易的，然而，在这以前，从手工劳动的基础上提高劳动生产力的可能性也是极大的。

关于水平和速度的关系问题，斯院士一方面认为随着水平的上升，速度可能会有某些下降，另一方面他又对所谓速度是一下降曲线这种论调表示怀疑。他认为从长期趋势看来，速度的变化更像一波状曲线，这条曲线上的波峰不止一个，而是好些个波峰，经过一定时期会出现一定的波峰。苏联工业在1925年由于解决了当时的燃料、矿石等原材料的困难，在原有设备的基础上曾有一个跃进，一下子增长了50%以上。1925年以后一度平稳发展，后来经过国民经济的技术改造，特别是第一、二个五年计划时期发生的一整串工业革命，速度又提到相当的高度。40年来苏联工业增长速度的上升与下降相互交替，但总的来看平均速度为10%左右，这一速度同最近若干年来每年的实际速度是差不多的。最近几年虽然有时计划速度定得较低，但执行结果仍在10%以下。今后15年内，有理由可以期待在苏联出现新的高速度。因为，在苏联，劳动生产率提高的潜力也是很大的。现在开始了新型的机械化时代。在此以前，主要是用机器代替手工，而且还没有做到全盘机械化；在此以后，要向自动化的方向前进，而这将引起新的工业革命。这一革命过程在西方是不可能进行下去的，因为那里受到市场、失业问题等的限制。而在苏联，一方面实行新的工业革命，另一方面又同时缩减劳动时间，起初从八小时减到七小时，以后还要减到六小时、五小时。观察速度问题时，这些因素都要加以考虑的。

关于投资效果的尺度问题，斯院士说，他同意最近苏联经济学界形成的概念，即以社会劳动生产率的增长和单位产品的价值量的减小作为衡量投资效果的尺度。但是，在实践中，在计算投资效果时，所根据的不是价值，而是成本，而成本同价值之间是有着很大的距离的。比较投资的增长速度和国民收入、产品的增长速度，是在衡量投资效果时常用的。但这种方法有时不十分靠得住。有人根据苏联七年计划的控制数字，投资增长速度大于产品增长速度这一点，得出七年间投资效果下降的结论，这个结论是不对的。因为在从下往上编制计划的过程中，对基建投资的申请额总是被夸大的，即使在削减后，往往仍有虚额。在讨论控制数字的过程中，曾得出不少取消某些不合理的投资额的建议，而这些投资的数额往往是以成十亿卢布来计算的。这是一方面。另一方面，还应该注意到编制计划时对于产量，对于投资所带来的结果的估计，往往非常谨慎。斯院士认为，七年计划的方针既

然是以改建为主，而改建的投资效果一般比新建的投资效果要大些，因此总的投资效果不会下降。斯院士又指出，用产品的增长额和投资额的比较来衡量投资效果是不准确的，因为产品的增长不仅是投资的结果，也是工人人数增加的结果。工人人数增加会增加新的价值，而投资的结果只是增加新的使用价值。当然这两方面是结合的，但在分析投资效果时却不能把这两方面混淆起来。

苏联科学院涅斯米扬诺夫院长在二十一次代表大会的发言中提出经济学应该成为一门真正精密的科学，并广泛利用计算技术的新方法。冶方同志请斯特鲁米林院士就这个问题谈谈他的看法。斯院士说，经济学研究的对象，比任何其他科学更复杂，因素更多，因此也难怪经济学形成为一门精密科学的时间比其他科学要晚些，经济学现在同精密科学的距离还很远。运用数学和计算技术上的新成就于经济学的研究，还需要做很大的努力。斯院士认为，经济规律的作用，如基本经济规律，有计划按比例规律等，有可能表现为数学函数，这个问题值得研究考虑。同时，院士又指出，经济现象包括数量和质量两个方面。数学和计算技术只能解决数量问题。质的问题不能靠数学来解决。至于数量上的精密程度，斯院士也认为在经济问题上也不能要求数学所要求的精密程度。

二、苏联科学院经济、哲学、法学学部主任涅姆钦诺夫院士关于在经济学中运用数学方法问题的谈话纪要

涅姆钦诺夫院士说，苏联目前研究运用数学方法于经济学和计划统计工作中的机构学校有十余个单位。其中几个主要机构是：

1. 苏联科学院经济学、哲学、法学学部所设的“在经济学中

运用统计和数学方法的研究室”。

2. 苏联计委科学研究所部门联系组。

3. 苏联科学院综合运输问题研究所。

4. 莫斯科市国民经济委员会研究室。

5. 莫斯科州国民经济委员会研究室。

6. 莫斯科国立经济学院计划系。

7. 莫斯科经济统计学院核算学计算机械化系。

8. 列宁格勒大学物理数学系的一个小组。

9. 苏联科学院计算机械系统控制研究所。

涅姆钦诺夫院士专门介绍了苏联科学院经济、哲学、法学学部下设的“在经济学中运用统计和数学方法的研究室”的情况。这个研究室是由涅院士（研究室主任）和康托洛维奇通信院士（副主任）领导的。研究室目前暂设在莫斯科，将来将迁往新西伯利亚作为分院的组成部分。研究室现有八位大学毕业的青年，在涅院士直接领导下工作。研究室的任务是：收集国内外有关这方面研究工作的情报；研究投入产出平衡法和线性规划在国民经济中的运用；协调各有关研究单位的工作。此外，研究室在列宁格勒设有一个研究小组，由副主任康托洛维奇领导。莫斯科和列宁格勒的分工，大体上是前者研究大范围经济Макро-экономика，экономика，即企业等的基层经济单位内的经济问题。

目前研究室主要是几个大学刚毕业的青年在专家指导下工作。涅院士说，这是一门新的科学领域，其发展主要应寄托于青年，因为他们的保守观念少，敢想敢做。苏联在发展尖端科学如原子能、星际火箭等方面的经验，都是依靠少数老科学者领导下的青年做出来的成绩。

涅院士接着着重谈了投入产出平衡法和线性规划法的运用问题。他指出投入产出平衡法并不是美国的里昂节也夫发明的，而

是苏联原来就有的，苏联在1926年编出的1923/1924年国民经济平衡表，用棋盘形式表现国民经济各部门间的相互联系，这就是投入产出分析的基础。里昂节也夫是列宁格勒大学毕业的，曾在苏联计委工作，他对这个平衡表是知道的。他后来随其父出走美国，继续研究这个问题。线性规划分析法也不是他发明的。他的功绩，不过是把棋盘平衡表法同线性规划方法结合起来而已。

这一方法对大范围经济或国民经济问题的研究，有以下的用处：

1. 确定全部消耗。对于生产某种产品（如一吨铁）所需某种消耗（如煤炭），我们往往只知道直接消耗，即直接用于炼铁所耗之煤量。但除直接消耗外，生产一吨铁所需之煤本身以及所需之电力、设备及其他材料的生产，也需要消耗一定的煤量。如此还可以类推下去。这些煤的消耗是生产一吨铁的间接消耗。直接消耗加间接消耗之和，为全部消耗。我们往往不知间接消耗和全部消耗。但确定全部消耗的用处是很大的。我们可以利用一系列的直接消耗系数并把棋盘式平衡表上的部门联系关系用多元一次方程式表现出来，以求得生产各部门单位产品所需的各种原材料的全部消耗，得出综合消耗定额。这对于规定生产计划任务和解决物资供应工作是有很大用处的。不仅原材料的全部消耗，而且固定资产、劳动力等的全部消耗，我们都可以用这个方法来确定。

2. 从最终产品的需要量来确定总产量。最终产品是一定时期内生产出来的，在该时期内不再经过进一步加工的产品，如居民、国家社会团体所消费的产品，基建投资所需的产品，出口、储备增长所需的产品，等等。如果我们在计划中规定了最终产品的规定任务，需要生产多少中间性的产品，从而确定各部门产品的总产量应该是多少，并同生产的可能性加以比较。

3. 动态模式的制定。我们研究的对象是发展着的经济，因此要考虑技术进步的方向，劳动生产率增长的趋势和投资等问题。

如果我们在利用投入产出平衡表时考虑这些因素，我们就可以拟出一个国民经济的动态模式，用以研究国民经济各部门间在发展过程中的相互联系，并可求得国民经济的扩张系数。这对于编制远景计划和预知国民经济比例关系的改变有重大的意义。

4. 研究区际联系。投入产出平衡表可以利用来研究一个经济区内部各部门的相互联系及区内外的相互联系；如一个地区某一部门的发展将会对本区其他部门发生什么影响，以及对外区的要求。同样，外区对本区的某种新要求或旧要求的改变将对本区整个国民经济的结构产生怎样的影响。区际联系的分析还可用来组织合理的生产配置和运输路线。

5. 确定再生产中最恰当的比例关系。不仅物资生产部门内部的联系，而且再生产各领域各方面的联系都可利用投入产出法来研究，从而确定再生产中最妥当的比例关系，如消费同积累的比例关系，社会产品与国民收入的比例关系，国民收入中的*V*∶*M*的比例关系等。

以上是数学方法在大范围经济中用途的一些例子。涅院士说，在小范围经济或企业等基层经济单位和具体经济效果问题中，数学方法的用途更广。他举了以下几个例子：

1. 一个企业或车间有一定台数的机床，并且接受了生产几种一定数量的不同产品的任务。这些机床的生产各种产品的能力是不相同的。如何把这些产品的生产任务分配在这些车床上，才能用最少的消耗（时间）来完成这些生产任务？利用线性规划法就可以得出准确的答案。

2. 有一批待剪裁的材料（如牛皮或布匹或钢板等），同时又有一批数量不同的不同产品的订货或生产任务，如何剪裁这些材料，才能以最少的材料消耗，得到规定量的产品？这一问题也可用数学方法精确地解出来。

3. 生产某种产品的地点有几个，消费这种产品的地点也有好些，怎样组织发货和到货站的联系，怎样把产地与销地结合起来，才能最节约运输力？这个问题也是可以用数学方法精确地解出的。

4. 生产某种产品，需要各种材料，其中有些可以互相代替，而其价格有别，如何选择配料的方案，才能使生产费用最低？这也是可用数学方法很快地解出的。

5. 一种矿石，可有各种用途，加工过程中的废料还可继续利用，如何综合利用一种矿石或任何其他原材料，才能收到最大的经济效果？也可用数学方法来解决。

6. 在动物饲养中的饲料选用与配合，如何才能一方面满足科学上规定的营养需要，另一方面又使成本最低？也可用数学方法解决。

涅院士简单介绍了数学方法在经济、计划统计工作中的用途后，又特别为我们组织了几次小型的座谈会，由他所领导的研究室的几位青年同志介绍投入产出平衡法的内容和意义及各方面对此问题的一些看法。其中一部分记录将另整理发表。现在只把尤·依·切尔聂克同志所谈的关于各方面非难的意见及研究室对这些意见的评价，简单介绍如下：

1. 最普遍的一种反对意见是：经济现象比自然现象复杂，因素极多，因此数学方法不能很好地分析说明经济现象。这种见解是肤浅的。经济现象同自然现象一样，不仅有质的方面而且有量的方面。数学方法正是要研究经济现象联系的量的方面。马克思是第一个用数学方法、代数公式来表明和解说再生产Ⅰ、Ⅱ部类关系和其他许多同数量有关的问题的。在社会主义计划经济中，经济现象的量的方面具有更重要的意义，譬如说，对于有计划按比例规律，我们不能满足于从质的方面来理解它，而更重要的是通过具体的数量关系来认识这个规律在国民经济中的具体作用。

2. 有些人说，投入产出法是来自西方的，它的理论根据不是马克思的劳动价值论，而是因素论。这是一个误会。投入产出分析法最早诞生在苏联，即源于1926年公布的1923/1924年苏联国民经济平衡表。就计算和分析技术看，如同一切其他数学方法一样，投入产出法不过是一个工具而已，而不是一个完整的理论体系。问题在于我们如何利用这个工具来为社会主义经济服务。

3. 有人认为，投入产出法只适用于资本主义经济，而不适用于社会主义经济。我们知道，资本主义经济是无政府状态的，计划只能在个别企业内部和垄断组织军火工业集团内部之间进行。因此这个方法在那里运用的范围是有限的。在社会主义计划经济中，这个方法可以得到更有效的利用。目前波兰、匈牙利、民主德国都在研究此法的运用。波兰的兰格教授运用得很好。他试图从马克思主义的立场来解说这一方法。不过他在分析时，是把里昂节也夫表中的国民经济部门逐渐压缩为两大部类，好像里昂节也夫的表同马克思的再生产表是一回事；这种处理方法是不对的。应该倒过来，应该从马克思的再生产表出发，说明里昂节也夫的表不过是马克思表的一个具体的个别的表现形式，而马克思的表则是所有一切产品模式表的一般形式。

4. 有人说投入产出法没有什么实效。特别是有些数学家认为这法不能提供最优方案。但是如果把这法同线性规划法结合起来运用，也可以用来解决最优方案的问题。

当然，投入产出法不是能够解决一切问题的。只有一定范围的意义。现在缺点还很多，还很不完善。但是，我们知道新发明的汽车，比马车走得慢些。这个方法，是具有发展的前途的。

三、苏联科学院经济研究所代理所长加托夫斯基教授关于商品生产和价值规律问题的谈话纪要

这是孙冶方同志在2月21日访问苏联经济所代理所长加托夫

斯基同志时，加托夫斯基对苏联商品货币关系问题的谈话纪要。现在整理出来供大家参考。这是内部资料，请勿引用发表。

加托夫斯基教授首先简单介绍了苏联经济研究所关于价值规律问题的研究工作，目前这一研究工作分以下三个方面进行：（1）价格和价格构成问题，包括批发价格，零售价格问题，1959年将准备编写出版一本论文集；（2）货币流通问题，将出版一本专著；（3）经济核算问题，包括集体农庄生产中价值规律的作用问题。此外，奥斯特洛强洛夫院士目前正在写一本专著，题目是《苏联社会主义社会中商品生产和价值规律》。1957年苏联经济所召开了一次全苏学术讨论会，讨论价值规律和价格构成问题。这次会议的速记材料，将在最近出版。

加托夫斯基接着谈了苏联在向共产主义过渡时期的商品货币关系问题。他说，在共产主义社会中，商品货币关系将不存在，但苏联目前却要在各个方面发展商品货币关系。怎样理解这个矛盾的过程呢？对这一过程需要辩证地理解。苏联目前之所以要发展商品货币关系，是为了创造条件，使商品货币关系在将来逐渐消亡。

目前苏联发展商品货币关系的重要原因之一，是由于过去若干年来，特别是战后时期，商品货币关系未能得到充分的发展，反而遭到人为的阻碍。这一情况也反映在理论上。例如，过去曾经否认国营成分内部流通的生产资料是商品。如果这一看法是正确的话，那么苏联商品流通的范围是极其有限的了，而整个重工业的经济核算和管理体制都同商品货币关系无关了。经济核算、价格、赢利等范畴只具有外部形式的意义，只是计算的形式而已。还曾经流行过一种说法，即通过农产品采购等实现的城乡关系不是商品关系，而是一种赋税关系，因此，农产品价格与价值无关；有人曾认为城乡之间的商品关系在缩小，而实物关系在扩大，并且实物关系在任何条件下都高于商品关系，因此他们把对国家的义务缴售、对机器拖拉机站的实物支付看成是永恒的范畴，甚至看成是规律。最近以前，人们曾认为，商品货币关系已经开始妨碍共产主义的建设了，应当用产品交换来代替商品关系，即在收购农产品时无价或低价供应农村以工业品。但是人们未看到，这种措施是由于工业品不足而采取的。如果工业品充足，如果商品流通正常，那么，这种供应方式就毫无意义了。同时，过去那种农产品收购和工业品供应制造成同一产品有许多价格，而许多价格则是一种消极的现象，是一个缺点。过去经济学家们还宣称经济核算只适用于国营企业，而不适用于集体农庄；集体农庄中也没有成本的范畴。这种论调实际上是一种“鸵鸟政策”，因为过去农产品价格未考虑价值，有时定得比成本还要低，使得集体农庄亏本，所以最好还是不要提“成本”范畴。

可是，加托夫斯基指出，价格应当保证正常的再生产，它应该包括成本和一定的利润。价格并不是可以任意规定的，它是一个客观的范围，其基础是价值。当然，价格不能准确地同价值一致，一定的背离是必要的，因为我们要利用价格来作为再分配国民收入的杠杆，同时还要考虑供需情况。但是，在价格同价值背离的任何场合，价值总是一个“灯塔”，是一个客观的准绳。

必须注意，商品货币关系首先是同农民的物质利益有关的。如果以具有赋税性质的征购来代替正常的商品流通，如果农产品价格规定得很低，那么，农民对发展生产就会没有兴趣。正是由于物质利益的原则遭到破坏，才使得过去农村中的商品货币关系的发展受到阻碍，过去农产品价格的规定也是错误的。

现在的任务是要发展商品货币关系。不仅要在数量上，而且要在质量上发展商品货币关系。在数量上发展商品货币关系是容易明白的。在质量上发展商品货币关系是什么意思呢？这就是说，要提高价值范畴的意义和作用，要使得这些范畴，如价格、成本、赢利、经济核算等，成为真正的经济杠杆。例如，成本。

我们知道，成本低是企业经营好的一个尺度，低的成本是保证企业赢利的条件。说到此点时，加托夫斯基着重指出，最近在农业中实现的，从具有赋税性质的义务缴售制转变到农产品的自由销售制，其结果就是要使农业生产沿着低成本的道路发展，什么地方成本低，那里就发展某种农产品的生产。这将促进农业根据自然经济条件的专业化，使得农业的地区分布和各地区农产品生产构成更为合理化。价格、成本、赢利等价值范畴作用的提高，还表现为经济核算的适用范围的扩大，它不仅适用于国营企业，而且适用于国民经济的一切部门，工业、农业、交通运输、基本建设等。在考虑基建投资时，也需要注意成本、赢利、资源的合理利用，当然，基建投资在部门间的分配不能根据赢利，但在每一部门内部，基建投资的分配，就需要把赢利当作主要指标来考虑投资结果。

加托夫斯基接着重新列举了一些过去对实践有害的，妨碍实际工作的理论教条，这些教条在最近时期已经清除了。这些教条是：（1）商品货币关系阻碍共产主义建设，因而急需要以产品交换来代替商品货币关系；（2）集体农庄形式已经过时，并且妨碍向共产主义的前进；（3）集体农庄的所有制只适用于产品，至于生产资料，则应当为国家所有，城乡关系应该是实物关系而非商品关系，故机器拖拉机站及其工作的实物报酬应该是永恒的；（4）生产资料不是商品，加托夫斯基特别又指出这一点很重要，因为如果生产资料不是商品，那么整个重工业的经济核算只是形式而已，不可能展开真正的经济核算。他指出他在这里所说的经济核算不是泛指经济的合理经营而说。是他所讲的经济核算是同价值规律、价格、成本、利润等概念有关的一定的经济范畴。

以上一些错误的理论教条的清除，是同实际工作中特别是在农业方面的一系列措施的实现直接联系着的。这些实际措施是：（1）农产品价格大大提高了，更客观些了，现在定价的依据是价值，即考虑生产费用和成本了。这样，价格的作用也提高了，成为一个真正的经济杠杆，价格能够保证集体农庄的正常再生产，因而集体农庄的计划工作也有了稳固的基础。（2）取消了具有赋税性质的义务缴售制，而代之以自由销售制，过去一种产品有许多价格的现象也取消了，而代之以统一的价格，当然，统一价格是分区规定的，考虑了各地区不同的自然经济条件。（3）机器拖拉机站的改组。拖拉机和农业机器向集体农庄出售。集体农庄向拖拉机站交付的实物报酬取消了，而代之以商品交换。

采取上述一系列措施的结果，在集体农庄经济中商品货币关系大大发展了，而实物关系则受到很大的排挤。例如，集体农庄的货币收入，1959年达1350亿卢布，较1952年增长两倍以上。这个数字是极为重要的，它说明集体农庄货币经济的增长程度。在庄员的收入中，货币收入也急剧增长，而实物报酬的份额却下降了，对于集体农庄庄员来说，货币报酬比实物报酬更方便些，因为货币是一般等价物，有了货币收入，他就可以不必自己保存例如说几十吨的粮食，而可以随意用货币购买自己所需的物品。同时，随着庄员收入水平和生活水平的提高，在消费结构中工业品对农产品的比重也提高，而工业品需要用货币收入来购买，再者，农业专业化的发展，农产品也需要购买，需要货币来支付。最后，农业生产商品化程度的提高，集体农庄的货币收入也相应提高。所有这一切，都越来越使得集体农庄庄员的劳动报酬要用货币来支付。目前，许多先进的集体农庄已开始实行“保证的货币报酬”，这种劳动报酬已经接近工资形式了。过去人们曾认为集体经济和国营经济的基本区别之一是：前者是按劳动日的实物分配，后者是工资制，好像按劳动日的实物分配是集体农庄所有制本身所固有的特征，这当然是教条主义的见解。不过必须指

出，按劳动日分配在集体农庄发展的一定阶段是必需的，它曾经起了积极的作用。但是到了一定时期，当集体农庄已经发展到富裕的程度，有足够的储备基金，这时就可以实行保证的货币报酬了。按劳动日报酬是由于过去集体农庄经济还不十分稳定，有时因为气候关系歉收，不能不随着收入水平的变动来改变劳动日的报酬。现在集体农庄已经有了充分的后备基金，即使碰到歉收，也有可能支付“保证的货币报酬”。而这种报酬实际上同工资形式的报酬差不多。由此看来，集体所有制同工资形式并不是矛盾的。过去在工业合作社中不是也采用工资形式吗？问题只是在于有没有充足的资金而已。目前，先进的集体农庄中所采用的这种保证货币报酬形式得到越来越广泛的采用，在实行这种货币报酬制度的地方，集体农庄庄员对于自营的副业经济的态度也有了改变，他们从公有经济所得的收入增多以后，对自营的副业经济的兴趣也自然地减少了。而这对公有经济的发展是有利的。

加托夫斯基继续说，目前苏联商品货币关系在数量上增长的第二个原因是国民经济的一般增长，由于产品具有商品货币形式，国民经济的一般增长当然也就引起商品货币关系的增长。

苏联商品货币关系增长的第三个原因是：经济管理的行政方法逐渐被物质鼓励的方法所代替，而物质鼓励方法是通过价值杠杆的利用来实现的。经济管理的改组，使得它具有越来越深厚的民主基础，而集中的计划也越来越要依靠经济杠杆和经济鼓励。

谈到这里，加托夫斯基指出物质鼓励问题有十分重要的意义。他说，当然，除了物质鼓励外，我们同时还要采用精神鼓励，可是要注意到，物质鼓励的本身也具有教育意义，因为，按劳分配原则是把个人利益同社会利益结合起来的。破坏按劳分配原则，将会带来消极的后果，即使在教育意义上也会有不好的后果，因为可能引起投机、偷懒等现象。我们应当把社会主义劳动竞赛同物质鼓励这两方面紧密结合起来，而不能孤立地看待它们。

在按劳分配的同时，还要注意到不按劳动分配的部分，如社会保险、教育、医疗卫生等。马克思曾指出，随着向共产主义社会的发展，这一部分不按劳动分配的社会支出所占的份额将逐渐增加。例如，在苏联的七年计划中，职工的实际收入（其中包括个人收入与社会支出）将增长40%，而国家同社会机构的支出则增长70%。在按劳分配的这一部分，收入水平的差距也将减少。七年中平均实际收入增长40%，但收入水平较低的职工的实际收入则将增长70%。需要注意，随着向共产主义前进，职工的技术熟练水平的差别，将逐渐缩小；工人同农民劳动的差别，知识分子同工农的差别，城乡商品供应条件的差别，中心地区和边缘地区供应的差别等，都将逐渐缩小；这也是收入水平差距减少的客观依据。

关于商品货币经济同经济的自发性和计划性的关系问题，加托夫斯基说，从自发性的程度来说，集体农庄市场的自发性程度较大，计划性较小，农产品采购和对居民销售消费品的计划性较多，自发性较少，计划性程度最高的是国营成分内的生产资料的生产和供销。今后，随着生产的增长，产品越来越丰足，经济中的自发性将越来越少，而计划性越来越多。一般地讲，商品越少，自发性越多，商品越多，计划性也越多。

加托夫斯基指出，在商品货币关系问题上，政治经济学中有两种错误倾向是要防止的。一种错误倾向是夸大商品货币关系的意义，把价值规律看成是经济生活的调节者。这是南斯拉夫的立场，有些波兰、德国的经济学家也有这种看法，而这是同马列主义政治经济学背道而驰的。这实际上是一种走向自发经济和无政府状态的方针。我们则是主张集中的计划经济的。对我们来说，价值规律不过是社会主义经济规律体系中的一个规律，在这一体系中，占主导地位的是社会主义基本经济规律，有计划按比例发展规律，而不是价值规律，虽然我们必须利用价值规律。第二种错误倾向是低估商品货币关系的意义。目前主要的危险在于第一种修正主义的倾向。我们随时都密切注意这种倾向。

最后，加托夫斯基教授简单谈了一下他对于社会主义下商品生产的根据的看法。他首先指出商品货币关系是从过去继承下来的，并不是什么新的范畴。我们不能单从两种所有制的存在来引申出商品生产关系。当然，当存在着两种社会主义所有制时，是要求有商品货币关系的。集体所有制要求商品关系是一目了然的。但是国家所有制本身在目前发展阶段上也要求商品关系。为什么呢？在这里要提一下个人所有制（对消费品）同其他所有制的相应关系。这一关系在社会主义制度下同在共产主义制度下不同。在社会主义社会中，个人所有制和社会所有制之间的关系是受按劳分配的原则所制约的。在社会主义社会中，劳动尚未成为第一生活需要，个人劳动是通过劳动报酬汇入社会总劳动中去的。在这种条件下，社会成员同社会之间的关系必须遵循着一种等价原则，这种等价原则要求商品货币关系的存在。马克思在《哥达纲领批判》一书中就曾指出，在共产主义第一阶段仍将统治着等价原则，而这一等价原则是同社会主义不同所有制形式无关的。

加托夫斯基声明他对社会主义商品生产原因的解释同克隆洛德的解释不一样。克隆洛德也是从国营成分本身的特点去找商品生产的原因，可是克隆洛德着重在社会劳动的差异上去找这个原因，而他自己则着重从按劳分配原则（包含等价原则）去找原因。加托夫斯基又说，奥斯特洛维强洛夫院士和大多数苏联经济学家目前都已经承认，不能仅仅从两种社会主义所有制的存在来引申商品货币关系存在的原因。因为，很显然，最多不过十年，集体农庄将转变为全民所有，但那时还未到达共产主义，商品货币关系将仍然存在。因此不能单从所有制来解释。

谈话过程中和结束时，冶方同志曾向加托夫斯基提出几个问题。下面是其中一部分问题的回答情况。

孙冶方：您刚才讲到，你所谈的经济核算并不是泛指经济的合理经营，而是指同商品货币关系，同价值规律、成本、价格、利润，同物质鼓励等概念有关的。与这些概念有关的经济核算在今天不用说有必要特别强调一下。可是，您是不是认为，在将来共产主义社会里，在商品货币关系及物质鼓励原则消失后，在合理管理经济意义上的经济核算，与社会必要劳动的核算有关的，与先进企业同落后企业的比较有关的经济核算，或广义的经济核算，是不是仍将存在呢？

加托夫斯基：我同意您的意见，您所说的广义的经济核算就是在共产主义社会中也存在的。不过那时的经济核算将直接以劳动时间来进行，而不间接借助于价值。在将来的共产主义阶段，核算的质远比现在为高，那时将借助电子计算机等最新的计算技术来进行社会劳动的核算。社会一方面计算需要，另一方面计算社会劳动消耗，并且对需要同消耗进行比较，争取以最少的消耗满足重大的需要。

孙冶方：然则那时要计算的社会劳动消耗，当然不是指的具体劳动了。可以不可以说，这是与具体劳动不同的相对于具体劳动的“抽象劳动”呢？

加托夫斯基：社会劳动在共产主义社会中仍将存在。那些认为在将来只有具体劳动的经济学家，是不正确的。但是，也不能说仍将存在抽象劳动，因为按照政治经济学的传统习惯，抽象劳动是同价值，同商品货币关系有关的。可是，按其实质来讲，我们所说的社会劳动，也就是抽象的劳动，即价值的实体。

孙冶方：同商品货币关系，同物质鼓励原则，同价格、成本、利润等范畴有关的经济核算在目前毫无疑问有着重要的意

义。但这些概念迟早是要消失的。从长远趋势上看，随着社会主义向共产主义过渡，经济核算的这一方面的意义是要逐渐减弱的。从长远趋势看，我们是不是应该要强调一下经济核算的更长远的更基本的方面，即在合理经营经济意义上的经济核算，或刚才讲过的广义经济核算呢？特别在全民所有制内部，我们应更多地强调广义的经济核算。

加托夫斯基：这是一个有价值的意见，我很感谢你提醒我这一点。苏联经济学者往往忽视了这一方面，即忽视了从广义上从远景上来理解价值、经济核算等范畴。这是由于目前大家更多地注意克服过去忽视商品货币关系意义的倾向的缘故。在向共产主义过渡的过程中，从广义上从远景上来理解经济核算等概念和范畴，是应该逐渐加以强调的。

四、关于投资效果问题的全苏科学界讨论会的一些情况

1958年6月，苏联科学院经济研究所会同有关机构组织了一次全苏性的关于投资效果问题的科学讨论会。参加者有苏联各有关研究机构、业务部门、高等学校、企业等方面的经济学者，经济工作人员、工程技术人员及数学家等。这次会议的经过情况已在1958年《经济问题》第9期扼要介绍过了，并且把会议提出的关于确定投资效果方法的意见书全文发表了。我们访问苏联经济所时，正值苏共二十一次代表大会开会，苏联计委主任库兹明同志在发言中批判了经济研究所的工作，其中一点是说："苏联科学院经济研究所在其他研究机构参加下，共同研究确定国民经济投资效果的科学方法，已经多年了，但是到现在为止，在确定投资效果的问题上还没有提过具体的科学的建议。"这促使我们想了解一下过去苏联研究投资效果问题的情况以作为我们自己的借

镜。根据苏联同志的推荐，我阅读了1958年有关此问题的全苏学术会议的全部速记。因为记录很长，时间忽促，来不及逐篇细读报告和发言，只是大体上浏览了一下。根据浏览时以及同苏联个别经济学者谈话所得的不完整的印象，这次会议讨论的问题很多，争辩也很激烈。归纳起来，大体上有以下几个问题：

1. 关于投资效果的指标体系问题。过去许多苏联经济学者曾认为比较投资方案只能根据实物指标，如劳动生产率、建设时间、企业建成后的燃料、金属耗量等，而反对用价值指标来衡量效果，认为利用价值指标来衡量投资效果无疑是承认价值规律是社会主义生产的调节者。这次会议上这种意见已听不到了。但是在一系列的指标体系中（单位产品成本；单位产品投资；投资收回期限；劳动生产率；单位产品的原材料和燃料动力消耗量；建设时间，产品质量等），是否应该把所有指标同等看待，进行综合分析，还是应该抽出其中某些指标，作为衡量效果的主要依据，同时并分析比较其他指标——关于这一问题的分歧意见较多。从会议讨论经过和结果来看，多数人倾向于应该抽出主要指标，而以其他指标作为辅助思考。至于何者为主，何者为辅，也有分歧意见。多数人主张用“投资收回期限”或“投资效果系数”作为主要指标。

2. “投资收回期限”这一指标的实质和在社会主义社会中能否利用“资金利润率”指标问题。讨论过程中许多经济学者指出所谓“投资收回期限”在实质上是资金利润率的倒数，是掩盖的资金利润率。有些人以此为理由反对利用这一指标，说这是资本主义经济范畴，社会主义生产目的不在求利。但许多人认为，为了合理地管理经济，计算投资的代价，利用“收回期限”这一指标来计算投资效果是可以的也是必须的。有的经济学者更进一步指出，所谓投资收回期限既然不过是资金利润率的倒数，它是一个虚构的概念，不如直截了当地利用资金利润率（或称“投资效果系数”），倒更清楚明白些。

3. 选择投资方案时，对国民经济各部门应规定一个全国统一的收回期限定额或效果系数定额，还是分别部门来规定不同的定额呢？这一问题在苏联经济学家中争论很久了，这次并未得到解决。主张对各部门规定不同定额的人认为国民经济各部门的发展总有轻重缓急，分配投资时也有宽紧的区别，因此各部门不能采取同一的收回期限或效果系数定额。主张采用统一定额的经济学家中有些人认为国民经济各部门之间不发生比较投资效率的问题，投资分配是根据平衡法来确定的，投资分配后各部门对国民经济来说应处于同一条件，即对国家交与的等量资金应提供相等的结果。另有些人说，只有采取统一的定额，才能在分配投资时获得最大的国民经济的总效果，当然，这并不是说只考虑定额，并不是凡超过规定的统一的收回期限定额或低于规定的效果系数定额的投资项目或方案都要抛弃，这要考虑许多其他的因素，如国防因素、民族政策因素等。可是，即使在这些场合，对于从其他重要角度所选定的投资项目方案，我们也应从经济上来确定国民经济为这些投资付出了多少的代价。因此，统一的定额仍是必要的。

4. 投资效果系数应用净产值（国民收入）来计算呢，还是用净收入（积累）来计算呢？主张用国民收入来计算效果系数的经济学者指出投资的效果，不仅表现为M的增加，而且表现为整个国民收入即$V+M$的增加。并且，国民收入中V同M的比例关系，常受到经济政策和其他因素的影响，故用国民收入来计算比用M来计算更为可靠。反对用国民收入来计算效果系数的人则认为国民收入的增长不单是投资引起的结果，投资同国民收入的增长之间的关系是曲折复杂的，中间插进许多其他因素，所以用国民收入来计算投资效果系数是不合适的。

5. 投资效果和价格形成问题。投资效果问题同价值、价格问题有密切联系。会议的主持人本想就事论事，只谈效果问题，而绕过价值同价格的问题。这种安排在会议上受到批评。讨论过程中差不多所有的发言人都在不同程度上接触后一方面的问题，分歧的意见是很多的，大体上如同在过去专门讨论价值规律，价格形成问题时的分歧意见差不多。有些经济学家主张按对工资的平均利润率来定价（即按“价值”定价）；有的主张按对资金的平均利润率来定价（即按“生产价格”原则）；有的主张按国民经济成本来计算（即工资加全部物耗加固定资金的定率“租金”）等，讨论过程中，对“生产价格”的争论最多。有人指出，承认收回期限指标在理论实质上归根结底就是承认“生产价格”的原则，还不如干脆按资金利润率定价，即按生产价格定价，并据此以比较投资效果，更为简便。这种意见同主张用统一的收回期限定额或效果系数定额的意见实际上是一回事。在会议上主张这种意见的人是少数，但引起激烈的争辩，建筑经济所列文甚至在会场上指出这种主张是修正主义的观点。

6. 讨论过程中有一种意见是值得我们注意的。这种意见认为，社会产品越丰富则社会越可以从宽计较物化劳动的消耗，从而较少地注意每一单位产品投资量的大小，而更注意计较生产每一单位产品所耗费的活劳动量的节约。反之，当社会生产水平还不很高，速度问题还是头等重要的问题时，社会就越要关心单位产品所需投资量的节约，使一定量的投资获得生产最快的增长。在这种情况下，采取每一单位产品投资量较大的建设方案（即技术高的，规模大的，建设时间长的），所得到的发展速度，将比采取单位产品投资量较少的建设方案在最近时期所得速度要低些；但在将来企业投入生产后，单位产品所需投资量大的企业所提供的积累，将较单位产品投资量小的企业所提供的积累要多，因此那时前一条件下的发展速度将较后一条件下的发展速度为高。但若一贯采取单位产品投资量大的方案，则将来由于积累相

对增多而提高的速度，并不能抵偿最近时期的较低速度，因而长期来看，总速度还是较低的。反过来看，如果一贯采取单位产品投资量小的方案，那么最近时期所得的高速度将不能抵偿将来时期由于积累量相对少而带来的较低速度，因而长期来看总速度也还是较低的。如果投资分配和方案选择适当（在单位产品所需投资量不等的各种方案之间选择适当），那么，就可以不但保证最近时期的高速度，也能保证长时期的高速度。我们体会，这中间有一条客观的界限，用我们的说法就是大中小结合中的界限，土洋结合中的界限，当然这条界限是随着客观条件（资源条件、劳动条件、资金条件）的变化而改变的。但总存在着一条客观的界限，根据这条界限来结合大中小和土洋，就能保证长时期的高速度。如何找出这一客观的界限，或找出确定这条界限的原则，是一个需要研究解决的问题。

以上简单介绍了这次会议讨论的某些问题。在我们翻阅会议的速记材料时，同时还注意到各方面对经济研究工作者，特别是对苏联经济所在解决国民经济重大问题中不称职的批评。这对我们经济研究的专业队伍有很大的警惕意义。现在把其中具有代表性的三文件批评，介绍如下：

1. 一篇关于建议科学院主席团检查经济所工作的决议案。是在会议快要结束时提出的。

建议书的内容是：

考虑到苏联科学院经济研究所长期未能解决同利用价值规律有关的一些重大问题（如价格形成问题、折旧问题、对企业活动估价的准绳问题等），因而使得苏联国民经济受到极大的损失；建议苏联科学院采取以下措施：

甲、检查苏联科学院经济研究所的工作不能令人满意的原因；

乙、检查经济研究所和《经济问题》杂志编辑部不利用实际工作人员和部门研究所投来的关于国民经济迫切要解决的问题的材料；

丙、采取及时的措施来根本改善研究所的工作并加强它同生产的联系，保证该所在研究社会主义经济基本理论问题的工作中发挥真正的领导作用。

这个建议提出后，得到全场热烈鼓掌赞同，但会议主席（即当时所长拉甫节夫，在二十一次党代会上受到批评）借口其他原因不通过这一建议书，这引起了全场的不满，有人说："既然如此，为什么要请我们来呢？"结果这个建议书在无一人反对的情况下被通过了。

2. 工程技术科学人员对经济学家长期不能解决重要的国民经济问题也有很多意见，可举技术科学博士伏洛达却夫教授的发言为例：

他说："这次会议的许多报告和发言有很多自我批评，这些自我批评有时到了自我责骂的程度：例如说，关于经济效果的估价问题，已经研究了10年、20年、30年了，但是我们还不能得出对实践有用的结果，又如说，应该计算产品的价值，但是我们还是不会计算；……又如说，这次会议做出的结论和建议还是不可靠的，常常会引起错误的结果，使得每年要损失成十亿的卢布，等等。应该承认，在二十次党代表大会后，从经济学家方面发出的这一类的话是常常可以听到的，是一模一样的，外行人看来，这些话现在已经开始有点像下流的献殷勤Дурное Кокетничаине，例如说，关于计算价值的问题有人这样说：'我们什么也不知道，什么也不能做，世界上也没有一个人知道，也永远不会知道。'如果这类的议论在技术领域中也得到流行的话，那么人类不但不能征服宇宙和掌握原子能，甚至可能连飞机、电气以至蒸汽机都不会发明。"

3. 实际工作者对经济学家的批评，举一个例子。库尔刚州

国民经济委员会所属的乌拉尔机器制造厂计划科科长（女）克拉夫磋娃从老远的乌拉尔专程赶到莫斯科来参加这次会议，希望对确定经济效果的方法问题有所收获，回去可以利用。但是她失望了。她在会议上发言说：

“我是第一次参加这样的盛会，这里集中了我们的全部精华，集中了我们经济科学界的整个上层，这对我是一个很大的快乐，我对这次会议抱有极大的期望，我想：我每天碰到的，不能使我安睡的问题的一部分，在参加这次会议后我就能够解决这些问题，我以为从这次会议上能得到的知识，可以帮助我在实践中加以利用。可惜的是，这点并没有做到。”

她继续呼吁说：“学者同志们，请您们帮助我们吧！不管怎样，我们国家的生活，总是从这些小小的工厂，小小的国民经济委员会，小小的企业当中形成起来的，正是在这些地方创造着社会产品。”

五、苏联科学院“价值委员会的工作计划纲要”介绍

近年来，苏联经济学界在商品生产、价值规律问题上展开热烈的讨论。最近时期讨论的特点是，不再纠缠于名词定义的讨论，而深入到与价值规律有关的具体问题的讨论，如关于投资效果，关于劳动生产率，关于经济核算（特别是农业方面），关于无形损耗和折旧问题，关于价格形成问题，等等。其中关于价值的确定和价格形成问题涉及计划统计的方法，投资效果的计算，经济核算的组织等国民经济各方面的重要问题的解决，因此也是讨论的焦点之一。在讨论过程中经济学者提出各种不同的确定价值的原则和确定价格的方案，众说纷纭。为了解决这一问题，有必要把这些方案进行具体的研究。苏联科学院主席团接受有关方

面的建议，决定组织一个投资效果和价值委员会，后简称价值委员会，邀请各方面对此问题有研究的专家，讨论计算价值和投资效果系数的方案，并组织有关单位根据实际材料进行试算。这个委员会的主席涅姆钦诺夫院士在孙冶方同志等参加旁听委员会的一次会议上，把该委员会工作计划纲要送给我们一份。现在把这份纲要译出来，供有关同志参考。

价值委员会工作计划纲要

（本委员会是主席团在1959年1月9日组织的）

1. 委员会讨论确定价值的原则基础和方法，同时根据1958年和以往年度的材料试算价值。

2. 价值委员会的任务在于，制定确定价值的方法和确定不变价格方案中的一种方案（与价值相符的不变价格方案，这种方案对于确定社会产品和国民收入的实物量也是必需的）。

3. 讨论方法和确定价值与研究和分析生产成本的材料同时进行，并与研究和分析基本建设投资效果同时进行。对基本建设投资经济效果的研究是由本问题的科学会议进行的，本委员会则只结合价值问题讨论确定投资效果部门定额系数的方法。

4. 委员会根据苏联经济学家提出的各种方案（劳动价值的、生产价格的和国民经济费用的方案）讨论和试算价值。

5. 将苏联国家统计局的不变价格价目表（根据这个价目表计算社会产品和国民收入的实物量）作为产品和制品项目表的基础，按照这个项目表试算价值。

委员会根据人民消费的、出口的构成材料以及基本建设投资标准设计构成材料，对这个价目表进行订正，使其能由产品的具体项目表包括（按照价值）大约三分之二或者四分之三的最终社会产品（分类普查方法）。

6. 确定价值应该基本上依靠运用矩阵的数学方法和电子计算机。

7. 在利用矩阵方法时，委员会要确定在原料、辅助材料、半成品、燃料、热能和电力的消耗方面，基本的工业、农业、建筑业等生产互相联系的技术系数，并且确定单位产品的基建投资定额和劳动消耗定额。根据成本的结算和设计计算材料，根据中央统计局1958年关于材料、燃料、动力消耗定额的报表材料（C表）以及根据国家计划委员会在编制1959—1965年物资平衡表时所采用的计划定额材料，确定技术系数和生产的定额。

8. 为了保证技术定额体系（物资供应定额）和基本建设投资与劳动消耗定额，能同社会总产品和国民收入材料体系相互协调，要编制消耗和产品产量的棋盘式平衡表，在表的纵栏中表明消耗结构，而在表的横栏中表明产品产量结构。

9. 消耗和产品产量棋盘式平衡表也用来确定（借助电子计算机）劳动的综合消耗和完全消耗（劳动时间）、工资（一般来说也即劳动报酬）、基本建设投资消耗等，这些对于确定价值都是必需的，无论是按照劳动价值方案来确定也好，还是按照生产价格和国民经济费用方案来确定也好。

同时，完全消耗可以确定全部范围的国民经济生产相互联系，而综合消耗则是指包括在企业对本产品或制品的生产计算中的物质费用构成。

10. 结合每单位劳动时间（消耗于物质生产领域的）的国民收入材料，确定劳动的完全消耗是按照斯·格·斯特鲁米林的劳动核算方法确定价值所必需的，而基本建设投资比重定额则是按照生产价格方法（依·斯·马雷舍夫和瓦阿克）以及按照国民经济费用方法（弗·弗·罗沃日洛夫）确定价值所必需的。

11. 棋盘式平衡表和由此引出的技术生产联系方程式，对于……（原文不清楚，可能是说“价格的修正”）……也是必需的，这些价格包括在平衡表里，但是同价值背离，有时甚至背离很大。这对于按照国民经济费用的方法以及按照生产价格方法确定价值是特别重要的。

12. 委员会不把作为现行计划价格（消费价格、上缴经济核算价格等）基础的价值数量的确定作为自己的任务，但是认为，作为不变计划价格（这些价格对于确定社会产品和国民收入实物量是必需的）基础的价值的确定，也可以同时看作今后工作和确定作为现行计划价格基础的价值的最初阶段之一。

由于这个缘故，具有特殊意义的是确定国民经济费用的方法，这些方法在将来应该是确定现行经济核算上缴价格的基础，同样，按照劳动价值的方法所确定的价值，在将来会是现行消费价格（最终产品价格）的基础。但是，这项随后的工作要求也要注意，从居民货币收支平衡表的最好解决中，从社会消费水平（社会消费力）平衡对比核算中以及从决定生产可能性和条件的生产力发展水平中，所产生出来的偏差。

委员会主席弗·斯·涅姆钦诺夫院士

1959年2月18日

六、“投入产出法”的应用范围及其发展的一些主要方向

苏联科学院“经济学中运用统计和数学方法研究室”尤·依·车尔聂克等同志向中国科学院经济研究所访苏代表团所作的报告：

（一）对这方法的评价及其应用的主要条件

1. 一些反对的意见及我们的见解。

（1）有人说，经济现象是多方面的，是不可能用数学的语

言来表示，因此这个方法对经济现象也就不可能作很好的分析。这样的见解是很浮面的。经济现象也如其他自然界的一切现象一样，包含有质与量的两方面。这个方法也正是研究和分析经济现象间联系的量的方面。关于量的方面的研究，马克思在他的《资本论》中就曾提出需要多加注意。马克思自己在研究经济规律时就曾运用了许多许多的数学公式。并把一些经济发展的规律，用数学公式表示出来。另外，对于我们的社会主义经济来说，很好地认识经济现象中量的方面，更具有重大的意义。因为我们不仅要知道，譬如说，按比例发展国民经济规律的理论问题，并且我们还应该很准确地通过具体的数字，来认识这个法则在社会主义经济中的实际作用。

（2）有人说这方法是诞生和发展于西方的。它不是根据马克思的劳动价值学说而来的，而是以因素理论（Теория Факторов，即按西方学者说，决定生产的是三大因素：劳动、资本、国家）为根据。关于这个见解，我们还是应该再强调一下这个方法的性质问题。这个方法也正如其他一切的数学方法一样，只不过是一个计算的、计划上应用的工具而已。不是一个什么完整的理论、概念。作为一个工具来说，如数学一样，它可用来解释马克思的劳动价值理论，同样地也可以为资本主义经济为社会主义经济来服务。

（3）第三个意见是说：这方法是资本主义国家用来研究他们的经济的工具，因而也就怀疑它对研究和分析社会主义的经济是否也会有用。关于这个问题，据了解，在资本主义国家里在某些局部问题上是运用得较好的，那里从整体上说，经济发展是处于无政府状态，计划的实行也仅是在某一些大托拉斯或者军火工业集团的内部而已。那么，在计划经济发展得很好的社会主义里，相信，毫无疑问地，也会利用得很好。关于这个方法在社会主义经济上的应用，现在很多社会主义国家，如波兰、匈牙利、民主德国等都在进行研究和运用。波兰一学者兰格也把这方法运用得很好。不过兰格在分析与利用这个方法时，是太形式主义了。他把列昂节也夫表中的国民经济部门一直压缩到生产的两大部类，即压缩到马克思的产品两大部类模式上来（生产资料与消费资料两大部类：A与Б）。这样一来，就把列昂节也夫表与马克思的表等同起来了。这样的处理是不对的，是头脚颠倒过来了。应该的是正好相反，即把马克思的产品两大部类模式扩大，做得更详细；应该这样来说明：列昂节也夫关于产品的模式表，只不过是马克思模式的一个具体的、个别的表现形式而已。而马克思的模式则是所有一切产品模式表的一般形式。

（4）有人说，这个方法只是理论上绕圈子，实际上是不会得出很好成绩来的。这样的说法是不对的。这个方法应用的结果不大，那只是在资本主义社会里正如前说过，计划经济在他们那儿只能实行于个别的大托拉斯与军火工业集团内部，因而当然结果也就不大。可是在我们社会主义国家里，在计划经济的条件下，并且随着这方法研究的完善，其效果必将会是相当大的。

（5）一些数学家对这方法有意见，他们说“投入产出法”不可能提供最优方案。实际上也是如此。投入产出法要研究和主要考虑的是各部门间的发展比例问题，是研究分析国民经济各部门间的联系问题。至于最优方案的解决，那是线性规划研究的对象。但是假如我们把这二者结合起来运用，那就能收到更大的效果，也解决了最优方案的问题。

2. 这个方法能够应用的主要条件。

“投入产出法”可以应用来研究与分析很多的经济问题。但是，当然，不能研究分析所有经济现象间的联系。并且它的应用是有条件的。

（1）投入产出法只能研究、分析经济现象间这样一些的联

系，即它们在数学上是能用线性函数表示出来的，是同类性质的。而从社会科学上来说，这些联系的具体表现，就是生产技术上互为影响的联系。

总的来说，凡是经济现象间的联系能用数学上的线性方程表示出来的话，那就都能应用“投入产出法”来分析与研究它们。

譬如投料与生产量间的联系关系，就能如下图用直线表示出来。

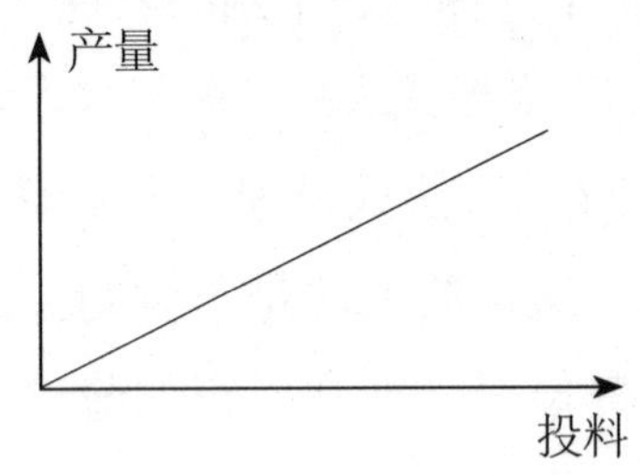

（2）在应用这个方法时需要较严格地遵守已形成了的经济联系、统计的数据，等等。例如，在部门的分类上，这分类就可以按国民收入的社会来源分类（国营的、公私合营的、合作社的等），又可按产品的用途，或它们的性质来划分，等等。总之，在这里要注意既要遵守已形成的系统，又要使表示出来的联系是线性的。

（3）汇集来的资料，应该是确定可靠的。因为也正是这些数据资料，将来会直接地影响计算结果的真实性和可靠性。

3. 投入产出法应用的主要范围。

这个方法可以利用来分析研究以下一些问题：①生产与消费上的分析，生产及非生产领域间的比例的分析。②国民收入及其组成的分析。③研究与分析部门间的联系。④研究与分析经济区的计划。⑤研究与分析经济区与区间的联系。⑥研究与分析国民经济各部门的地理配置问题，生产力的配置问题。⑦对一些工业，企业，托拉斯，联合公司的经济活动，对外经济联系及其计划的分析。⑧对工厂，企业内部的经济活动之分析。⑨给一些统计指标（如劳动生产率，商品价格，工资水平……）以评价和建立一些新的统计指标。⑩作其他一些经济问题研究分析工作中的辅助性工具。

4. 这个方法的一些缺点。

这个方法正如一切方法一样，不是没有缺点的，特别是在开始阶段，正如一个新发明的汽车，开始走起来比马车还慢些。目前这个方法的主要缺点有以下几点。

（1）有一些因素不能顾及进去，把一些问题抽象化，或者说与某些实际问题隔离了起来。

（2）这个方法是比较耗费的，要花大量的人力、物力。因为现在的统计系统不能够提供出所需的材料，而为了获得这些资料，往往就要去组织专门性的调查与收集。在这一点上我们的社会主义经济，很显然地，要比西方要高出一筹了。另外，随着这方法在社会上的公认和完善，自然，资料的来源就不会成问题了。会建立起一套适应这方法的，收集资料的情报系统了。

（3）这个方法是较繁复的——可是这也不过是暂时的现象而已，随着电子计算机的发展和在这方面的应用，繁复的计算就会由计算机来进行，另外，若我们把图表模式化后，那以后利用起来，也会简单得多了。

（二）用投入产出平衡表法来进行国民经济的分析

1. 用投入产出法在平衡表上的表现（见下表）。

整个平衡表按联系的线性问题，划分为四个方象。在第Ⅰ方象里的横栏与纵栏的部门数与名称是相同的。而在第Ⅱ方象内横栏中的名称与数目则与第Ⅲ方象中列额内的名称和数目不一定相符。

	农业	冶金	运输	食品	纺织	…	…	…	居民	国家	投资	出口	…	总额
农业	5	0	0	40	10	…	…		40	50	10	15	…	180
冶金	40													
运输	10				Ⅰ							Ⅱ		
…	…				Ⅲ									
…	…													
居民	30													
国家	5													
人口	5											Ⅳ		
…														
总数	180													
…														

注：左边横栏列的是交出的部门，上边纵栏列的是得到的部门。

在第Ⅰ方象里排列的都是生产性的部门。这里反映出国民经济中部门与部门间的紧密联系，这些联系是**生产技术性**的。用数学语言来表示的话，那就是**线性**的了。这些联系在相当长一个时期内是固定的、变化不大的，对于国民经济飞速地发展着的国家（如中国、苏联）来说，这时期大约是两三年，而对于发展慢的国家——则可长至六七年。在这方象内的联系，我们完全可用数学的公式导引出来。

在第Ⅱ个方象内排列的则是一些非生产性的部门了（投资这栏除外）。如居民的消费、国家的消费，等等。这里部门间的联系已是较复杂了，非线性的了，是善变和不巩固的。譬如国家这栏，它的收入是随着国家的政策而变的；又如投资这栏，也是由国家，或在资本主义社会里则是资本巨头来决定的。在这方象内反映出来的是国民收入的实物构成。

第Ⅲ个方象：这里反映出国民收入之构成在价值上的表现。反映出劳动力的消耗，国家的所得，等等。

在这儿严格的联系是没有的，但是，社会的发展规律性却起着作用。

在Ⅱ、Ⅲ方象内的联系是非线性的，因此不能用数学的方式来分析与表示出来，而只能用统计上的方法来分析与表示。

第Ⅳ个方象：这里的联系是表明国民收入，社会产品的进一步再分配。总的来说，平衡表这样的排列就可以使我们看到国民经济的最好结构形式，可分析出它们之间的联系。

在这表里，同样我们也可以划分出社会产品的两大部类和*C*、*V*、*M*的构成，特别在第Ⅱ、第Ⅲ象限里，这是很明显的。

2. 上述的国民经济结构表并不是一成不变的。

根据这样的平衡原则，可以排出很多的表来。科学院院士涅姆钦诺夫在分析了英国的经济结构表后，就提出了他自己的一个排法，并且还提出了一个分析国民经济发展比例的方法来（参看苏联学者在第3 1届国际统计学会上的报告集）。涅院士排列出来的表大致是这样：他把表中上边纵栏上的所有部门按性质并成两大部类，即生产生产资料部及生产消费资料部，而左边横栏上他没有缩减，而保留了原来英国表上的那些部门。

	生产生产资料部	生产消费资料部	出口	共计
农业 机器 纺织 食品 商业 运输 …				
共计				

经过了全部的计算后就把所有的系数都填写进去，并利用这表来作分析之用，当然这里的计算就要用统计上的方法了，这样排列的表实际上也就是反映出了马克思再生产的理论（涅院士方法所用的数学公式，详见《经济问题》1958年第10期）。

3. 美国的投入产出平衡表。一般说来他们的表如下：

	500个生产性部门	军事性的生产部门
500个生产部门	Ⅰ	Ⅱ
	Ⅲ	Ⅳ

在第Ⅰ个方象里排列了500个或200个生产部门。而在第Ⅱ个方象里他们排列了都是军事性的部门。主要目的是要计算为军事工业的生产需要其他部门多少的订货。譬如为了生产3000辆坦克，他们就利用这表，知道了需哪些部门来配合，来供应哪些物资，需要多少的消耗，并通过全部物资的消耗系数计算出生产这3000辆坦克的物资总额，并把这数字的订货的形式分配给各个部门去生产。

对于第Ⅲ、Ⅳ方象他们是不大注意的。

4. 苏联的投入产出法平衡表。

远在1923年苏联就曾第一个订出了国民经济平衡表。当然那时并不是用数学方法的，也不是用投入产出法的。这以后苏联并未进行过深入的研究。最近一两年苏联已开始了对这方面的研究。为了教学上的用途，研究上的目的，计委的经济研究所已制定出了一张15个部门的以统管物资为主的投入产出平衡表。

这表与一切资本主义国家之平衡表的差别是：这里第Ⅰ个方象较小，而第Ⅱ、第Ⅲ方象比之他们来是大了很多。因为这表的主要目的是较详细地了解社会产品及国民收入的再分配问题。同样地，若为了较详细地分析某一个非生产部门与其他各部门在国民经济上的联系，只要在表上把这非生产部门排得更详细些就可以了。例如，为了要了解培养人才的工作在国民经济上的关系，那我们只要把教育部这一栏在表上分得更细些（如高教、中等、技术、小学……）。这样的排法是允许的。因为非生产部门表现出来的联系，是非线性的、不牢固的。

（三）关于在区域经济之分析上的应用

根据先后编的两个表上的数据，很容易就可以知道，本区新建冶金工厂，对本区经济有哪些影响。能知道为了新工厂能生产一定产量的产品，需多少物资，本区能否满足，需从外区输入多少，等等。

	开采	选矿	运输	冶炼	…	…
开采						
选矿						
运输						
冶炼						
…						
…						

通过表我们可以看到：

1. 新工厂建立对本区经济结构之具体的影响。

2. 劳动力所需量。这里不仅可知道给新工厂本身所需的劳动力量，而且还可看到因新工厂的建立，其他本区的经济部门在对劳动力需求上与之相适应的变化。

3. 可确定本区物资在整体上因新工厂之出现而引起的具体数量上的变化，确定某种物资的输入或输出量。

除此之外，假如我们对其他相邻的各区也有同样的投入产出平衡表的话，那我们就可以利用此进行各区与区之间的经济联系，或协作等，譬如，因新工厂的成立需要从外区运进大量的石灰，而这石灰又将从哪一邻近区运进为最好，等等，这些问题也可解决了。

投入产出法在这问题上的应用是有条件的。若分析的经济区是比较自给自足的话，那么就能较好地应用这个方法。相反，则要复杂得多了。

在区域的分析上，美国的一些专家曾用它对一个州的经济进行了分析研究。例如，在纽顿州他们研究了在这地区若建立一个炼钢工业体系后，将对该区的经济有何许的影响。在作本区建立一个新的冶金工厂的设计时，他们应用了投入产出法平衡表，把开采、选矿、运输、冶炼、铸模、轧钢、制材……各相关的专业都排列了进去，与此同时，他们还具有一张在这新工厂建立前，本地区的经济情况平衡表。研究结果表明：虽然这炼钢工业在该区的总产值上仅占7%，但是给该区居民的收入、劳动人民的就业情况等却带来很大的影响。

同样地，若用这方法来研究苏联西伯利亚区或者中国某些经济区中人口密度与工业部门之建立间的影响问题，也将是非常有趣和有益的。

一般来说，投入产出法平衡表在分析与研究国民经济的联系时是一个非常有效的工具，如果把它与其他的一些方法如线性规划合起来运用，效果将是极大的。

（四）投入产出法对区与区间经济的联系进行分析和研究上的应用

在这方面西方各国的专家们都曾进行了很多的研究工作，运用了各式各样的图表。如意大利一些专家在研究分析政府给发展农业之投资的经济后果时，就曾很好地运用了这个方法。

他们把平衡表排成下图。

意大利的经济地理大致是这样：北部发达和集中着工业性的生产部门，而南部差不多全是农业性的部门。为了发展南部的农业经济，意大利政府在某年给农业部门拨款八亿意币，并委托了一些专家对这八亿意币拨款的后果进行分析和研究。

	北意大利	南意大利
北意大利	一些工业生产部门	
南意大利	大部分是农业部门	

研究的结果是很有趣的，即为了要提高南意大利的农业经济，这八亿投资中的六亿却要拨到北意大利的工业部门中去。

同样地利用这方法，我们也可以去研究、分析、解决各区间的合理运输组织问题。例如，美国、瑞士与其他一些国家在这方面，就曾进行过很多工作。

目前，苏联在对区与区间的经济联系上，某个经济区内部的计划工作上，对这方法的应用是还未有经验。不过这个问题在国民经济中是很重要的问题，随着研究工作大力的开展，这个问题很快就会提出来、开展起来。根据计划，可能在1959年就要对一个区的内部经济活动、经济联系用这方法来进行研究与分析了。（准备着要在摩尔多维亚自治共和国/Мордовская Автномная Реслчблчка/内来进行）

（五）用投入产出平衡表法来分析国民经济中一个部门的经济

举冶金工业部为例。

在排列这样的产品平衡表时，我们可以用各式各样的分类法，但是要注意它们间的关系，是能在数学上用线性方程表示出来的。而且也要能对我们的分析的目的有利。

这样从表上我们就可以分析生产的结构、生产的过程、消耗的组成……

假如我们再把每一物资或产品项下分细些，并填上它们的供

应者或消费者，如下表所示：

钢材	乌拉尔厂 莫斯科厂 列宁格勒厂	
煤	顿巴斯 库兹巴斯 莫斯科	
…	…	

那么从表上我们就又可以分析冶金部与其他各部门之间（供应者与消费者）的具体联系了。

投入产出平衡法表可用来分析、研究各个同类工厂的产品之成本问题、技术消耗定额问题、厂际间的协作和专业化的联系等问题。

民主德国在研究上述这些问题时，曾提出了另外一个较为简单的方法来，这方法称作物资的综合供应法。运用这个方法他们曾对德国一个化工企业内部的经济活动、物资供应问题，进行了分析，也收到了预期的效果。在分析农业的经济上，美国、英国、印度等都曾用过此法。

在伦敦，英国一些专家曾用此法对该市的食品零售站的分布问题，作了研究和分析，并提出了合理的零售网来。关于对城市经济，市政建设的分析问题，列昂节也夫在他的报告里曾说过，已应用过了这种方法，如对斯德哥尔摩及其他的一些城市，就曾用此法进行过分析。

投入产出法也可以用来分析与研究一些经济或统计上的指标，如价格、工资、劳动生产率，等等。譬如在分析劳动生产率上我们可把平衡表中的产品全以人时这单位来表示，这样，在整个表上我们就可以看出国民经济各部门里的劳动生产率之动态。

在1947年经济危机的前夕，美国商业局曾用此法预计出了在经济危机时人民的劳动就业率来，并按此计算出将要失业的人数来，而且还提出了一些解决的方案。

用此法来分析商品的价格也是一个很有趣的问题。从国民经济的整体上来说，商品的价格问题，实质上也就是反映了国民经济各部门间的最紧密的联系。关于这个问题可参看别尔顷在《经济问题》杂志上的文章。用这方法可以分析产品的质量问题。

（六）在投入产出平衡表法中如何考虑国民经济发展的问题以及动态的问题

在投入产出法平衡表里的数字，都是过去的数据，反映出的是已过去那个时期的经济联系。而我们要研究的是发展着的国民经济，是给将来的国民经济做计划，或者说，是要在动态中来研究经济现象间的联系。因此如何把这统计的模式改进为动态的模式，或者发展的模式，就是在这方面专家们目前的研究任务。

关于研究动态的模式问题，或者是利用统计的模式来研究动态的问题，有以下两个方面：

1. 制定耗费系数（生产技术定额）的修正数问题。

随着生产技术的日益发展，所有一切系数都是在不断地发展着、变化着，只有在它们制定的那一分钟里才是最确实和符合实际条件的。不过，若从整个部门上来看，那部门的平均的物资消耗系数，在一两年间的变化仍不会是很大的。例如，制造家具时木材消耗的平均系数，就要比制造具体的产品比方说写字桌的木材消耗系数要静止得多了。因此说，假如我们从整体上来分析国民经济各部门间的联系的话，那平衡表上的系数在相当长一个时期内（两至七年间）还是足可以信赖的。但是这绝并不是说，我们就不需去找更符合当前实际情况的消耗系数了。为了使统计的模式能分析动态经济间的联系，使一切消耗系数能更准确地符合实际的技术条件，我们目前可以采取如下的一些办法：

（1）根据新技术的发展计划或部门的劳动生产率的计划指标，而给消耗系数算出修正数。

（2）利用数学上的一些方法来引进修正数。

例如，在纺织工业中技术问题差不多已经都是定型了，所以这里若计算修正数还以新技术的发展计划来作依据的话，显然是会较困难，但是我们却可以采用数学上的图解法：

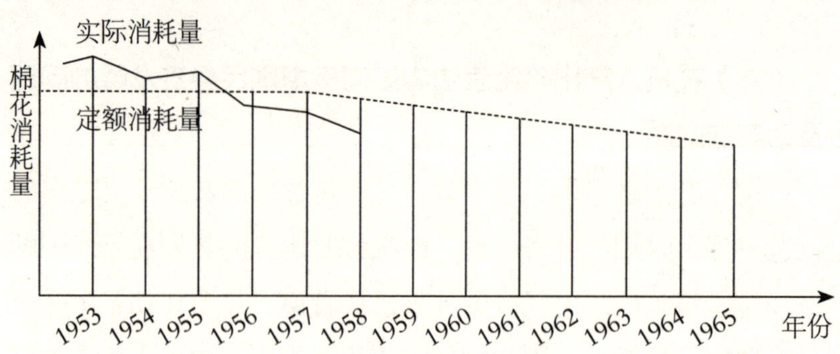

这样根据统计上的资料，找出棉花消耗量和定额消耗量在年份间的关系，我们就可用或图解法，或方程式来算出1965年的棉花消耗系数及其修正数来。

2. 关于投资额的问题。

这个问题是一个很重要又困难的问题。因为这里面的关系、因素，是相当复杂的（处于第Ⅱ方象内）。一个部门的投资额，不仅和该部门具有的生产资料状况、工作年限有关，而且也和国家对发展该部门的经济政策直接有关。即使投资额确定了，但是以什么资金来作投资呢？也是各个不同，譬如要建设一个发电站，有些部门则从折旧费中提取部分，有些从上缴利润，有些提供物资，有些则提供服务性的工作等。总的来说，这里的联系是很复杂的，有些能用数学上的线性方程来表示，有些就不能。

除此之外，这问题的复杂性还在于投资与生产的时期是不相适应的。不是马上投资后，其结果就出来了。譬如电站建设的投资和电力的提供，就有如下图：

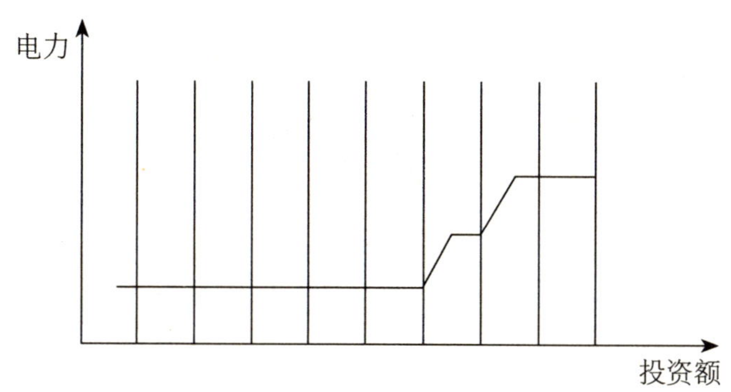

即使投资问题中的联系是很复杂的，然而其中还是有生产技术上的联系。即能用线性表示出来的联系，所以目前关于这问题还是找到了一些计算的方法。但还是非常不完善的。

这方法主要点是把投资内容划分为两大部分，这样根据机器、设备的工作年限，统计上的资料，我们就可以排出投资的模式表来，并通过这计算出投资额的修正数来。

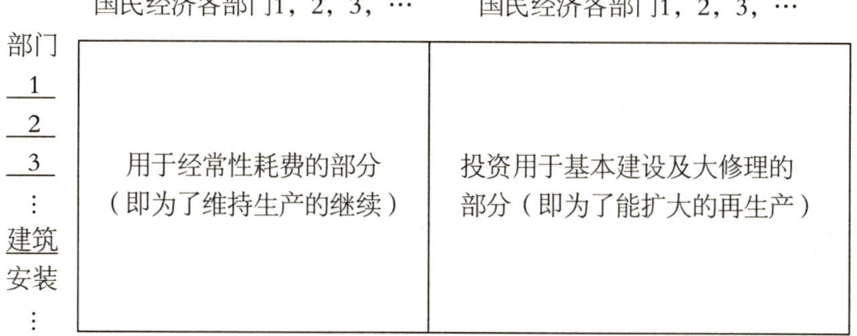

总的来说，制定出研究和分析国民经济中部门间之联系的动态模式表，就是投入产出平衡表法的主要发展方向之一。当这个任务完成时，那这方法也就真正地能成为国家计划机关在制定国民经济计划工作中的最好工具了。

（七）在用电子计算机来进行生产的计划与管理的条件下，投入产出平衡表法之应用的假设

电子计算机的应用和发展，代替了大量的繁复的计算劳动。毫无疑问，电子计算机也将会很有效地应用在制定国民经济计划的工作中，在生产的调度工作中……然而对电子计算机的应用，必须要会给电子计算机提出一套完整的、具体的工作任务；并且这套具体的工作任务也必须能符合计算数学上的要求。只有这样，电子计算机才能在进行生产计划、生产管理工作上，具体地、有效地开展起来。

投入产出平衡表法及线性规划法在计划工作上的应用，也就正好给电子计算机在计划工作上的应用创造和准备了条件。因此完善和发展投入产出平衡表法，线性规划法是电子计算机在计划工作上之应用的重要条件。而且再进一步地广泛使用电子计算机就能使我们的计划工作也自动化起来。

我们可以来设想一下，以投入产出法及线性规划为基础的，在广泛使用电子计算机的条件下，国民经济的计划工作将会如何地进行。关于这个，可以设想成如下的情况：

整个国民经济以经济区域的情况，划分为好几个完整的经济区。每一个经济区有一个电子计算机中心站。把本区的经济联络网按投入产出法平衡表那样排到电子计算机的信号记录器里，形成一张自动化调整的投入产出平衡表。这个电子计算机中心站通过传递信号又与区内每一有关工厂联系着，与外区，与中央计委的电子计算机中心站也联系着。这样从整个上来说用投入产出法平衡表排列出来的国民经济间的联系，就通过电子计算机组表现出来了。

譬如，可以这样来假定：在一个经济区里，所有的工厂在规定的时间内（可假定为0时）通过信号把自己当天的生产量，物资消耗量，传送到区的电子计算机中心站去。在那儿电子计算机把这些数学自动地记录下来，经过一个时期后，当这些累积下来的数字与原先当作任务记录下来的数据发生偏差时，电子计算机也就自动地向区的计划领导者发出信号。比方说工厂甲的滚珠轴承库存量已在定额量之下了，得到这信号后，又根据电子计算机记录下来的本区滚珠轴承的储备量，计划工作者就可以及时地、准确地发出相应的指示来了。同样地，若从全国的角度来看也可以是这样的情况，中央计委及时地、准确地通过自己的电子计算机中心站也可获得这样的情报，并发出相适应的指示来。

电子计算机是一个相当完善的有效的工具，但是要会使用它，要能使它发出最大的功用，就必须符合它的计算上的要求。所以当前我们把计划工作和国民经济联系整理成能使用电子计算机的系统，就是首先要解决的一个问题。而解决这后者问题的有效方法，就是应用投入产出平衡表法和线性规划。

（八）几点想法

1. 电子计算机在计划工作上的应用，并不是说今后就可代替了计划工作者了。人的工作还是起着决定的作用。电子计算机只能代替繁杂的计算劳动和收集必要情报的作用。电子计算机的应用正如其他的工具一样只能迅速地、准确地帮助人们的工作。至于计划的内容问题，进行计划上的调整、调度则是由党的、国家的政策来决定的。

2. 电子计算机投入产出平衡表计算法在计划工作上的应用，不仅能使我们知道国民经济有比例发展的实际情形，并能预知因什么原因会破坏比例，当比例破坏后或失去平衡后，马上就能很快地找出原因来，并可能迅速地纠正过来。

3. 我们应该要会把国民经济生活的各式各样的联系在数学上分成两类：线性的和非线性的联系。因为我们投入产出法主要研究和能够解决的也只是线性的联系。

生产技术上的联系是线性的联系，它们是在生产、工艺过程中形成的，这些联系又受生产技术上一些要求严格地约束着，因而它们的关系很明显地能看出来。

另外一些部门之间的联系就不是生产技术的联系了，而是纯经济性质的、社会性的联系。它们之间的形成是较错综复杂的。譬如部门间的财政联系、借贷关系等都是，在这些联系中没有严格的规律，很多都是因国家的经济政策而形成的。但这并不是说，在这些联系中没有客观的规律性。可以肯定地说，这些规律性是有的，但不十分明显，是属于社会性的。

4. 在资本主义社会里，一些这方面的学者在他们的著作中说，把统计的系数（定额）变成动态性的，能符合技术发展条件的系数是最困难的事。然而这在我们社会主义计划经济的条件下，这问题就不是困难而是能解决的。

5. 研究这些投入产出法及其类似的方法，不仅应当由专家们来进行，而且还应让那些在实际计划工作中工作过的同志们来进行。

关于社会主义再生产发展速度的决定因素的初步探讨*

（1961年3月）

两三年来，我国经济学界关于社会主义经济发展速度问题的讨论，涉及广泛的问题，可是还没有深入地展开。由于速度问题牵涉范围很广，不可能在一两篇文章中得到彻底的解决，本文也不打算讨论有关发展速度的全部问题，而只限于对决定社会主义再生产发展速度的因素和它们的作用，作一个初步的、轮廓性的探讨。

本文所考察的社会再生产速度，是指以社会总产品和国民收入的增长速度为代表的社会生产发展的总速度，而不是某一生产部门的发展速度。决定部门发展速度的因素及其作用，同决定社会生产发展总速度的因素及其作用之间，除了具有一般的共性外，还各有其本身的、不同的特点。部门发展速度的决定因素和作用的特点，需要进行专门的研究，不在本文考察范围之内。

社会再生产的发展速度，取决于许多复杂的因素，其中包括生产力的因素、生产关系的因素和上层建筑的因素。社会生产的发展速度，是由政治的、经济的和技术的全部条件所决定的。可是，并不是所有这些因素，都能够直接地决定生产发展的速度。间接的因素，要通过直接因素的作用，才能够对再生产的发

* 原载《经济研究》1961年第3期。

展速度，发生影响。社会再生产首先是物质资料的再生产，而物质资料的生产过程，首先是一定生产方式下面的社会劳动过程。社会产品的生产规模和增长速度，首先直接取决于一定生产方式下面在一定时期中投入生产过程的社会活劳动的数量和质量，也就是取决于劳动消耗量和劳动生产率的变化。为增加生产劳动的消耗量和提高社会劳动生产率，必须以追加的生产资料（包括劳动手段和劳动对象）投入生产过程，并且，只有在劳动力和生产资料恰当结合、协同作用的条件下，才能有恰当的、最高可能的发展速度。社会生产是由许多相互联系、相互制约的生产部门所组成的有机统一整体，社会劳动（包括活劳动和物化劳动）在不同生产部门之间的不同分配比例，也影响着社会生产的总发展速度。而所有上述决定再生产发展速度的种种因素，在不同的社会关系下，在不同的政治、经济条件下，起着不同的作用，从而对生产发展速度发生不同的影响。所以，归根结底，对社会再生产发展速度起决定作用的，是社会生产关系。以下我们首先从劳动力方面，其次从生产资料方面，再次从劳动力与生产资料的协同作用方面，然后再从社会劳动在不同生产领域的分配比例方面，来探讨一下社会主义社会中决定再生产发展速度的一些因素及其作用情况。在社会主义社会中，生产关系的因素和上层建筑的因素，就是通过上述诸方面因素的作用，决定着社会生产的发展速度。我们除了通过上述诸方面来论述生产关系和上层建筑因素对生产发展速度的作用外，最后还就社会主义生产关系，以及无产阶级政治对社会生产发展速度的作用，作一个概括的考察。

一

生产力的诸要素中，人是最重要的。这是因为，生产工具是要人来创造和运用的，物质资料的生产，是要通过按照一定方式组织起来的劳动者，运用着生产工具，作用于劳动对象，才能实现的。一定时期物质产品数量的大小，首先要看社会投入物质生产过程的活劳动量的大小，和每一单位活劳动量所推动的生产工具的能力大小，所作用的劳动对象的数量多少，也就是说每一单位活劳动量所生产的产品数量多少而定。物质生产领域中活劳动消耗量的增长和劳动生产率的提高，是直接决定社会产品和国民收入的增长速度的最首要的因素。

首先看看社会活劳动消耗量的变化。在其他情况不变的条件下，投入物质生产领域的活劳动量越多，增长得越快，社会产品和国民收入的生产量也就越多，增长得也越快。社会产品和国民收入，不但在价值量上，而且在使用价值量上，都是随着社会活劳动消耗量成正比例地增长的。

物质生产领域活劳动消耗量的增长，主要依存于国民经济中就业人数的增长、就业劳动者在物质生产领域和非物质生产领域之间的分配，以及物质生产领域内部劳动时间的利用程度的提高。

国民经济中就业人数的增长，在不同的社会制度下，具有不同的规律性。在资本主义社会中，由于资本有机构成的提高，不断地把工人排挤出生产领域，形成相对的人口过剩。而这一经常存在的失业人口，又随着资本主义经济周期循环的变动而时升时降，因此在这里不存在就业人数不断增长的过程。虽然从长期看，就业人数也有所增长，但是增长速度比社会主义国家低很多。例如，美国从1937年到1955年除去农业以外的就业人数，平均每年只增长2.7%，而我国从1952年到1958年职工人数平均每年增长了16%。社会主义国家由于不存在周期性的经济危机，国民经济中就业人数随着劳动力资源的充分利用，随着劳动力资源的增长和生产设备规模的扩大而不断地增长，是一个经常的过程。

一般来说，在国民经济恢复时期和社会主义建设初期，当国民经济中还有大量可以利用而没有利用或没有充分利用的劳动力资源时（如新中国成立后初期几年还有旧社会遗留下来的失业现象，社会上还有大量家庭妇女没有参加劳动等），劳动消耗量的增加主要地依靠这些劳动力资源的动员和利用，而当国民经济中的劳动力资源已经比较充分地利用了以后，物质生产领域劳动消耗量的增长，在相当大的程度上将受制于居民人口的增长率和其中有劳动能力居民（即劳动力资源）的增长情况。

在国民经济中工作人数已定和其他情况不变的条件下，物质生产领域劳动消耗量的变动，依存于这些工作人员在物质生产领域和非物质生产领域的分配比例。就我国的情况来说，国民经济中工作人员不但在数量上不断地迅速增加，而且有绝大部分从事于物质生产。例如，我国1958年职工总人数中，在生产部门就业的占85.1%，在非生产部门就业的占14.9%。资本主义社会中由于寄生阶级的腐化享乐、投机商业的扩大和垄断资产阶级国家机构的膨胀，非生产性从业人员占了相当大的比重，并且这一比重有不断增长的趋势。例如，美国非物质生产人员占就业总人数的比重，1870年为21.8%，1940年为44.8%，1955年则达到51.6%，即占一半以上。至于社会主义社会非物质生产领域工作人员所占比重的变动趋势，在各国和各不同时期，可以有不同的情况。我国从1950年以来，物质生产领域所占比重不断提高（由1950年的60.9%提高到1958年的85.1%），而非物质生产领域的比重则不断降低（由1950年的39.1%下降到1958年的14.9%）。这一过程，一方面同改造旧的不合理的国民经济结构的过程有关，另一方面也是通过整风，不断精简机构，压缩非生产人员，加强生产第一线的结果。这一过程，对于促进社会生产的发展速度，起着一定积极的作用。然而，即使在这一过程中，我们仍然看到文化、教育、科学、卫生和公用事业等部门工作者的绝对人数，逐年地迅速地增加着。从长期趋势或者说从远景上看，上述和提高人民文化福利有直接关系的服务部门工作人员，不仅在绝对数上将不断增加，而且在非物质生产工作人员总数中所占比重也会提高，这些部门工作人数的增加速度，有可能超过行政管理部门人员减少的速度，从而有可能使非物质生产人员合计所占全社会工作人员总数的比重，出现上升的趋势。这种趋势的出现，是要以物质生产领域劳动生产率不断迅速提高为前提的，没有这个前提，而使非物质生产人员占全社会工作人员比重过大，是不利于生产的迅速发展的。在具备上述前提的基础上，增加文化教育等非物质生产部门的工作人员，就会反过来通过劳动人民物质文化生活水平的提高对劳动生产率提高的影响，对社会生产的发展速度起着积极的作用。

物质生产领域劳动消耗量的变动，在国民经济中工作人数及其在生产领域和非生产领域之间的分配已定的条件下，还取决于物质生产领域内部劳动者时间的利用。而物质生产领域全部有效劳动时间的数量，又依存于每一劳动者全年劳动时间和每个工作日的合理利用。在季节性的生产部门，例如农业部门，劳动者全年时间的利用尤其有重要意义。我国农业生产关系的社会主义改造，特别是人民公社化运动的发展，除了充分动员广大家庭妇女和其他原来未就业的劳动者参加生产外，还能够在以农业为主发展多种经营的条件下，充分利用农闲季节的农业劳动力，从事农村各项生产和建设事业。各部门劳动者全年劳动时间和每一工作日的充分合理利用，一方面有赖于生产组织、设备维修和物资供应工作的改善，以减少不必要的停工和消灭窝工现象，并且要从工艺过程和劳动组织的改进，来减少非生产操作的时间；另一方面更有赖于劳动者共产主义思想觉悟的提高和社会主义劳动纪律的加强，在劳动过程中充分发挥革命干劲。社会主义生产关系的建立和巩固，社会主义生产关系具体环节的不断调整和改进，是使劳动时间合理利用的上述两个方面因素的作用得以充分发挥的关键。在劳动时间的合理和充分利用中，社会主义社会从爱惜劳动力和保护生产力这一根本利益出发，十分重视劳逸结合的安排，使劳动者消除疲劳恢复体力，保持饱满的热情和旺盛的精力，这也是劳动时间的有效利用的积极因素。

从以上的叙述可知，社会主义社会中，物质生产领域活劳动量的增加有着丰富的源泉，并且能够得到充分的利用。同时我们看到，物质生产领域劳动消耗量的增加程度，是会受到自然的和社会的限制的。因而劳动消耗量的增长，同社会主义生产发展的不断增长着的需要相比，总会出现不适应的情况。关于这一点，毛泽东同志精辟地指出："生产的规模大了，经营的部门多了，劳动的范围向自然界的广度和深度扩张了，工作做得精致了，劳动力就会感到不足。这种情形，现在还只是在开始，将来会一年一年地发展起来。农业机械化以后也将是这样。将来会出现从来没有被人们设想过的种种事业，几倍、十几倍以至几十倍于现在的农作物的高产量。工业、交通和交换事业的发展，更是前人所不能设想的。科学、文化、教育、卫生等项事业也是如此。"①劳动力资源的增长，不适应于国民经济迅速增长的需要，表明了社会主义扩大再生产的源泉，在社会劳动力资源充分利用后，就不能主要依靠劳动量的增长，而主要依靠劳动生产率的提高，因为与劳动消耗量的增长是有一定的限度的状况不同，劳动生产率的增长是无穷无尽的。社会主义经济的实际进程，也确实是这样。1959年同1952年比较，我国国民收入、工业总产值的净增额中，由于劳动量的增长而增加的部分所占比重，分别不到四分之一和二分之一；而由于劳动生产率提高而增加的部分则分别到四分之三和达一半以上。从较长时期看，社会主义社会中，依靠劳

① 《中国农村的社会主义高潮》中册，人民出版社1956年版，第674—675页。

动生产率的提高而增加的产量占生产净增额的比重，也有逐渐提高的趋势。例如，苏联国民收入增长额中，由于劳动生产率提高而增加的部分，第一个五年计划期间为57%，第二个五年计划期间为67%，第三个五年计划期间为75%，第四个五年计划期间为80%，就反映了这个趋势。

提高劳动生产率对于生产发展速度的影响，和增加劳动消耗量所引起的影响，有所不同。如果说劳动消耗量的增加，不但在使用价值量上，而且在价值量上都引起社会产品和国民收入的增长，那么，劳动生产率的提高则只能引起社会产品和国民收入的使用价值量的增加。劳动生产率的提高，意味着单位产品价值量的降低，但是在社会劳动消耗总量不变的条件下，社会生产物的价值总量不受影响。单位产品价值量的降低和同一劳动消耗量所创造的使用价值量的增加，反映着社会劳动时间的节约；这是社会主义社会最关心的问题，也是决定社会主义扩大再生产速度的关键环节。

劳动生产率的提高，也受到许多复杂因素的影响，其中直接决定劳动生产率提高的因素主要有：（1）劳动者的技术装备程度的提高；（2）劳动者的生产技巧和熟练程度的提高；（3）生产组织的改进。社会主义社会由于摆脱了生产资料的资本家所有制，技术进步不再受到剩余价值规律对它所设定的界限的约束；劳动者由于不再为剥削者工作，而是为自己的社会和自己工作，因而有着改进技术的积极性。劳动人民群众在共产党的领导下，以大搞群众运动的方式展开技术革新、技术革命，不断提高自己的技术装备程度，不断提高自己掌握生产技术的能力、技巧和熟练程度。同时，适应于技术进步的要求，生产组织得到不断改善，生产中人与人的关系得到及时的调整，因而进一步激发劳动者的积极性，推动生产技术的不断进步。在此基础上，劳动生产率也不断地、迅速地提高着。

在考察劳动生产率对生产速度的作用时，不能不注意到农业中自然条件的影响。马克思在列举劳动生产率因素时，曾把自然条件也包括进去，“同量劳动在丰年表现为8蒲式耳小麦，在凶年，只表现为4蒲式耳”。[①]自然条件对于农业劳动生产率的影响，在目前我国劳动力资源中绝大部分还从事以手工操作为主的农业劳动的情况下，也会在相当大的程度上，影响当年全社会劳动生产率的增长速度，并且通过以农产品为原料的工业部门设备利用率和劳动生产率的变动，影响下一年全社会劳动生产率的水平，从而影响社会产品和国民收入的增长速度。在采掘工业部门，由于矿源条件的变化，也会引起劳动生产率水平的上下波动。当然，随着技术进步特别是农业技术改造事业的推进，随着人们驾驭自然条件能力的加强，自然因素对社会劳动生产率增长速度的影响，将会逐步地减少，社会劳动生产率的提高，将在越来越大的程度上，决定于人和人所掌握的技术力量。

在其他条件不变的情况下，全社会范围的劳动生产率水平，还受到物质生产领域内活劳动在各个生产部门之间的分配的影响。我们知道，工业、基建和现代运输业等部门的劳动生产率，由于劳动的技术装备较高，过去和目前一般都高于农业部门的劳动生产率。农业人口向工业城镇的转移，和在工矿、基建、现代运输业等部门中的就业，即使在各个部门劳动生产率水平不变的条件下，也会提高全社会范围的劳动生产率。但是，农业劳动生产率的提高，是发展工业和国民经济其他一切事业的基础，只有农业发展了，国民经济其他部门的发展，才有巩固的基础；只有农业的劳动生产率提高了，才能从农业中抽出一定的劳动力转移到工业和其他建设事业上去。在农业本身的劳动生产率还未大大提高以前，是不宜于也不可能过多地把农业劳动力转移于工矿、

① 马克思：《资本论》第1卷，人民出版社1956年版，第12页。

基建、交通等部门的。几年来我国国民经济迅速发展的结果，工矿、基建、交通运输等部门从农业方面得到了比较充裕的劳动力的配备，今后为了保证以农业为基础的国民经济的全面健康的发展，有必要以足够的劳动力加强农业战线，因而在一个时期内，这些部门的发展，更需要用“增产不增人，增产又减人”的办法来进行，也就是说，更需要依靠劳动生产率的提高。同时，为了加速解决农业过关问题，以促进国民经济长时期的全面的高速度发展，为了在将来可能以更多的劳力资源支援工业建设扩大的需要，农业劳动生产率的提高，尤其是一个十分迫切的问题。由此可见，全力提高国民经济各部门的劳动生产率，首先是农业的劳动生产率，无论就目前需要或者就长远来看，对于再生产发展速度来说，都有着头等的重要意义。

前面说过，社会主义社会中，高速度扩大再生产的源泉，主要依靠社会劳动生产率的提高。当社会原有未被利用或者没有充分利用的劳动力资源已经动员利用之后，提高社会劳动生产率更成为十分迫切的问题。在这种情况下，为了保持和进一步提高扩大再生产的速度，一般地要求提高劳动生产率的水平是不够的；还必须提高劳动生产率的增长速度。假定前一时期中社会劳动消耗量增长了30%，社会劳动生产率增长了40%，因而社会产品总量增长了82%（1.30×1.40=1.82）；又假定本时期因原有未被充分利用的劳动力资源已经利用，依靠新增劳动力资源而增加的劳动消耗量只能达到5%；在这种条件下，如果要保持本时期社会总产品的增长仍达到上期82%的速度，那么，劳动生产率的增长速度必须由前一时期的40%，提高到73%（1.82÷1.05=1.73）。如果要使本时期社会总产品的增长速度比前一时期有所提高，那么就需要更大程度地提高劳动生产率的增长速度。十分明显，劳动生产率增长速度的提高，只有当劳动生产率水平更大幅度地提高时，才能达到。这就是为什么当社会原有劳动力资源已经相

当充分利用后，提高劳动生产率更成为十分迫切的问题的根本原因。

社会主义社会中，大幅度地提高劳动生产率，有着无穷无尽的潜力，这种潜力，不论技术落后的国家，还是技术先进的国家，都是存在着的。首先，拿目前技术水平较低的我国来说，无论在工业生产方面还是在农业生产方面，每一劳动者一年生产的产品数量，都比发达的资本主义国家和先进的社会主义国家的水平相差很远。当然，技术先进国家目前已经达到的劳动生产率，也不是最终的、到顶的水平。但是现有的差别表明：即使以技术先进国家目前已经达到的水平为尺度，我国工农业劳动生产率的提高就有非常巨大的余地。其次，社会主义国家内部，存在着企业与企业之间的技术装备、技术水平的不平衡的情况；同等技术条件的企业，生产设备的利用情况，劳动组织情况也还有很大的差异。这些情况表明，即使以目前最先进的企业已经达到的最高技术水平作标准，社会主义国家通过有计划有步骤地采取措施，促进落后企业向先进企业看齐的办法，来提高劳动生产率的可能性，也是很广阔的。这种可能性，在生产无政府状态的资本主义国家，是不存在的。最后，在社会主义制度下，即使技术已经达到比较先进的水平，提高社会劳动生产率也有着无穷无尽的可能性。这是因为，人民群众的创造力是无穷无尽的，科学技术的进步是没有止境的，最新技术的利用是没有限制的，生产组织的改进，劳动人民群众文化技术水平的提高，都是没有限制的。社会主义制度保证这些无穷无尽的可能性得到不断的挖掘和发挥。

社会主义社会，有着技术进步和提高劳动生产率的无穷无尽的潜力，但是，这并不是说在**一定时期内**，劳动生产率的增长速度，可以无限地大。这是因为，新技术的推广不但需要一定的过程，而且需要一定的物质力量，首先是技术装备的能力。同时，作为增加生产源泉之一的活劳动消耗量的增加，或新增劳动力资源的被吸收加入生产，也需要生产设备和劳动对象的相应增加。可是，一定时期，社会所掌握的物质力量，是有一定限度的。这里我们碰到了直接决定再生产速度的另一方面的因素，即生产资料或物化劳动方面的因素。

二

从上面的叙述我们知道，社会生产规模的扩大，有赖于活劳动消耗量的增加和劳动生产率的提高。无论增加劳动消耗量，还是提高劳动生产率，都需要相应地以追加的生产资料（包括劳动手段和劳动对象）投入生产过程。所追加的生产资料的数量越大，质量越高，则所能吸收的新增活劳动量就越多，劳动生产率提高的可能性就越大，从而社会总产品的生产量就越大。这里为了分析的方便，我们暂时把活劳动量和劳动生产率的因素加以舍象，首先考察一下社会生产规模、速度同投入生产的生产资料及其利用效果之间的直接联系。

十分明显，社会产品生产规模的扩大，同投入生产过程的生产资料的数量及其利用效果有直接的关系。如果生产资料的利用效果提高了，或者说生产单位产品所占用的生产资料减少了，那么，追加的生产资料量就可以相应地减少，换句话说，投入生产过程的等量生产资料，可以提供更多的产品。在社会主义社会中，社会投入生产过程的生产资料在价值形式上，表现为生产基金。因此，扩大生产所需生产资料的增加，表现为生产基金量的增加；生产资料利用效果的提高，表现为生产基金利用效果的提高，换句话说，表现为单位产品占用生产基金量的降低。

如果以P代表社会产品量，K代表社会生产基金量，f代表单位产品占用生产基金量，那么，$P=\frac{K}{f}$。又以t代表社会产品增长速度（本期对基期之比），0代表基期，1代表本期。可以得出社会产品增长速度公式如下：

$$t=\frac{P_1}{P_0}=\frac{\frac{K_1}{f_1}}{\frac{K_0}{f_0}}=\frac{K_1}{K_0}\times\frac{f_0}{f_1}$$

因为本期生产基金$K_1=K_0+\Delta K$，即等于基期生产基金加上生产基金积累量，上式可改写为：

$$t=\frac{K_0+\Delta K}{K_0}\times\frac{f_0}{f_1}$$

由上式可知，社会产品的增长速度取决于：（1）ΔK，即生产基金积累量，这个量越大，速度越高。（2）f_1，即本期单位产品占用基金量，这个量越低，速度越高。

现在我们首先看一下决定ΔK即生产基金积累量的一些因素及其变化规律。我们知道，由于生产基金积累是国民收入中全部积累基金的组成部分，而国民收入又是社会总产品中的组成部分，因此，生产基金积累量的变化，取决于以下几个比例关系的变化：甲.国民收入在社会产品中的比重；乙.积累基金在国民收入中的比重；丙.生产性积累在全部积累基金中的比重。

国民收入在社会总产品中的比重，从价值量或劳动消耗量上看，随着社会劳动生产率的提高，物化劳动在总劳动消耗中所占份额有增加的趋势，因而国民收入在社会总产品中的比重有减少的趋势。从使用价值量或实物量上看，由于生产单位产品所需物质消耗的节约，这个比重又有增加的趋势。此外，由于各部门产品中物质消耗比重不同，社会生产部门结构的改变，也会改变国民收入在社会总产品中的比重，使得国民收入的增长速度，背离于社会总产品的增长速度。我国从1949年到1959年，社会产品的增长速度快于国民收入的增长速度，这主要是由于物质消耗较多的工业、基建部门在社会生产中比重提高了，物质消耗较少的农业比重降低了所致。从长期趋势看，各部门物质消耗的节约，将使国民收入的增长速度大于社会总产品的增长速度，如苏联从1928年到1956年社会产品增长了12.8倍，而国民收入则增长了15倍，就反映了这种趋势。国民收入的增长快于社会产品的增长，从而使前者所占比重有提高的倾向，这对于增加积累的源泉，进一步提高社会再生产的速度，起着一定的积极作用。

至于积累基金在国民收入中的比重，社会主义社会由于消灭了剥削阶级和寄生性消费，由于剩余产品掌握在社会手中，因而可以有比资本主义国家更高的积累率。积累的比重，客观上受到社会产品和国民收入的实物构成的限制，即可用于积累的产品在社会产品、国民收入中所占比重的限制。第Ⅰ部类的优先增长，可以为扩大积累比重创造物质条件。社会主义国家还可以在自力更生的基础上，利用国外贸易、信贷等杠杆，调整社会产品和国民收入的实物构成，使之适应扩大积累的需要。我国经验证明，国民收入增长速度较高时，积累基金就可以较多地增长，而同时人民消费水平也能够适当地提高。积累和消费的这一妥善的结合，要以实行农业为基础、工业为主导，以优先发展重工业和迅速发展农业相结合的方针为先决条件。这一方针的贯彻实行，能在国民经济协调发展的情况下，保持适当高的积累率，和在生产迅速发展的前提下逐步地提高积累率，从而有利于再生产的持续的高速度发展。但是，在一定的生产水平和生产结构的条件下，不适当地扩大积累比重，会使积累基金的实现得不到充分的生产资料的物资保证；而投入积累的社会资金通过种种中间环节向消费品购买力的转化，也会得不到充分的消费品供应保证，而这将使物质生产领域劳动消耗量的必要增长和劳动生产率的必要提高，受到一定的阻碍，从而

对再生产速度产生不利的影响。这种情况，是需要注意加以防止的。

至于生产性积累在全部积累基金中的比重，社会主义社会由于国家把绝大部分积累基金集中在自己手中，因而能够有计划地根据扩大再生产的需要，把积累基金的主要部分用于增加生产基金，并且扩大生产性积累在全部积累基金中的比重，同时保证非生产基金的增长，以适应提高人民物质文化生活水平的需要。从第一个五年计划开始以来，我国国民经济固定资产的积累中，生产性固定资产积累的比重逐年增加，而非生产性固定资产积累的比重逐渐下降。这是有利于生产速度的提高的。①在生产性固定基金中，有不小的部分投入了劳动手段的制造部门和用于发展基本建设部门，这些部门的扩大，可以长时期地向国民经济各部门不断提供新的生产性固定基金和新的生产能力，这就为再生产的持续高速度发展，保证了物质条件。

综上所述，根据社会主义国家建设的经验，无论从国民收入占社会产品比重上看，从积累基金占国民收入比重上看，从生产性积累占积累基金比重上看，和从生产性积累用于发展能够保证扩大再生产以物质条件的部门来看，生产基金量的增长趋势和使用情况，都是有利于促进再生产的速度的。社会主义国家在调节上述比例关系中，能够起到很大的主观能动作用，并且有着相当大程度的回旋余地，这在资本主义私人所有制的基础上，是根本办不到的。还必须指出，上述和再生产发展速度有关的一系列比例关系，如积累同消费之间、生产性积累同非生产性积累之间、投入生产资料生产部门和基建部门的生产性积累同投入消费资料

① 生产性固定资产积累比重的增加，只是在一定限度内才有利于速度的提高。如果超过一定限度，以至挤了非生产性固定资产（住宅、文教卫生设施、城市公用设施等），就会导致“骨头”与“肉”关系的失调，从而不利于生产发展速度。——1979年补注

生产部门的生产性积累之间等关系，其内容实质都体现了劳动人民的长远利益和目前利益之间、集体利益和个人利益之间、整体利益和局部利益之间的关系。社会主义国家通过上述比例关系的安排，来调整生产关系的这些重要环节，从而保证再生产能够以持续的较高的速度前进。

现在来看看决定社会产品增长速度的另一数值，即生产基金的利用效果，或单位产品占用基金量f的变动情况。

从全社会范围考察单位产品占用基金量的变化趋势，需要比较社会产品总量和全部社会生产基金的动态。就工业中生产性固定基金的利用情况来看，我国工业中单位产品占用固定基金量，从1952年以来就有下降的倾向。如以1952年为100，则1958年工业总产值、工业生产性固定基金和单位产品占用固定基金系数的指数如下[①]：

	1952年	1958年
1.工业生产性固定基金	100	304.0
2. 工业总产值	100	379.6
3. 单位产品占用固定基金（1∶2）	100	80.1

上述数字表明，我国从1952年到1958年期间，每生产一单位工业产品所需要的生产性固定基金，下降了将近20%。苏联在1928年到1956年期间，生产一单位社会产品所需要的生产性固定基金也降低了21%。单位产品占用基金量的降低，反映了每一单位生产基金可以提供更多的产品，有利于再生产速度的提高。因此，研究这一数值变化的原因，对于保证再生产的高速度发展，有着十分重要的意义。

从整个社会生产范围上看，每一单位社会产品所需用生产基金量的变化，受许多复杂情况的影响，以下只举出主要几点。

① 《伟大的十年》，人民出版社1959年版，第77、82页。单位产品占用固定基金系数的指数是推算出来的。

1. 生产部门结构的变化。f的数值，各部门不一样。拿固定基金来说，工业中高些，农业中低些；工业内部，重工业中高些，轻工业中低些。假定其他条件不变，特别是假定各部门技术水平不变，如果社会生产中工业比重提高，或者工业中重工业比重提高，那么，就全社会来看，f的数值也会提高。同时，第Ⅰ部类特别是采掘工业部门的企业建设所花的时间较长，也就是说，未完工程的量较大，占用的生产基金较多；从这一方面看，如果第Ⅰ部类和采掘工业部门在社会生产中的比重提高了，f的数值也会提高。优先发展重工业特别是其中的基本工业部门，对于建立社会主义物质技术基础，为再生产的持久的高速度提供物质条件，是完全必要的。但是，如果片面地只注意优先发展重工业，而忽视其他部门的发展特别是农业的发展，即使舍开国民经济因此可能产生的不协调不谈，这也会使生产基金过多地陷于第Ⅰ部类，不能很快地发挥生产效果，从而对再生产的速度产生不利的影响。实行在优先发展重工业的条件下，工业和农业同时并举，重工业和轻工业同时并举的方针，除了通过广泛地调动群众的积极性，保证国民经济各部门的协调发展，从而促进社会生产的高速度发展外，单就我们当前考察的问题来看，也能够使全社会范围的f或每一单位社会产品占用基金量，朝着有利于高速度的方向变化。

2. 基本建设中新建和改建、扩建比例的变化，和新区、老区比例的变化。改建和扩建原有企业，比新建企业，每一单位生产能力所需投资较少，建设所需时间较短。在经济落后的国家进行社会主义建设，为了建立雄厚的物质技术基础，初期有必要扩大新建的比重。舍开其他条件不谈，这就使得全社会范围的f有提高的可能。但是随着物质技术基础的加强，原有企业的数目增多，改建和扩建的可能性也就加大，舍开其他条件不谈，这就使得全社会范围的f有降低的可能。新区和老区的关系，也和这类似。在新区进行基本建设比在老区，每一单位生产能力所需投资大些，建设所需时间长些。为了改变旧社会遗留下来的畸形的生产分布，逐步克服落后地区同先进地区在经济发展上的不平衡状况，为了充分利用各地未开发的自然资源和其他尚未利用的有利条件，总之，为了生产的合理布局，在一定时期扩大新区生产和建设的比重，是完全必要的。如果舍开其他条件不谈，这就会使得全社会范围的f有提高的可能。随着新区的逐步开发和新工业基地的建成，随着新区丰富的自然资源和其他有利条件的逐步得到利用，在这些地区继续扩大生产建设，又转而会使全社会范围的f有降低的可能。在支援新区建设的过程中，充分发挥原有工业基地的潜力，适当发展老区的改建、扩建的规模，也有利于f数值的降低。所谓新区和老区的关系，在我国大体上表现为内地和沿海的关系。

正确安排经济建设中的内地和沿海的关系，不但从民族关系观点、国防需要的观点、经济建设中的中央和地方关系的观点，以及生产合理布局中的其他各个观点看来，都是一个十分重要的问题，而且从这一关系通过f的变化对再生产速度的影响上看，也是一个十分重要的问题。实行充分利用沿海工业、积极在内地建设新工业基地的方针，就能使f数值的不同的变动趋势，得到最恰当的结合，从而有利于再生产的持续的高速度发展。

3. 技术进步。经验证明，有些技术进步，引起单位产品占用基金量的增加，另一些技术进步，则能够节约单位产品的基金占用量。前一种类型的技术进步，一般是在以机器代替手工劳动时发生的。当技术革新以解放笨重体力劳动和促进农业技术改造为主要内容时，往往出现这种情况。随着技术进步的继续发展，机器设备的改善和工艺过程的改进等成为它的主要内容时，往往会出现相反的情况。马克思曾经指出，在劳动生产率增长和技术

发展的同时，单位产品的固定资产折旧将会减少[①]。这就意味着固定资产比总产品增长得慢。现代最新技术的发展的主要趋势，也是这样。自动化的采用，新化学材料的采用和原材料的综合利用，核热燃料动力的推广，综合经营和生产联合化的扩大等过程，不但可以节约大量的活劳动和劳动对象，而且能够在全社会范围内大大地节约单位产品生产能力的投资。最新技术成就对节约社会劳动、加速社会生产所提供的巨大可能性，只有在社会主义社会中，才能得到最广泛的利用，因为这里不再存在资本主义社会中的市场容量和剩余价值规律作用的限制。

需要指出，技术进步是一个相对的概念，是一个由低到高不断发展的过程。在生产和建设上采用最新的尖端科学技术成就，固然是技术进步极重要的内容；当生产和建设中还广泛存在着笨重体力劳动时，采取由土到洋、由低到高的技术措施，节约社会劳动，逐步提高社会范围的劳动生产率，也是技术进步的极重要的组成部分。现代最新技术成就，虽然其主要倾向是促使单位产品生产能力投资的节约，然而所需一次性投资较大，所需建设时间较长，而且根据我国经验，就现有水平来看，单位生产能力所需投资，也比中型小型的土法生产或土洋结合的企业为大。许多资料都证明了中、小型企业和土洋结合企业的建设，一般都具有投资少、建设快的优点。所以，在以现代化大型企业为纲的条件下，实行大型企业和中小型企业同时并举、洋法生产和土法生产同时并举的方针，除了有利于充分调动各方面的积极性，最大限度地利用人力物力和自然资源等优点外，即使单从单位产品占用生产基金量的角度来考虑，也能够促进再生产的速度。不言而喻，大型企业和中小型企业之间、洋法生产和土法生产之间的不同的结合比例，会影响f数值的改变，从而对再生产速度产生不同

① 马克思：《资本论》第3卷，人民出版社1956年版，第266页。

的后果。

从以上的叙述中可知，影响每一单位社会产品占用生产基金量（即f）的情况是很复杂的。有些情况，使得f有提高的趋势，另一些情况则引起相反的趋势。每个具体时期，f数值的具体变动方向，取决于对f数值有关的各种相反相成因素的力量消长变化。社会主义社会必须根据每个时期的具体条件，把生产性积累基金在不同生产部门、不同建设方式、不同地区、不同技术水平和不同生产规模的建设事业之间进行恰当的分配，使f数值的变化，有利于长时期的高速度发展。在这里，社会主义国家的投资政策和技术政策，起着十分重大的作用。从上面的分析中可以看出，党的社会主义建设总路线和一整套同时并举的方针所包含的投资政策和技术政策，如果得到正确的贯彻，就能够在最大限度地调动各个方面的积极性和保证国民经济的协调发展的同时，通过新增生产基金经济效果的充分发挥，大大促进再生产的发展速度。

必须指出，f或单位产品占用基金系数，不仅取决于新增生产性积累基金的利用情况，而且，随着国民经济物质技术基础的扩大，在越来越大的程度上还取决于原有生产基金的利用情况。在这方面，劳动人民为提高生产设备的利用效率，为节约原料、材料、燃料、动力的消耗，为加速固定基金和流动基金的周转，为缩短基建工程的工期而进行的群众性的增产节约的斗争，对于生产基金占用系数的减低，从而对再生产的高速度发展，都起着经常的、积极的、决定性的作用。

三

以上我们分别从劳动力和生产资料两方面，考察了决定社会生产发展速度的一些因素的作用情况。十分明显，物质生产只有

在劳动力和生产资料协同作用的条件下，才能进行。要达到恰当的、最高可能的发展速度，不但要充分利用社会的人力资源和物力资源，而且要把这两者很好地结合起来。我们党的社会主义建设总路线和一整套同时并举方针的精神实质，也就在于调动一切积极因素，既要充分利用一切人力资源，也要充分利用一切物质资源，并且把这两者妥善地结合起来，争取最优的发展速度。在这方面，我国社会主义建设的实践，积累了极其丰富的经验。经济理论研究应当总结这方面的经验，以有助于更好地贯彻实现党的方针政策，争取国民经济的持久的高速度发展。如何把再生产过程中人力资源和物力资源都加以充分利用和妥善的结合，以达到恰当的、最优的发展速度，是一个十分复杂的问题，这里我们只能作一个初步的、轮廓性的探讨。

从以前的叙述中我们知道，社会生产的发展速度（t），如果单从活劳动消耗方面看，直接取决于劳动量的增长速度（t_n）和劳动生产率的提高速度（t_h）。如果单从物化劳动的垫支方面来看，社会生产的发展速度，直接取决于生产基金量的增加速度（t_k）和生产基金利用效果的提高速度（t_i），或者反比例于单位产品占用基金系数的变化速度（t_f）。这样，可以得出社会生产发展速度公式如下：

$$t=t_n\times t_h=t_k\times t_i\text{（或 }t_k\times\frac{1}{t_f}\text{）}$$

由此可知，社会主义国家在经济计划中安排社会生产的发展速度时，要使社会产品的增长，同时由劳动者的生产力的增长（$t_n\times t_h$）和生产基金所体现的生产能力的扩大（$t_k\times t_i$或$t_k\times\frac{1}{t_f}$）来保证。只有当这两方面的生产能力达到平衡的条件下，社会的人力资源和物力资源才有可能充分得到利用，并且达到恰当的配合。如果不是这样，就会有一部分人力资源或者一部分物力资源得不到充分利用，从而社会生产也达不到理想的发展速度。这可以从下例看出。

假定计划期间安排的全社会劳动力的增长可以保证社会产品的生产增长15%，而生产基金所体现的生产能力的扩大，则可以保证社会产品增长20%。在这种场合，社会生产发展速度只能够达到15%，而一部分生产基金，由于没有足够的活劳动的利用而不能充分发挥效用。反之，假定计划期间安排的生产基金的生产能力的扩大，可以保证社会产品增长15%，而劳动者生产力的提高，却可以保证社会产品增长20%。在这种场合，社会生产的发展速度，也只能够达到15%，而一部分劳动力资源，由于没有足够的生产基金的配合，也不能够得到充分利用。在前一场合，虽然单从生产基金所提供的能力来看，有可能达到20%的发展速度，然而受到劳动力资源的限制。在后一场合，虽然单从劳动力方面看，也有可能达列20%的发展速度，然而受到生产基金的限制。因而在这两种场合，都不能够达到20%的发展速度。由此可见，劳动力和生产基金如果不适当配合，必然会使社会一部分人力资源或者一部分物力资源得不到充分利用，从而使社会生产的发展速度受到不应有的限制和损失。

就全社会范围来看，劳动力和生产基金的结合，是通过社会平均每一劳动者的生产基金装备程度，或平均技术装备程度表现出来的。当然，就各个生产部门、各个生产单位来看，由于技术水平高低不同和生产规模大小不同，每一劳动者的平均基金装备程度，不是大于社会平均水平，就是小于社会平均水平。每个时期社会新增生产基金或生产性积累，也要在技术水平不同、生产规模不同的生产单位之间进行分配。为了保证全社会的人力资源和物力资源都能够得到充分利用，生产性积累基金在不同技术水平、不同生产规模的生产单位之间的分配，必须达到这样的结果：从全社会平均来看，每一新增劳动者的基金装备水平的变

化，要适应于社会生产基金量的增长同劳动者人数增长的对比关系的变化。这里可能出现以下三种情况。

第一种情况。社会生产基金的增长速度，低于生产劳动者人数的增长速度。这种情况，反映了积累资源的相对不足和劳动力资源的相对丰裕。由于社会生产基金的增长，慢于劳动者人数的增长，全社会生产基金对生产劳动者人数的比率，就会下降。这时为了充分利用社会的人力和物力资源，就需要使生产性积累基金在不同技术水平、不同生产规模的企业建设上的分配比例，达到这样的结果：从全社会平均来看，每一新增劳动者的基金装备水平，低于前一时期的社会平均水平，而等于新增生产基金量对新增劳动者人数的降低了的比率。这就要求把生产性积累基金的较大部分，投在低于社会平均装备水平的企业建设上面，而把较小部分，投在高于社会平均装备水平的企业建设上面。如果不是这样，假定说，如果在这种场合，把新增生产基金的绝大部分投入高于社会平均装备水平的生产单位建设上面，而把较小部分投入低于社会平均装备水平的单位；那么，我们就会遇到积累基金不足于吸收全部新增劳动力，一部分劳动力资源将得不到充分利用的后果。这当然是不利于生产规模的扩大的。

在相反的情况下，也就是说，如果把大部分生产性积累基金投入低于社会平均装备水平的生产单位，而把小部分投入高于社会平均装备水平的生产单位，从而使每一新增劳动者的基金装备水平，从社会平均来看，适应于新增生产基金对新增劳动者人数的降低了的比率；在这种情况下，虽然劳动者平均装备水平有所降低，但是等量的生产性积累基金，能够吸收更多的劳动者参加生产，有利于社会全部人力资源的充分利用和社会产品生产规模的扩大。同时还要注意到，这时在生产基金投资中占较大比重的技术水平较低和生产规模较小的生产单位，由于具有投资少建设快等优点，也能够迅速影响每一单位产品占用基金系数的降低。

如果后一数值的降低程度，大于每一劳动者平均基金装备系数的降低程度，那么，从全社会范围来看，劳动生产率的水平仍然可能提高[①]。即使由于种种原因，单位产品占用基金系数的下降程度，不及每一劳动者平均基金装备系数的下降程度，从而使社会劳动生产率有所下降，但是这时生产领域所吸收的更多的新增劳动量，也能够抵消社会劳动生产率下降的影响而有余，从而使社会生产规模仍然有较大的扩张，达到较高的发展速度。

第二种情况。生产基金的增加速度等于生产劳动者人数的增加速度。这时，全社会生产基金对生产劳动者人数的比率不变。在这种情况下，新增生产基金和新增劳动力的全部充分利用，要求在不同技术水平和不同生产规模的生产单位上分配生产性积累的投资时，达到这样的结果：从全社会平均来看，每一新增劳动者的基金装备水平，保持在前一时期的社会平均水平上。在这种场合，虽然社会平均每一劳动者的装备水平不变，但是随着技术装备质量和生产基金利用效果的提高，随着单位产品平均占用基金数量的降低，社会劳动生产率仍然能够大大提高，这样也能够使社会产品的增长，获得较高的速度。

第三种情况。生产基金的增加速度，大于生产劳动者人数的增加速度。这种情况，是在劳动力资源相对不足和积累资源相对充裕的条件下出现的。在这种情况下，全社会生产基金对劳动者人数的比率就会提高。这时，生产性积累基金在不同技术水平和不同规模的生产单位上的分配比例，只有在使全社会平均每一

① 单位产品占用基金系数、每一劳动者基金装备系数和劳动生产率三者之间，存在着内在的函数联系。如果以f代表单位产品占用基金系数，g代表劳动者基金装备系数，h代表劳动生产率，又以P代表产品生产量，N代表劳动者人数，K代表生产基金量，那么，由于$f=\frac{K}{P}$，$g=\frac{K}{N}$，$n=\frac{P}{N}$；所以，$\frac{G}{f}=\frac{K}{N}=\frac{K}{P}=\frac{K}{N}=\frac{P}{K}=\frac{P}{N}=h$。换句话说：劳动者的装备程度÷单位产品占用基金系数=劳动生产率。

新增劳动者的装备程度，高于前一时期的社会平均水平，并且等于新增生产基金对新增劳动者人数的提高了的比率的条件下，才能够既保证社会人力资源的全部利用，也保证积累资源的全部利用。这就要求把生产性积累基金的较大部分，投入高于社会平均装备水平的生产单位上去，而把较小部分，投入低于社会平均水平的生产单位上去。如果不是这样，假定说，如果把新增生产基金的较大部分，不是投入高于社会平均装备水平的生产单位上面，而是投入低于社会平均装备水平的生产单位上面，那么，我们就会遇到积累基金因劳动力资源相对不足而不能全部充分利用的情况。

在新增生产基金的较大部分投入高于社会平均装备水平的生产单位上面去的场合，由于社会平均每一劳动者的装备水平提高了，劳动生产率一般也会随之提高。但是，如果基金装备系数提高的速度，伴随着单位产品基金占用系数的同等速度的提高，那么，劳动生产率就不一定能提高。只有当基金占用系数的提高速度，低于基金装备系数的增长速度时，或者在基金装备系数的提高，伴随着基金占用系数的降低时，劳动生产率才会提高。在劳动力资源相对不足的情况下，社会生产的最优的速度，完全有可能通过既提高基金装备程度，又提高单位产品的基金占用量来达到。如前所述，劳动生产率的提高，不仅取决于劳动者技术装备程度的提高，而且依存于生产组织和生产关系其他具体环节的改进，依存于劳动者的思想觉悟和熟练水平的提高。所以，在技术发展的一定阶段和一定范围上可能出现的单位产品基金占用系数的提高，完全能够伴随着劳动生产率的提高。当然，对于再生产的发展速度来说，最有利的条件是劳动者基金装备程度的提高，伴随着单位产品占用基金量的降低，从而使社会劳动生产率能够更大幅度地提高。在这种条件下，可以获得较高的发展速度。

上述三种情况，在社会主义现实经济生活中，第三种情况是最一般的。生产性积累基金的增长，快于生产劳动者人数的增长，这一方面是社会劳动生产率提高的结果，另一方面也是进一步提高社会劳动生产率的重要前提。但是，在社会主义建设最初阶段的个别时期，当生产水平和积累水平都还较低，而社会上尚有不少未被利用或未被充分利用的劳动力资源时，也可能出现第一种情况，即生产性积累基金的增长，慢于生产劳动者人数增长的情况。在这种情况下，由于生产性积累基金的主要部分，需要投在低于社会平均装备水平的生产单位上面，才能够保证人力资源的充分利用，因而从物质生产领域本身来看，每一劳动者平均装备水平会有所下降，物质生产领域内部劳动生产率也可能（但不一定，见前）有所下降。但是，如果不仅限于生产领域实际就业的劳动者的范围来观察，而是把原有未被利用和未被充分利用的劳动力资源也考虑在内，那么，由于这些劳动者被吸收入生产领域的结果，全社会平均每一劳动者的基金装备水平，从而全社会劳动者的劳动生产率水平，就不一定比前一时期的社会平均水平降低，而有可能有所提高。随着社会劳动力资源的充分就业，随着生产水平和积累比重的逐渐提高，这种情况逐渐地为第三种情况所代替。而在后一情况下，由于劳动力资源从相对充裕转变为相对不足，生产性积累基金虽然仍然要在不同技术水平和不同生产规模的生产单位之间进行分配，但是这时它的主要部分，就不能过多地投入占用劳动力较多的、低于社会平均装备水平的生产建设上面去，而需要投入占用劳力较少的、高于社会平均装备水平的生产建设上面去。只有这样，才能够在劳动力资源相对不足的条件下，保证积累资源的充分合理的利用，促进社会劳动生产率继续地迅速地提高，从而有利于保持社会生产的持续的高速度发展。

我们知道，现代生产的发展，存在着集中化的趋势；而科学技术日新月异的尖端成就，迅速地在生产中得到利用和推广。

然而，不论在任何时候和任何情况下，生产规模大小不同、技术水平高低不同的生产单位同时并存的局面，都是客观的必然。生产的发展，不但要满足全国范围的、全社会范围的需要，而且也要满足地方范围的、局部范围的需要；不但要利用具有全国意义的、全局意义的资源条件，而且也要利用只有地方意义的、局部意义的资源条件。由小到大，由低到高，更是生产规模和技术水平发展上的合乎规律的过程。因此，大中小并存、洋土并存的局面，将是长期存在的。不过将来的“洋”和“土”，在内容上和形式上跟现在有所不同罢了。我们党的社会主义建设总路线关于大中小并举和洋土并举的方针，正是以这一客观必然性为依据而提出来的有利于充分调动群众积极性的方针。为了改变我国技术落后的面貌，必须建设一批现代化大型骨干企业，力求采取一切先进技术，这是任何时期都不能动摇的方针。同时必须认识，发展中小型的、采取中间技术的企业，在我国工业化事业中也具有重要意义。它有利于迅速发挥投资效果，加强薄弱环节，充分利用各地的资源潜力，促进工业的合理布局，并且可以通过广泛的实践，通过逐步的改造和提高，创造新的科学技术，培养大量的干部。因此，在具体执行大中小并举和洋土并举方针的过程中，必须结合当时国民经济发展的具体条件，对不同规模和不同技术水平的建设方案，作出最恰当的选择和最合理的配合。

我们已经知道，在一般情况下，采取技术高、规模大、建设时间长的企业建设方案，由于单位产品投资系数较大，投资效果发挥的时间较晚，在最近时期所能获得的生产发展速度，就比采取技术比较简单、规模比较小、建设比较快、占用投资比较少的企业建设方案所获得的发展速度要低些。并且，后一类型企业的建设方案，由于能够争取时间，蓄积力量，对于将来时期的发展速度，也有十分重要的意义。但是在将来时期，前种方案的企业投入生产，投资效果逐渐发挥后，由于它的劳动生产率较高，它所能提供的积累，也将比后一方案的企业所提供的积累要大。因此，那时，前一方案所获得的速度，有可能比后一方案所能得到的速度为高。假定我们只选择前一类型企业的建设方案，一味片面地追求高、新、大，这不但会遇到当前积累资源的限制，而且，在将来时期由于所提供积累相对增多而有可能提高的速度，并不一定能够抵偿在最近时期所丧失的速度，因而从长期来看，社会生产发展的总速度，可能还是比较低的。反过来看，假定我们只选择后一类型的，即技术比较简单、规模比较小的企业建设方案，不注意同现代化大型企业的建设相结合，这不但会受到劳动力资源条件的限制，而且，最近时期可能获得的较高的发展速度，将不一定能够抵偿将来时期由于它所提供的积累相对较少而可能丧失的速度，因而从长期来看，总速度也可能是较低的。这样看来，为了既能够保证最近时期的高速度，又能够保证将来时期的高速度，从而争取长时期的较高的发展速度，也必须实行大中小并举和洋土并举的方针，使上述两种类型企业的建设方案，能够适当地配合。

上面说过，不同技术水平和生产规模的生产建设的同时并举，是一个合乎客观规律的方针。这一方针的具体实现，要根据国民经济发展的每个时期的具体情况，有时候要多搞些中小型的、技术比较简单的建设，另一些时候要多搞些规模大的、技术高的建设。并且，在任何时候都不能只顾一头。因而选择和配合不同的建设方案，就有着十分重要的意义。从前面的分析中可以看出，在不同技术水平和生产规模的企业建设方案的选择和配合中，存在着一条客观的界限，这条界限当然要随着客观条件（首先是劳动力资源和积累资源的条件）的变化而改变，但是它的存在是无疑的。根据这条界限来选择和结合不同类型企业的建设方案，就有可能保证长时期的高速度。这条界限，就是前面所讲的新增生产基金对新增生产劳动者人数的比率。根据这一比率的变

化，来安排生产性积累基金在不同类型企业建设上的分配比例，以使全社会平均的每一新增劳动者的基金装备程度，适应于上述比率的变化，这样就能够既使社会人力资源得到充分利用，又使社会物力资源得到充分利用；也能够既使最近时期的高速度得到保证，又使长时期的高速度得到保证。

四

社会生产是由分工和协作的许多生产部门组成的有机统一整体。这许多部门之间存在着密切的相互联系和制约的关系。这些联系和制约关系，影响着社会生产的总发展速度。社会活劳动和物化劳动在各个生产部门之间的不同分配比例，制约着社会生产的不同发展速度。在社会主义计划经济的条件下，有可能根据各个时期政治经济形势和任务所决定的社会需要的结构，根据当时生产力和技术发展的状况，选择和安排恰当的再生产比例，以达到适当的、较高的发展速度。我们党的社会主义建设总路线和一整套同时并举方针的巨大意义的一个方面，就在于它们是以社会再生产的内部联系的必然性为依据，通过各种生产比例关系的适当安排和调整，来保证达到恰当的、较高的速度。社会再生产的各种比例关系对发展速度的制约作用，是一个十分复杂的问题，需要进行专门的研究。我们在这里只就对社会生产总发展速度具有最直接关系的两大部类比例和第Ⅰ部类内部比例，作一个简要的考察。

我们已经知道，要扩大社会生产规模，需要追加的生产资料。扩大再生产的条件：$\mathrm{I}(v+m)>\mathrm{II}c$，正是满足这一需要的。第Ⅰ部类新创造价值部分的产品，超过第Ⅱ部类生产资料消耗的补偿需要的剩余部分，可以用来满足两大部类扩大生产所需要的追加生产资料。但是，不能由此得出结论，认为$\mathrm{I}(v+m)$

超过Ⅱc的程度越大，社会生产的发展速度一定就会越高。这是因为，社会生产规模的扩大，不仅要求追加的生产资料，而且要求追加的劳动力，并且，原有劳动者和新增劳动者的消费水平也要有一定的提高；此外，非生产性的服务领域也要随着社会生产的发展而有适当的扩大。所有这些，都要求消费资料的生产即第Ⅱ部类的相应扩大。

为了说明这个问题，我们可以根据扩大再生产的基本条件，引出以下的平衡公式：

$$P_1=c_1+v_1+m_1=(c_1+c_2)+(\Delta c_1+\Delta c_2) \quad (1)$$

$$P_2=c_2+v_2+m_2=(v_1+v_2)+(\Delta v_1+\Delta v_2)+h \quad (2)$$

$$P_1+P_2=P \quad (3)$$

上述第（1）平衡式表明，生产资料的生产（P_1）应当能够补偿两大部类生产资料的消耗（c_1+c_2），并能保证两大部类扩大再生产所需的追加生产资料（$\Delta c_1+\Delta c_2$），也就是说，应当等于下一生产周期两大部类扩大生产所需的全部生产资料。

第（2）平衡式表明，消费资料的生产（P_2），应当能够满足下一生产周期两大部类原有工作人员的生活需要（v_1+v_2）和新增工作人员的生活需要（$\Delta v_1+\Delta v_2$），并且还要保证非生产领域人员和机构的消费需要（h）。

如果单独考察平衡式（1），那么可以说，第Ⅰ部类增长越快，它所提供的产品（P_1）超过两大部类补偿基金的程度越大，则追加的生产资料或生产性积累基金也就越大，下一周期的社会生产速度也可以越高。可是，在一定时期，社会所掌握的总劳动量，即可以用来生产全部社会产品（$P=P_1+P_2$）的社会劳动量，是有一定限度的。第Ⅰ部类的过分扩大，势必减少投入第Ⅱ部类的社会劳动量，从而影响第Ⅱ部类的生产规模，使其不能充分满足下一生产周期增长的社会消费的需要，特别是扩大生产所需新增劳动者的生活需要和原有劳动者消费水平的必要提高的需要，而这在一定程度上也会不利于社会劳动生产率的进一步提高。所有这些，会使第Ⅰ部类所提供的追加生产资料，得不到充分的利用，从而不利于下一生产周期的生产发展速度。在相反的情况下，即第Ⅱ部类过分扩大，以致影响第Ⅰ部类优先增长所必要的规模和速度的情况下，扩大再生产所需追加生产资料或生产性积累，就得不到充分的保证，这当然更不利于社会生产的发展速度。

由此可见，在优先发展第Ⅰ部类的前提下，正确安排两大部类的比例关系，是取得恰当的、较高的发展速度的必要条件。两大部类比例关系的安排，必须能够既使下一生产周期扩大生产所必要的追加生产基金得到保证，又使这些新增生产基金的利用，得到必要的追加劳动力的保证；既使新增劳动力资源能够在生产领域和非生产领域充分就业，又使劳动人民的平均消费水平有所提高。只有在这样的安排下，才能达到恰当的、较高的发展速度。

两大部类的比例关系，在实际生活中是通过农业、轻工业和重工业的关系来安排的。我们党的“以农业为基础，以工业为主导”和“在优先发展重工业的条件下，实行工业和农业同时并举，重工业和轻工业同时并举”的方针，就是根据社会生产两大部类的上述内部联系提出来的，因而这一方针的正确贯彻，就能够保证适当的、较高的发展速度。

我们知道，在一定的技术进步的条件下，扩大再生产的根本前提，就是第Ⅰ部类即生产资料生产的优先增长。而第Ⅰ部类本身，又是由许多互相联系的生产资料生产部门所构成的。这些部门，互相提供对方所需要的生产资料，形成纵横交错的交换关系。由于第Ⅰ部类的发展对扩大再生产的规模和速度有着决定性的影响，因此，第Ⅰ部类内部的生产比例，不但影响第Ⅰ部类本身的发展速度，而且也影响整个社会生产的发展速度。

第Ⅰ部类内部的联系和比例关系，十分错综复杂，从它们对社会生产发展速度的重要影响来看，以下几种比例关系是值得注意的。

1. 提供固定基金物质要素的部门（基本建设、设备制造部门）同提供流动基金物质要素的部门（原料材料、燃料动力生产部门）之间的比例。十分明显，新增生产基金要能充分发生生产效果，除了必须有相应的新增劳动力的保证外，它本身还必须在固定基金和流动基金之间，有一个适当的比例。从全社会范围看，固定基金和流动基金的比例，取决于各部门的生产技术条件的变化和国民经济部门结构的改变。第Ⅰ部类所提供的生产资料的构成，必须适应社会生产基金构成的这种改变。如果第Ⅰ部类所提供的生产资料中，流动基金的物质要素少于它所应占的比例，那么就会有一部分生产设备闲置而得不到充分利用；反之，如果第Ⅰ部类所提供的流动基金的物质要素大于其应占的比例，那么就会有一部分原材料积压而得不到充分利用。在这两种场合，都会使社会生产速度降低。因此只有在第Ⅰ部类产品构成中固定基金要素和流动基金要素比例恰当的条件下，才能保证全部生产基金的充分利用，从而有利于社会生产速度的提高。

2. 原材料部门和加工部门之间的联系和比例。这种联系和比例的特点，在于它是在从农业原料和采掘工业开始，依次经过由低级到高级的许多加工阶段，以至完成最终产品[①]的制造的过程中形成的联系和比例。加工的环节越是增多，最终产品在社会总产品的价值中所占比重越是扩大，则社会生产的规模和速度就越是受初始阶段的原材料生产同往后阶段的加工生产之间的比例关系的约束。如果原材料生产（包括农业原料和采掘工业的生产）赶不上加工制造部门的发展，那么一系列后续部门的生产设备和

① 最终产品是指不再经过加工的产品，除了消费品外，还包括机器制造业和建筑业的产品。

劳动力都不能得到充分利用，从而对社会生产的发展速度产生不利的影响。加工的环节越是增多，初始阶段的原材料部门对社会生产发展速度的这种制约作用也越是加大。由此可见，重视和加强原材料生产部门的发展，使其先走一步，是保证社会生产高速度发展的极为重要的条件。

3. 重点部门和一般部门的关系。重点部门，是关系到建立社会主义物质技术基础、从而关系到整个国民经济长时期发展速度的关键部门，因此它的发展必须首先予以保证，以促进整个国民经济的发展。然而重点部门的发展，不能脱离左邻右舍部门的配合，不能脱离国民经济其他部门的配合。否则重点本身的发展，也可能遇到其他薄弱环节的障碍，从而不利于整个国民经济的发展速度的进一步提高。所以，在保证重点的同时，必须注意照顾一般。只有这样，才能保证工业战线和整个国民经济持续的高速度发展。

以上所举几例，说明了第Ⅰ部类内部比例关系对社会生产发展速度的重要意义。当然，第Ⅰ部类内部还有许多其他比例关系，对生产速度也有重要影响。例如，设备配套中的比例，制造和维修的比例等，就直接关系到原有固定基金和新增固定基金的充分利用；又如各种原材料生产中的种种比例，也直接关系到流动基金的利用，从而也影响到固定基金和劳动力的利用；因此这些比例关系，都是在考察和安排社会生产发展速度时所不能忽视的。

有些同志把第Ⅰ部类内部的比例关系简单地看成为技术性的问题，似乎只要有了技术定额，就能够正确安排第Ⅰ部类的内部比例。这是没有看到社会分工的外延和纵深发展中日趋复杂的链锁式的联系；这种联系同技术进步有着密切的关系，但是它们首先是社会劳动在不同生产部门的分配问题，也就是说首先是社会经济问题，而不是单纯的技术问题。

五

从前面的叙述中可以看出，直接决定再生产发展速度的，是一定生产关系下生产力诸要素，特别是其中人的要素的作用。作为生产力要素的人，是在一定的社会关系下，利用生产力中物的要素，进行生产的。在不同的社会关系下，在不同的生产关系和上层建筑下，社会生产力诸要素起着不同的作用，从而对再生产的速度起着不同的影响。生产关系和上层建筑对于再生产速度的影响，只有通过生产力诸要素特别是人的要素的作用，才能表现出来。但这并不等于说，生产关系和上层建筑因素对于再生产发展速度的作用，居于次要地位。我们在上文考察直接决定社会生产发展速度的一些因素的作用时，就是把这些因素，放在社会主义生产关系下面，结合社会主义社会中生产关系和上层建筑因素来进行考察的。如果不是这样，那就会陷入生产力决定论的错误，那就不能够具体说明，为什么社会主义制度下，再生产发展速度可以比资本主义高；也不能够具体说明，为什么在社会主义国家中，生产力诸要素在不同情况下，会表现出不同的作用，从而再生产的发展速度，也呈现出种种可能的变化。关于决定生产速度的各种经济因素，如何在社会主义生产关系和上层建筑的影响下表现其具体作用，上文中已经分析过的，我们就不再重复了。在这里我想仅仅概括地就社会主义生产关系和无产阶级政治对生产发展速度的巨大作用，简单说明两点。

1. 社会主义生产关系对生产发展速度的作用。以上所说的决定生产发展速度的各种经济因素，在社会主义社会中所起的作用，在被人们正确利用的条件下，都有利于生产的经常不断的高速度发展。这种可能性产生的根源，在于社会主义生产关系适合于生产力发展的性质。所谓社会主义生产关系比较旧时代生产关系更能够适合生产力发展的性质，就是指能够容许生产力以旧社会所没有的速度迅速发展，因而生产不断扩大，使人民不断增长的需要能够逐步得到满足的这样一种情况。在社会主义生产关系下面，不再存在生产的社会性同生产资料的私有制之间的矛盾，因而解除了由于私有制造成的妨碍生产力发展的各种桎梏，使社会生产得以大大高于资本主义生产的速度迅速发展。这可以从以下几方面看出。

第一，在社会主义生产关系下面，生产力中最主要的要素——劳动者，从被剥削被压迫的地位中解放出来，变成了社会的主人，变成了生产资料的主人。他们不再是为剥削者劳动，而是为自己的社会劳动，因而能够在劳动中发挥无限的积极性和创造性，充分利用生产力中的物的要素即生产资料，并且通过千百万群众的创造性活动，不断地进行技术革新、技术革命，用更多的、日益完善的生产设备把自己装备起来，使劳动生产率不断地提高，从而推动社会生产不断地高速度地发展。

第二，在社会主义生产关系下面，对生产基金效果和社会劳动生产率的提高具有重大意义的技术进步和新技术在生产中的利用推广，不再受到资本主义社会中剩余价值规律作用的限制。在这里，机器设备和其他劳动手段只要能够节约社会劳动，改善劳动条件，增加产品数量和提高产品质量，就能够得到尽可能的扩大使用。

第三，在社会主义生产关系下面，消灭了剥削者及其仆从的寄生性消费，消灭了资本主义社会中社会产品和国民收入的惊人的非生产性的浪费。同时，由于绝大部分的积累基金集中在社会手中统一掌握，因而能够有效地使用于扩大再生产的需要，从而有利于社会生产的高速度发展。

第四，社会主义社会的生产关系，消灭了资本主义社会无法克服的社会生产无政府状态，使得按照预定计划进行社会生产成为可能，避免了资本主义生产的经常比例失调和经济危机中人力物力的无穷浪费。社会主义社会能够根据各种社会需要，有计划地分配劳动力和生产资料，使国民经济各个部门的发展，遵循扩大再生产所必要的比例关系，这也是社会主义再生产高速度发展的一个重要条件。

第五，在社会主义生产关系下面，生产的目的是满足全体社会成员日益增长的需要；在这里彻底解决了资本主义社会所固有的生产和消费之间的对抗性矛盾。社会主义生产的发展，不再受到资本主义社会无法摆脱的，由于劳动人民的购买力的限制而引起的市场限制。不断增长的社会需求，推动着社会生产不断地发展，而生产的发展又唤起新的需求，如此循环往复，以至无穷，这样必然推动社会主义社会生产不断地迅速地发展。

由此可见，社会主义生产关系适合于生产力发展的性质，是社会主义生产高速度发展的强大因素。当然，由于生产力的不断前进，社会主义生产关系的具体环节，有时出现不能继续适应生产力进一步发展的情况。社会主义生产关系中阻碍生产力发展的环节，必须适时地进行变革和调整；而在生产关系的这些环节经过变革、调整，已经同生产力的发展相适应的时候，又必须使它们在一定阶段上加以巩固，使其稳定下来，这样才有利于生产力的进一步发展。经过一定时期，当生产力发展到一个新的更高的水平，生产关系的原有形式和具体环节又会出现不能继续适应生产力进一步发展的情况；在具有了一定的条件的时候，就有必要和可能再变革和调整生产关系的具体形式和具体环节。当社会主义生产关系中某些具体形式和环节不适应于生产力的进一步发展的时候，不去适时地进行变革和调整这些生产关系，或者当生产关系经过变革调整，已经适应于生产力的进一步发展的时候，不去注意巩固和稳定这些生产关系，都会阻碍生产力的迅速发展，从而不利于社会再生产速度的提高。历史上还不曾有过任何一个

社会像社会主义社会那样，能够根据不同的情况，适时地变革、调整或者巩固、稳定生产关系的具体环节和经济组织的具体形式，使之适合生产力不断发展的需要。生产关系必须适合于生产力性质这一规律的正确运用，是保证社会主义生产高速度发展的根本前提。

由此可见，为了使国民经济以持续的高速度发展，必须坚持不断革命论和革命发展阶段论相结合的精神，一方面要及时调整生产关系中不适应于生产力进一步发展的环节，另一方面要保持适应于生产力发展的生产关系的具体形式和环节在一定阶段上的相对稳定性。只有这样，才能够充分调动生产力中最重要的要素，也就是调动劳动人民群众的积极性，充分利用有利于高速度发展的各种客观因素和条件，来不断地扩大社会产品和国民收入的生产，多、快、好、省地建设社会主义。

2. 无产阶级政治对社会生产发展速度的作用。充分发挥社会主义制度的优越性，把社会主义制度所蕴藏的高速度发展的可能性，最大限度地利用起来，关键在于无产阶级政党的马克思主义的政治领导。社会主义社会中，适应于生产力发展的要求而对生产关系所进行的变革、调整或者巩固、稳定，都是在无产阶级政党的领导下，发挥工人阶级和劳动人民的积极性，同时运用社会主义国家这一上层建筑的力量来实现的。充分地运用政治这一上层建筑，正确地处理生产关系和生产力之间的关系，就能够促使社会生产不断地高速度地向前发展。

无产阶级政治对于社会生产发展速度的作用，首先是通过无产阶级政党的马克思主义的路线、方针、政策的制定和贯彻而实现的。党的路线、方针、政策，正确地反映了社会主义经济发展的客观规律，体现了人民群众的迫切愿望和根本利益，因而一旦为人民群众所掌握，就成为推动生产力迅速发展的强大物质力量。[①]

其次，无产阶级政治对社会生产高速度发展的作用，是通过在经济建设的一切工作中坚持社会主义、共产主义的方向，同资产阶级的一切思想、政治影响进行两条道路的斗争中实现的。在社会主义国家中还存在阶级和阶级斗争的条件下，少慢差费的方法在一定程度上是封建阶级和资产阶级思想的反映。对这些思想的批判越彻底，人民群众的干劲就越能鼓足，社会主义建设事业就越能多快好省地进行，社会主义再生产就越能够高速度地前进。

最后，无产阶级政治对社会生产高速度发展的作用，是通过对人民群众进行马克思列宁主义的思想政治工作，用共产主义精神教育群众来实现的。劳动者是最重要的生产力，只有在劳动者的共产主义觉悟日益提高的基础上，他们才会最大限度地发挥积极性和创造性，最大限度地发挥革命的干劲、钻劲和巧劲，最充分、最合理和最有效地利用劳动时间和提高劳动生产率，为社会创造出更多的财富。不断地加强对劳动人民群众的社会主义和共产主义教育，不断地提高广大群众的阶级觉悟，不断地发扬群众的劳动积极性，是加速社会主义建设的根本保证。为了充分调动广大劳动人民群众的积极性，推动社会生产的高速度发展，必须坚持政治挂帅和物质保证相结合的原则，在目前来说，也就是实行“各尽所能、按劳分配”的社会主义原则。

上面我们依次从劳动力方面，生产基金方面，劳动力和生产基金的结合方面，再生产的比例方面，考察了在社会主义生产关系和上层建筑的条件下，决定社会生产发展速度的各种经济因

① 由于错误路线干扰的影响和人们认识上的局限性，有时制定的方针政策措施不尽符合甚至违反客观经济规律，或者制定的方针政策措施虽然正确但不能贯彻执行，那就会发生不利于发展速度的情况。——1979年补注

素的作用及其相互联系。我们看到，这些因素的作用和它们之间的相互联系，都是十分复杂的。在不同年度和不同条件下，这些因素的作用方向和作用强度，都会有变化。无论是活劳动消耗量的增加和劳动生产率的提高，无论是生产基金量的增长和生产基金占用系数的变化，无论是两大部类的比例关系和再生产的其他比例关系的变化，在各个年度之间，都不可能是均衡的。这种不均衡的变化，是造成社会主义生产在高速度发展中呈现波浪起伏的根本原因。如果某年这些因素的作用方向一致，而作用的强度又很大，就会引起社会生产速度的较大幅度的波动。如果它们的作用方向不一致，作用强度也不相等，那么各种情况综合作用的结果，也会引起生产以不同的速度前进。在农业比重较大而农业技术水平暂时较低的国家，年度丰歉的变化，对劳动消耗量的增加，特别是对劳动生产率的水平，以及对生产性积累的增长和生产基金的利用，都会产生较大的影响，从而可能引起社会生产发展速度的较大的波动。此外，社会主义生产关系和上层建筑具体环节的逐步完善和逐步发展，也不能够一年一年地均衡地进行的，而是经历着一个从量变到质变的过程，这也会通过有关的经济因素，影响生产速度的不均衡的波动。在客观条件有利，各种有关因素的作用，容许社会生产速度较大幅度地提高时，不去组织生产建设的高潮，不适当地放慢速度，那是完全错误的。另一方面，当客观条件发生变化，因而使有关因素的作用，暂时不容许大幅度地扩大生产规模时，为了调整国民经济各个部门之间的相互关系，巩固既得成就，充实新发展起来的一些事业的内容，提高那些需要进一步改善的新事物的质量，在充分发挥人的主观能动性的条件下，暂时地按照不同的发展速度前进，以便准备在新的基础上，进一步组织生产建设的新高潮，这样做是完全必要的，完全符合事物发展的客观规律的。社会主义经济的发展不是按直线前进的，而是一个波浪式发展运动过程；也就是说，必然要按照客观事物发展的辩证规律，在曲折中前进，不断地把社会主义建设事业从一个阶段推到另一个更高的新阶段。关于发展速度中的波浪式的运动形式[①]问题以及其他具体规律性问题，还有待于经济理论工作者的进一步研究；本文因篇幅关系，就不详论了。

① 社会主义经济发展中由于客观因素所制约的正常的波浪式运动形式，要同非正常的大起大落（即所谓“马鞍形”）区别开来，后者一般是由于计划安排中不顾客观经济规律片面追求高指标造成的，这往往会给国民经济的发展带来灾难性的后果。参见拙作《略论持续的高速度》一文（见《经济研究》1978年第2期）对于这个问题的论述。——1979年补注

论社会主义经济发展的波浪式运动形式*

（1961年）

社会主义建设过程，是千百万人民群众的革命创造的活动，因而它不可能是一个风平浪静的，沿着一条直线前进的过程。总的来说，我们的经济应当是逐年增长的，我们的建设应当是高速度发展的。但是国民经济的发展，必然是波浪式地向前迈进的，速度有时高一点，有时低一点。波浪式前进，螺旋式上升，是我国国民经济发展必然经历的一个过程，也是社会主义扩大再生产的一个极其重要的特征。认识这个特征，对于正确理解社会主义经济高速度发展中的速度的具体变化的现象和原因来说，对于正确安排国民经济的具体发展速度来说，都有着十分重要的意义。

一

社会主义扩大再生产过程中的“波浪式发展”和“螺旋式上升”，所指的经济内容是什么呢？这个特征，同资本主义再生产的周期性经济循环的波动，又有什么区别呢？

为了说明“波浪式发展”和“螺旋式上升”的经济含义，让我们看一下新中国成立以来工业生产的发展动态。生产发展动

* 本文初稿写于1961年，原载《社会主义再生产问题》，生活·读书·新知三联书店1980年版。

态，可以分别从生产水平（以工业总产值为例）、绝对净增额（比上一年增长的绝对额）和净增速度（比上一年增长的百分数）三个指标的变动情况，来加以考察。

我国工业总产值增长动态[①]

	总产值（亿元）[②]	绝对净增额（亿元）	净增速度（%）
1949	140.2	—	—
1950	191.2	51. 0	36.4
1951	263.5	72.3	37.9
1952	343.3	79.8	30.3
1953	447.0	103.7	30.2
1954	519.7	72.7	16.3
1955	548.7	29.0	5.6
1956	703. 6	154.9	28.2
1957	783.9	80.3	11.4
	704.0		
1958	1170.0	466.0	66.2
1959	1630.0	460.0	39.3
1960			

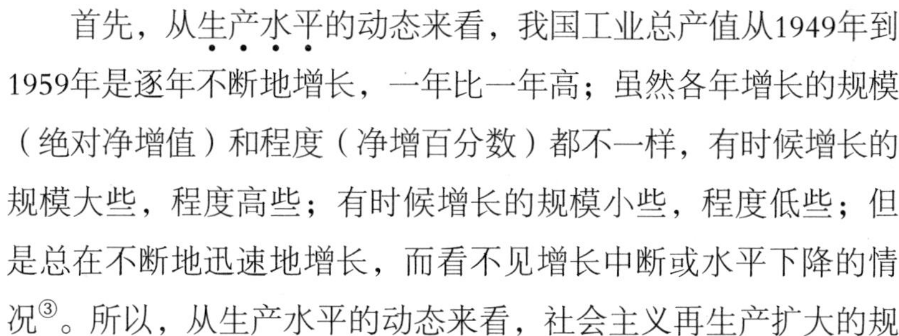

首先，从生产水平的动态来看，我国工业总产值从1949年到1959年是逐年不断地增长，一年比一年高；虽然各年增长的规模（绝对净增值）和程度（净增百分数）都不一样，有时候增长的规模大些，程度高些；有时候增长的规模小些，程度低些；但是总在不断地迅速地增长，而看不见增长中断或水平下降的情况[③]。所以，从生产水平的动态来看，社会主义再生产扩大的规

① 《伟大的十年》，人民出版社1959年版，第76页。

② 1949年到1957年按1952年不变价格计算，1957年以后按1957年不变价格计算。

③ 后来，我国国民经济发展的实际情况表明，工业生产总值在某些年份曾有过下降。但这不是社会主义制度本身的原因造成的，而往往是由于错误路线的干扰和计划工作的失误造成的，因而不能看成是社会主义经济发展的自身规律性的表现，它毋宁是违反了社会主义经济发展的客观规律的结果（1979年补注）。

模和程度虽然各年有所不同，但是一般总应当是不断地扩大和提高，形成螺旋式上升，一环高于一环的运动状态。

其次，从生产的绝对净增额的动态来看，上列数字表明，并不是每年工业生产的绝对净增额，都比上年绝对净增额高，而是有些年份的净增额比前一年多些，有些年份比前一年少些，因此，绝对净增额的动态，并不呈现逐年不断上升的情况。但是从上举各年工业生产绝对净增额的数列中，可以看到这一数值通过年度间的某些波动，呈现着逐渐上升的倾向。这种倾向，如果把年度之间的波动因素加以消除，放长时间来观察，比如说采取三年、四年或五年移动平均的每年净增额来观察，就更可以看得明显。这个倾向表明了社会主义生产的增长规模（绝对净增额），从长期平均的趋势来看，也应当具有螺旋式上升，不断扩大和提高的特征。

最后，从生产发展速度或净增百分数的动态来看，无论逐年连续观察，或者较长时期平均观察，社会主义生产高速度发展中的增长程度（速度），并不是一年比一年高，一个时期比一个时期高，而是有起有伏，有升有降，起伏相间，升降交替，形成波浪式前进的运动状态。我们还可以看到，在发展速度的波澜起伏的运动中，波浪的幅度即年度与年度之间的速度差距，或者波峰与波谷之间的速度差距，也有种种不同的变化。

由上述所知，社会主义扩大再生产过程中存在着螺旋式上升和波浪式发展的特征。所谓“螺旋式上升”，主要是指生产发展水平的运动状态而说的，同时也是指生产增长规模从长期平均的运动状态而说的；而所谓“波浪式前进”，则是指生产发展速度，或生产增长程度的运动状态而说的。“螺旋式上升”和“波浪式前进”，是对统一的社会主义扩大再生产过程，从不同的侧面观察所得的不同的运动形象。从生产发展水平的运动侧面来观察，我们看到再生产是一个螺旋形上升的运动形象；从生产发展速度的运动侧面来观察，我们看到再生产是一个波浪式前进的运动形象。

社会主义扩大再生产过程，应当是通过生产水平的螺旋式上升，生产速度的波浪式发展，来实现其不断前进的运动的。在现实生活中，这种不断前进的运动，又往往表现为前进阶段的反复更替，如从以数量的扩大和发展为主要内容的阶段，进入以质量的提高和巩固为主要内容的阶段。如此反复不已，级级提高。当然，在以数量的扩大和发展为主要内容的阶段，也应要求质量的一定的提高；而在以质量的巩固和提高为主要内容的阶段，也应包含着数量的继续扩大。社会主义建设事业就是通过这样的运动过程，不断地从一个阶段推向另一个新的更高的阶段。

上述社会主义扩大再生产的螺旋式上升和波浪式发展的特征，同资本主义再生产的周期性经济循环，具有根本不同的性质。我们知道，社会主义再生产按其本性来说应当是不断的、高速度的扩大再生产；而资本主义的再生产虽然从长期来看，也有某种扩大的倾向，但是它的生产水平的增长不时地为生产水平的急剧下降所中断；它的发展速度，虽然个别时期也可能很快，但从长期平均来看也只能是缓慢的，时进时退的速度。社会主义经济发展的曲线，应当表现一个不断前进的过程；而资本主义经济发展的曲线，则表现着前进和后退相互交替的过程。社会主义经济运动中的波浪式，在经济计划工作不发生重大失误的情况下，是不会出现经济危机的，即使发生因经济政策或计划失误而造成的危机，也将不会像资本主义经济危机那样周期性地出现。与此相反，资本主义经济发展中的波动，则是同周期性的危机必然相联系的。在它的发展的进程中，总是经历着从危机开始，通过萧条、复苏、繁荣诸阶段，再回复到新的经济危机这样一个反复不已的恶性循环的过程。在这个过程中，生产力时而扩张，时而遭到破坏。由此可见，社会主义再生产的波浪式发展和螺旋式上

升，反映了社会主义制度对于发展生产力的巨大优越性和生命力，而资本主义再生产的周期性经济危机和经济循环，则反映了资本主义制度的腐朽性。

二

上节我们说明了社会主义再生产的波浪式的含义及其同资本主义的周期性的经济循环的根本区别。那么，在社会主义再生产高速度发展的总过程中，为什么各年的具体的发展速度，会呈现时高时低，波浪起伏的变化呢？

我们知道，一切事物的发展，在客观上都是不平衡的。就每一事物的各个组成部分的发展来看，在一定时期，有的部分发展得比较快些，有的部分发展得比较慢些。就每个事物在不同时期的发展情况来看，有的时候发展得比较快些，有的时候发展得比较慢些。这是一切事物发展的普遍规律，社会主义经济发展速度也不例外。国民经济和各部门经济的发展速度，有时候高些，有时候低些，这是符合客观事物发展不平衡的总规律的；这是发展速度呈现波浪起伏的最一般的根据。但是，要具体阐明产生波浪形式的原因，我们就不能满足于这种一般的理解，而必须对决定生产发展速度的各种经济因素，进行具体的分析。

决定社会生产发展速度的因素，是很复杂的，这里有生产力方面的因素、生产关系方面的因素和上层建筑方面的因素。政治的、经济的、技术的和自然的条件的变化，都会影响生产发展速度的变化。当然，对于生产发展具有决定意义的，是社会生产关系。概括地说，不论什么因素，最终都要通过一定的社会生产关系下面在一定时期投入生产过程的**劳动量**以及**劳动生产率的变化**，才能作用于生产发展的规模和速度。现在让我们分别来看一下劳动量和劳动生产率的因素是如何影响生产发展速度的波浪起伏的。

首先，从劳动量的变化来看，物质生产领域劳动者人数的增长，在不同时期和不同年份，都是不均衡的。这种不均衡，一方面是由于可以投入生产领域的劳动力资源在各时期和各年份不相等，另一方面由于新增生产基金或生产设备所能吸收的新增劳动者人数，也是不均衡的。当社会劳动力资源还没有完全充分利用，可投入生产的新增劳动力资源比较丰裕的时候，投入生产的劳动量增长的伸缩性比较大，生产发展速度受劳动量变化的影响也比较大。从我国的情况来看，恢复时期的三年，第一个五年计划时期的1953年和1956年，和第二个五年计划的前期，职工人数增长的程度都比较大，这几年生产发展的速度也比较高。而在1954年、1955年和1957年，职工人数增长的程度较少，这几年发展速度也比较低。这可以从下表看出：

我国职工人数净增率和工业总产值净增率动态
（比上年净增）

年份	1950	1951	1952	1953	1954	1955	1956	1957	1958	1959
职工人数净增率	+27.9	+25.2	+23.3	+19.5	+3.0	+1.4	+27.0	+1.1	+84 0	
工业总产值净增率	+36.4	+37.9	+30.3	+30.2	+16.3	+5.6	+28.2	+11.4	+66.2	+39.3

资料来源：《伟大的十年》，人民出版社1959年版，第160页。

一般看来，新中国成立以来，我国劳动就业人数的增长，在各年之间的变化幅度，是比较大的，因而生产发展速度的变化幅度，也是比较大的。这同我国在这一段时期，曾经存在过不少未被充分利用的劳动力资源，有着一定的关系。随着这一部分劳动

力资源的逐渐充分利用，从整个社会生产范围来看，投入生产的新增劳动量的增加，主要将取决于人口增长状况，因而劳动量的增长将有趋于稳定的倾向，它对生产发展速度波动幅度的影响，也将不至于像过去那样大。

但是，从部门生产发展的规模和速度来看，它不仅取决于社会劳动力总资源的增长，而且在很大程度上受到劳动力资源在不同生产部门之间的再分配的影响，而在这方面，劳动量的变化的伸缩性，仍然是比较大的。例如，在工业化过程中，从长期来看，必须从农业吸收大量的劳动力。可是，由于农业劳动生产率的水平和农业本身对劳动力的要求，在不同时期不同年份，都会有不同的情况。同时，由于工业投资和建设每年扩大的规模也有变化，因而工业从农业部门所能吸收的新增劳动者人数的增长过程，也不能够是均衡地进行的。这就不能不在一定程度上影响各年工业生产速度发生波动。几年来，我国国民经济迅速发展的结果，工矿等部门从农业方面得到了比较充裕的劳动力的配备，三年中我国工业战线上的职工人数增加了一倍以上，这是这几年来工业发展速度较高的重要源泉之一。可是，由于农业劳动生产率是发展工业和国民经济其他一切事业的基础，在农业本身的劳动生产率还未大大提高以前，是不宜于也不可能过多地把农业劳动力转移于工矿、基建等部门的，否则农业从而整个国民经济的发展就要受到严重影响。今后为了保证以农业为基础的国民经济的全面持续的高速度发展，有必要以足够的劳动力加强农业战线，因而在一个时期内，工矿、基建等部门的发展，就暂时不能不受到农业劳动力的这种回转的影响。这种由于劳动力再分配的因素而引起的新增劳动量来源的变化，会在不同程度上反映在部门速度的变动上面的。

决定生产发展的重要因素之一是社会劳动生产率。随着劳动力资源逐渐得到充分利用，劳动生产率便逐渐成为决定生产发展速度的最主要的因素。从劳动生产率的变化上看，它的不同时期、不同年份的提高程度，也是不平均的，这也是造成发展速度波澜起伏的一个重要原因。就我国国民经济发展的实际情况来看，从第一个五年计划开始到1959年，按国民收入计算的物质生产领域全体劳动者的劳动生产率提高程度较大的年份有：1953年、1956年、1958年和1959年。而这几年也正是国民收入的生产增长速度较高的年份，其余几年（1954年、1955年和1957年）社会劳动生产率提高程度较小，因而这几年国民收入的生产增长速度也较低。从这些情况可以看到，国民收入生产增长速度的变化方向和幅度，同劳动生产率增长速度的变化方向和幅度，有着密切的关系。上面说过，随着原有未被充分利用的劳动力资源逐渐得到充分利用，生产发展的速度将在越来越大的程度上取决于劳动生产率的增长速度；从这一点来看，在今后长时期内生产发展速度的波浪起伏和波动的幅度，也将在越来越大的程度上取决于劳动生产率增长速度的变化动态。

就我国情况来看，影响社会劳动生产率变化的客观因素，除了各年劳动者技术装备程度或固定基金装备程度和固定基金利用效果历年都有不同的变化外（这一点我们在下面还要谈到），在很大程度上受到自然条件变化、特别是农业丰歉变化的影响。新中国成立以来，经过大规模的农田水利建设，我国农业中抗御自然灾害的力量已经大大地增强了。但是目前在很大程度上和今后在一定历史时期内，农业生产还受自然因素的影响，因而丰年、歉年的变化，暂时还不能避免。这就不能不引起农业劳动生产率在年度之间的变化，从而引起全社会劳动生产率在年度间的波动。特别需要指出的是，农业丰歉不仅影响当年的社会劳动生产率，而且还通过以农产品为原料的工业部门设备利用率和劳动生产率的变化，影响下一年的社会劳动生产率。这一影响，在我国以农产品为原料的工业部门还占相当比重（目前在工业总产值中占1/3左右，在轻工业产值中占70%~80%）的条件下，尤为显著。此外，还要注意到，由于农业丰歉变化所引起的农业部门和其他与农产品的加工或经营有关部门劳动生产率的变化，又会使这些部门所提供的积累，从而新增社会生产基金投资来源发生变动。这在财政收入直接间接来自农业部门还占相当比重（目前约占一半）的情况下，也不能不对全社会生产发展速度的变化，产生相当显著的影响。我国经济发展的经验证明：农业丰收往往引起当年，特别是次年社会生产发展速度的提高；而农业歉收则往往引起当年特别是次年社会生产发展速度的减缓。由此也可以看出，大力发展农业，保证农业生产以必要的劳动力，加速农业的技术改造，为农业劳动生产率的稳步提高创造条件，这对于保证国民经济的持续的高速度来说，有着极端重要的意义。

舍开自然因素和其他条件，决定劳动生产率的最重要的因素是劳动者的技术装备程度（或固定基金的装备程度）和固定基金的利用效果。在这方面，研究固定基金量和每一单位产品平均占用固定基金量的变化，对于理解再生产发展速度的波浪式来说，也是十分重要的。

从生产基金量的变动来看，在不同时期和不同年份，也是很不均衡的。这不仅因为，生产基金的投资量，要受到国民收入在积累同消费之间，和积累基金在生产性积累和非生产性积累之间等分配比例变化的影响；而且还因为，生产基金中的固定基金部分的增长，要受到提供劳动手段的生产部门（机器设备制造部门和基本建设部门）规模扩大程度的限制，它的流动基金部分的增长，要受到农业原料和采掘部门生产情况所引起的劳动对象供应量变化的影响。所有这些复杂因素，在不同时期和不同年份，都会出现不同的情况，因而都会对生产基金投资和增长的规模和速度产生不同的影响，从而使社会生产发展的速度发生一起一伏的波动。生产基金量的变动同生产发展速度的波动之间的联系，可以从1953年到1958年，我国国民经济基本建设投资总额、新增生产性固定基金和国民收入的生产这三者的增长动态序列看出。

基本建设投资总额、新增生产性固定基金、国民收入增长速度动态
（以上年为100）

年份	1953	1954	1955	1956	1957	1958
基建投资总额	184	113	103	159	93	193
新增生产性固定基金	192	123	125	143	117	177
国民收入	114	105.7	106.5	114	104.6	134

资料来源：《伟大的十年》，人民出版社1959年版，第18、46、57页。

上述三个动态序列虽然起伏的方向和幅度并不完全吻合，但是它们之间存在着一定的联系。1953年、1956年和1958年基本建设投资总额、新增生产性固定基金增长速度都比较快，因而这几年国民收入生产的增长速度也比较快；1954年、1955年和1957年，前二者的增长速度都比较慢，因而国民收入生产的增长速度也比较小。并且我们还可以看到，国民收入增长速度变动幅度的大小，同新增固定基金增长速度的变动情况之间，存在着一定的依存关系。1953年、1956年和1958年新增固定基金增长速度最快，1954年和1955年次之，1957年最低。国民收入生产的增长速度，也是在1953年、1956年、1958年最快，1954年和1955年次之，1957年最低。一般地说，基本建设投资增长速度快的年份，新增固定基金也就有较多的增加，如前述三个年份的情况便是如此。但也有与此相反的情况，如1955年基本建设投资增长速度低于1954年，但新增固定资产的增长速度则超过了1954年。新增固定资产同基建投资的增长速度的变化方向特别是变动幅度的不一致，主要是由于建设工期的影响。当年动用的固定基金中有相当大的部分不是当年投资，而是过去投资的工程完工的结果。1953年新增固定基金增长速度很高，一部分是由于当年投资扩大很快，同时也和恢复时期投资的迅速增长有关。而1953年、1954

年两年基本建设投资的迅速增长，也为1955年、1956年两年新增固定基金的较快增长准备了条件。1958年新增固定基金的大量增长，不仅是因为当年投资的大规模增长的结果，同时也与1956年投资额的较大幅度增长有密切联系。

我们知道，新增劳动力的被吸收参加生产，和社会劳动生产率的提高，不仅有赖于生产基金特别是固定基金的增加，而且要看每一单位生产基金的利用效果或每一单位产品的资金占用系数的变化情况。上面我们已经分析了生产基金量的变动对于速度波浪式的影响，现在我们看一下单位产品的资金占用系数的变动对生产发展速度的波浪式的影响。

每一单位产品占用基金系数的变动，各个时期和各个年份都是不均衡的。全社会范围平均的单位产品占用基金系数，受到许多复杂情况的影响，其中包括生产部门结构改变，新建、改建和扩建比重的改变，企业大中小规模和技术水平结构的改变，等等。而这些因素特别是其中技术进步的因素，在不同时期和不同年度都会有不同的变化情况。这些情况的变化，都会影响各年单位产品占用基金系数发生变化。例如，现代化大型企业建设的比重增加，固然在企业投入生产后，对劳动生产率的提高从而对积累基金的更快增长会有较大的作用，然而它所能吸收的新增劳动力较少，同时在一定情况下也会暂时提高每一单位产品的资金占用系数。反之，如果中小型的、中间技术的企业建设的比重提高，虽然投入生产的企业劳动生产率相对较低，然而它能够吸收较多的劳动力，在原有劳动力资源尚未完全充分利用的前提下，能够提高全社会范围的劳动生产率，同时由于投资少建设快，也能够很快地影响每一单位产品占用基金系数的降低，从而有利于生产发展速度的提高。所以，单是企业规模的大中小构成以及不同技术水平结构的改变，会使单位产品的资金占用系数发生种种可能的变化，从而引起再生产速度的波动；更不用说上述其他许多复杂情况变化的影响了。就我国的情况来看，在第一个五年计划时期，全社会平均的单位社会产品占用基金系数曾有提高的倾向，这同这个时期生产结构的改变，即占用系数较高的产业部门特别是重工业部门的比重增加，有着一定的关系。而在1958年单位社会产品占用基金系数却较上年有所降低，一反过去第一个五年计划时期的倾向；这对这一年生产速度极大幅度的提高，起了一定的作用；而这一年基金占用系数的降低，则同中小型的、洋土结合的企业建设比重的扩大，有着一定的关系。

以上我们从决定再生产发展速度的一些直接的经济因素，来看再生产速度在不同时期、不同年度间出现波浪起伏的原因。概括说来，无论从劳动消耗量和劳动生产率上看，或者从生产基金量和资金占用系数上看，它们在不同时期、不同年度对速度所起作用的方向和作用的程度，都会有种种不同的变化。如果某年它们的作用方向一致，作用的强度又很大，就会引起生产发展速度的较大幅度的或起或伏的波动。如果它们的作用方向不一致，作用的强度也不相等，那么，各种情况综合作用的结果，也会引起生产发展速度以不同的幅度，发生或升或降的波动。

三

上节所述的决定再生产发展速度的经济因素，在社会主义制度下，并不是自发地发生作用的，而是在社会主义生产关系和上层建筑的一定情况下面，通过人们的计划安排和主观能动活动，而发生作用的。现在我们简单地说明一下社会主义生产关系和人们的主观能动活动，对于生产发展速度的波浪式产生的影响。

社会主义生产关系和上层建筑的具体环节和具体形式，适应于生产力发展的要求在一个时期所进行的改变或调整，在另一个时期所进行的巩固和保持相对的稳定性，对于充分调动生产力中最重要的要素——劳动人民群众的积极性来说，对于充分利用各种有利于高速度发展的客观经济因素来说，都有着极端重要的意义。当社会生产关系经过变革或调整，已经适应于生产力进一步发展的要求的时候，就有必要在一定时期内，稳定这个新的生产关系，使它不断地得到完善，这对于生产力的进一步发展是有利的，对于下一步改进和提高生产关系，也是必要的。在我国农村实现了人民公社化以后，党明确了在一定时期内三级所有、队为基础是农村人民公社现阶段的根本制度，必须予以巩固和有一个相对稳定的阶段，这正是为了促进生产力的发展。生产关系和上层建筑具体环节的调整、巩固和完善，在时间上不可能是一年一年地均衡地进行的。这也会通过有关的经济因素，对生产发展速度的不均衡的波动，产生一定的影响。

社会主义经济由于是计划经济，人们的主观能动活动特别是计划安排对于经济发展速度的变动，有着十分重要的意义。当然，必须指出，产生波浪式运动的根本原因，并不是人们的主观安排，而是前述各种客观经济因素的不均衡的变化的结果。但是人们在认识客观规律的基础上所进行的主观能动活动，能够在一定程度上影响波浪式的变化幅度。在实际经济生活中，人们的主观能动活动对于发展速度波动幅度的影响，是在认识经济运动客观规律的基础上，通过对前述各种因素的因势利导和计划安排来实现的。在这种安排中，人们的主观活动在各种客观因素和条件所许可的界限范围内，有着很大程度的回旋余地，从而对发展速度波浪起伏的幅度，发生一定的作用。然而必须指出，人们对于经济运动的客观规律的认识和速度波动的客观界限的掌握不可能一下子达到十分完满和十分准确的地步，而是一个不断地深入和提高的过程。如何根据不同时期各种条件因素的具体情况，在计划的安排中对发展速度规定最恰当的变化幅度，避免人为地大起大伏，以保证从长时期平均来看的国民经济发展的最高可能的速度，这是一个具有十分重要的理论意义和实践意义的问题，也是一个十分复杂的问题。这个问题，还有待于在总结社会主义建设经验的基础上，进行深入的探讨研究。

论积累对消费资料的需求和消费资料的生产对积累的制约*

（1962年1月）

在分析积累、消费同社会生产的两大部类之间的关系时，我们通常总把积累同第Ⅰ部类联系起来，把消费同第Ⅱ部类联系起来，认为积累的规模，基本上应与第Ⅰ部类的发展相适应，消费的规模，基本上应与第Ⅱ部类的发展相适应。的确，积累基金的物质内容，主要是由扩大再生产所需的生产资料构成的，而第Ⅰ部类产品在扣除了两大部类生产中消耗的生产资料的补偿部分以后，也都是全部作为积累之用的。另一方面，消费基金的物质内容，只能由消费资料来构成，而第Ⅱ部类生产的消费资料，除了一小部分用于积累外，绝大部分都是作为当年消费之用的。所以，无论从积累、消费的物质内容来看，或者从两大部类产品的经济用途来看，积累同第Ⅰ部类之间，消费同第Ⅱ部类之间的密切联系，都是不能忽视的。

可是，在社会主义扩大再生产中，积累、消费同两大部类之间的关系，远比上述两对联系更为复杂。除了积累同第Ⅰ部类之间、消费同第Ⅱ部类之间的联系外，在积累同第Ⅱ部类之间、消费同第Ⅰ部类之间，也存在着交叉的关系。积累的规模，不仅要受生产资料生产规模的约束，而且要受消费资料生产规模的约

* 原载《中国经济问题》1962年第1期。

束；同样，消费的规模，不仅要受消费资料生产规模的牵制，而且要取决于生产资料的生产规模。积累同消费资料生产之间、消费同生产资料生产之间的这种交叉的联系，是我们在过去的理论分析中注意不够的一个问题。而这个问题，对于社会主义经济计划的综合平衡来说，也是一个不能忽视的问题。

这篇文章，试图对积累同消费资料生产之间的关系，作一个初步探讨。

一

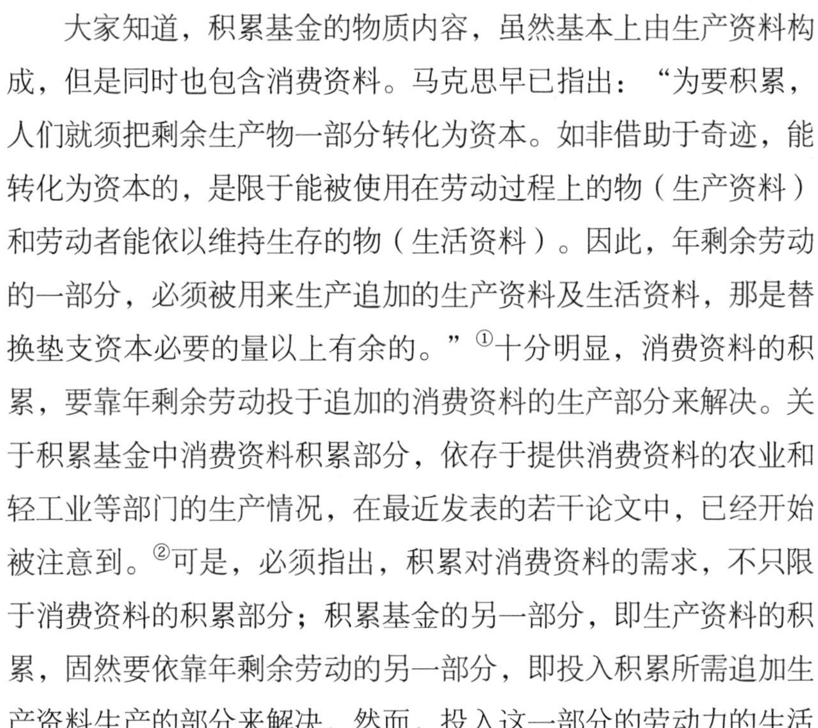

大家知道，积累基金的物质内容，虽然基本上由生产资料构成，但是同时也包含消费资料。马克思早已指出："为要积累，人们就须把剩余生产物一部分转化为资本。如非借助于奇迹，能转化为资本的，是限于能被使用在劳动过程上的物（生产资料）和劳动者能依以维持生存的物（生活资料）。因此，年剩余劳动的一部分，必须被用来生产追加的生产资料及生活资料，那是替换垫支资本必要的量以上有余的。"[①]十分明显，消费资料的积累，要靠年剩余劳动投于追加的消费资料的生产部分来解决。关于积累基金中消费资料积累部分，依存于提供消费资料的农业和轻工业等部门的生产情况，在最近发表的若干论文中，已经开始被注意到。[②]可是，必须指出，积累对消费资料的需求，不只限于消费资料的积累部分；积累基金的另一部分，即生产资料的积累，固然要依靠年剩余劳动的另一部分，即投入积累所需追加生产资料生产的部分来解决，然而，投入这一部分的劳动力的生活

① 马克思：《资本论》第1卷，人民出版社1953年版，第726页。

② 胡学政："从积累和消费的关系看农、轻、重的关系"，载《人民日报》1961年9月5日；杨坚白："试论农业、轻工业、重工业比例和消费、积累比例之间的内在联系"，载《经济研究》1961年第12期。

需要，也要依靠农业、轻工业等消费资料生产部门的生产来保证。所以，生产资料的积累同消费资料的生产之间，也存在着密切的依存关系。

为了阐明生产资料积累同消费资料生产之间的关系，需要解决一个方法论上的问题，即如何利用两大部类划分的原理，并且结合农、轻、重的关系，来观察我们当前所要探讨的问题。

我们知道，积累基金中生产资料的积累部分，在价值上等于Ⅰ（$v+m$）－Ⅱc，或者等于Ⅰ（$c+v+m$）－（Ⅰc+Ⅱc）。而消费资料的生产，在价值上等于Ⅱ（$c+v+m$）。这两项之和，恰好等于当年生产的国民收入。所以，当我们分析生产资料积累同消费资料生产之间的关系的时候，事实上我们是就国民收入所包含的社会一年生产的最终产品的范围，来分析生产资料的生产（第Ⅰ部类）同消费资料的生产（第Ⅱ部类）之间的关系，而不是就社会总产品的范围，来分析两大部类的关系。

全社会的生产劳动者，不论他们在哪一生产部门从事劳动，他们的劳动的最终成果，都要体现在国民收入所包含的上述两种最终产品上，即积累的生产资料和全部生产出来的消费资料上。从实物形态上看，积累的生产资料，是由生产性基本建设和机器制造业的产品（厂房、水库、设备等），扣除了社会生产性固定基金当年磨损的补偿部分，加上其他生产资料生产部门所提供的社会生产资料物资储备的增长，所构成的。参与积累的生产资料的形成的，不仅是上述部门直接生产这些生产品的劳动者，而且包括为生产积累的生产资料间接提供所需生产资料的劳动者，这里包含建筑材料部门、冶金部门、动力部门、采掘部门等一系列重工业部门的劳动者。我们把直接和间接与当年积累的生产资料的生产有关的劳动者，并在一起，称之为积累的生产资料的生产劳动者；这一类劳动者的人数，以N'来代表。

国民收入中包含的另一部分最终产品，即全部消费资料，在实物形态上，是由可以直接供个人消费或其他非生产性消费的农产品、轻工业产品（和非生产性基建产品）构成的。参与消费资料的生产的，不仅有直接提供这些消费资料的部门的劳动者，而且包括为当年生产消费资料间接提供原料和其他生产资料的劳动者，特别重要的是，这里也包含生产农业原料的劳动者。我们把直接和间接与当年消费资料的生产有关的劳动者，并在一起，称之为消费资料的生产劳动者；这一类劳动者的人数，以N''来代表。

这样，如果我们按国民收入所包含的两种最终产品的口径，来划分全社会的生产劳动者，我们就可以把后者区别为积累的生产资料的生产劳动者（N'）和消费资料的生产劳动者（N''）。N'和N''的划分，同社会生产劳动者按社会总产品的两大部类口径的划分，略有不同。按照社会总产品的两大部类的划分口径，为当年生产的消费资料提供生产资料的劳动者（其中十分重要的是农产原料的生产者），就不能够包含到消费资料的生产劳动者中去，而应包括在第Ⅰ部类即生产资料的生产部类中去。所以，N'和N''的划分，便于我们从农、轻、重关系的角度，来观察生产资料的积累同消费资料的生产之间的关系。如果我们把理论分组上不可避免的一些次要的交叉情况存而不论，[①]那么，积累的生产资料的生产劳动者（N'），基本上是由生产性基本建设部门和重工业部门的职工构成的，而消费资料的生产劳动者（N''），则基本上是由农业、轻工业部门的劳动者构成的。

让我们回过头来，看看生产资料积累同消费资料生产的关系。为了进行生产资料的积累，必须把积累所需的追加生产资料生产出来。而要生产追加的生产资料，必须要有从事追加的生产

① 例如，农业提供的消费品原料，有一部分，以储备增长的形态，属于生产资料积累的范围。又如，当年生产的消费资料的原料，有一部分，是重工业提供的，等等。

资料的生产的劳动者，即积累的生产资料的生产劳动者，N'。生产资料积累规模扩大，当生产资料生产部门的劳动生产率为已定的场合，则N'的数值也要相应地扩大。而积累的生产资料的生产劳动者的消费，则必须依靠消费资料的生产来解决。①十分明显，为要满足积累的生产资料的生产劳动者的消费需求，消费资料生产劳动者的劳动生产率，就必须大于他们的平均消费，从而能够提供一个剩余。令消费资料的生产劳动者的劳动生产率为h''，社会劳动者平均消费水平为Z。②那么，消费资料的生产量等于$N''\times h''$；消费资料的生产劳动者的消费总额等于$N''\times Z$；而消费资料生产部门可供的剩余消费资料则等于$N''\times h''-N''\times Z=N''(h''-Z)$。

从这里不难看到，能够从事积累的生产资料的生产劳动者的人数（N'），可用下式来确定：

$$N'=\frac{N''(h''-z)}{Z}$$

由此可见，可以从事积累的生产资料的生产的劳动者人数（N'），是受消费资料的生产劳动者人数（N''）、他们的劳动生产率（h''）和劳动者的平均消费水平（Z）这样一些数值所决定的。在社会劳动力总资源没有限制的假定情况下，积累的生产资料的生产劳动者人数，既取决于消费资料的生产劳动者人数，又取决于消费资料生产部门超越于劳动者自身消费水平的劳动生产

① “为了扩大生产（绝对意义上的‘积累’），必须首先生产生产资料，而要做到这一点，就必须扩大制造生产资料的社会生产部门，就必须把工人吸收到那一部门中去，这些工人也就对消费品提出需求。因而，‘消费’是跟着‘积累’或者跟着‘生产’而发展的。”（《列宁全集》第2卷，人民出版社1959年版，第122页。）

② 当我们提到劳动者的平均消费水平时，总是把他们的供养人口，考虑在内的。至于非生产领域的人员和消费，则假定已从有关项目中，作了必要的扣除。也就是说，这里假定全社会的劳动人口，都从事物质生产。

率。从事消费资料生产的劳动者人数越多，超越于自身消费的劳动生产率越高，则可以从事积累的生产资料的生产劳动者的人数也就越多。在社会劳动力总资源为已定的情况下，则积累的生产资料的生产劳动者相对于消费资料生产劳动者人数的比率$\left(\frac{N'}{N''}\right)$，从而前者的绝对人数（$N'$）就纯然取决于消费资料部门超越于劳动者自身消费的劳动生产率对劳动者平均消费水平的比率：

$$\frac{N'}{N''}=\frac{h''-Z}{Z}$$

从这里可以得出一个十分重要的结论：当社会劳动力总资源为已定、消费资料部门的劳动生产率为已定、同时劳动者平均消费水平为已定时，则可以从事积累的生产资料的生产劳动者人数，[①]从而生产资料的积累规模，是一个被决定的、一定的数值。这个数值，最终要取决于消费资料部门超越于劳动者自身消费需要的劳动生产率的水平。正是在这个意义上，超越于农业劳动者个人消费的农业劳动生产率，对于重工业和生产性基本建设的投资规模的确定，从而对于整个社会生产的发展来说，有着不容忽视的重要意义。为$\frac{(h''-Z)}{Z}$这一比率所设定的社会劳动力资源的分配比例的界限，从而为生产资料的积累潜力所设定的界限，在一般的正常情况下，是不能过分背离的。$\frac{N'}{N''}$过分提高（或消费资料生产部门的劳动力过早地转移到积累的生产资料的生产部门），以致$\frac{h''-Z}{Z}$的比率被大大超过的情况，意味着重工业和生产性基本建设的投资规模，超过了消费资料部门、首先是农业的现有劳动生产率所能承担的程度。在这种情况下，就有必要调整重工业和生产性基本建设的规模，从而不能不使生产资料

① 为了简化分析的条件，在这里和以后，我们都假定：积累的生产资料生产部门的劳动生产率是已定的。

的积累潜力，暂时有所降低。另一方面，在消费资料生产部门特别是农业的劳动力得到进一步充实，其劳动生产率获得进一步提高的时候，则由于$\frac{h''-Z}{Z}$的比率，会逐渐超过$\frac{N'}{N''}$的比例，那么，重工业和生产性基本建设的规模，就可以进一步提高，从而使生产资料的积累潜力，进一步地扩大。

由此可见，积累基金中生产资料积累的规模，同消费资料的生产之间，存在着紧密的数量关系。社会主义国家在国民经济计划中安排积累的规模时，不但要考虑重工业和基本建设的规模，能够提供多少积累所需的生产资料，而且要考虑这样的重工业和生产建设的规模，能否为消费资料的生产能力所承担。在这里具有决定意义的，仍然是超越于农业劳动者个人消费的农业劳动生产率。

二

积累基金的另一部分——消费资料积累——对提供消费资料的农业、轻工业等部门的依存关系，是一目了然，用不着多加说明的。这里要说明的是，消费资料积累对消费资料所提出的追加需求，反过来会对生产资料的积累规模，发生什么影响，以及与此密切相关的所谓积累基金的平均构成（积累基金在生产资料积累和消费资料积累之间的分配比例）问题。

消费资料积累所需的消费资料，同生产资料积累物资的生产劳动者所需的消费资料一样，只能从消费资料生产总额中，扣除了消费资料的生产劳动者自身消费以后的余额中取得。上节我们没有考虑消费资料积累的需求时，超越于消费资料生产劳动者自身需要的剩余消费资料的全部，都是看成为满足积累的生产资料的生产劳动者的消费需要的。消费资料积累的出现，便对上述意义的剩余消费资料提出追加的需求。这个追加的需求，势必要求扩大消费资料生产的规模，或者要求减少给予积累的生产资料生产部门的剩余消费资料。如果社会劳动力总资源为已定，消费资料生产部门的劳动生产率和劳动者的平均消费水平都为已定，那么，这一追加需求的出现，不能不引起消费资料的生产劳动者人数的相应扩大，从而使积累的生产资料的生产劳动者人数相应减少。因此，在必须同时进行消费资料积累的场合，从事积累的生产资料的生产劳动者的相对人数和绝对人数，都比在没有消费资料积累的假定场合为小。如果生产资料生产部门的劳动生产率为已定，那么，生产资料的积累规模，也要相应地减少。

从以上的叙述中，可以得出以下两个结论：

第一，社会可以用来进行积累（包括生产资料积累和消费资料积累）的资源潜力，归根到底，要取决于消费资料部门所能提供的剩余消费品的数额，有多么大；换句话说，要看消费资料生产部门、特别是农业中超越于劳动者个人需要的劳动生产率，有多么高。

第二，在其他情况（如劳动力总资源、劳动生产率、平均消费水平等）相同时，消费资料积累的绝对规模越大，则通过劳动力资源在两大部类之间、和剩余消费资料在消费资料积累的需要同积累的生产资料生产部门的需要之间的分配，生产资料积累的相对和绝对潜力，就越是减少。反之，消费资料积累的绝对规模越小，则生产资料积累的相对和绝对潜力，就越能扩大。

由于在消费资料生产部门的可供剩余消费产品为已定、从而社会积累资源总潜力为已定的条件下，生产资料的积累规模同消费资料的积累规模，依相反的方向变化，在这里有必要分析一下积累在生产资料和消费资料之间的分割比例，或积累基金的平均

构成，是怎样确定的。[①]

关于在资本主义社会中，资本积累在不变资本和可变资本之间的分割比例，马克思曾经指出："剩余生产物以什么比例，分割在可变资本和不变资本之间，那要看资本的平均构成而定。资本主义越是发展，直接投在工资上面的部分，相对地说就越是小。"[②]在资本主义社会中，资本平均构成的提高，是在资本家追逐利润的激烈竞争中自发形成的一个趋势。作为资本积累规律的一个重要契机，这个趋势，又是同劳动人口中失业后备军的形成，和劳动人民相对贫困化的过程，结了不解之缘。在这里，可变资本在积累中所占份额，是自发形成的资本平均构成所决定的，而劳动者的就业人数和消费水平，则又只能被限制在这个被决定的可变资本的范围以内，服从于资本积累的需要。

在社会主义社会中，积累基金平均构成的提高，是社会有计划地提高劳动者平均技术装备水平的反映。作为社会主义积累规律的一个契机，生产基金平均构成的提高，又是同新增劳动人口的充分就业和劳动人民消费水平的提高，密不可分的。所以，在这里消费资料在积累中所占份额，不像资本积累中的可变资本那样，是自发形成的资本平均构成的结果。正好相反，社会主义积累中消费资料的绝对数额，首先要根据下一生产周期中新增劳动人口的充分就业（和劳动者消费水平的不断提高）的要求来确定。当社会积累资源的总潜力已被消费资料生产部门提供的剩余消费产品所决定时，生产资料的积累规模从而社会积累基金的平均构成，毋宁是消费资料积累的绝对额按上述要求确定以后的一个结果。

① 这里像以前一样，为了简化分析条件，我们仍然假定生产资料生产部门的劳动生产率为已定。

② 马克思：《剩余价值学说史》第2卷，1957年俄文版，第496页。

所以，当我们考察一个社会主义国家在一定时期积累基金的平均构成时，不能单纯地从原有经济技术水平来判断生产资料积累和消费资料积累的比率，是高是低；而必须结合本期积累资源潜力总额和下期劳动人口资源增长之间的对比关系来考虑。积累所采取的技术水平本身，也要看积累资源同新增劳动人口之间，有怎样的对比关系。相对于积累资源潜力来说，一个国家的劳动人口增长越快，则为新增劳动人口的就业所准备的消费资料积累就越大，生产资料积累从而积累基金的平均构成就越低。反之，相对于积累资源潜力来说，劳动人口增长速度越小，则为新增劳动人口所准备的消费资料积累也可以越少，生产资料积累从而积累基金的平均构成，也可以越高。

申而论之，一个经济技术水平较低的国家，虽然现有社会生产基金的平均构成较低，社会生产所能提供的积累资源潜力也比较小；但是，如果这个国家由于过去旧社会遗留下来的失业人口和其他未就业人员已经得到利用，致使可以吸收参加生产的新增劳动力资源相对急剧减少，那么，积累所采取的技术水平和积累基金的平均构成，就应该有比较迅速的提高。

由积累资源同新增劳动力资源的对比关系所决定的积累基金的平均构成，或者积累在生产资料基金和消费资料基金之间的分割比例，我们可以叫作积累需要的物质构成，以区别于积累的生产物质构成。后者是由一国的生产结构所决定的。积累的这两种物质构成，可能发生不一致的情况。例如，上述由于新增劳动人口资源和积累资源对比关系的变化而要求迅速提高积累的平均构成的国家，同时又是一个重工业发展不够、而农业比重还比较大的国家。这里社会生产为积累所能提供的物资中，消费资料所占份额仍然较大，因而积累的生产物质构成，就低于积累需要的物质构成。在积累的这两种物质构成不一致的场合，就必须通过改变社会生产结构或者改变可以两用的物资的使用方向，或者通过

外贸途径，使积累需要的物质构成，得到实现。

以上的分析，是就社会积累规模，没有超过消费资料部门可供剩余产品所容纳的限度的情况来说的。如果由于农业上连续的严重的自然灾害或其他原因，使消费资料生产部门可供剩余消费产品不能容纳已经扩大了的积累规模，因而有必要暂时压缩积累、调整两大部类的比例关系时，就有必要对积累的物质构成，作相应的调整。在这种场合，由于必须进一步发展消费资料的生产，以保证劳动人民消费水平的适当提高，并补偿前一时期消费品储备的相对减少；在暂时缩小了的社会积累中，生产资料的积累会有较大幅度的减少（主要表现为生产性基本建设战线的缩短），而消费资料积累的份额却要有所提高（主要表现为消费品及其原材料储备的恢复和增长），因而积累基金的平均构成，也有暂时降低的可能。可是，随着国民经济中基本比例关系的调整和消费资料生产的进一步扩大，随着消费资料生产部门可供剩余生产品数额的继续增长，社会积累的资源潜力也将进一步增长；这时，积累基金平均构成必将恢复不断上升的长期趋势。这是因为，积累资源相对于新增劳动力资源的更快的增长，及由此带来的社会劳动者平均装备水平和社会生产基金的平均构成的不断提高，乃是社会主义扩大再生产在正常情况下所固有的、经常的过程。这一过程，作为社会劳动生产率不断提高的条件和结果，乃是保证社会主义扩大再生产能以持续的高速度发展的重要因素之一。

三

我们已经考察了积累对消费资料的两种需求。这两种需求是：

1. 积累的生产资料的生产劳动者的消费需求。这种需要又可划分为两小类。

第一小类：直接从事积累的生产资料生产的劳动者的需要。如生产性基本建设工人、机器设备制造业工人等的消费需要。

第二小类：间接为积累的生产资料的生产提供生产资料的劳动者的需要。这里包括建筑材料、冶金、动力等部门有关劳动者的消费需要。

令生产资料的积累总额为p'；直接参与积累的生产资料生产的职工报酬占其产品产值的比重为a；那么，第一小类的消费需要等于$p'a$。又令间接为上述产品的生产提供生产资料的劳动者的报酬占上述产品产值的比重为b，则第二小类的消费需要等于$p'b$。积累的生产资料的全体生产劳动者的消费需要等于$p'a+p'b=p'(a+b)$。[①]

2. 消费资料积累的需求。这种需求，可以通过积累基金的平均构成系数（生产资料积累对消费资料积累的比率）同生产资料积累联系起来。令积累基金的平均系数为c，那么，消费资料积累的需求等于$\frac{p'}{c}$。

积累对消费资料的上述几种需求的总和等于：

$$p'a+p'b+\frac{p'}{c}=p'\left(a+b+\frac{1}{c}\right)$$

如果认为，积累对消费资料的需求，只限于上述几个部分，那就错了。事实上，还有两种对消费资料的需求，同积累的规模之间，有着十分密切的联系，一种是与积累规模扩大有关的非生产领域的消费需要，另一种是随着生产资料积累的动用（如新建

① $p'(a+b)$同前述$N'\times Z$的关系是：

$p'=N'\times h'$（h'代表这些部门表现在最终的积累产品上的劳动生产率）

$$a+b=\frac{N}{N'}\frac{Z}{h'}=\frac{Z}{h'}$$

$$p'(a+b)=N'h'\times\frac{Z}{h'}=N'\times Z。$$

扩建企业投入生产等）而必须增加的生产劳动者的消费需要。先看一下前一种消费需要。

生产资料积累规模的扩大，不仅意味着生产性建设部门、设备制造部门及与之有关的一系列重工业部门的扩大，而且，为这些部门职工服务的一系列所谓配套事业，也要扩大。这里包括商业、公用事业、邮电交通、文教卫生等部门。这些部门机构人员的扩大，一方面要从社会劳动力总资源中占去一部分劳动力，另一方面要对消费资料提出追加的需求。在非生产部门的扩大同生产建设规模扩大之间，存在着一定的比例关系；当然，这个比例关系，会随着情况不同而改变。例如，生产建设同等规模的扩大，所需各项配套服务事业扩大的程度，在新建设地区就比在原有工业基地更大。但是，在一定时期，就全社会范围来看，在服务性事业同生产建设事业之间，可以确定一个大体上合理的平均系数或比率。如果我们把与生产资料积累规模扩大有关的非生产机构、人员的消费需求、对生产资料积累规模之间的平均比率用d来代表，那么这些非生产机构、人员对消费资料的追加需求，就等于$p'd$。

$p'd$和前述$p'\left(a+b+\frac{1}{c}\right)$，都是因积累而引起的对消费资料的需求，这些需求，都要从当年生产的消费资料中取得补偿。令当年生产的消费资料总额为p''；又令消费资料的生产劳动者的报酬占其产品总值的比重为e，那么，可供的剩余消费资料为$p''(1-e)$。[①]消费资料的这个可供剩余，应当足以保证上述积累对消费资料的各项需要的满足[②]：

① $p''(1-e)$同前述$N''(h''-Z)$的关系：$p''=N''h''$

$$e=\frac{N''\times Z}{N''\times N''}=\frac{Z}{h''}\quad\therefore p''(1-e)=N''h''\times\left(1-\frac{Z}{h''}\right)=N''(h''-Z)$$

② 此外，还有一些与积累无直接关系的消费资料需求，如一般行政管理、国防、消费资料后备及与积累无关的其他非生产机构人员的消费。这些消费资料需求，应从$p''(1-e)$中作必要的扣除。

$$p''(1-e)=p'\left(a+b+\frac{1}{c}+d\right)$$

由上式可得：

$$p'=\frac{p''(1-e)}{a+b+\frac{1}{c}+d}$$

上式表明，生产资料的积累规模，是受消费资料可供剩余和与生产资料积累有关的各项消费资料需求系数（a，b，$\frac{1}{c}$，d）所限定。生产资料的积累规模，同消费资料生产部门的负担能力成正方向的变化，同各项与积累有关的消费资料需求系数成反方向的变化。所以，在安排积累规模及与此有关的生产性基本建设投资和重工业发展规模时，必须结合各项消费资料的需求，来考虑农业、轻工业的承担能力。在这里十分重要的问题不仅在于确定消费资料生产部门（特别是农业）中超越于劳动者个人需要的劳动生产率，而且在于研究与积累有关的各项消费资料的需求系数，探索这些系数的决定因素和变动规律。这些问题，还有待于计划工作者和理论工作者的共同努力。

读者可能已经注意到，上述公式所列举的与积累有关的消费资料需求项目中，没有把生产资料积累基金的动用而引起的新增就业劳动者的消费需要包括进去。有些读者还可能怀疑：有没有必要在消费资料积累之外，另提出一个与新增劳动者消费需要有关的项目。因为，似乎本期的消费资料积累，已经可以解决下期新增劳动者的消费需要了。关于这个问题，这里简单说明一下。

为下期新增劳动人口所准备的消费资料积累，和下期新增劳动人口生活所需消费资料的补偿，是不能混淆的。消费资料的积累，是在非生产性建筑物和消费品储备的形态上，作为下期新增劳动人口的经常生活需要的准备基金或周转基金，它不是用来补偿下期新增劳动人口的全部消费需要的。下期新增劳动人口的消费需要，要靠下期的消费基金的增长来补偿，也就是说，要靠下

期消费资料生产规模的扩大来解决。同时，为下期新增劳动人口所准备的消费资料积累，在价值量上也不等于下期新增人口的全部消费需要，前者还要取决于消费资料储备基金的周转速度。正是由于下期的消费不能由本期生产的消费资料来补偿，所以，下期新增劳动人口的消费，虽然与本期的生产资料积累在下期的动用有关，我们也不能把它列入由本期生产的消费资料来补偿的需求项目公式之中，而应当在消费资料积累之外，另立一个项目，来考虑积累对后续时期消费的影响。

积累对后续时期消费的影响，是一个比积累在当前时期对消费资料的需求远为复杂的问题。这里当然不仅包括新增生产劳动者的需求，而且也要包括非生产部门相应扩大的需求；并且，根据社会主义基本经济规律和积累规律的要求，劳动人口的平均消费水平，也要随着积累和生产规模的扩大，不断地逐步地有所提高。还要看到，积累一方面引起后续时期消费需求的增长，另一方面，随着积累在后续时期的动用，新的生产能力也在不断增长。这些新增生产能力，最终在消费资料的生产上所能取得效果的大小和时间的早迟，又要看积累是依怎样的比例，在两大部类之间进行分配。对于未来时期消费水平的长期变动曲线或时间序列的影响来说，积累在两大部类之间的分配比例，较之积累规模本身，有着更为重要的意义。这个问题，已经越出了本文的范围，需要另行研究。

关于扩大再生产的基本公式问题*

（1962年2月26日）

实学同志在《光明日报》1961年12月4日的一篇文章中，对扩大再生产的条件，提出了这样一个意见：

"除了Ⅰ（$v+m$）>Ⅱc这个首要的基本的公式以外，还必须有Ⅱ（$c+m$）>Ⅰ$\left(v+\frac{m}{x}\right)$这个基本的公式"。在这以后，宋则行同志又在12月25日《光明日报》发表的文章中，对实学同志的"这个基本的公式"作了修改补充，把它改写为

$$\text{Ⅱ}\left(c+m-\frac{m}{x}\right)>\text{Ⅰ}\left(v+\frac{m}{x}\right)$$

我认为：实、宋两位同志提出来的公式，并不是扩大再生产的基本的公式。扩大再生产的基本公式只有一个，就是

$$\text{Ⅰ}(v+m)>\text{Ⅱ}c$$

经典作家在不同的场合，对扩大再生产的条件，提出过三个公式。这三个公式是：

①Ⅰ（$v+m$）>Ⅱc；

②Ⅰ（$c+v+m$）>Ⅰ c+Ⅱc；

③Ⅱ（$c+v+m$）<Ⅰ（$v+m$）+Ⅱ（$v+m$）。

这三个公式中，第①公式是基本的公式；而其他两个公式则是从基本的公式引申出来的公式，它们都不是基本的公式。但

* 原载《光明日报》1962年2月26日《经济学》第125期，原题为《论所谓扩大再生产的"第二个基本公式"》。

是，由于第②和第③公式，是从不同的侧面，来展开第①公式的内容，它们各有自己的独立意义，所以，通常就把它们同第①式并列，称之为扩大再生产的三个条件式。这三个条件式必须统一起来看，才能对扩大再生产中两大部类的内部联系，得到一个完整的概念。但是，必须重复提出：**只有第①公式，才是扩大再生产的基本公式**。

至于实、宋两位同志提出来的所谓第二个“基本公式”，事实上是可以从上述扩大再生产的第③条件式中引申出来的，它不过是第③条件式的变形而已。换句话说，这个所谓的“基本公式”，事实上已经蕴含在马克思的扩大再生产的基本条件式中，前者不过是后者在一个侧面——消费资料的平衡条件这一侧面上的进一步演化而已。所以，实、宋二同志提出的公式，完全不是什么独立的“基本公式”。

我这个看法，可以用简单的数学式子来证明。下面使用的有关符号，都是当作社会主义的经济范畴来理解的。

我们已知，扩大再生产的第③条件式是：

$$\text{Ⅱ}(c+v+m)<\text{Ⅰ}(v+m)+\text{Ⅱ}(v+m) \qquad (1)$$

这个式的左方是消费资料的生产额，右方是两大部类创造的净产品或国民收入。这个式的意思是说，为要扩大生产，就必须使两大部类创造的国民收入，大于第Ⅱ部类生产的消费资料。因为，只有在这个条件下，才能从国民收入中提出一个份额，来进行生产资料的积累。这个份额，显然是出自两大部类创造的剩余产品的价值m。以$\frac{m}{y}$来代表剩余产品价值中用于生产资料积累的部分。那么，只要从国民收入中减掉Ⅰ$\frac{m}{y}$和Ⅱ$\frac{m}{y}$，我们就可以把式（1）从**不等式的形式**，改写为**等式**的形式：

$$\text{Ⅱ}(c+v+m)=\text{Ⅰ}(v+m)+\text{Ⅱ}(v+m)-\text{Ⅰ}\frac{m}{y}-\text{Ⅱ}\frac{m}{y} \qquad (2)$$

剩余产品的价值m，不仅用于生产资料积累的投资，而且还用于消费资料积累的投资；此外，还要提出一部分，供社会非生产领域的个人消费和集体消费的需要。以$\frac{m}{x}$代表剩余产品价值中提供非生产领域消费需要的部分，以$\frac{m}{z}$代表用于消费资料积累部分，那么：

$$\mathrm{I}\,m=\mathrm{I}\left(\frac{m}{x}+\frac{m}{y}+\frac{m}{z}\right);\quad \mathrm{II}\,m=\mathrm{II}\left(\frac{m}{x}+\frac{m}{y}+\frac{m}{z}\right)。$$

把Ⅰm，Ⅱm的上述内容，代入式（2）右方国民收入中的相应项目，得：

$$\mathrm{II}\,(c+v+m)=(\mathrm{I}\,v+\mathrm{II}\,v)+\mathrm{I}\left(\frac{m}{x}+\frac{m}{y}+\frac{m}{z}\right)+\mathrm{II}\left(\frac{m}{x}+\frac{m}{y}+\frac{m}{z}\right)-\mathrm{I}\,\frac{m}{y}-\mathrm{II}\,\frac{m}{y}$$

上式右方消掉Ⅰ$\frac{m}{y}$和Ⅱ$\frac{m}{y}$，则得：

$$\mathrm{II}\,(c+v+m)=(\mathrm{I}\,v+\mathrm{II}\,v)+\left(\mathrm{I}\,\frac{m}{x}+\mathrm{II}\,\frac{m}{x}\right)+\left(\mathrm{I}\,\frac{m}{z}+\mathrm{II}\,\frac{m}{z}\right) \qquad (3)$$

这里得到的式（3），比上述式（2）更清楚地表明了扩大再生产中消费资料的平衡条件：第Ⅱ部类的产品Ⅱ（$c+v+m$），除了能够补偿两大部类原有劳动者的消费（Ⅰv+Ⅱv）和非生产领域的消费$\left(\mathrm{I}\,\frac{m}{x}+\mathrm{II}\,\frac{m}{x}\right)$外，还有一个与$\left(\mathrm{I}\,\frac{m}{z}+\mathrm{II}\,\frac{m}{z}\right)$相应的剩余。十分明显，这个剩余，就是用于扩大再生产中两大部类所需的消费资料的积累的。

用不着费很大力气，就可以把式（3）这个**等式**，还原为以**不等式**来表现的另外两个条件式：

$$\mathrm{II}\,(c+v+m)>\mathrm{I}\,v+\mathrm{II}\,v+\mathrm{I}\,\frac{m}{x} \qquad (4)$$

$$\mathrm{II}\,(c+v+m)>\mathrm{I}\,v+\mathrm{II}\,v+\mathrm{I}\,\frac{m}{x}+\mathrm{II}\,\frac{m}{x} \qquad (5)$$

从式（4）的双方，消除Ⅱv，可得：

$$\mathrm{II}\,(c+m)>\mathrm{I}\left(v+\frac{m}{x}\right) \qquad (6)$$

从式（5）的双方，消掉Ⅱv，并将Ⅱ$\frac{m}{x}$从式（5）的右方移

到左方，则得：

$$\text{II}\left(c+m-\frac{m}{x}\right)>\text{I}\left(v+\frac{m}{x}\right) \qquad (7)$$

到这里，我们可以看到，式（6）就是实学同志提出来的所谓第二个“基本公式”；式（7）就是宋则行同志对实学同志的公式进行了补充修改后的“基本公式”。实、宋二同志，都把自己提出来的公式，当作与马克思的扩大再生产的唯一的基本条件式Ⅰ（$v+m$）>Ⅱc相对等的另一个“基本公式”来看待。根据上面的证明，这些公式则完全是从消费资料的平衡条件式——一般习称的扩大再生产的第③条件式中，推演出来的。由于消费资料的平衡条件式不过是扩大再生产的基本公式在一个侧面的展开，它本身并不是基本公式，所以，从它引申出来的公式，当然也算不得什么“基本公式”了。

所以，实、宋二同志对马克思扩大再生产的基本公式的补充，不过是画蛇添足而已。把扩大再生产的公式归结为Ⅰ（$v+m$）>Ⅱc这个公式，是经典作家一再指示过的，因为这个公式概括了扩大再生产的最根本的条件，而其他一切公式，包括实、宋二同志特别强调的公式在内，不过是这个基本公式在不同侧面和不同层次上的展开。

诚然，马克思曾经讲到过Ⅱ（$c+m$）同Ⅰ$\left(v+\frac{m}{x}\right)$的关系，但是他只是把Ⅱ（$c+m$）>Ⅰ$\left(v+\frac{m}{x}\right)$当作Ⅰ（$v+m$）不等于Ⅱ$c$时可能出现的几种不同情况的一个约束条件来提的，而从来没有把这个约束条件，奉之为扩大再生产的基本条件关系。其原因就在于这个约束条件，事实上是应当蕴含在扩大再生产的真正的基本条件，即Ⅰ（$v+m$）>Ⅱc中的。

必须指出，我不同意所谓第二个“基本公式”，这完全不是说，第Ⅱ部类产品的平衡条件，对扩大再生产是不重要的。在考察扩大再生产中两大部类的关系时，应当不只看到第Ⅰ部类的决定性作用，同时也要看到第Ⅱ部类的制约作用。关于消费资料部类在扩大再生产中的地位和意义，经典作家一再作过指示。但是，实学同志对这些指示所作的引述，并不能够证明Ⅱ（$c+m$）> Ⅰ$\left(v+\frac{m}{x}\right)$是扩大再生产的一个基本式的说法。因为，经典作家自己提出的扩大再生产的三条件式，已经十分完整地解决了扩大再生产中两大部类的相互关系问题。这些公式既表明了第Ⅰ部类的重要作用，也表明了第Ⅱ部类的制约作用。如果我们把这三个条件式，都从不等式改写为等式，便可以更明白地看到这一点。下面所用的$\frac{m}{x}$、$\frac{m}{y}$、$\frac{m}{z}$符号，含义仍如前述，则扩大再生产的三个条件式，可以改写如下：

第①式，即基本公式：

$$\text{Ⅰ}(v+m)=\text{Ⅱ}c+\text{Ⅰ}\frac{m}{y}+\text{Ⅱ}$$

$$\text{或：}\ \text{Ⅰ}\left(v+m\frac{m}{y}\right)=\text{Ⅱ}\left(c+\frac{m}{y}\right)$$

第②式，即生产资料平衡条件式：

$$\text{Ⅰ}(c+v+m)=(\text{Ⅰ}c+\text{Ⅱ}c)+\text{Ⅰ}\left(\frac{m}{y}+\text{Ⅱ}\frac{m}{y}\right)$$

第③式，即消费资料平衡条件式：

$$\text{Ⅱ}(c+v+m)=(\text{Ⅰ}v+\text{Ⅱ}v)+\left(\text{Ⅰ}\frac{m}{x}+\text{Ⅱ}\frac{m}{x}\right)+\left(\text{Ⅰ}\frac{m}{z}+\text{Ⅱ}\frac{m}{z}\right)$$

前面说过，扩大再生产的三个条件式中，第②式和第③式是第①式在不同侧面的展开。其中，第②式反映了第Ⅰ部类产品在扩大再生产中的地位和作用，它指出：两大部类扩大生产所需的全部生产资料，要靠第Ⅰ部类的产品来补偿。第③式反映了第Ⅱ部类产品在扩大再生产中的地位和作用，它指出：两大部类扩大生产所需的全部消费资料，要靠第Ⅱ部类的产品来补偿。这两个公式中任何一式所包含的平衡条件，如果不能满足，扩大再生产就不能正常运行。而这两个公式所包含的平衡条件，又在第①式中，得到了集中的、概括的反映。

对于第①式，即扩大再生产的基本公式，有些同志有一种误解。他们认为，Ⅰ（$v+m$）>Ⅱc这个公式，只反映第Ⅰ部类在扩大再生产中的决定作用，而不反映第Ⅱ部类在扩大再生产中的制约作用；从而，它只说明第Ⅰ部类的重要性，而不说明第Ⅱ部类的重要性。其实，这个公式是通过了两大部类产品的交换条件，来揭示扩大再生产中两大部类之间互相制约的关系的。关于这个公式所反映的第Ⅰ部类对第Ⅱ部类扩大再生产的重要作用，过去论著中谈得很多，不再重复。而关于这一公式所反映的第Ⅱ部类对第Ⅰ部类扩大再生产的制约作用，是一般所不大注意的。让我们对基本公式的这一方面，作一简单的分析。这里用的是上述以等式的形式来表现的基本公式，即Ⅰ$\left(v+m-\frac{m}{y}\right)$=Ⅱ$\left(c+\frac{m}{y}\right)$。

先看这个式的左方：Ⅰ$\left(v+m-\frac{m}{y}\right)$。

由于$m=\frac{m}{x}+\frac{m}{y}+\frac{m}{z}$，所以，$m-\frac{m}{x}=\frac{m}{y}+\frac{m}{z}$。把$m-\frac{m}{x}=\frac{m}{y}+\frac{m}{z}$代入上式左方，则Ⅰ$\left(v+m-\frac{m}{y}\right)$变为Ⅰ$\left(v+\frac{m}{x}+\frac{m}{z}\right)$。

Ⅰ$\left(v+\frac{m}{x}+\frac{m}{z}\right)$代表什么呢？它代表第Ⅰ部类新创造价值中所派生出来的对消费资料的全部需求，其中包括原有劳动者的消费需要Ⅰv，提出给非生产领域的消费的需要Ⅰ$\frac{m}{x}$，以及扩大生产对消费资料积累的需要Ⅰ$\frac{m}{z}$。这些需要合在一起，构成扩大再生产过程中第Ⅰ部类对消费资料的全部需要。

再看基本公式的右方：Ⅱ$\left(c+\frac{m}{y}\right)$。

由于$\frac{m}{y}=m-\frac{m}{x}=\frac{m}{z}$，所以Ⅱ$\left(c+\frac{m}{y}\right)$，可以改写为：

Ⅱ（$c+m$）−Ⅱ$\left(\frac{m}{x}+\frac{m}{z}\right)$，或者改写为：

Ⅱ（$c+v+m$）−Ⅱ$\left(v+\frac{m}{x}+\frac{m}{z}\right)$。

所以，基本公式的右方，是由Ⅱ（$c+v+m$）和Ⅱ（$v+\frac{m}{x}+\frac{m}{z}$）两项的差额所构成的。其中前项，即Ⅱ（$c+v+m$），是指第Ⅱ部类生产的全部消费资料；而后项，即Ⅱ（$v+\frac{m}{x}+\frac{m}{z}$）则是指第Ⅱ部类本身对消费资料提出的全部需要。

把基本公式的左右双方合起来看，就可以看出：超越于第Ⅱ部类本身对消费资料的全部需要以后的剩余消费资料，即Ⅱ（$c+\frac{m}{y}$），应当能够满足扩大再生产中第Ⅰ部类对消费资料提出的全部需要，即Ⅰ（$v+m-\frac{m}{y}$）。这样，第Ⅱ部类对第Ⅰ部类扩大再生产的制约作用，在这里揭示得再也明白不过了。

以上分析表明，马克思的扩大再生产的基本公式，并不像有些同志所设想的那样，只是强调了第Ⅰ部类的重要性，而是同时也强调了第Ⅱ部类的重要性。这个基本公式，和它在两个侧面展开的另两个条件式结合在一起，构成了一整套完整的扩大再生产的条件公式，完整地说明了扩大再生产中两大部类的地位、作用，以及它们之间的相互制约的关系。由此可以看出，为了强调第Ⅱ部类在扩大再生产中的重要作用，完全不需要在马克思的基本公式之外，另立别的什么“基本公式”。

应当承认，过去经济学论著中，包括我自己写的文章在内，在谈到扩大再生产的公式时，的确存在过一种偏向，即过分强调第Ⅰ部类的重要作用，而对第Ⅱ部类的制约作用，虽然并不是完全没有提到，却注意得不够。不过，这种偏向的存在，不能归之于扩大再生产的原有基本公式的不足，而是因为我们没有能够完整地、深刻地体会经典作家提出的，以Ⅰ（$v+m$）>Ⅱc为中心的三位一体的扩大再生产公式；并且对Ⅰ（$v+m$）>Ⅱc这个基本公式，也做了片面的理解。为了克服过去存在过的偏向，并不需要另立一个所谓“基本公式”，而是应该进一步地全面地深刻地体会马克思列宁关于扩大再生产的理论和公式，并结合社会主义计划经济的实践，给予应有的展开和阐明。只要我们循着经典作家指出的路径进行探索，我们就能够在扩大再生产的两大部类关系问题上，得出丰硕的理论果实，和对社会主义经济计划实践有用的指针。

关于简单再生产和扩大再生产的关系问题*

（1962年4月2日）

关于简单再生产和扩大再生产的关系问题，最近经济学界陆续有所讨论。其中有些论点，是值得商榷的。

马克思对这个问题的几点解释

最近讨论中有人提出这样一种看法：扩大再生产下的社会再生产，是简单再生产和扩大再生产的总和。[①]马克思对简单再生产和扩大再生产，做过三种解释。这三种解释，都不能容纳这个流行的说法。

第一种解释。简单再生产和扩大再生产是两种不同类型的社会再生产。马克思说："如果把那些竟使原有规模的再生产也发生困难的干扰撇开不说，那就只能有两种正常情况的再生产：

或者是简单再生产；

或者是剩余价值的资本化，积累。"[②]

---

* 原载《光明日报》1962年4月2日《经济学》专刊第130期。

① 徐芦："关于社会主义再生产的几个问题"，载《大公报》1961年9月13日；吴树青："论简单再生产和扩大再生产的相互关系"，载《光明日报》1961年12月18日。

② 马克思：《资本论》第2卷，人民出版社1953年版，第390页。（引文根据俄译本重译，下同。着重点是我加的。）

根据马克思的指示，简单再生产实质上是以消费为目的的。在这里，全部剩余价值，被资本家用于非生产的消费，因而就没有“剩余价值的资本化”，没有积累。与此相反，扩大再生产却正是以“剩余价值的资本化”，以积累为标志的。马克思常常把“积累”和“扩大再生产”当作同义语来使用，意思就是说，在有积累发生的地方，社会生产的类型就是扩大再生产的；在没有积累发生的地方，则只有简单再生产类型。有积累发生和没有积累发生，是两个截然不同的情况；因而简单再生产和扩大再生产，也是两个互相对应的生产类型。从社会生产的类型来看，或者是简单再生产，或者是扩大再生产；如果把萎缩的再生产的特殊情况存而不论，第三种情况是不可能有的。例如，社会主义的生产，是属于扩大再生产的类型的；我们不能说，它同时又是简单再生产的类型，这样说是不符合社会主义生产的实质的。

把简单再生产和扩大再生产视为社会生产的两种不同类型，我们就不能够把这两者加总在一起。在这个意义上，说社会再生产是简单再生产和扩大再生产的总和，是说不通的。

第二种解释。对以扩大再生产为特征的社会生产来说，简单再生产是一个理论上的抽象。马克思说：“规模不变的简单再生产是一个抽象。这是因为，从一方面说，在资本主义条件下，没有任何积累或没有规模扩大的再生产，是一个不确实的假定；从另一方面说，生产在其中进行的诸关系，也不像我们假定的那样，在不同年份不是绝对地不变的。”[①]这里讲的简单再生产，已经不是与扩大再生产类型相对立的另一种类型的社会再生产，而是为了分析扩大再生产类型的社会再生产所提出来的一个理论上的假定。为什么呢？这主要是由马克思的科学方法即抽象法所决定的。在研究扩大再生产中的实现条件时，主要的困难不是

① 同上书，第485—486页。

发生在积累上面，而是发生在原有规模的再生产的考察上。把积累所带来的复杂因素加以舍弃，就便于暴露社会再生产各主要方面的内在联系，从而便于进一步把握积累和扩大再生产的运动规律。

十分明显，作为理论分析上的一个抽象，是不能同被抽象的对象进行机械的相加的。从这个意义上，说社会再生产是简单再生产和扩大再生产的总和，也是不妥当的。

第三种解释。对以扩大再生产为特征的社会生产来说，简单再生产又是扩大再生产的一个现实因素。马克思说："即使在有积累发生的场合，简单再生产总是积累的一部分，因此可以把它作为积累的一个现实因素，就它自身来考察。"[①]这就是说，在扩大再生产类型的社会生产中，简单再生产是包含在积累或扩大再生产之中，构成后者的一个组成部分。扩大再生产是由两个部分组成的：一部分相当于上一生产时期原有的生产规模，即简单再生产；另一部分是比上期原有生产规模扩大的部分，即再生产的扩大。

作为一个总体的扩大再生产，既不能与它的一个组成部分（简单再生产）相加，也不能与它的另一个组成部分（再生产的扩大）相混。那种认为扩大再生产下的社会再生产是简单再生产和扩大再生产的总和的看法，实际上是一方面将总体同局部相加，另一方面又把局部混淆为总体，因而不能不引起语义上的混乱。

还要指出，扩大再生产所由组成的两个部分中，相当于上期原有规模的简单再生产部分，一般总是占着较大的份额，而再生产的扩大部分，一般总是占着较小份额。马克思说："……简单再生产是任何扩大的年再生产的一部分，并且是最大的部

① 马克思：《资本论》第2卷，人民出版社1953年版，第486页。

分……”[①]事实上也不能不这样：年生产的扩大部分相对于原有生产规模的净增率，超过100%的情况，是极其罕见的。如果把扩大再生产同再生产的扩大部分混淆起来，认为可以同简单再生产相加的，不是再生产的扩大部分，而是扩大再生产，那么，就会得到一个奇怪的结论：似乎扩大再生产的规模，反而不如简单再生产的规模了。

简单再生产是扩大再生产的起点和基础

有关简单再生产和扩大再生产的关系的论述中，常常遇到这样一个命题："简单再生产是扩大再生产的起点和基础"[②]；但是往往没有指明这个命题是就什么意义来说的。这个命题不能笼统地来理解。在某些意义上，它是正确的；而在另一些意义上，则不能这样说。仍按上节所述马克思的三种解释的次序，来看一看这个命题的含义。

首先，如果把简单再生产和扩大再生产当作两种不同类型的社会生产来理解，那么，只是在历史发生的意义上，才能说简单再生产是扩大再生产的起点。例如，资本主义生产基本上是属于扩大再生产的类型的，而前资本主义生产基本上属于简单再生产的类型。由于资本主义是由前资本主义脱胎出来的，也可以说，前资本主义的简单再生产，是资本主义扩大再生产的起点。这纯然是从历史发展的线索来看的。但是，如果不去追溯历史的前身，而是就已经形成的某一扩大再生产类型的经济本身的发展来看，我们就不能那样说。应当是这样，扩大再生产类型的社会生产，在它已经立足于自己的基础之上时，就不能以简单再生产

① 马克思：《资本论》第2卷，人民出版社1953年版，第508页。

② 参见前徐芦文和许涤新："论社会主义再生产"，载《人民日报》1961年12月27日。

类型的社会生产作为自己发展的起点和基础，而只能以自身的扩大再生产作为起点和基础。例如，社会主义的扩大再生产，就不能以个体经济或其他非扩大再生产类型的经济作为自己的起点和基础，而只能在自身的不断地扩大再生产的基础上，向前发展。

其次，如果把简单再生产视为以扩大再生产为特征的社会生产的一个“抽象”，那么，在理论分析的意义上，简单再生产的确是扩大再生产的起点和基础。在理论分析中，不首先解剖这个“抽象”的简单再生产，不首先阐明简单再生产的实现条件，就不能进一步分析积累和扩大再生产的实现条件。在实现条件的理论分析上，由简单再生产向扩大再生产的过渡，使马克思得出一个十分重要的结论：社会再生产是以原有的规模还是以扩大的规模进行，并不取决于上期社会总产品的价值量，而是取决于总产品各要素的构成和组合。“要由简单再生产过渡到扩大再生产，第Ⅰ部类就要能够少为第Ⅱ部类生产不变资本的要素，多为第Ⅰ部类生产不变资本的要素。”[①]在这里，总产品的价值量并没有改变，所改变的，只是它的各要素的构成和组合。由此可见，等量价值的社会总产品，既可以容许简单再生产的实现，也可以容许扩大再生产的实现，那完全要看这个总产品的各个要素，是怎样组合的。正是在这个意义上，马克思说：“如果只就价值量的方面来看问题，那么在简单再生产范围内就产生了扩大再生产的物质基础。”[②]应当指出，马克思在这里所讲的简单再生产向扩大再生产的“过渡”，纯然是抽象理论分析过程中的“过渡”。为了完成这个“过渡”，原来只容许实现简单再生产的等量价值的社会总产品，在其要素的构成上，就要按照扩大再生产的实现条件来重新组合。但这绝不等于说，扩大再生产物质条件（总产

① 马克思：《资本论》第2卷，人民出版社1953年版，第624页。

② 同上。

品各要素的一定组合），只能由简单再生产提供。在理论分析过程中，由简单再生产向扩大再生产的“过渡”一旦完成，那么，扩大再生产的进一步运行，就不再以简单再生产为起点和基础，而是以扩大再生产为起点和基础了；扩大再生产的物质条件，就不再是由简单再生产提供，而是由扩大再生产来提供。关于这个道理，只要把马克思扩大再生产图表的基年和第一年撇开，从第二年开始来看，就是十分清楚的，在这里就不赘述。

最后，把简单再生产作为扩大再生产的一个“现实因素”来看待，前者是包含在现实的扩大再生产之中，是后者的一个组成部分。这一部分，由于以下三个原因，在现实的扩大再生产中占有十分重要的地位。第一，在扩大再生产的总体中，简单再生产在数量上一般总占最大的份额，因而原有生产规模的维持状况如何，在很大程度上影响着整个扩大再生产的规模。第二，原有生产能力和生产规模的维持，是生产建设规模进一步扩大的前提，只有在原有生产能力和生产规模已经获得维持的前提下，才有可能使生产建设的规模进一步扩大，使后者获得坚实的基地。第三，原有生产能力的维护、更新和利用，往往同生产技术和组织上的改良是分不开的，这里蕴藏着扩大生产的潜力，它和积累结合在一起，共同促进再生产规模的扩大。由此可见，作为现实的扩大再生产的一个因素，简单再生产对于再生产的扩大，从而对于整个扩大再生产，有着不容忽视的重要作用。在这个意义上，完全可以说：上期原有生产规模在本期的简单再生产，乃是本期再生产规模的扩大、也是本期的全部扩大再生产的起点和基础。所以，在安排本期扩大再生产的人力物力资源时，首先要保证相当于上期原有生产规模的简单再生产部分的需要；在本期简单再生产的需要得到保证以后，再进一步安排本期再生产规模扩大部分的需要。

由上述可知，当我们把简单再生产视为扩大再生产的现实因素，来分析简单再生产在现实的扩大再生产中的地位和意义时，我们所讲的简单再生产，乃是指本期扩大再生产中所包含的，相当于上期原有规模的简单再生产，而不是指上期的简单再生产。有的同志却不是这样理解。他们认为，简单再生产之所以是扩大再生产的基础，是因为本期扩大再生产所需的追加生产资料和生活资料，是由上期生产出来的；这样，所讲的简单再生产就是指上期的简单再生产了。有一位作者说："……'用来生产追加的生产资料和生活资料'的'年剩余劳动的一部分'，当然只能在上一个生产时期中存在，从而，扩大再生产的物质基础，只能由简单再生产中产生出来。"[①]说本期扩大再生产所需追加生产资料和消费资料要由上期提供，这当然是对的。可是，如果以此来解释扩大再生产的物质基础是由简单再生产产生出来的，这就意味着把上期的生产视为是简单再生产。但是，如前所述，除了由简单再生产向扩大再生产过渡的场合，为本期的扩大再生产提供物质条件的上期生产，不一定是简单再生产，也可以是扩大再生产。另一方面，本期的扩大再生产中，不但再生产的扩大部分需要追加的生产资料和生活资料，而且相当于上期原有规模的简单再生产部分，也要上期提供生产资料和生活资料。实际上，本期再生产是以扩大的规模还是以上期原有的规模进行，完全不取决于上期的再生产是简单再生产还是扩大再生产，而是取决于上期总产品各要素的构成和组合。不论上期的再生产是简单的还是扩大的，只要总产品各要素的构成组合，满足Ⅰ（$v+m$）>Ⅱc的条件，我们就可以有本期的扩大再生产；如果上期总产品各要素的构成组合，只满足Ⅰ（$v+m$）=Ⅱc的条件，那么我们在本期就只能有简单再生产。别的结论，是不可能有的。

① 见前吴树青文。

简单再生产是一个理论的抽象

这个问题之所以有再谈的必要，是因为对于马克思提出的这一命题，有一些不正确的理解。请读下面一段话。

……有人谈论社会主义再生产时，有时这样说，简单再生产过去就是一个“莫须有”的东西，是“理论的抽象”，如今，在我国社会主义制度下，再生产是……扩大的再生产，更无须枉费心机研究这个客观上本来就不存在的东西了。①

这段话是要批判那种忽视简单再生产在社会主义扩大再生产中的重要性的观点；这种批判是完全必要的。作者的意思是要论证：在社会主义扩大再生产中，简单再生产并不是“莫须有的东西”，并不是“客观上本来就不存在的东西”，而是扩大再生产的一个十分重要的因素——这个意思，当然也是对的。但是，那个“理论的抽象”的提法，是不是也要同时摒弃呢？作者没有明说。从上段引话中“理论的抽象”“莫须有的东西”“客观上本来就不存在的东西”这几个提法相提并论看来，可以认为，作者对“简单再生产是理论的抽象”这个命题，是有怀疑的。

我认为，对于社会主义扩大再生产中的简单再生产，既要看到它是“现实的因素”，也要看到它是“理论的抽象”。忽视后者，不利于揭示社会主义再生产的实质，也不利于正确分析现实的扩大再生产中包含着的简单再生产因素。

前面说过，马克思把简单再生产视为一个抽象，首先是因为，在资本主义条件下，没有积累是一个不确实的假定。“这个假定，等于假定资本主义生产不存在……因为，只要假定资本主义的发动的动机不是致富，而是享受，资本主义就从基础上被抛

① 见前徐芦文。

弃了。”[①]对社会主义社会来说，没有积累，更是一个不确实的假定。假若社会主义社会把全部剩余产品都用来作为非生产的消费，那它就不能以不断扩大生产的手段来达到满足不断增长的社会需要的目的。所以，这个假定，也等于假定社会主义不存在。但是，为了进行抽象的理论分析，在一定的分析阶段和一定的场合，这个假定是必要的。在这里，这个假定只能当作理论的抽象来看待。否认简单再生产是个理论抽象，就会导致对社会主义生产实质的歪曲概念。

马克思把简单再生产视为一个理论抽象，还有另一方面的原因。马克思说过：“生产在其中进行的诸关系，也不像我们假定的那样，在不同年份不是绝对地不变的”。接着又说：“我们的假定是：一定价值量的社会资本去年和今年一样重新提供同量的商品价值和满足同量的需要，虽然商品的形态在再生产过程中发生了变化。”[②]这个假定，也就是简单再生产在数量关系上的定义。在这里，资本同产品之间，产品价值同产品使用价值（满足需要的数量）之间的比例关系，在不同年份是假定不变的；因而资本的简单再生产、产品价值的简单再生产和产品使用价值的简单再生产，是可以同时并存互相一致的。而上述诸关系不变的假定，实际上等于假定：生产技术和劳动生产率等条件，在不同年份是不变的。只有在这些条件假定为不变的场合，上述诸比例关系才能不变，从而各有关方面才能有互相一致的简单再生产。

可是，正如马克思自己指出，这些关系，在不同年份不是绝对不变的，因为生产技术、劳动生产率等条件都不可能不变。在生产技术进步、劳动生产率提高的情况下，再生产等量使用价值的产品，所需社会必要劳动量减少。这就意味着，如果在产品的使用价值上是简单再生产，那么，产品价值上的再生产规模就

① 马克思：《资本论》第2卷，人民出版社1953年版，第125页。

② 同上书，第486页。

要缩小。相反地，如要保持产品价值上的简单再生产，那么产品的使用价值上就必然是扩大再生产。同样，代表着等量使用价值（垫支的生产资料）的资本的简单再生产，意味着资本价值量的缩小再生产；而资本价值量上的简单再生产，必然包含着垫支的生产资料的扩大再生产。

这样看来，当生产技术、劳动生产率等条件改变时，简单再生产在数量关系上，就成为一个不确定的概念，难以被利用来进行理论分析。要使简单再生产在数量关系上也成为一个确定的范畴，便于进行理论分析，就必须假定这些条件是不变的。并且，简单再生产这一范畴的质的规定性——全部剩余价值被资本家用于非生产的消费——也要求上述条件假定为不变。若是这些条件变了，即使没有剩余价值的资本化或积累，原有规模的资本继续发生机能所需的劳动力和所提供的产品，就不可能仍然保持上期原有的水平。在产品的价值量和使用价值量之间，再生产的规模也要发生差异。所以，其他条件不变的假定，乃是简单再生产这一理论范畴所必须蕴含的。

十分明显，马克思对简单再生产这个范畴所作的第二个方面的假定，对于社会主义再生产来说，也是适用的。社会主义社会中，生产技术的进步和劳动生产率的提高，比资本主义社会更快。在这里，资金和产品之间、价值量和使用价值量之间在再生产中的关系，更是经常变化着的。在理论分析的一定阶段和一定场合，必须假定这些条件不变，我们才能有一个在数量关系上也十分明确的简单再生产的概念，便于进行理论分析。在这个意义上，简单再生产对于社会主义生产来说，也不能不是一个理论上的抽象。

马克思对简单再生产这个理论抽象所提出的第二方面的说明，往往为人们所忽视。而这种忽视，又往往是在分析现实的扩大再生产中所包含的简单再生产因素时，产生某些概念上的混淆的一个原因。下面我们将谈到这个问题。

正确分析现实的扩大再生产中包含的简单再生产因素

为了发挥简单再生产对再生产的扩大和整个扩大再生产的重要作用，必须正确处理它们之间的关系，在首先保证上期原有规模在本期更新的基础上，力促本期再生产规模的不断扩大。在实际经济生活中，正确处理简单再生产同再生产的扩大之间的关系，牵涉到十分复杂的问题。常常接触到的，有当前生产同基本建设之间的关系，设备维修和加工制造之间的关系，固定资产的重置更新同新建扩建的关系，等等。为使本期再生产规模的扩大，是在上期原有生产能力和生产规模的维持已经得到确保的前提下进行，必须注意先安排当前生产，后安排基本建设；先安排设备维修，再安排设备制造；在基本建设中先安排固定资产重置更新的投资，后安排新建扩建的投资等原则。这些关系处理好了，就能够在大体上处理好简单再生产同扩大再生产的关系，使社会主义扩大再生产立于坚实的基地上，健康地向前发展。

可是，必须指出，上述一些具体关系，并不等于简单再生产同扩大再生产的关系。当前生产和基本建设之间、设备维修和制造之间、固定资产重置更新的投资和新建扩建投资之间的界限，并不等于简单再生产和扩大再生产之间的界限。在日常的谈论中，却往往把这些界限等同起来。现在来简单分析一下这几对经济概念的关系。

当前生产和基本建设。当前生产包含两个部分。一部分相当于上期原有生产规模，基本上属于简单再生产的范围。另一部分是以往和本期基本建设在本期投入生产的新增生产能力所增加的生产，以及对原有生产能力进行改进而增加的生产，这是再生产的扩大部分。所以，当前生产不仅指简单再生产，而且包含再生产的扩大；总的来看，当前生产一般是扩大的再生产。

至于基本建设，它的成果一方面属于社会总产品再生产的组成部分，另一方面又属于生产条件的再生产，即固定资产再生产的组成部分。为了与当前生产进行比较，这里只从产品再生产的角度来看基本建设，而把固定资产再生产的方面暂时存而不论。基本建设所体现的产品，基本上是由建筑业的产品和机器设备制造业的产品所构成的。而建筑业和机器设备制造业，作为物质生产的组成部门，也应当包含在上述“当前生产”的范围内。从产品再生产的角度来看，基本建设的成果是否为扩大再生产，那要看建筑业和机器设备制造业的生产规模（从而基本建设的规模），是比上年扩大了，还是与上年一样。如果基本建设的规模，及与之相应的建筑业和机器设备制造业的生产规模，同上年原有规模一样，那么基本建设的产品本身，也只能体现简单再生产。只有在基本建设的规模，及与之相应的建筑业和设备制造业的生产规模，比上期原有规模扩大了的场合，它的产品才能体现为扩大再生产。所以，从产品再生产的角度来看，不能把基本建设纯然视为扩大再生产，它也可能是简单再生产。在基本建设规模比上年扩大从而具有扩大再生产性质时，它也包含着简单再生产的因素（相当于上年原有基建规模部分）。

固定资产重置更新的投资和新建扩建的投资。这里要从固定资产再生产的角度，而不是从产品再生产的角度，来看基本建设投资的性质。把全部基本建设投资，都视为扩大固定资产的投资，那是不正确的。基本建设投资一部分来源于积累基金，一部分来源于原有固定资产的基本折旧基金。而基本折旧基金不过代表原有固定资产磨损价值的补偿，因而基本建设投资中相当于基本折旧基金部分，在价值上代表原有固定资产磨损部分的简单再生产。现在进一步看看基本建设投资中用于固定资产重置更新的

部分和用于新建扩建部分的性质。

先看用于固定资产重置更新的投资。使用期限已到的退废固定资产的重置更新，随着技术进步和劳动生产率的提高，总是同或大或小的改装、改良是分不开的；同时，更新时购置的设备材料的价值，一般也低于原购的价值。因此，到期退废的固定资产的更新投资，如果是维持原投资金在价值上的简单再生产，那么在使用价值上（表现为生产能力），就必然是扩大再生产；如果只要维持生产能力上的简单再生产，那么原投资金的价值就不能恢复。所以，不能把用于固定资产重置更新的投资，单纯地视为“维持简单再生产的投资”，这里也有扩大再生产的问题。

再看新建扩建的投资。从使用价值（生产能力）上看，如果当年到期退废需要更新的固定资产投资已经从基本建设投资总额中扣除，那么，剩下来用于新建、扩建的投资，就纯然是扩大生产能力的性质。但是，固定资产再生产的根本特点之一，在于它的价值磨损和提取折旧基金的时间，同它的使用价值的退废和补偿更新的时间，是不一致的。在扩大再生产条件下，当年到期退废需要在使用价值上更新的那一部分固定资产，从价值上看，总比当年全部固定资产的磨损价值和所提基本折旧基金为小。超过补偿更新需要的多余折旧基金，代表着尚未到期退废、无须在使用价值上更新的固定资产的磨损价值，它在实际上是用来作为新建扩建投资的补充源泉的。体现在新建、扩建投资中的这一部分多余的折旧基金，从价值上看，仍然不过代表原有固定资产的简单再生产。所以，用于新建、扩建的投资，也不能单纯地视为扩大固定资产的性质，这里面也含有简单再生产的因素。

设备维修和制造。这里讲的是固定资产中最积极的部分，即直接决定生产能力的设备部分的再生产。设备的维修（包括小修和大修），类似上述固定资产的更新，在技术进步的条件下，它同零星的或较大的改装、改良是分不开的。维修时所需器材的购置价值，一般也低于原购价值。所以这里同样发生上述固定资产更新时所遇到的情况：既有简单再生产的因素，也有再生产的扩大因素。至于设备制造，是否意味着生产能力的扩大，那要看本期制造出来的设备数量，同使用期限已到的退废设备的数量相比，是不是更大。如果不是更大，那么，即使有设备制造，也并不能有生产能力的扩大再生产。只有在设备制造的规模，超过到期退废设备的数量的场合，我们才能有生产能力的扩大再生产。但在后一场合，也仍然包含着简单再生产的因素（新制设备中相当于到期退废的设备数量部分）。

从以上的分析可知，在实际经济生活中，简单再生产和扩大再生产之间的界限，并不是如我们日常所讲的那样单纯。当前生产、固定资产的更新、设备维修等，固然与简单再生产有着比较接近的关系，然而不能同后者混淆起来。基本建设、新建扩建、设备制造等，固然与扩大再生产有着比较密切的关系，但是也不能同后者混淆起来。在分析实际经济现象时之所以常常发生这类混淆的原因之一，据我看来，是在于没有注意到简单再生产既是扩大再生产的现实因素，同时也是一个抽象；没有看到简单再生产这一范畴本身所必然蕴含的假设条件。在具体分析现实的扩大再生产中的简单再生产因素时，我们必须明确有关的条件，一方面要分清产品和资金的口径，另一方面要分清价值和使用价值的口径。正确认识和分析现实的扩大再生产中的简单再生产因素，对于社会主义计划工作中正确观察和度量扩大再生产的规模、对于制定措施利用简单再生产的因素来挖掘扩大再生产的潜力、对于正确安排简单再生产和扩大再生产的关系来说，都有着十分重要的现实意义。

关于社会主义再生产比例和速度的数量关系的初步探讨*

（1962年4月）

两年以前，我国经济学界对经济发展速度和比例的关系问题曾作过广泛的讨论。那次讨论的焦点，集中在“高速度”和“按比例”的关系问题上。尽管有不少分歧意见，但是看来，大家对以下几点的认识，大体上是一致的：（1）“按比例”要适应“高速度”的要求；（2）“高速度”要受到“按比例”的制约；（3）“恰当的速度”和“恰当的比例”，应该是结合在一起的。

我们考虑，“高速度”和“按比例”的关系，同“速度”和“比例”的关系，不是属于同一层次的问题。所谓“高速度”“按比例”“恰当的速度”“恰当的比例”这样一些概念所讲的速度、比例，当然不是指任何一种状态的速度、比例，而是指具有特定含义、符合特定要求的速度和比例。只有在阐明了不同的速度和比例的客观联系的基础上，找出判断速度和比例是否恰当的准绳或界限，才能够进一步切实地解决“高速度”和“按比例”的关系问题。

社会主义经济发展的客观过程中，再生产的速度和比例，在一定范围内，可以有种种不同的结合。一定时期中比例和速度

* 原载《经济研究》1962年第4期。

的不同结合，又会对后续时期的比例和速度，发生种种不同的影响。对于经济发展速度和比例的客观可能的种种不同的结合，社会主义社会是有选择的余地的。社会主义经济计划的重要任务之一，就在于根据共产党在一定时期提出的政治经济任务和方针政策，根据当时经济发展的具体条件，从速度和比例的种种不同的可能结合中，选择最恰当的方案，使国民经济不但能够在当前的计划时期高速度、按比例地发展，而且能够为后续时期的进一步发展，创设良好的条件。

显而易见，为了从速度和比例的种种不同的可能结合中，作出正确的选择，一个必要的前提是：正确认识速度和比例的不同结合中存在着的客观必然联系。对于计划工作来说，尤其重要的是正确认识、掌握速度和比例间的数量关系：怎样的比例，必然引起怎样的速度；怎样的速度，又必然要求怎样的比例。社会主义计划经济的优越性，使我们能够根据速度和比例间的客观的数量联系，来拟订和实现最优的计划方案。但是，在经验不足或研究不够的场合，如果我们对速度和比例的客观数量联系没有足够的认识，那么，计划安排的速度和比例，在实际的经济过程中，就可能是结合不起来的。可能产生这样的情况：在保证了计划速度的场合，就不能达到计划预计的比例，而在保证了计划比例的场合，就不能达到计划预计的速度；或者实际进程的结果，使实际形成的速度、比例以及两者的结合状态，都同计划的预计，发生程度较大、方向不同的偏离。所以，对于提高计划的准确性来说，深入研究再生产速度和比例的数量关系的规律性，就有十分重要的意义。

再生产速度和比例的关系，是牵涉到社会主义扩大再生产过程的各个方面的一个十分复杂的问题，需要进行多方面的研究。在这篇文章中，打算只就社会生产领域中的基本比例，即两大部类的比例，同社会总产品、国民收入生产的增长速度的联系，作

一个初步的探讨。

一

为了分析两大部类的比例的变化对社会产品、国民收入增长速度的影响，首先需要简单说明一下，社会产品和国民收入的生产增长速度，是由什么来决定的。

我们知道，扩大再生产的源泉，来自积累。社会产品生产规模的扩大程度，同积累的规模和它的利用效果，有着直接的联系。根据《资本论》第2卷第三篇中所述扩大再生产的第一个数例，我们可以看到在生产资料积累（在资本主义社会为不变资本积累）同社会总产品的扩大之间，有着如下的关系：

时期	生产资料基金		社会总产品		
	总额C	积累（比上年净增）ΔC	总额P	比上年净增ΔP	净增速度$t_p=P_n/P_{n-1}$
0	5500	—	9000	—	—
1	6000	500	9800	800	+8.9%
2	6600	600	10 780	980	+10%
3	7260	660	11 858	1078	+10%
4	7985	725	13 043	1185	+10%
5	8784	799	14 348	1305	+10%

上例的分析表明，社会产品的净增速度，可以用下式来确定：

$$t_p=\frac{\Delta P_n}{P_{n-1}}=\frac{\Delta C}{P}\times\frac{\Delta P_n}{\Delta C}=\frac{\Delta C}{P_{n-1}}\Bigg/\frac{\Delta C}{\Delta P_n}$$

如以α来代替$\frac{\Delta C}{P_{n-1}}$，以β来代替$\frac{\Delta C}{\Delta P_n}$，那么，上式可改写为：

$$t_p = \frac{\alpha}{\beta} \text{①} \qquad (1)$$

上式中，α代表生产资料积累占基期社会产品总额的比重，我们把它叫作生产资料积累的相对潜力；β代表每增产一单位产品所需要的生产资料基金积累，我们把它叫作积累基金的占用系数。由上式可知，社会产品生产的净增速度，同生产资料积累的相对潜力成正比例的变化，与积累基金的占用系数则成反比例的变化。在我们考察再生产的比例和速度的关系时，就必须从不同的比例对于生产资料积累潜力和生产基金占用系数所发生的影响，来着手进行分析。

现在我们来看看两大部类的不同比例，是怎样通过生产资料积累潜力的变化，对社会产品增长速度发生影响的。这个问题，又可以分两层来谈：（1）两大部类之间的产品生产比例，同生产资料积累潜力的关系；（2）两大部类之间的积累的投资比例，对生产资料积累潜力的进一步变化，所产生的影响。

根据马克思的扩大再生产条件的公式，社会生产规模扩大所需要的追加生产资料，或生产资料积累的绝对数额，取决于第Ⅰ部类体现新创造价值部分的产品，超过第Ⅱ部类消耗的生产资料数额的大小。换句话说，生产资料积累的绝对数额，等于第Ⅰ部类全部产品扣除了两个部类所消耗的生产资料后的剩余。如以ΔC代表生产资料积累，c代表生产资料消耗，P_{I}代表第Ⅰ部类产品，那么，$\Delta C=P_{\text{I}}-c$。把这个等式的双方都除以社会产品总额

① 从马克思的扩大再生产图式中，同样可以得到国民收入净增速度t_p的公式为：$t_p=\frac{\alpha}{\beta}$。不过在这里，α代表生产资料积累ΔC占国民收入D的比率，$\alpha=\frac{\Delta C}{D}$；$\beta$代表每增产一单位国民收入所需要的生产资料积累，即$\beta=\frac{\Delta C}{\Delta D}$。

P，则得生产资料积累相对潜力（α或$\frac{\Delta C}{P}$的）确定公式如下：

$$\alpha=\frac{P_1}{P}-\frac{c}{P} \qquad (2)$$

由上式可知，生产资料积累的相对潜力，是受两个数值决定的：一是第Ⅰ部类产品在社会总产品中所占比重（这反映了两大部类产品的生产比例）；二是生产每一单位社会产品平均消耗的生产资料（或叫生产资料消耗系数）。生产资料积累的相对潜力，与第Ⅰ部类产品比重成正方向的变化，与生产资料的平均消耗系数成反方向的变化。如果我们假定生产资料消耗系数不变①，那么，生产资料积累的相对潜力，就完全取决于两大部类产品的生产比例：第Ⅰ部类产品比重越大，则生产资料积累的相对潜力也越大。

由此可以得出结论：在其他情况相同时，社会产品的部类构成中，第Ⅰ部类产品的比重越高，则扩大再生产的速度也可以越大。但是，必须注意的是，社会生产部类构成（第Ⅰ部类占社会总产品的比重）的提高，反映着社会生产力和技术水平的提高，反映着社会生产的分工协作体系的复杂化。这些情况，不能不对社会平均每一单位产品的生产资料消耗系数和生产资料基金的占用系数发生影响。而在国民经济技术改造和建立重工业基础的一定阶段，社会生产技术水平的提高和分工协作体系的复杂化，又往往是同社会平均的生产资料消耗系数和生产基金占用系数的提高相伴随的。这些数值的提高，可能在一定程度上，削弱第Ⅰ部类比重提高对积累潜力从而对再生产速度的影响。所以，在具体判断速度高低的可能性时，是不能孤立地从社会生产两大部类的

① 为了使这个假定对当前的分析是有效的，必须同时假定两大部类产品的生产资料消耗系数是相等的；这样，社会总产品的生产资料的平均消耗系数，才不致因两大部类产品比例的变化而改变。这种假定，纯然是为了简化分析条件，使我们有可能集中注意于观察两大部类比例对生产资料积累潜力，从而对再生产速度的直接影响。

比例结构来看的。

社会主义计划经济的条件，使我们能够自觉地根据经济发展的需要，来改变两大部类产品生产的比例，为以后时期生产资料积累潜力的增长，和较高的生产发展速度，创设物质技术条件。然而，生产比例的改变，从较长时期来看，又基本上取决于生产资料积累的投资方向的安排。在这里，有决定性意义的是生产性固定基金投资在两大部类之间的分配比例。

需要指出，生产资料积累的投资比例，是通过两大部类生产基金的比例的变化，来影响两大部类产品生产比例、从而影响生产资料积累潜力的改变的。使两大部类生产基金的比例有所改变的，不是生产资料积累的投资比例本身的数值，而是这一投资比例对两大部类原有生产基金比例的关系。如果生产资料积累在两大部类间的投资比例，等于两大部类原有生产基金的比例，那么，后一比例就不能改变。只有当投入第Ⅰ部类的积累在全部生产资料积累中所占比重，大于第Ⅰ部类原有生产基金在社会原有的全部生产基金中所占比重，第Ⅰ部类生产基金所占比重，从而第Ⅰ部类产品在社会产品中所占比重，才有可能提高。

为了观察生产资料积累的投资方向对于以后时期生产资料积累潜力进一步变化的影响，我们现在把上述第（2）式改写为下式[①]：

$$\alpha=\frac{C_{\mathrm{I}}}{C}\times\frac{f}{f_{1}}-\frac{c}{P} \qquad (3)$$

上式中，α仍代表生产资料积累的相对潜力，$\frac{c}{P}$仍代表社会平均单位产品的生产资料消耗系数；C_{I}/C代表第Ⅰ部类生产基金

① 这个式子是这样得出的：我们已知第（2）式为：$\alpha=\frac{P_{\mathrm{I}}}{P}-\frac{c}{P}$，又知生产基金占用系数$f=\frac{C}{P}$，故$P=\frac{C}{f}$，$P_{\mathrm{I}}=\frac{C_{\mathrm{I}}}{f_{\mathrm{I}}}$。代入上式，得$\alpha=\frac{C_{\mathrm{I}}}{C}\times\frac{f}{f_{\mathrm{I}}}-\frac{c}{P}$。

在社会全部生产基金中所占比重；f和f_I分别代表社会平均的和第Ⅰ部类的单位产品的生产基金占用系数。由第（3）式可知，生产资料积累的相对潜力，随着第Ⅰ部类生产基金占社会生产基金的比重（C_I/C），依同一方向变化；而与第Ⅰ部类生产基金占用系数对社会平均生产基金占用系数的比率（f_I/f），及与社会平均的生产资料消耗系数（c/P），则依相反方向变化。为了简化分析条件，我们这里仍然假定生产资料消耗系数和生产基金占用系数都不受两大部类比例改变的影响[①]；在这种假定条件下，生产资料积累的相对潜力，纯然是随着第Ⅰ部类生产基金在社会生产基金中所占比重的变化，发生同一方向、同一程度的变化的。而第Ⅰ部类生产基金在社会生产基金中所占比重的变化，如前所述，则又是生产资料积累基金在两大部类间的投资比例不等于两大部类间原有生产基金的比例的结果。

所以，生产资料积累基金在两大部类间的投资方向的安排，对于生产资料积累的相对潜力本身的改变，从而对于扩大再生产速度的进一步变化，有着十分重要的意义。这是很显然的，因为，投入第Ⅰ部类的积累的比重越大，特别是投入第Ⅰ部类中提供生产设备和固定基金的其他物质要素的生产部门的积累比重越大，则这些部门由于自己的生产能力不断扩大，就能够向国民经济一切部门提供越来越多的追加的生产能力，从而为再生产规模的进一步扩大和高速度发展，从物质技术基础上提供了可能。

值得注意的是，生产资料积累基金中投入第Ⅰ部类的比重（以下用α来代表），大于社会原有生产基金中第Ⅰ部类的比重（即C_I/C），对提高再生产速度所发生的影响，只能持续一定时

① 为了使这个假定当前的分析是有效的，必须同时假定两大部类产品的生产资料消耗系数是相等的；这样，社会总产品的生产资料的平均消耗系数，才不致因两大部类产品比例的变化而改变，这种假定，纯然是为了简化分析条件，使我们有可能集中注意于观察两大部类比例对生产资料积累潜力，从而对再生产速度的直接影响。

间。当$\alpha>C_{\text{I}}/C$，并且在以后各时期中使α维持一定的不变数值，那么，经过一定时间，两大部类间的生产基金的比例C_{I}/C，必将提高到与α一致的水平。当C_{I}/C达到与α一致的水平，而其他条件又相同时，前者就不再继续上升，从而，生产资料积累的相对潜力和扩大再生产的速度，也就不再继续提高。由此可以得出一个结论：如果我们想要不断地提高再生产的速度，那么就必须不断地提高α或生产资料积累基金中投入第Ⅰ部类的比重。但是，我们立刻就会看到，不断提高α的数值，实际上是不可能的。

积累基金投入第Ⅰ部类的比重，有一个不可逾越的绝对极限。在社会主义经济发展的正常情况下，α的数值无论如何不能大于1。α大于1意味着第Ⅱ部类维持简单再生产的生产能力的缩减，而被移用于第Ⅰ部类的扩大再生产，因为只有这样，才能使投入第Ⅰ部类的生产资料基金，超过全部生产资料积累基金（$\alpha>1$）。但是事实上，在社会主义再生产正常运行的情况下，不仅$\alpha>1$是不能设想的，即使$\alpha=1$，即全部生产资料积累基金都投入第Ⅰ部类，也是难以设想的。在到达1这个绝对极限以前，α就会遇到自己的最高界限。这个最高界限，是第Ⅱ部类必要的扩大所需要的最低限度的投资所设定的。关于这一点，我们将在下面第四节，回过头来再谈。

二

上节分析两大部类的产品生产比例和积累投资比例对于生产资料积累潜力、从而对于扩大再生产速度的影响时，我们有意识地舍象了扩大再生产对消费资料提出的要求，也就是舍象了与第Ⅱ部类产品平衡有关的问题。只是在上节的末尾，当我们考察生产资料积累投入第Ⅰ部类的比重继续提高的可能性时，才碰到了第Ⅱ部类的必要投资所设定的界限。但是，应当看到，不仅生产资料积累投入第Ⅰ部类的份额，有一个从第Ⅱ部类方面设定的界限，而且用于积累的生产资料本身的生产，也有一个从第Ⅱ部类方面所给予的界限。不仅如此，马克思的再生产原理还告诉我们，扩大再生产所必要的积累，不但包括生产资料积累，而且包含着一定比例的消费资料的积累。所有这些，都是与第Ⅱ部类产品平衡有关的。十分明显，扩大再生产中消费资料平衡问题，是同劳动资源、劳动就业、消费水平等问题分不开的。所以，当我们分析消费资料的平衡条件对两大部类的比例从而对再生产的速度所设定的界限时，不能不涉及扩大再生产中的劳动资源、劳动就业和消费水平问题。

在这一节，我们首先考察一下，用于积累的生产资料的生产，从消费资料的生产和消费方面，受到什么限制，以及这一限制所及于再生产速度的影响。

为了简化分析条件，这里和以后都假定，全体就业劳动者都从事物质生产（或者假定：非生产领域的需要，已从各有关项目中作了必要的扣除）。这些就业劳动者，不论在哪一部门从事生产，他们在一年中生产的**最终成果**，都要体现在可用于当年消费和积累的国民收入中，也就是体现在以下两部分产品中：

（1）全部消费资料；（2）用于积累的生产资料。这样，我们可以把**全体生产劳动者**，按照他们生产的**最终成果**，划分为两类。凡与当年消费资料的生产有关的劳动者，不论他们是直接从事消费资料生产（如农业、轻工业中可直接供消费之用的产品的生产）的劳动者，还是为消费资料的当年生产提供生产资料（主要是农产原料）的劳动者，我们可以归为一类，叫作**消费资料的生产劳动者**，其人数以N''来代表。凡与积累的生产资料的生产有关的劳动者，不论他们是直接从事积累的生产资料生产的劳动者（这里主要是生产性基本建设部门和机器设备制造部门的劳动者），还是为生产这些积累的生产资料提供生产资料的劳动者

（这里包括建筑材料部门、冶金部门、采掘部门、动力部门等一系列重工业部门的劳动者），我们可以另归一类，叫作**积累的生产资料的生产劳动者**，其人数以N'来代表。如果社会劳动力总资源为N，那么，$N=N'+N''$①。

在上述前提下，如果再生产是以原有的规模反复进行，则全部劳动力资源都投入与消费资料的当年生产直接有关和间接有关的部门。这时，全部生产出来的消费资料，都用于满足消费资料的生产劳动者的消费需要，而没有任何剩余。在这种假定的情况下，没有可能在当年同时进行积累的生产资料的生产，因而扩大再生产的投资也是不可能的：扩大再生产的速度等于零。十分明显，要使扩大再生产的投资成为可能，首先必须把可用于积累的生产资料生产出来。而要生产积累用的生产资料，就必须要有追加的劳动力资源，或者从消费资料的生产劳动者（N''）中间抽出一部分劳动力，来从事投资所需物资的生产。用不着多加说明就可以明白：与投资所需物资的生产直接间接有关的就业劳动者

① N'和N''的划分，和劳动者人数按原来意义的两大部类的划分（N_{I}和N_{II}），口径上略有不同。第Ⅰ部类的劳动力（N_{I}）中，有一部分，其劳动成果最终体现在当年生产的消费资料中（体现为Ⅱc）；在这里是把他们当作与当年消费资料生产有关的劳动者，并入N''中。这一部分劳动力人数如以N_{I}''来表示，则N_{I}、N_{II}的划分同N'、N''的划分的关系如下：

$N'=N_{\mathrm{I}}-N''$，或$N_{\mathrm{I}}=N'+N_{\mathrm{I}}''$

$N''=N_{\mathrm{II}}+N_{\mathrm{I}}''$，或$N_{\mathrm{II}}=N''-N_{\mathrm{I}}''$

在扩大再生产中，N'的动态，基本上决定了N_{I}的动态。所以，N'和N''的比例变化，可以大体上用来代表劳动力资源在两大部类间分配比例的变化。N'、N''的划分，还有一个好处，就是可以把农业和轻工业视为一方，把生产性基建和重工业视为另一方，便于说明实际问题；这是在N_{I}、N_{II}的划分下难以做到的。当然，即使在N'、N''的划分下面，理论分组上的一些次要的交叉（如农业也提供积累用的生产资料等），也是不可避免的；在分析实际问题的时候，要注意这一点。关于N'、N''的划分的方法论的简单说明，参见拙作《论积累对消费资料的需求和消费资料的生产对积累的制约》一文，载《中国经济问题》1962年第1期，第2—3页。

（N'）的存在，乃是积累潜力的存在和再生产能以扩大的规模进行的标志；而N'的绝对数值和它对N''的相对数值的提高，则又是积累的绝对潜力和相对潜力可能增长，从而扩大再生产速度可能提高的标志。

然而，积累的生产资料的生产所需的追加劳动者，不论是从国民经济中可能存在的剩余劳动力资源潜力中和从新增劳动人口中得到补充，还是由消费资料的生产劳动者移转过来，他们的消费，都要从当年生产的消费资料中取得补偿[①]。换句话说，消费资料的生产，在满足了直接、间接从事当年消费资料生产的劳动者的消费之后，还必须有一个剩余。而要达到这点，最根本的条件是：消费资料的生产劳动者的平均劳动生产率（以最终产品即消费资料的产量来表现的劳动生产率），必须大于劳动者的平均消费水平[②]。现在我们令消费资料的生产劳动者的劳动生产率为h''，社会劳动者平均消费水平[③]为i。那么，消费资料的年生产总额等于$N''\times h''$；消费资料的生产劳动者的消费总额等于$N''\times i$；而消费资料生产部门可以提供的剩余消费资料则等于$N\times h''-N''\times i=N''(h''-i)$。

① “为了扩大生产（绝对意义上的‘积累’），必须首先生产生产资料，而要做到这一点，就必须扩大制造生产资料的社会生产部门，就必须把工人吸收到那一部门中去，这些工人也就对消费品提出需求。因而，‘消费’是跟着‘积累’或者跟着‘生产’而发展的。”（《评经济浪漫主义》，《列宁全集》第2卷，第122页。）

② 在这里，农业的劳动生产率和剩余生产物，对于积累和扩大再生产，有特殊重要的意义。“……实际上，农业劳动的生产率，是一切剩余价值生产的自然基础，从而也是一切资本发展的自然基础。……超越于劳动者个人需要的农业劳动生产率，是一切社会的基础，尤其是资本主义生产的基础。”（马克思：《资本论》第3卷，人民出版社1953年版，第1024—1025页。）社会主义社会也是这样。需要指出，马克思在这里所讲的农业，显然是作为消费资料的生产部门来看待的。

③ 当我们提到劳动者的平均消费水平时，总是把他们的供养人口考虑在内的。至于非生产领域的人员和他们的消费，则根据我们的前提，已从有关项目中作了必要的扣除。

从这里不难看到，能够从事生产积累的生产资料的劳动者人数N'，可用下式来确定：

$$N'=\frac{N''\left(h''-i\right)}{i} \qquad (4)$$

上式表明，可以从事生产积累的生产资料的劳动者人数，是受消费资料的生产劳动者人数、他们的劳动生产率以及社会劳动者平均消费水平这样一些数值所制约的。如果假定社会劳动力资源没有限制，那么，消费资料的生产劳动者人数越多，他们的劳动生产率越高，则可以投入积累的生产资料生产部门的劳动者人数也越多。劳动者平均消费水平的提高，则对此倾向起相反的抑制作用。而在社会劳动力总资源为一定的场合，则可以投入积累的生产资料生产的劳动者人数相对于消费资料的生产劳动者人数的比率N'/N''，从而前者的绝对人数N'，就纯然取决于消费资料部门超越于劳动者自身消费的劳动生产率对于平均消费水平的比率：

$$\frac{N'}{N''}=\frac{h''-i}{i} \qquad (5)$$

从这里可以得出一个十分重要的结论。在一定时期，当社会劳动力总资源为一定，消费资料的生产劳动者的劳动生产率和劳动者的平均消费水平都为一定的条件下，通过提高第Ⅰ部类的就业劳动者的绝对人数N'和相对人数$\frac{N'}{N''}$，来扩大生产资料积累的绝对潜力和相对潜力，以促进再生产速度的提高，是有着一定的限度的。这个限度，就是$(h''-i)/i$这一比率所设定的。如果第Ⅰ部类比重的扩大，竟使N'/N''的数值，大大超过$(h''-i)/i$这一比率所设定的界限，那么，事情就会走到自己的反面：生产资料积累潜力的随后的暂时缩减和再生产速度的暂时降低，在客观上将是不可避免的。

N'/N''大于$(h''-i)/i$，意味着什么呢？这种关系意味着：第Ⅰ部类的生产规模，特别是其中为积累和扩大再生产而提供的

生产资料生产的规模，超过了消费资料生产所能负担的能力，特别是超过了农业的现有劳动生产率所能承担的程度；以至可供的剩余消费资料，不能充分满足从事生产积累的生产资料的劳动者的消费需要，在这种情况下，调整两大部类的比例，以较多的劳动力资源充实消费资料及其原料部门的生产力量，并利用现在潜力来提高这些部门的劳动生产率，以进一步发展消费资料的生产，就成为客观上的必要。在进行这种调整的时候，N'的相对数值或其绝对数值就要有所降低，以使N'/N''的比例同（$h''-i$）/i的比率重新取得平衡。而N'/N''数值的降低，在其他情况相同时，势必会通过生产资料积累的相对潜力的暂时缩减，使扩大再生产的速度暂时有所下降。可是，随着再生产比例关系的调整和消费资料生产部门劳动生产率的逐步提高，经过一定时间以后，可供的剩余消费资料将会进一步增长，N'的相对数值和绝对数值，都将获得进一步提高的实际可能性；这对于未来时期生产资料积累潜力的进一步增长和对扩大再生产的速度，将发生良好的影响。

让我们再看一下相反的情况，即N'/N''的比例，低于（$h''-i$）/i的比率的情况。这种关系表明：第Ⅰ部类的生产规模，特别是其中供积累用的生产资料的生产规模，相对于当时的客观可能条件来说，是发展得不够充分的。这里，消费资料生产部门可以提供的剩余消费资料，能够容纳比现有规模更大的生产资料的生产。然而这个潜力并没有得到充分的利用，因而实际上达到的扩大再生产的速度，是低于当时客观条件所能容许达到的速度的。所以，N'/N''低于（$h''-i$）/i的情况，也表明了扩大再生产的比例和速度，是不合理的。当这种情况存在时，在满足了两大部类劳动者的既定消费需要以后的剩余消费品，当然可以全部用来进一步提高劳动者的消费水平，使后者的实际增长，大大超过原先预定的增长；但是，这样我们就不能利用这个潜力，来进一步提高社会生产的增长速度。在原先预定的消费水平的增长指标已经可以达到的场合，上述的剩余消费资料，就可以或者通过外贸来换取积累所需的生产资料，或者作为准备基金来进一步增加从事生产积累所需生产资料的劳动者的绝对人数和相对人数，以加速本国生产的生产资料积累潜力的增长。所以，$N'/N''<(h''-i)/i$的情况，固然一方面表明了当前再生产比例和速度的结合，是不尽恰当的，但是另一方面也表明了：存在着进一步提高社会生产结构中第Ⅰ部类的比重、从而提高再生产速度的可能性。

由上述可知，生产资料积累的相对潜力、从而扩大再生产的速度，同消费资料的生产、消费水平之间，存在着紧密的数量联系。社会主义国家在国民经济计划中安排生产资料积累的规模和扩大再生产的速度时，不但要考虑第Ⅰ部类的生产规模，特别是其中生产性基本建设部门和一系列重工业部门的生产规模，能够提供多少积累所需的生产资料，而且要考虑这样的生产性建设和重工业发展的规模，能否为消费资料的生产能力所承担，特别是能否为农业中超越于劳动者个人消费需要的农业劳动生产率的水平所承担。社会主义计划经济的优越性，使我们完全有可能通过对剩余消费资料的生产潜力和劳动人民消费水平的计划和计算，来掌握两大部类之间劳动力资源分配比例的界限，并且据此来安排扩大再生产的比例和速度的关系。

三

直到现在，我们是假定扩大再生产所需积累，完全是由生产资料构成的。可是，大家知道，积累的物质构成，不但包含生产资料，而且包含消费资料[①]。消费资料积累这一范畴的引入，对

① 参见马克思《资本论》第1卷，人民出版社1953年版，第726—727页。

前面分析过的再生产比例和速度的关系，引起什么新的变化呢?

前面，当我们假定消费资料积累不存在时，消费资料的生产总额，应能补偿两大部类的生产劳动者的消费需要；从事生产积累的生产资料的劳动者的消费需要，要由消费资料生产部门超过劳动者自身消费需要后所提供的剩余消费品来满足。这个剩余消费品的全部，都是假定用于满足从事生产积累的生产资料的劳动者的消费需要的。十分明显，消费资料积累的出现，要对上述的剩余消费资料，提出追加的需求。这个追加的需求，势必要求扩大消费资料的生产规模，或者减少给予积累的生产资料生产部门的剩余消费资料。如果社会劳动力总资源为已定，消费资料部门的劳动生产率和劳动者的平均消费水平都为已定，那么，这一追加需求的出现，不能不引起消费资料的生产劳动者人数的相应扩大，从而使积累的生产资料的生产劳动者人数相应地减少。因此，在必须同时进行消费资料积累的场合，从事生产积累所需生产资料的劳动者的绝对人数和相对人数，都比在没有消费资料积累的假定场合为小。在其他条件相同时，这就使得第Ⅰ部类的比重、生产资料积累的绝对潜力和相对潜力以及扩大再生产的速度，都要受到相应的限制。

在这种场合（其他条件与前相同，所不同的只是出现了消费资料积累——ΔV），作为判断两大部类比例和扩大再生产速度是否适度的一个准绳，就不再是前节所述的$N'/N''=(h''-i)/i$或者$N'i=N''(h''-i)$；而是$N'i=N''(h''-i)-\Delta V$。至于$N'i$大于或小于$N''(h''-i)-\Delta V$所反映的经济情况，以及这些情况对比例、速度的进一步变化所产生的影响，则相应于上节所述N'/N''大于或小于$(h''-i)/i$的情况，这里就不再赘述。

由于消费资料积累在社会生产的比例和速度的形成中的上述作用，消费资料积累的绝对数值和它对生产资料积累的相对数值的大小，就自然要引起我们的注意。

我们知道，扩大再生产所需的消费资料积累，是用来作为下一时期生产领域追加劳动者的消费需要和原有就业劳动者消费水平提高所需的准备基金的。在过去的讨论中，有些同志把这一准备基金，同下一时期生产领域全部新增的消费需要的补偿基金混同起来，认为消费资料积累就是用来补偿下期生产领域全部新增的消费需要。其实，下期新增的全部消费需要的补偿，要依靠下期消费资料生产的扩大来解决。而作为准备基金的本期消费资料积累，在数量上也不等于下期全部新增的消费需要；它还要取决于消费资料基金周转速度的变化。消费资料基金周转速度快些，则本期消费资料积累相对于下期新增消费需要来说，就可以小些。只是在假定消费资料基金周转速度为一年一次并且不变的场合，消费资料积累在数量上才等于下期全部新增的消费需要。

关于消费资料积累在积累基金中所占份额，或者它和生产资料积累的比率，马克思曾经指出："剩余生产物是依什么比例分割在可变资本和不变资本之间，那要看资本的平均构成而定。资本主义越是发展，直接投在工资上面的部分，相对地说就越是小。"[①]在资本主义社会中，资本平均构成的提高，作为资本积累规律的一个重要契机，同相对剩余人口的形成和劳动人民的相对贫困化，是形影不离的。在这里，可变资本在积累中所占份额，由竞争过程中自发形成的资本平均构成所决定；而劳动者就业人数和消费水平的变动，则服从于资本积累的需要，受着可变资本在积累总额中逐渐降低的份额的限制。

在社会主义社会中，积累基金平均构成的提高，是社会有计划地提高劳动者平均技术装备水平的反映。作为社会主义积累规律的一个契机，积累基金从而全部生产基金的平均构成的提

① 《剩余价值学说史》第2卷，俄文版，第496页。

高，又是同新增劳动人口的完全就业和劳动人民消费水平的不断提高相伴随的。所以，在社会主义社会中，消费资料积累在积累基金中所占份额，不像资本积累中的可变资本部分那样，是自发形成的积累资本的平均构成的结果。正好相反，社会主义积累中消费资料积累的绝对数额，首先要根据下一生产时期中新增劳动人口的完全就业（和劳动者消费水平必要的提高）的要求来确定。当社会积累资源的总潜力，已被消费资料生产部门提供的剩余消费品的规模所最终决定时，生产资料的积累的规模、从而社会积累基金的平均构成，毋宁是消费资料积累的绝对数额按照上述要求被确定以后的一个结果。

所以，当我们考察一个社会主义国家在一定时期的积累基金的平均构成时，不能单纯地从原有经济技术水平来判断这个平均构成的高低，而必须结合本期积累资源潜力总额和下期劳动人口资源增长之间的对比关系来考虑。积累所采取的技术水平本身，也要看积累资源同新增劳动人口资源之间，有着怎样的对比关系。相对于积累资源潜力来说，一个国家的劳动人口增长越快，则为新增劳动人口的就业所准备的消费资料积累就越多，因而生产资料积累的比重就越小，从而积累基金的平均构成就越低。反之，相对于积累资源潜力来说，劳动人口的增长速度越小，则为新增劳动人口的就业所准备的消费资料积累就可以较少，因而生产资料积累的比重就可以较大，从而积累基金的平均构成也可以较高。

我们已经知道，劳动人口的增长，是使消费资料积累成为必要的一个因素。同时，劳动人口的增长，又是积累的生产资料赖以推动，赖以发挥其生产效果的必要条件。“只有在人口的这个绝对增长（虽然与所应用的资本比较，人口是相对地减少了）的条件下，积累才能够是一个经常的、不断的过程。人口的增长是积累作为一个经常过程的基础。”[①]如果单从劳动力资源方面来看，劳动人口增长越快，则他们所能推动的积累的生产资料就越多，这就越有利于积累过程的实现和再生产规模和速度的扩大。但是，当积累资源潜力总额为一定，而其他条件又相同的场合，劳动人口的增长越快，则所需消费资料积累就越大，这就使得能够从事生产积累所需生产资料的劳动者的绝对人数和相对人数，比之劳动人口增长得较慢的场合要低些，从而使得积累基金的平均构成及与之相应的劳动者平均生产技术装备水平的提高幅度，也比劳动人口增长得较慢时要低些。所以，在积累资源潜力为一定的条件下，较快的劳动人口的增长，会伴随着劳动者平均生产技术装备水平的较小幅度的提高；反过来，较慢的劳动人口的增长，则会伴随着劳动者平均生产技术装备水平的较大幅度的提高。这样看来，似乎当积累资源潜力总额为已定时，劳动人口增长快慢所及于扩大再生产速度的影响，会在一定程度上，被劳动者平均生产技术装备程度（从而劳动生产率）的提高幅度的相反趋势的变化所抵消。

在这里，我们不能不注意到扩大再生产速度的另一决定数值β（积累基金的占用系数）及与之有关的f（全部生产基金占用系数）[②]的变化情况。在积累资源潜力总额为一定的条件下，虽然在劳动人口的增长速度同劳动者的平均生产技术装备水平的提高幅度之间，有一个相反方向的运动，但是，社会劳动生产率的提高幅度同劳动者平均生产技术装备水平的提高幅度之间，变化是

① 《剩余价值学说史》第2卷，俄文版，第482页。

② 积累基金占用系数$\left(\beta=\dfrac{\Delta C}{\Delta P}\right)$同全部生产基金占用系数$\left(f=\dfrac{C}{P}\right)$之间的关系是这样的：全部生产基金占用系数是否发生变化，以及朝什么方向变化，要取决于积累基金占用系数的数值是等于、大于或小于原有生产基金的占用系数。如果$\beta=f$，则f不变。如果$\beta>f$，则f提高。如果$\beta<f$，则f下降。

不相等的。社会劳动生产率的提高，除了生产技术装备水平的提高外，还取决于许多因素，其中包括不同类型技术进步的质量效果、工艺过程、劳动组织和生产组织的改进、劳动者熟练程度的提高等。这一切条件综合作用的结果，有时使劳动生产率的提高幅度快于劳动者平均生产技术装备水平的提高幅度，这就使得积累基金和生产基金的占用系数有所下降[①]；有时则相反，使劳动生产率的提高幅度，小于劳动者平均生产技术装备水平的提高幅度，这就使得基金占用系数有所提高。这样，即使在社会积累资源潜力为已定的条件下，扩大再生产的速度，仍会随着生产基金占用系数和积累基金占用系数的改变，发生种种不同的变化。这是在分析积累基金同新增劳动人口资源的结合对于扩大再生产速度的影响时，必须注意的一个问题。

四

以上我们从消费资料生产的负担能力和消费资料的必要积累方面，考察了它们对生产资料积累潜力所设定的界限。现在，让我们回过头来看看生产资料积累在两大部类之间的投资比例对扩大再生产速度的影响。生产资料积累在两大部类之间的投资比例，同以上所讲的两大部类产品的生产比例、劳动资源在两大部类之间的分配比例，对于生产资料积累潜力和扩大再生产速度来说，具有不同的意义。已经形成的两大部类之间的劳动力分配比例和产品生产比例，是决定当前时期生产资料积累的绝对潜力和相对潜力的出发点，从而也是决定当前时期扩大再生产速度的出

① 关于劳动者平均基金装备系数、劳动生产率和单位产品的生产基金占用系数三者之间的数量关系，参阅拙作《关于社会主义再生产发展速度的决定因素的初步探讨》一文，载《经济研究》1961年第3期，第14页。

发点。而在当前时期的生产资料积累的规模已经确定以后，它在两大部类之间的投资比例，就成为进一步改变往后时期生产资料积累潜力，从而影响往后时期扩大再生产速度的动因。所以，对于较长时期中再生产速度的动态来说，生产资料积累在两大部类间的投资比例，较之作为出发点的生产资料积累规模本身，有着更为重要的意义。

本文第一节的末尾已经指出，投入第Ⅰ部类的生产资料积累的比重$\left(\alpha=\frac{\Delta C}{\Delta C_1}\right)$，有一个最高限界，这个限界，是受第Ⅱ部类生产的必要扩大所需最低限度的投资决定的。那么，第Ⅱ部类的投资，又是受什么决定的呢？假定消费资料生产部门的生产资料基金占用系数不变，则第Ⅱ部类生产规模的扩大所需生产资料的投资规模，取决于以下两个因素：（1）以后时期两大部类追加劳动者的消费需要（按原有劳动者消费水平）；（2）全社会生产劳动者消费水平的提高。

这样看来，决定第Ⅱ部类的必要投资的因素，同时也就是上节所述决定消费资料积累的因素。但是，消费资料积累和第Ⅱ部类的投资在扩大再生产中的作用是不同的。如前所述，前者是为新增的消费需要所设立的准备基金或周转基金，而不是用来作为新增消费需要的补偿基金。以后各个时期中新增消费需要的补偿，要靠各该时期消费资料生产规模的扩大来解决，这就需要对与消费资料生产有关的部门进行必要的生产资料投资。在下面，为了集中考察两大部类之间的投资比例在较长时期中对再生产速度的影响，我们可以撇开前节已经分析过的消费资料积累问题，专门来看看劳动人口的增长和消费水平的必要提高，对于两大部类投资比例的制约作用。

上述两个因素中，劳动人口的增长，在可以预计到的计划时期内，是一个大体上既定的量。由于人口增长的特殊规律，社会主义社会对劳动力总资源增长的计划控制，只能在经过相当长的时间以后，才会达到社会自觉规定的目标。在可以预计的较短的计划时期内（如一年、五年、十年），新增劳动人口资源的数量，是比较地难以改变的。这一既定的新增劳动人口的完全就业和消费需要，是社会主义社会安排长期生产发展计划时必须考虑的因素。这一因素决定了消费资料生产扩大的最低限度的规模；而在生产资料基金占用系数已知的前提下，这又决定了第Ⅱ部类所需投资的最低限额。从而，如生产资料积累总额已定，则投入第Ⅰ部类的比重（α）的最高限额，也就由此确定。

所以，在社会主义社会中，投入生产资料生产部门的积累占生产资料积累总额的比重（α），不但断然不能超过1的绝对极限，而且在一般正常情况下，不能超过上述劳动人口的增长所设定的最高限界。如果α的数值超过这一限界，则由于没有消费资料的相应增长的保证，新增劳动人口的就业就会受到限制，这样就使积累的生产资料不能得到充分的利用，从而不利于扩大再生产的速度。在这种情况下，如果新增劳动人口全部就业，原有劳动者的消费水平就会受到影响，劳动生产率也会受到一定的影响，这也是不利于扩大再生产的速度的。这种情况，从社会主义生产的目的来看，也是不符合要求的。所以，在社会主义计划经济中，α的数值大于上述最高限界的情况，是必须注意避免的，而且也是完全能够避免的。

现在来看看α的数值等于上述最高限界的情况。在这种情况下，由于以后时期的生产资料积累的绝对潜力和相对潜力达到最大可能的限度，扩大再生产的速度也达到最大可能的限度，而在α的这一限界数值同时也大于第Ⅰ部类生产资料基金在现有全部生产资料基金中所占比例$\left(\alpha>\frac{C_1}{C}\right)$时，扩大再生产的速度，将以最大可能的幅度来递增。为了说明这个过程，让我们举一个假定的例子。假定的条件是：（1）基期劳动人口为400单位，每年大约增长1%；（2）基期国民收入为100 000单位，其实物构成中，积累的生产资料占20%；（3）两大部类（按国民收入所包含的最终产品）的生产资料基金占用系数都等于2，并且假定逐年不变。在这些假定条件下，如果各年生产资料积累在两大部类间的投资比例，都按上述保证新增劳动人口消费需要所设定的界限来安排，那么，以后各年扩大再生产的比例、速度和劳动人口的平均消费水平，将如下页表所示。

上例中，投入第Ⅱ部类的生产资料积累，是按下期劳动人口增长的最低限度的需要来安排的，因而投入第Ⅰ部类的积累所占比重（α），达到最高限额，第一年即达0.92（184÷200），以后各年α的数值续有提高。虽然基期的生产资料积累的绝对潜力和相对潜力都比较低（只占国民收入生产额的20%），但是由于投入第Ⅰ部类的积累份额，依上述最高限额来安排，因而以后各年生产资料积累潜力增长极快，从而使扩大再生产的速度也越来越快。国民收入的净增速度，第二年为10%，到第十年达到42%。不过必须注意，这样的投资比例和再生产速度的结合，只能保证新增劳动人口按原有消费水平的需要，而全社会劳动者平均消费水平长时期中未能提高。从社会主义生产目的来看，这种情况，是不合理想的。

社会主义生产的最终目的与动机，是满足社会及其成员日益增长的需要。而日益增长的需要，当然主要不是指新增劳动人口按原有消费水平的需要，而是指全社会劳动者平均消费水平逐步提高的需要。所以，当我们考察两大部类间投资比例对再生产速度的长期变动趋势的影响时，不但要看到劳动人口增长的因素，而且要同时看到劳动人民平均消费水平的必要提高的因素。

时期（年）	劳动人口	生产资料基金（单位100）			国民收入生产（单位100）				时期（年）	劳动人口	生产资料积累投资（单位100）			平均消费水平（单位1）
		第Ⅰ部类	第Ⅱ部类	总额	生产资料	消费资料	总额	比上年增长（%）			第Ⅰ部类	第Ⅱ部类	总额	
1	400	400	1600	2000	200	800	1000	—	1	400	184	16	200	200
2	404	584	1616	2200	292	808	1100	+10	2	404	276	16	292	200
3	408	860	1632	2492	430	816	1246	+13.3	3	408	413 6	16.4	430	200
4	412.1	1273.6	1648.4	2922	636.8	824.2	1461	+17.4	4	412.1	620.4	16.4	636.8	200
5	416.2	1894	1664.8	3558.8	947	832.4	1779.4	+21.7	5	416.2	930.2	16.8	947	200
6	420.4	2824.2	1681.6	4505.8	1412.1	8408	2252.9	+26.3	6	420.4	1395.3	16.8	1412.1	200
7	424.6	4214.5	1698.4	5912.9	2107.3	849.2	2956.5	+31.3	7	424.6	2090.1	17.2	2107.3	200
8	428.9	6299.5	1715.6	8015.1	3149.8	857.8	4007.6	+35.6	8	428.9	3132.6	17.2	3149.8	200
9	433.2	9427	1732.8	11 159.8	4713.5	866.4	5579.9	+39.2	9	433.2	4696.3	17.2	4713.8	200
10	437.5	14 118.3	1750	15 868.3	7059.2	875	7934.2	+42.2	10	437.5	7041.6	17.6	7059.2	200
…	…	…	…	…	…	…	…	…	…	…	…	…	…	…

在这里，我们又遇到一个矛盾。一方面，要使消费水平在最近时期有较大幅度的提高，就必须提高投入第Ⅱ部类的积累比重，相应地降低投入第Ⅰ部类的积累比重；这样就会对以后时期生产资料积累潜力的进一步增长，和对以后时期的扩大再生产速度，产生一定的限制，从而也会对未来的人民消费水平的进一步提高，带来一定的限制。另一方面，我们知道，消费水平的不断提高，只有在发展生产的基础上才能达到，特别是从较长时期来看，要达到更高的消费水平，就必须以建立雄厚的物质生产基础为前提。这就首先要求以积累的较大份额投入第Ⅰ部类；因为，只有在这个条件下，生产资料的积累潜力和扩大再生产的规模，才能更快地增长；随着时间的推移，这将为消费资料生产规模的扩大，提供越来越大的可能性。

平均消费水平的增长，在可以预见到的计划时期内，不像上述劳动人口增长的因素那样，是一极难改变的、既定的量。在较长时期内，消费水平的增长幅度，以及这一增长幅度在这个较长时期内各个年度上的分布，可以有种种不同的安排。而消费水平的提高幅度的这些不同的时间序列，又是同两大部类的不同投资比例和再生产的不同速度，密切结合在一起的。为了说明两大部类间的投资比例、扩大再生产的速度和平均消费水平三者变化间的互相制约的关系，让我们仍然利用上例中对基期再生产假定的数字条件，并且设想所有各年投入第Ⅰ部类的生产资料积累的比重（α），具有从0起到0.9止几个不同的数值；这样，各年扩大再生产速度和劳动人民平均消费水平的变化，将如下表所示：

下表中为α设定的数值，都低于前例所述的最高限界。其中，$\alpha=0$是一个相反的极端情况，即全部生产资料积累，在所有各年都投入第Ⅱ部类。在这种情况下，最近时期的平均消费水平可以得到最大幅度的提高：在头五年内，$\alpha=0$时各年所达到的平

两大部类间不同投资比例对扩大再生产速度和平均消费水平的不同影响

时期（年）	扩大再生产速度（国民收入比上年净增百分率）							时期（年）	平均消费水平						
	α=0	α=0.1	α=0.2	α=0.3	α=0.5	α=0.7	α=0.9		α=0	α=0.1	α=0.2	α=0.3	α=0.5	α=0.7	α=0.9
1	—	—	—	—	—	—	—	1	200	200	200	200	200	200	200
2	10.0	10.0	10.0	10.0	10.0	10.0	10.0	2	223	220	218	215	210	205	201
3	9.1	9.5	10.0	10.5	11 .4	12.5	13.2	3	245	241	237	234	224	213	202
4	8.3	9.1	10.0	10.9	12.8	14. 8	16.9	4	267	263	258	253	240	225	205
5	7.7	8.8	10.0	11.3	14.1	17.4	20.9	5	288	285	281	276	261	240	211
6	7.1	8.5	10.0	11.7	15.5	20.0	25.1	6	309	*309	307	303	288	261	219
7	6.6	8.2	10.0	12.0	16.8	22.5	29.0	7	330	333	*334	*333	321	290	232
8	6.3	8.0	10.0	12.3	17.9	25.5	32.7	8	350	357	364	367	*362	330	251
9	5.8	7.8	10.0	12.7	19.0	26.8	35.7	9	369	383	396	407	414	*383	280
10	5.6	7.6	10.0	12.9	20.0	28.5	38 2	10	389	410	431	451	478	455	322
11	5.3	7.4	10.0	13 1	20.8	30. 0	40.1	11	407	437	470	503	557	552	383
12	5.0	7.2	10.0	13.4	21. 5	31 2	41.5	12	426	466	511	561	656	682	*471
…	…	…	…	…	…	…	…		…	…	…	…	…	…	…

*符号指α为各种不同数值时，消费水平赶上和超过α=0时消费水平的年份。如α=0.7时的消费水平，在第9年赶上和超过α=0时的消费水平。

均消费水平，高于α为任何其他数值时的平均消费水平。但是，由于在这种情况下第Ⅰ部类本身没有追加的生产资料投资，因而第Ⅰ部类所能提供的生产资料积累的绝对数额始终不变，其相对潜力则逐年降低，从而扩大再生产的速度也逐年下降，从第2年的10%降为第12年的5%。如果$\alpha=0$这一投资比例继续下去，生产资料积累的相对潜力也要继续降低下去，直到生产资料积累的不变规模甚至不能够再按原有的生产技术水平来装备新增劳动人口的需要。与此同时，再生产速度的不断下降，也必然引起平均消费水平增长的绝对额和相对额的下降：$\alpha=0$时的平均消费水平，从第7年起，就开始比α等于其他某些数值时所达到的平均消费水平为低；到第12年，就比α等于其他任何数值时所达到的平均消费水平都要低。由此可见，从短时期看，把积累全部投入第Ⅱ部类的这个极端的假定情况，虽然可使消费水平得到最大幅度的提高，但是，如果从较长时期来看，这却是不利于生产的发展从而也不利于消费水平的进一步提高的。因此，这也是一个不符合社会主义生产目的要求的、近视的方案，是不能够为社会主义的计划经济所接受的。

现在我们来看看α为其他数值，即大于零同时又小于前述最高极限的情况。在这些情况下，劳动人民的消费水平逐年都有所提高，但是在最初几年内，消费水平的提高幅度，不及$\alpha=0$时的消费水平提高幅度。从上表可以看到，α的数值越大，则在开始阶段消费水平低于$\alpha=0$条件下消费水平的时间就越长。可是，随着α数值的增大，生产资料积累潜力的增长程度也加大，扩大再生产的速度，也越来越比α数值较低时的速度高。十分明显，扩大再生产的速度随着α的数值的增大而提高，经过一定时间后，就会对消费资料生产规模的扩大和平均消费水平的提高，产生极其显著的影响。在经过一定时间后，由于社会生产规模和其中消费资料生产规模的迅速扩大，劳动人民平均消费水平增长的相

对额和绝对额，以及平均消费水平本身，都将大大超过α的数值较低时的情况。可是，必须同时注意，α的数值越高，则其通过积累潜力和再生产速度的增大，对消费水平进一步提高的显著效果，在时间上也越是推迟。在我们假定的例子中，赶上和超过$\alpha=0$情况下消费水平所需的时间，当α为0.1时，是6年；当α为0.2~0.3时，是7年；当α为0.5时，是8年；当α为0.7时，是9年；当α为0.9时，则需12年。

综上所述，生产资料积累在两大部类间的投资比例和扩大再生产速度的种种不同的结合，在经济实质上反映着劳动人民的最近时期的消费利益和将来时期的消费利益之间的关系。社会主义社会生产目的的实现，当然不能够只局限于最近时期的消费利益上，据此把积累集中投入第Ⅰ部类；这样会使将来的速度受到损失，从而不利于将来消费水平的进一步提高。另外，社会主义社会也不能把积累对提高消费水平的最终效果，寄托于过远的将来，并据此把积累集中投入第Ⅰ部类；这样就会使最近时期消费资料生产规模不能得到必要的扩大，从而影响最近时期人民消费水平的适当的提高。怎样权衡最近时期消费利益和未来时期消费利益的得失，使两者得到最恰当的结合，并且据此来选择两大部类的投资比例和与此相应的再生产速度，是一个有待于进一步从理论上进行探索的问题。除了上面所提到的一些限界外，现在可以指出的是：这个问题的解决，必须联系已经达到的社会生产力水平和人民消费水平、已经形成的社会生产的结构以及一定时期社会主义国家的国内外政治条件和形势来考虑。

看来，当社会生产力水平、社会生产的部类构成以及劳动者平均消费水平还比较低的时候，为了蓄积积累的潜力，建立扩大再生产的物质技术基础，为α选择比较高的数值，把生产资料积累的较大部分投入第Ⅰ部类，以尽可能地提高再生产速度，是完全必要的。但是，在这样做的时候，应当注意不能使α的数值，超过前术意义的最高限界，而要适当地低于这个限界，以使最近时期劳动人民的消费水平能够有所增长。当社会生产力水平和社会生产的部类构成都已经达到较高的水准时，则可以使α的数值，接近已经提高了的$\frac{C_{\mathrm{I}}}{C}$的比例（即第Ⅰ部类生产资料基金在原有全部生产资料基金中所占比重），使前者大体上稳定在$\frac{C_{\mathrm{I}}}{C}$比例数值的周围，或略高于$\frac{C_{\mathrm{I}}}{C}$的比例；这样就可以既能保证社会生产的高速度发展，又能保证平均消费水平较快地增长。

必须强调指出，再生产速度的问题，不单纯是一个经济问题，而且首先是一个重要的政治问题。所以，在考虑积累规模、投资比例和再生产速度的关系时，不能单纯地把这个问题归结为劳动人民的当前消费利益和长远消费利益的关系问题，或者单纯地看成为人民消费水平提高幅度的时间序列的选择问题。固然，劳动人民的短期消费利益和长期消费利益这一矛盾的正确处理本身，也具有十分重要的政治意义。但是，在解决这些问题的时候，绝对不能忽视一定时期内社会主义国家所处的国内外政治形势和面临的政治任务。国内外政治形势和政治任务的考虑，不能不使纯然从经济角度来选择的消费水平提高幅度的时间序列有所改变，从而对再生产的比例和速度的选择，提出不同的要求。这是在具体分析和具体安排再生产比例和速度的关系时，必须首先加以注意的。

这篇文章探讨的社会主义再生产比例和速度的关系，主要限于生产领域若干基本比例——两大部类间的产品生产比例、劳动力分配比例、投资分配比例——同社会产品、国民收入生产的增长速度的关系。已经考察了的问题，当然远远不是比例和速度的关系这个大题目所应包括的全部问题。即使就生产领域而论，也还有许多与再生产速度有着十分重要联系的比例，诸如劳动手段

和劳动对象的生产比例、原材料和加工制造间的比例等，在本文中都还没有来得及进行分析。尤其要指出的是，本文的研究，限于外延的扩大再生产类型，主要是通过再生产速度的一项决定数值，即生产资料积累的相对潜力α，来分析两大部类比例所及于速度的影响；而对再生产速度的另一项决定数值，即表现生产资料积累效果的生产基金占用系数β，除了在个别的场合外，在本文中都是把它存而不论的。可是，在再生产的实际过程中，生产基金的占用系数，不但受着社会生产的部类结构和部门比例变化的影响，而且还受着与生产技术进步有关的一系列比例变化的影响。特别是不同类型技术进步的不同结合方案，会通过劳动者的生产基金装备系数和劳动生产率的不同变化，对生产基金占用系数从而对扩大再生产的速度，发生种种不同的影响。而不同类型技术进步方案的选择，又是同第Ⅰ部类内部，特别是固定基金积累所需生产资料生产内部比例的安排，有着十分密切的联系。所有这些属于内涵的扩大再生产类型的问题，只好留待另外进行专门研究了。

略论外延的扩大再生产和内涵的扩大再生产的关系*

（1962年7月2日）

马克思列宁主义的再生产理论，把社会再生产区分为简单再生产和扩大再生产，又把扩大再生产区分为外延的扩大再生产和内涵的扩大再生产。对于社会主义经济发展来说，扩大再生产中外延和内涵的关系，较之简单再生产和扩大再生产的关系，有着更为重要的理论意义和实际意义，因为社会主义再生产是以扩大再生产为特征的。社会主义经济的有计划发展，既要注意利用外延的扩大再生产的因素，更要注意利用内涵的扩大再生产的因素，并且要正确处理这两者间的关系。

一

关于外延的扩大再生产和内涵的扩大再生产的区别，人们是有不同的看法的。一种流行的看法认为：因积累而发生的生产的扩大是外延的扩大，非因积累而发生的生产的扩大是内涵的扩大。与此相近的另一种意见认为，生产规模的扩大若是由于生产资金的扩大所引起的，就是外延的扩大；若是由于每一单位生产资金的平均产品产量的提高而引起的，则是内涵的扩大。

* 原载《光明日报》1962年7月2日《经济学》专刊第143期。

规模扩大的再生产，一方面包含着生产过程中人的要素（劳动力）和物的要素（劳动手段和劳动对象）的增长，一方面表现为生产过程的结果，即产品产量的增长。在不同情况下，生产诸要素的增长同产品产量的增长之间，有着不同的关系。在生产技术和生产方法没有改变的情况下，每一劳动者平均的技术装备水平和劳动生产率水平都不发生变化，因而投入生产过程的生产资料的数量和产品生产的数量，都要随着投入生产的活劳动的数量依同一比例增长。这种纯然随劳动量的增长而非因生产方法的改进而扩大的生产，就是外延的扩大再生产。

在生产方法改变、技术进步的情况下，每一劳动者平均的技术装备水平和劳动生产率都要提高；在这种场合，即使没有追加的劳动力，社会生产规模也能扩大。这种非由于劳动量的增加，而由于生产技术方法的进步使社会劳动生产率提高而引起的扩大生产，就是内涵的扩大再生产。

所以，扩大再生产是外延的还是内涵的，要看生产规模的扩大，是因社会投入生产的劳动量的增加而发生，还是由于社会劳动生产率提高的结果。使内涵的扩大再生产同外延的扩大再生产区别开来的根本原因，在于生产方法有无改进和有无技术进步。而社会劳动生产率是否提高，则是区别扩大再生产的外延性和内涵性的基本标志。

扩大再生产中外延和内涵的区别，同有无积累发生是没有必然联系的。在论述固定资本从使用价值上进行补偿更新以前，它的折旧基金可以用来作为扩大生产的追加投资的时候，马克思曾指出：“如果是生产范围扩大了，就是在外延上扩大；如果是生产资料更有效率了，就是在内涵上扩大。但这种规模扩大的再生产，不是由积累（剩余价值到资本的转化）发生的，却是由于从固定资本的身体分离出来但还在货币形态上独立着的价值，已经再转化为追加的或效率较大的同种类的固定资本。”[①]由此可见，扩大再生产区别为外延的和内涵的两种类型，并不取决于有无积累。扩大再生产可以由积累而发生，也可以不由积累而发生；但是，不论是有积累的还是无积累的扩大再生产，都可能有外延的和内涵的两种情况。

当然，无论用于扩大生产的追加生产资料是来源于积累，还是来源于固定资产的折旧，都要表现为生产资金的增加。如果把生产资金的投资来源存而不论，是否可以把因生产资金的增长而扩大的生产，看作是外延上的扩大，把每一单位生产资金平均的产品产量的增加而引起的生产的扩大，看作是内涵上的扩大呢？

在实际经济过程中，产品生产规模由生产资金的增长而扩大，和由单位生产资金的产品产量的增加而扩大，这两种情况都是存在着的。马克思曾指出：生产“是由于两个原因才逐年扩大的：第一，因为投入生产的资本不断地增加，第二，因为它的利用的生产效率越来越大了……”[②]并且指出在资本的质量、效率提高的时候，可能出现这样的情况：“产品数量增长的比例，大于扩大再生产即积累下的资本的增长”[③]；这就是说，单位生产资本的产品产量会增加。但是，马克思在这里并没把扩大再生产的上述两个原因，同扩大再生产的外延和内涵的区别等同起

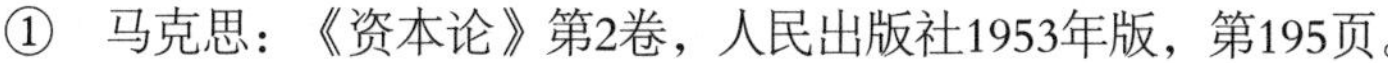

① 马克思：《资本论》第2卷，人民出版社1953年版，第195页。

② 马克思：《剩余价值理论》俄文版第2卷，第529页。莫斯科国家政治书籍出版社1957年版。

③ 同上书，第527页。

来[①]，也没有把单位生产资本的产品产量的增加，看作是资本的质量效率提高的唯一可能的表现。

生产资金的动态同产品产量的动态之间的关系，就外延的扩大再生产来说，是比较简单的。在这种情况下，因为生产技术、生产方法不变，产品产量的扩大不但要求劳动力数量依等比例增加，而且要求生产资金的数量依等比例增加。在这里，单位生产资金的产品产量，或者单位产品的资金占用量，都是不变的。在生产方法改变和技术进步条件下的内涵的扩大再生产中，生产资金的动态同产品产量的动态之间的关系，就比较复杂。这里有两个问题要弄清楚：第一，内涵的扩大再生产是否不需要追加的生产资料资金的投资？第二，从全社会范围来看，生产资料的质量效率的提高，是否一定会表现为单位生产资金平均的社会产品产量的提高，或者表现为单位社会产品平均的资金占用量的减少？

先看第一个问题。当投入生产的社会劳动量不变，产品生产规模的扩大是依靠改进生产技术和方法来进行的时候，社会劳动生产率就必须而且必然提高。而劳动生产率的提高，又必须以生产资料的数量和质量的增进为条件。不但每一劳动者的平均生产技术装备，即劳动手段装备的数量和质量要提高，而且他所加工的劳动对象也要相应地增大。“劳动的社会生产率程度，是由一个劳动者在一定时间内以劳动力同一强度转化成生产物的生产资料的相对量来表示。他用来发生机能的生产资料的量，随他的劳

① 马克思在某些场合，谈到同一货币资本转化为生产资本后，它所包含的生产的可能性，不受其价值量的限制，而“能够在一定的活动范围内，在外延方面或内涵方面，发出不等时作用来。”（《资本论》第2卷，第435页）马克思在这里讲的“外延”和“内涵”，是就各种生产要素（劳动力、生产工具等）和劳动条件（自然条件、社会条件）怎样被资本利用而言的，而不是讲扩大再生产的外延和内涵两种类型。参阅《资本论》第2卷，第432—435页；又参见《资本论》第1卷，人民出版社1953年版，第756—764页。

动生产率一同增进。”[①]当然，原有劳动手段利用效率的提高和劳动对象的节约，可以在一定限度内适应劳动生产率提高和生产规模扩大的需要；从而在一定限度内，社会生产规模的扩大，不需要固定资产和流动资金的追加投资，也可以进行。充分利用原有生产资金的潜力来扩大生产的规模，是一个经常应该注意的问题。但是，原有劳动手段利用效率的提高和劳动对象节约所能容许的劳动生产率的提高程度和生产规模的扩大程度，毕竟只能以一个比较狭窄的范围为限；而生产技术方法的改进和再生产规模在内涵上的扩大，却不能只局限在这个狭窄的范围内。要使劳动生产率进一步有所提高和生产规模进一步扩大，就必须越过这个界限，也就是说，必须改造原有劳动手段的部件或全部结构，提高劳动者的生产技术装备水平，增加生产资料的投资。所以，不能把生产资金的增加，看成为尽是外延的扩大再生产的手段；它同样也是内涵的扩大再生产所必需的。

再看生产资金的效率同内涵的扩大再生产的关系。随着生产技术和方法的进步，生产资料（首先是劳动手段）的质量和效果也要增进。而生产资料的质量和效果的增进，从根本的意义上来讲，乃是被这些生产资料装备起来的**劳动者的生产力**的增进；所以，生产资金效率的提高，必须首先表现为社会劳动生产率的提高。只是资本主义生产方式才把这个关系颠倒过来，把“劳动的社会生产力，会表现为资本的属性”[②]，即表现为单位资本的“生产能力”。在社会主义社会中，我们首先应当通过社会劳动生产率的提高，来观察生产资金的质量效果。当然，社会主义社会不能不关心垫支于生产的过去物化劳动（生产资金）的节约；因而在观察生产资金的效果时，单位资金的产品产量或单位产品的资金占用量这一范畴，也有重要的

① 马克思：《资本论》第1卷，人民出版社1953年版，第782页。

② 同上书，第762页。

意义。

在生产技术、生产方法进步下的内涵的扩大再生产中，生产资金的质量效率的提高必然表现为社会劳动生产率的提高；但是从全社会范围来看，前者的提高并不必然表现为单位社会生产资金平均的社会产品产量的提高，换句话说，并不必然表现为单位社会产品平均的生产资金占用量的降低。单位社会产品平均占用生产资金量如何变化，要看社会劳动生产率的提高同每一劳动者平均装备的生产资料资金量的增长之间，存在着怎样的关系。如果社会劳动生产率同劳动者平均装备水平依同一程度提高，那么，单位社会产品平均的生产资金占用量就不会变化；如果劳动生产率的提高程度，小于劳动者平均装备的提高程度，那么，单位社会产品平均的资金占用量还会增长；只有在社会劳动生产率的提高速度比劳动者平均装备水平的提高速度更快的情况下，单位社会产品平均的资金占用量才会降低。在实际经济生活中，劳动生产率的提高同劳动者平均的生产技术装备水平提高之间的这几种不同的结合，从而单位社会产品平均的生产资金占用量的这几种不同的变化倾向，是可以从不同国家的不同经济发展时期中观察得到的。而这几种不同的倾向，又都是同生产技术和生产方法的进步、同社会劳动生产率的提高，结合在一起的；也就是说，都是存在于内涵的扩大再生产之中的。

由此可见，扩大再生产是不是内涵的，不能根据单位生产资金平均的社会产品量是否提高，或者单位社会产品平均的资金占用量是否降低来判断，而只能根据社会劳动生产率是否提高来判断。社会劳动生产率的提高，在生产技术进步条件下的内涵的扩大再生产中，不仅是评价劳动的效率的尺度，而且也是评价生产资金的效率的一个基本尺度。

二

从历史上看，外延的扩大再生产作为经济发展的主要形式，只是以手工生产方法为基础的前资本主义社会的情况。在以大机器生产为基础的资本主义经济中，由于生产技术和社会分工的迅速发展，使得社会生产的扩大，主要以内涵的方式来进行。把劳动不仅从形式上、而且在实际上隶属于资本的相对剩余价值的生产，就是以提高社会劳动生产率的方法，也就是通过内涵的扩大再生产的方式来进行的。当然，由于资本主义生产关系的对抗性矛盾及其对技术进步所设定的狭隘的界限，不但社会生产在内涵上的扩大受到限制，而且连扩大再生产本身也常常被危机、萎缩的再生产所中断。只有社会主义的生产关系才为生产技术的不断进步和劳动生产率的不断提高，开辟了无限广阔的天地，因而社会主义社会生产的发展，更应该经常以内涵的扩大再生产为特征。

应该看到，社会主义生产的内涵的扩大，是同它在外延上的扩大结合在一起的。在社会主义社会中，劳动人口资源的增长和社会劳动时间的充分利用，是扩大生产的一个不能忽视的重要源泉。同时要看到，生产技术和生产方法的进步，在国民经济各生产部门是不能均衡划一地进行的。当某些重要部门要以最新的现代化的技术来装备的同时，另一些部门的扩大只能暂时在过去的或较低的技术水平上进行。某些部门一方面要采用最新科学技术成就来改建、扩建和新建一些企业，另一方面要同时按过去的或较低的技术水平来建设一些企业，以便尽快地满足社会对某些产品的迅速增长的需要。不仅技术水平较低的生产规模的扩大，要求追加劳动力资源；而且技术水平较高的投资部分，如果所能节约和所能解放的原有劳动力不足以满足生产规模扩大的需

要，也会要求劳动力资源的增加。所以，社会主义经济发展中的内涵的扩大再生产，总是同外延的扩大再生产互相并行、互相结合着的。

社会主义社会不能忽视利用外延的因素来扩大社会生产的规模，但是内涵的因素，应居于头等重要的地位。这是因为，劳动人口资源的增长，在一定时期，总是有一定限度的。并且，随着劳动人民物质文化生活水平的提高，文化、教育、科学、卫生、公用等非生产性服务部门所占用的劳动力，从长期来看，也有扩大的趋势，因而可以投入生产的新增劳动力资源也不能不受到一定限制。从根本上说，社会主义生产目的的实现，即劳动人民的物质文化生活水平的不断提高，只有在生产技术不断进步的基础上，依靠社会劳动生产率的不断提高才能达到。所以，在充分利用社会主义制度的优越性，发挥劳动人民的积极性和创造性的前提下，不断地以生产性能更高的、先进的物质技术装备来对国民经济各部门进行现代化的改造，同时充分利用和提高原有装备的生产效率，就有着十分重要的意义。

社会主义社会中，生产规模的外延扩大和内涵扩大之间的结合比例，取决于许多复杂情况，这里只能简单地谈一下主要的因素。

就外延的扩大再生产来说，我们已知，这种生产规模的扩大，要求投在追加的生产资料上面的生产资金，按原有技术装备水平，依投入生产的追加劳动力资源的增长比例来增加。在这种场合，由于所要求的技术装备水平较低，所需追加生产资料的投资规模也较小，因而生产资金的增加，**一般**不成为外延的扩大再生产的限制因素；这种再生产规模扩大的限界，最终是由可以投入生产的新增劳动人口资源来决定的。就内涵的扩大再生产来看，纯粹的内涵的扩大再生产，是不受劳动人口资源的限制的。由于这种扩大再生产要求以质量效果更高的劳动手段来代替质量效果较低的劳动手段，要求以更多的生产资料来装备生产劳动者，因而这里追加的生产资料的投资数量和技术质量，就成为限制生产规模扩大的一个十分重要的因素；而追加生产资金的数量和质量，最终又是由国民收入中积累基金的规模和社会生产中第Ⅰ部类（特别是劳动手段生产部门）的发展水平来决定的。

由此看来，在现实的社会主义扩大再生产中，外延的扩大和内涵的扩大之间是依怎样的比例来进行结合，就要看可以投入生产的新增劳动力资源同可用于技术改造的积累基金资源之间，存在着怎样的对比关系。相对于新增劳动力资源来说，国民经济的积累潜力越大，所能提供来进行技术改造的生产资料的数量和质量越高，则在全部的扩大再生产中，以内涵途径来扩大的部分，就可以越大。

申而论之。当可以投入生产的追加劳动力来源比较充裕，而积累资源和可供的先进的生产手段相对不足的时候，扩大再生产中内涵因素的相对地位，也要受到比较大的限制。在一定情况下，由于积累资源和技术水平较高的劳动手段相对不足，因而新被吸收于生产的大量劳动力中，不能不有一个比较大的部分，要按低于先进的技术水平乃至低于平均的技术水平来装备，以利于充分利用外延的因素来扩大生产。在经济技术水平比较落后的国家开始进行社会主义建设的一定阶段，当旧社会遗留下来的大量未就业人口尚未充分利用的时候，可能出现这种情况。随着就业问题的迅速解决、随着国民经济物质技术基础的逐步建立和积累潜力的逐步扩大，扩大再生产中外延因素的作用，将基本上限制在劳动人口资源增长的范围以内；而内涵因素的作用，就要在整个社会主义扩大再生产中，取得越来越重要的支配地位。

三

从以上的叙述可知，社会主义的经济发展是以内涵的扩大再生产为特征的，社会主义生产规模的扩大，主要是循着内涵的途径来进行的。能不能由此得出结论：在社会主义再生产问题的理论研究中，对于外延的扩大再生产的分析，就没有什么理论价值了呢？不能这样说。

从理论研究上看，外延扩大再生产对内涵扩大再生产的关系，在一定的意义上类似简单再生产对扩大再生产的关系。马克思对以扩大再生产为特征的社会总资本的再生产的研究，是从简单再生产的抽象分析开始的。简单再生产的抽象之所以必要，一方面是因为它是扩大再生产的一个“现实的因素”，另一方面是因为这个抽象有助于揭示社会再生产的最一般的联系和规律。

在以内涵的扩大再生产为主要特征的社会主义经济中，纯粹的外延的扩大再生产也是一个抽象。但是，对这个纯粹的外延扩大再生产的抽象分析，也是必要的。这是因为，第一，如前所述，在现实的社会主义扩大再生产中，生产的外延扩大总是同它在内涵上的扩大互相并存、互相结合着的，这就是说，外延的扩大再生产所包含的诸关系，是现实地存在于社会主义的经济生活中的；第二，外延的扩大再生产和内涵的扩大再生产也具有某些共同的规律性，为了简化研究的条件，这些共同的规律性是可以通过外延的扩大再生产的分析来掌握的。

马克思在《资本论》第2卷第三篇所研究的扩大再生产图式，就是外延扩大再生产类型的。通过这种研究，他发现了为任何类型的扩大再生产所必须具备的关系，即Ⅰ（$v+m$）>Ⅱc。在内涵的扩大再生产中，由于生产技术构成和有机构成的提高，社会产品各组成部分之间的具体数量关系当然不同于外延扩大再生产下的情况；但是，Ⅰ（$v+m$）>Ⅱc及与之有关的诸关系，却是绝对不能违背的。

纯粹的外延扩大再生产的抽象分析，也能够帮助我们揭示再生产的速度和比例之间的一个最一般的关系：在其他条件相同时，再生产的速度越高，则越是要求生产资料生产的比重提高。这个关系，既适用于生产技术不变的外延的扩大再生产，也适用于生产技术进步的内涵的扩大再生产。我们知道，列宁曾把内涵扩大再生产的因素，即技术进步和生产有机构成的提高，引入马克思的扩大再生产图式，科学地论证了第Ⅰ部类必须优先增长、也就是它在社会生产中的比重必须提高的原理。在列宁的图式中[①]我们看到：社会总产品的年增长速度，是逐年下降的。如果在这个图式中，设想社会总产品的增长速度不变或者速度提高，那么，根据外延扩大再生产中速度和比例的关系的分析结果，我们可以无误地推断：第Ⅰ部类优先增长的程度，从而它在社会生产中所占比重的增大的程度，还会有更大的提高。

① 《列宁全集》第1卷，人民出版社1955年版，第69—71页。

再论所谓扩大再生产的“第二个基本公式”*

（1962年10月）

最近在关于再生产理论问题的探讨中，有些同志鉴于消费资料的平衡对整个扩大再生产的正常运行具有不能忽视的重要作用，认为过去政治经济学文献中把Ⅰ（$v+m$）>Ⅱc作为扩大再生产的基本公式，不足以表现第Ⅱ部类在扩大再生产过程中的重要意义，提出了要有所谓“第二个基本公式”的意见。这“第二个基本公式”是：

$$\text{Ⅱ}\left(c+m-\frac{m}{x}\right)>\text{Ⅰ}\left(v+\frac{m}{x}\right)$$ ①

我在今年2月26日《光明日报》“论所谓扩大再生产的‘第二个基本公式’”一文中，认为第Ⅱ部类在扩大再生产中的地位和作用，应予足够的重视，但是并不需要把Ⅱ（$c+m-\frac{m}{x}$）>Ⅰ（$v+\frac{m}{x}$）提到与Ⅰ（$v+m$）>Ⅱc并列的地位，也当作扩大再

---

* 原载《学术月刊》1962年第10期。

① 见实学：“关于扩大再生产公式的初步探讨”，载《光明日报》1961年12月4日；宋则行：“也谈关于扩大再生产公式”，载《光明日报》1961年12月25日；实学：“如何在扩大再生产的图式中反映劳动生产率提高的影响”，载《江汉学报》1962年第4期。式中的$\frac{m}{x}$代表剩余价值中用于资本家消费的部分。在社会主义社会则代表剩余产品价值中提缴社会分配、用于非生产性的消费和积累的部分，这一部分不一定用于原来创造和提缴这个剩余产品价值的部类。

生产的一个“基本公式”来看待。因为这个所谓“第二个基本公式”，事实上是可以从消费资料平衡条件式中，推演出来的。而消费资料平衡条件式，又不过是扩大再生产的基本公式，即Ⅰ（$v+m$）>Ⅱc一个侧面的展开而已。

《学术月刊》今年第五期发表了雍文远同志“关于扩大再生产公式”一文，对我的上述论点，提出了批评。他指出，只有在Ⅰ$\frac{m}{z}$+Ⅱ$\frac{m}{z}$>0这个假定下，上述推演才是正确的；如果Ⅰ$\frac{m}{z}$+Ⅱ$\frac{m}{z}$不是大于零，那个推演就不能成立。雍文远同志进一步指出，Ⅰ$\frac{m}{z}$+Ⅱ$\frac{m}{z}$>0这个假定，“不过是说我们已经有追加的消费资料可供用于积累”，它“不过是第二个基本公式的另一种写法而已”。从这里他得出结论，说我“硬把这个假定从外面强加到第一个基本公式的演算中，然后再来证明从第一个基本公式可以引申出第二个基本公式”，因而不免犯了逻辑上的错误。[①]

应当承认，Ⅰ$\frac{m}{z}$+Ⅱ$\frac{m}{z}$>0这个假定，是从消费资料平衡条件式推演出Ⅱ（$c+m-\frac{m}{x}$）>Ⅰ（$v+\frac{m}{x}$）的必要前提。不过即使如此，我认为以后一公式代替消费资料平衡条件式来表现第Ⅱ部类在扩大再生产中的地位和作用，并且把它看成为是扩大再生产的一个“基本公式”，这种论点仍然是不能令人信服的。为了研究这个公式究竟能不能算作扩大再生产的“基本公式”，我觉得有必要搞清楚下面几个问题：（1）$\frac{m}{z}$>0这一假定的经济含义究竟是什么？能不能在扩大再生产图式的设计中和公式演算中容许作这个假定？（2）$\frac{m}{z}$>0是不是一切扩大再生产所必具的条件，存不存在一种扩大再生产，在那里$\frac{m}{z}$不是大于零，而是等于零甚至小于零？（3）Ⅱ（$c+m-\frac{m}{x}$）>Ⅰ（$v+\frac{m}{x}$）这个式子，能不能概

① 《学术月刊》1962年第5期，第12—13页。

括第Ⅱ部类在扩大再生产中的地位和作用？

一

先看第一个问题。

Ⅰ$\frac{m}{z}$+Ⅱ$\frac{m}{z}$>0这个假定的含义，是否如雍文远同志所说，“不过是说我们已经有追加的消费资料可供用于积累”，“不过是第二个基本公式的另一种写法而已”呢？

我认为，Ⅰ$\frac{m}{z}$+Ⅱ$\frac{m}{z}$>0同Ⅱ（$c+m-\frac{m}{x}$）>Ⅰ（$v+\frac{m}{x}$）这两个式子，不能够简单地等同起来。不错，单纯从数量上看，这两个式子是应当互相适应的；但是二者的直接经济含义却不完全一样。Ⅰ（$\frac{m}{z}$）+Ⅱ（$\frac{m}{z}$）>0这个式子的意思是说，两大部类的剩余产品价值中，要有一个部分用于消费资料的积累（在资本主义社会为追加的可变资本，下同）。Ⅱ（$c+m-\frac{m}{x}$）>Ⅰ（$v+\frac{m}{x}$）这个式子才是说，第Ⅱ部类生产的消费资料中，已经有一个部分可以用来使上述两大部类用于消费资料积累的剩余产品价值，从实物上得到补偿。现在我们要问，为什么两大部类的剩余产品价值中，要有一个部分（即$\frac{m}{z}$）用于消费资料积累呢？十分明显，这是因为两大部类生产的扩大，需要有追加的劳动力。马克思说，“现实的可变资本，是由劳动力构成，所以，追加的可变资本，也是由劳动力构成。”[①]所以，当我们假定Ⅰ$\frac{m}{z}$+Ⅱ$\frac{m}{z}$>0的时候，无非是假定：从劳动条件上看，两大部类生产的扩大，是依靠劳动力的增加来进行的。只有在这个前提下，才需要从两大部类剩余产品价值中提出一个份额，进行消费资料基金的积累，

① 马克思：《资本论》第2卷，人民出版社1953年版（下同），第649—650页。

以准备满足追加的劳动者的消费需要。这就向第Ⅱ部类提出一个要求，即在满足其他需要之外，还能提供可用于积累的消费资料。至于第Ⅱ部类产品是否已经能够提供这个追加的消费资料，则是由Ⅱ（$c+m-\frac{m}{x}$）是否大于Ⅰ（$v+\frac{m}{x}$）这一关系式来表现的。

在扩大再生产图式的设计中和公式的演算中，能否允许作Ⅰ$\frac{m}{z}$+Ⅱ$\frac{m}{z}>0$的假定呢？那要看我们所研究的扩大再生产，是不是依靠增加劳动力来进行的，也就是要看生产规模的扩大，是否具有外延的性质。

马克思在《资本论》第2卷中提出的，是一个纯粹外延的扩大再生产的图式。在这个图式的设计中，除了其他假定外，极重要的假定是生产方法和技术条件不变，从而资本的技术构成和有机构成都不变。在这个假定中，劳动力的数量必须要同生产资料的数量依同一比例增长，是不言自明的道理。这样，不仅要有追加的可变资本，而且可变资本要与不变资本依同一比例来增加。这就是说，在马克思的图式中，不但假定了$\frac{m}{z}>0$，而且还假定了$\frac{m}{z}:v=\frac{m}{y}:c$，或者$\frac{m}{z}:\frac{m}{y}=v:c$。马克思为了简化分析条件，在图式中作种种假定，完全是必要的。这种抽象的分析方法，使他有可能得出为一切扩大再生产所必须遵循的普遍规律，即Ⅰ（$v+m$）>Ⅱc这个基本公式。但是，上述$\frac{m}{z}>0$的假定，即生产的扩大要依靠追加劳动力的假定，使我们也可以从马克思的图式中得出Ⅱ（$c+m-\frac{m}{x}$）>Ⅰ（$v+\frac{m}{x}$）这个为外延性的扩大再生产所特有的关系。

大家知道，列宁在《论所谓市场问题》中，把生产方法和技术条件的进步，通过资本有机构成改变这一因素，引入扩大再生产图式的分析中。这就是说，列宁的图式，是考虑了扩大再生

产的内涵因素的。但同时也考虑了生产的外延扩大的因素；这个图式所反映的，是外延与内涵相结合的扩大再生产。因而这里也包含着劳动力的增加，在图式中表现为可变资本的绝对量的增加——dv[①]（用我们的符号，即$\frac{m}{z}>0$）；不过这里可变资本的增加程度，小于不变资本的增加程度，即$\frac{dv}{dc}<\frac{v}{c}$（用我们的符号，$\frac{m}{z}:\frac{m}{y}<v:c$）。内涵因素的引入，进一步证明了Ⅰ（$v+m$）>Ⅱ$c$是扩大再生产的普遍适用的基本公式，同时使列宁有可能科学地论证技术进步条件下第Ⅰ部类优先增长的原理。另一方面，外延因素的保留，也使我们仍然可以从列宁的图式中，得出Ⅱ（$c+m-\frac{m}{x}$）>Ⅰ（$v+\frac{m}{x}$）这个关系。

由此可见，在扩大再生产的图式的设计中，如果所分析的扩大再生产具有外延的性质，那么就不但可以、而且必须作出Ⅰ$\frac{m}{z}$+Ⅱ$\frac{m}{z}>0$这个假定，即必须假定两大部类的扩大生产都是依靠增加劳动力来进行的。

十分明显，我们不能因为马克思和列宁在扩大再生产图式中假定了Ⅰ$\frac{m}{z}$+Ⅱ$\frac{m}{z}>0$这个前提，也就是假定了两大部类的扩大生产是依靠（或者部分地依靠）增加劳动力来进行的前提，就认为他们是“把这个假定从外面强加到”扩大再生产图式的设计中。

同样，在扩大再生产基本公式的演算中，如果所分析的是具有外延性的扩大再生产，那么，做出Ⅰ$\frac{m}{z}$+Ⅱ$\frac{m}{z}>0$这个假定的前提，就不但是可以允许、而且是必须允许的。我们知道，Ⅰ（$v+m$）>Ⅱc对一切扩大再生产都是有效的基本公式；这个基本公式在外延的扩大再生产中，应当同只适用于外延扩大再生产的条件即Ⅱ（$c+m-\frac{m}{x}$）>Ⅰ（$v+\frac{m}{x}$）不相矛盾。使这两个公式

① 《列宁全集》第1卷，第69页。

沟通起来的，正是Ⅰ$\frac{m}{z}$+Ⅱ$\frac{m}{z}$>0这一规定外延扩大再生产性质的假定前提。正因设定了外延扩大再生产的这个前提，我们才能从基本公式Ⅰ（$v+m$）>Ⅱc的演算中，得出Ⅱ（$c+m-\frac{m}{x}$）>Ⅰ（$v+\frac{m}{x}$）的关系。在这个演算中，并不发生像雍文远同志所说的“预先埋伏第二个基本公式，然后再引申出第二个基本公式”的问题。在这个演算中我们所做的假设，也不过是像马克思和列宁在扩大再生产图式的设计中所做的那样，预先设定研究的对象，是具有外延性质的扩大再生产罢了。[①]

二

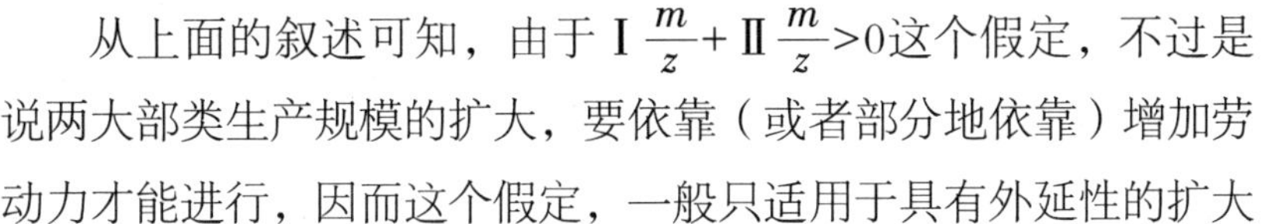

从上面的叙述可知，由于Ⅰ$\frac{m}{z}$+Ⅱ$\frac{m}{z}$>0这个假定，不过是说两大部类生产规模的扩大，要依靠（或者部分地依靠）增加劳动力才能进行，因而这个假定，一般只适用于具有外延性的扩大

① 宋承先同志在《学术月刊》1962年第8期的一篇文章中，对我演算的批评，除了指出Ⅰ$\frac{m}{z}$+Ⅱ$\frac{m}{z}$>0这个前提外，还认为Ⅰm=Ⅰ$\frac{m}{x}$+Ⅰ$\frac{m}{y}$+Ⅰ$\frac{m}{z}$这个前提也是不正确的；因为“Ⅰm的物质内容是生产资料，因而就不可能分解出$\frac{m}{z}$”。我觉得这是一个误解。Ⅰm分解为Ⅰ$\frac{m}{x}$、Ⅰ$\frac{m}{y}$、Ⅰ$\frac{m}{z}$，只能就价值的意义来理解。这种分解，不过是说明剩余价值的使用方向。例如，被分解出来的$\frac{m}{z}$这一部分剩余价值，是要用在可变资本的积累上。这丝毫也不意味着像宋承先同志所说的那样：“以生产资料形态存在着的Ⅰm可以分解为积累的消费资料。”至于第Ⅰ部类追加可变资本的实物要素的取得，那当然最终要由Ⅰ$\frac{m}{z}$所体现的生产资料同Ⅱ$\frac{m}{y}$所体现的消费资料之间的交换来实现。由此也可以看出，表现第Ⅰ部类实现条件的公式，同表现第Ⅱ部类实现条件的公式，是不可分割的，是可以统一起来的。

再生产，而不适用于不具外延性的纯粹内涵的扩大再生产。那么，在纯粹内涵的扩大再生产条件下，就可能出现$\frac{m}{z}$等于零乃至小于零的情况。在这些情况下面，扩大再生产的基本公式，即Ⅰ（$v+m$）>Ⅱc，仍然不能违背；而所谓“第二个基本公式”，即Ⅱ（$c+m-\frac{m}{x}$）>Ⅰ（$v+\frac{m}{x}$），就不能成立。

为什么马克思和列宁一再强调，为要积累，Ⅰ（$v+m$）必须大于Ⅱc，而从来没有把Ⅱ（$c+m-\frac{m}{x}$）>Ⅰ（$v+\frac{m}{x}$）普遍化为积累和扩大再生产的一般条件呢？这当然不是因为他们不重视第Ⅱ部类在扩大再生产中的地位和作用，而是因为后一条件，只适用于具有外延性质的扩大再生产。经典作家没有专门分析纯粹内涵的扩大再生产的图式，因为对于他们当时所要解决的资本在流通过程中的实现条件问题来说，没有必要这样做。这并不是说，经典作家没有见到或者不承认有纯粹内涵的扩大再生产的可能性。关于这一点，马克思在阐述资本构成的改革对劳动就业的影响时，曾经说过下面一段很有意思的话，这里有必要引用一下：

“就社会总资本来考察，它的积累的运动，有时引起周期的变化，有的是把运动的各种要素，同时分布在不同诸生产部门。在若干部门，资本构成的变化，无须有资本绝对量的增加，而由单纯的积聚引起；在其他部门，**资本的绝对增加，和它的可变部分或其所吸收劳动力的绝对减少结合在一起**；更在其他部门，资本时而在一定技术基础上继续增大，并比例于这种增大，吸引追加的劳动力，**又时而变更它的有机构成，缩小它的可变部分**。但在一切部门，可变资本部分的增加，从而，被雇用的劳动者人数的增加，总是和暂时的过剩人口的激烈变动和产生结合在一起的，不管那是采取较显著的形态，将已雇劳动者排斥出去，还是采取不显著的但非较确实的形态，**使追加的劳动人口越发难于吸**

入通常的渠道。”①

由此可见，在资本有机构成提高的情况下，有许多场合，就业劳动者不但不随着资本的积累而增加，反而有所减少；不是相对地减少，而是绝对地减少；不但对个别资本来说是如此，即就社会总资本来说，在资本主义经济周期的个别时期，也会如此。当然，在马克思的时代，就社会总资本的运动来看，如果把周期的变动舍而不论，可变资本量和劳动就业量虽然相对于总资本的扩大来说会减少，但是绝对量一般仍有增长趋势。资本主义进入垄断时期以后，情况就不再是这样了。随着生产技术进一步发展和资本主义内部矛盾的激化，即使就长期趋势平均来看，资本的积累就不仅继续以扩大的规模造成劳动人口的相对过剩，而且往往使劳动就业的绝对量也停滞不前乃至下降。

在社会主义和共产主义社会中，会不会也可能出现纯粹内涵的扩大再生产的情况呢？社会主义生产的有计划发展，既要依靠现有劳动资源和新增劳动资源的充分利用，更要依靠劳动生产率的提高。在一般的情况下，社会主义的再生产是外延和内涵相结合、而以内涵为主的扩大再生产。但是在社会主义经济发展的个别时期和场合，也有可能需要突出扩大生产的内涵途径，只采取提高劳动生产率而不采取增加劳动量的办法来发展生产。此外，还要注意到，随着社会生产力的发展，社会主义社会逐渐有可能相对减少投入物质生产的劳动时间，来扩大从事科学文化等活动的劳动时间；到共产主义的高级阶段，在科学技术高度发展和劳动生产率迅速增长的基础上，投入物质生产的劳动量不但在相对量上，而且在绝对量上将会有所减少。那也不是不可能的。那时社会生产的扩大，将基本上采取内涵的方式来进行。

当然，在社会主义社会和共产主义社会中，虽然可能出现

① 马克思：《资本论》第1卷，人民出版社1953年版，第793—794页。译文根据俄文本略有改动。

纯粹内涵的扩大再生产的情况，虽然在这种情况下投入生产的社会劳动量可以不随着生产规模的扩大而增加，甚至可以减少，但是，生产劳动者的消费水平，应该逐渐有所提高。后一情况，会不会抵消生产劳动量的减少所带来的影响，使v的追加或$\frac{m}{z}$的提出，仍然成为必要呢？对于这个问题，需要指出以下两点：（1）生产劳动者消费水平的提高，在社会主义和共产主义社会中，不一定采取追加直接“支付”给生产劳动者的消费基金v的方式，即不一定要提出$\frac{m}{z}$的份额，而可以采取其他方式来实现。这涉及社会主义社会和共产主义社会中个人消费品的分配方式、v与m的划分等一系列复杂的理论问题，此处难以详论。（2）以后各时期生产劳动者消费水平的提高，基本上不是依靠本期消费资料积累的提取来解决，而要依靠以后各时期本身消费资料生产规模的扩大来解决；而后者的扩大，又与本期消费资料积累的提取无关，而只与生产资料积累在两大部类之间的分配使用有关。关于这一点，我在别处论述过，[①]这里不再重复。

总之，不论在资本主义社会还是社会主义社会，社会生产以纯粹内涵的方式来扩大，都是有可能出现的，不过其性质迥异罢了。对于这种类型的扩大再生产，一般地说，$\text{I}\frac{m}{z}+\text{II}\frac{m}{z}>0$这个假定的前提，是不适用的；而$\text{II}\left(c+m-\frac{m}{x}\right)>\text{I}\left(v+\frac{m}{x}\right)$这个关系式，也是无效的。

三

提出所谓“第二个基本公式”的同志们的用意，是在强调第Ⅱ部类在扩大再生产过程中的重要作用，这个用意无疑是很好

① 《中国经济问题》1962年第1期，第9、23页；《经济研究》1962年第4期，第24、27页。

的。特别是在消费资料生产落后于生产资料的生产，以至于使扩大再生产的正常运行受到一定阻碍的情况下，尤其需要强调第Ⅱ部类的发展问题。可是，第Ⅱ部类在扩大再生产过程中的重要作用，能不能用所谓“第二个基本公式”来概括呢？我认为不能。

用Ⅱ$\left(c+m-\frac{m}{x}\right)>$Ⅰ$\left(v+\frac{m}{x}\right)$这一关系式来概括第Ⅱ部类在扩大再生产过程中的制约作用，那无非是说，如果第Ⅱ部类不能为追加的生产劳动者提供消费资料积累，那么扩大再生产的正常运行就不可能。换句话说，这个公式，把第Ⅱ部类在扩大再生产过程中的作用，归结为能否提供消费资料的积累。[①]顺便指出，不仅所谓“第二个基本公式”的主张者特别看重这个消费资料的积累，而且别的作者也把消费资料生产部门（农业、轻工业）在扩大再生产中的作用，基本上归结为消费资料积累问题。[②]我觉得这种看法，是对第Ⅱ部类的重要意义的一种不完整的解释。

前面的分析已说明，并不是一切扩大再生产都必须有消费资料的积累；但是任何扩大再生产都不能离开消费资料的生产。即使在必须有消费资料积累的场合，消费资料生产在扩大再生产过程中的重要意义，首先也不在于它所提供的消费资料积累。

第一，第Ⅱ部类生产的消费品，首先必须满足两大部类原有劳动者的消费需要，即Ⅰv+Ⅱv。其中第Ⅰ部类的原有劳动者又可分为两类：一部分劳动者从事生产用于补偿两大部类简单再生产所消耗的生产资料（在价值量上相当于Ⅰc+Ⅱc），这一

① 此处讲的“消费资料积累”，都是指为下期新增劳动者准备的追加的消费资料，不指其他的消费资料积累。

② 例如，胡学政同志在“从积累和消费的关系看农、轻、重的关系”一文中，就有类似的观点。见《人民日报》1961年9月5日。

部分劳动者的消费需要，以Ⅰv''来代替；另一部分劳动者从事生产用于两大部类扩大生产所需积累的生产资料［在价值量上相当于Ⅰ（$v+m$）-Ⅱc］，这一部分劳动者的消费需要，以Ⅰv'来代表。要使扩大再生产能够成立，第Ⅱ部类生产的产品除了补偿本部类劳动者和上述第Ⅰ部类中的第一小类劳动者的消费需要（即Ⅱv+Ⅰv''）以外，必须首先保证上述第Ⅰ部类中第二小类劳动者的消费需要（即Ⅰv'）；否则，扩大再生产所需的追加的生产资料，就不可能生产出来，扩大再生产就不可能进行。

如果我们暂时不考虑其他的消费资料需要，那么，扩大再生产中消费资料的平衡条件应当是

$$\text{Ⅱ}(c+v+m)=\text{Ⅰ}v'+\text{Ⅰ}v''+\text{Ⅱ}v=\text{Ⅰ}v+\text{Ⅱ}v$$

（式中Ⅰv=Ⅰv'+Ⅰv''）

第二，除了生产劳动者的消费需要外，第Ⅱ部类的产品，在资本主义社会还要满足资本家及其仆从的消费需要，这个需要的最低量，就是马克思所说的资本家“无论如何都必须消费的部分”①（以$\frac{m}{x}$来代表）。没有这个部分，资本家阶级将不存在，更谈不上资本的积累和资本主义的扩大再生产了。在社会主义社会，$\frac{m}{x}$代表科学文教、公共福利、行政管理等事业最低限度的需要，没有这些事业，社会主义的生产是难以正常运行和扩大的。如果把这类消费需要考虑在内，则扩大再生产中消费资料的平衡条件应当是

① 马克思：《资本论》第2卷，第658页。

$$\text{Ⅱ}(c+v+m)=\text{Ⅰ}v+\text{Ⅱ}v+\text{Ⅰ}\frac{m}{x}+\text{Ⅱ}\frac{m}{x}$$①

（式中Ⅰv=Ⅰv'+Ⅰv''）

第三，除了上述需要外，当扩大再生产具有外延的性质，或者说要依靠增加劳动力的时候，第Ⅱ部类的产品中，还应当提出一个份额，供用于消费资料的积累（$\frac{m}{z}$）。这样，我们就得到扩大再生产中消费资料平衡条件的完整公式如下：

$$\text{Ⅱ}(c+v+m)=(\text{Ⅰ}v+\text{Ⅱ}v)+(\text{Ⅰ}\frac{m}{x}+\text{Ⅱ}\frac{m}{x})+(\text{Ⅰ}\frac{m}{z}+\text{Ⅱ}\frac{m}{z})$$。

（式中Ⅰv=Ⅰv'+Ⅰv''）

在这个完整地表现了第Ⅱ部类产品的用途和意义的平衡式中，Ⅰ$\frac{m}{z}$和Ⅱ$\frac{m}{z}$可以大于零，也可以不大于零，那要看社会生产规模的扩大，是具有外延的性质，还是以纯粹内涵的方式来进行的。但是在上式中，v和$\frac{m}{x}$无论如何都必须大于零，特别重要

① 从这个平衡式的两端消去Ⅱv，并把Ⅱ$\frac{m}{x}$从右端移到左端，可得Ⅱ$(c+m-\frac{m}{x})$=Ⅰ$(v+\frac{m}{x})$。值得注意的是，这个关系式，正是提出"第二个基本公式"的同志们常常引述的马克思的一段话所指的关系式。那段话是说："Ⅰ$(v+\frac{m}{x})$必须常常比Ⅱ$(c+m)$小，较小若干，就看第Ⅱ部类资本家在Ⅱm中无论如何都必须消费的部分来决定"（《资本论》，第2卷，第658页）。按照这段话原来的意思，Ⅱ$(c+m)$大于Ⅰ$(v+\frac{m}{x})$的差额，应等于Ⅱ$\frac{m}{x}$。也就是说，Ⅱ$(c+m)$－Ⅰ$(v+\frac{m}{x})$=Ⅱ$\frac{m}{x}$；或Ⅱ$(c+m-\frac{m}{x})$=Ⅰ$(v+\frac{m}{x})$。但是提出"第二个基本公式"的同志们却把马克思这段话的意思，改用Ⅱ$(c+m-\frac{m}{x})$>Ⅰ$(v+\frac{m}{x})$来表示，并且把后一关系式提升为扩大再生产的一个"基本公式"。他们没有注意到：马克思在这里既未考虑可变资本的积累问题，也未把他所讲的这一段话，当作积累和扩大再生产的一般条件来看待。

的是Ⅰv中Ⅰv'部分，必须要大于零，否则就没有可能进行扩大生产所需的追加生产资料的生产，扩大再生产也就成为不可能。由此可以看出，第Ⅱ部类对于扩大再生产的重要制约作用，即使我们暂不考虑消费资料积累的需要，也是十分明显的。主张把Ⅱ$(c+m-\frac{m}{x})>$Ⅰ$(v+\frac{m}{x})$当作"第二个基本公式"的同志们，没有全面地分析消费资料平衡条件的内容，把第Ⅱ部类对扩大再生产的制约作用仅仅限制在消费资料积累上面；这种看法，我认为是片面的，而在纯粹的内涵扩大再生产的场合，则是错误的。

由上述可知，第Ⅱ部类对扩大再生产的制约作用，是不能够用所谓"第二个基本公式"来概括的。如果需要一个公式来直接表现第Ⅱ部类的制约作用，那就是上面所说的消费资料平衡条件式。我们知道，这个条件式，事实上不过是马克思主义政治经济学文献中大家所熟知的扩大再生产的第（3）条件式的变形，而这个第（3）条件式，又不过是大家所熟知的扩大再生产的基本公式Ⅰ$(v+m)>$Ⅱc在消费资料这一侧面的展开而已。所以，上述消费资料平衡条件式虽然十分重要，但是也不能够与Ⅰ$(v+m)>$Ⅱc处于同等地位，并列为两个"基本公式"，而只能作为扩大再生产的诸平衡条件式之一。至于Ⅱ$(c+m-\frac{m}{x})>$Ⅰ$(v+\frac{m}{x})$这一关系式，则根本不能作为扩大再生产一般的条件式，而只不过适用于外延性的扩大再生产的一个必要的补充条件而已。

四

所谓"第二个基本公式"的论证，据我看来，是立足在下面两个基点上：第一，任何扩大再生产都是依靠追加的劳动力来进行的外延的扩大再生产，不存在不靠增加劳动力的内涵的扩大再生产；第二，消费资料生产部类对扩大再生产的制约作用，仅仅限于它为追加的劳动力提供消费资料的积累。雍文远同志自己并没有明确地摆出这两个立论的基点，然而实际上他却不自觉地从这两个基点出发，来展开他的一系列议论的。上文的分析，已经说明了这两个基点是站不住脚的，因而所谓“第二个基本公式”的一系列论点，也是不能成立的。因为篇幅关系，对于这些论点本文不再一一分析了。

最后只就一个有关的问题，再与雍文远同志商榷一下。为了节省篇幅，某些叙述将稍多用些符号，少用些文字。

在“论所谓扩大再生产的第二个基本公式”一文中，我曾指出扩大再生产的真正的基本公式，即Ⅰ（$v+m$）>Ⅱc，事实上已经通过两大部类的交换关系，同时反映了第Ⅱ部类在扩大再生产过程中的制约作用。为了论证这个看法，那里曾利用了以等式来表现的基本公式，即Ⅰ（$v+m$）=Ⅱc+Ⅰ$\frac{m}{y}$+Ⅱ$\frac{m}{y}$。雍文远同志不同意这个看法，他的主要论点是：基本公式要由不等式改写为等式，要有一个条件，“就是要有相应的追加消费资料。也就是说，要具备第二个基本公式所规定的条件。”[①]为什么呢？从雍文远同志叙述的精神看来，要使Ⅰ（$v+m$）=Ⅱc+Ⅰ$\frac{m}{y}$+Ⅱ$\frac{m}{y}$这一等式得以成立，第Ⅱ部类剩余产品中用于扩大生产所需生产资料积累部分（即Ⅱ$\frac{m}{y}$）的最低限，必须要同第Ⅰ部类剩余产品中用于扩大生产所不能没有的消费资料积累部分（即Ⅰ$\frac{m}{z}$）相适应相交换，否则上述等式的平衡关系就不能建立，扩大再生产就不能实现。因此，在他看来，如果没有追加的消费资料供用于积累，如果不承认“第二个基本公式”，那么就不能有上述以等式

① 《学术月刊》1962年第5期，第14页。

来表现的基本公式，就不能把“第一个基本公式”由不等式改写为等式。

首先要指出，基本公式由不等式改写为等式，同这个等式中的Ⅱ$\frac{m}{y}$的最低限应有多大——这是两个虽然互有联系，但属于不同层次、不同性质的问题。前一问题可以说是对基本公式内容的进一步的“定性”的问题，后一问题则是对这个公式中有关项目的“定量”问题。把基本公式由不等式改写为等式，不过是根据生产资料的经济用途的性质，把基本公式的内容展开。大家知道，在扩大再生产中，相当于$v+m$部分的第Ⅰ部类产品，按其性质来说，只能用于Ⅱc和Ⅰ$\frac{m}{y}$+Ⅱ$\frac{m}{y}$的补偿。这个内容，可用等式来表现，也可用不等式来表现。以等式来表现的基本公式，无非是把它在不等式形式上呈现出来的两端的差额Ⅰ（$v+m$）－Ⅱc，加以确认，并指明其使用方向（Ⅰ$\frac{m}{y}$+Ⅱ$\frac{m}{y}$）而已。这种改写没有什么奥秘的地方，并无待于把Ⅱ$\frac{m}{y}$的数额确定以后，才能成立。

现在进一步来看看Ⅱ$\frac{m}{y}$的数量如何确定。是否在任何情况下，Ⅱ$\frac{m}{y}$都必须由与之相交换的Ⅰ$\frac{m}{z}$来决定呢？为了回答这个问题，我们把上面的等式表现的基本公式，改写为：

Ⅰ（$v+m-\frac{m}{y}$）=Ⅱ（$c+\frac{m}{y}$），又以$m-\frac{m}{y}=\frac{m}{x}+\frac{m}{z}$代入上式，得：

Ⅰ（$v+\frac{m}{x}+\frac{m}{z}$）=Ⅱ（$c+\frac{m}{y}$）

由上式可知，若要使Ⅱ$\frac{m}{y}$完全由Ⅰ$\frac{m}{z}$所决定，或者说若使Ⅱ$\frac{m}{y}$=Ⅰ$\frac{m}{z}$，那么，Ⅰ（$v+\frac{m}{x}$）就必须等于Ⅱc。但是马克思在

扩大再生产图式的分析中告诉我们，Ⅰ（$v+\frac{m}{y}$）可以等于Ⅱc，也可以大于Ⅱc[①]。当Ⅰ（$v+\frac{m}{x}$）>Ⅱc时，则Ⅱ$\frac{m}{y}$>Ⅰ$\frac{m}{z}$，或者：

① 马克思在论述“积累中的Ⅱc的交换”时，曾指出在积累中可能有三种情况：(1) Ⅰ（$v+\frac{1}{2}m$）=Ⅱc；(2) Ⅰ（$v+\frac{1}{2}m$）>Ⅱc；(3) Ⅰ（$v+\frac{1}{2}m$）<Ⅱc。（《资本论》第2卷，第656—657页）。但是马克思在扩大再生产图式的分析中，只包含前两种情况。图式第一例（同上，第643—648页）中发端年的情况是Ⅰ（$v+m$）=Ⅱc，从第二年起，Ⅰ（$v+\frac{1}{2}m$）>Ⅱc。图式的第二例（同上，第648—649页，654—656页）中，从发端年开始，各年的情况都是Ⅰ（$v+\frac{1}{2}m$）>Ⅱc。至于上述第三种情况，即Ⅰ（$v+\frac{1}{2}m$）<Ⅱc，在图式的两个例子中均未见到。看来，如果存在第三种情况，不仅Ⅱc的积累，而且Ⅱc的简单再生产的补偿，也会发生困难，除非Ⅰv的积累，达到足够的数量。这种情况，只能存在于以外延为主的扩大再生产中。

宋承先同志在“关于实现扩大再生产的基本条件”一文中，就马克思所述的上述三种情况，作了图解分析，并且得出了“在扩大再生产无须追加可变资本的前提下，无须第二个基本公式”的结论。这个结论是对的。可是他的图解分析，有以下两个重要缺陷：第一，他指出在第二种情况〔Ⅰ（$v+\frac{m}{x}$）>Ⅱc〕下，扩大再生产可以表现为两种形式，一种无须追加可变资本，另一种需要追加可变资本。而在第一种情况〔Ⅰ（$v+\frac{m}{x}$）=Ⅱc〕下，扩大再生产却只有无须追加可变资本的形式，从而第Ⅰ部类的多余剩余产品，全部供本身扩大再生产所需追加生产资料之用，而不提出一个份额（Ⅰ$\frac{m}{z}$）与第Ⅱ部类相交换，故后者再生产规模保持不变。作者没有注意到，在马克思扩大再生产图式的第一例中，发端年的情况也是Ⅰ（$v+\frac{m}{x}$）=Ⅱc；但第Ⅰ部类仍有一个$\frac{m}{z}$（100）与第Ⅱ部类的$\frac{m}{y}$相交换，供第Ⅱ部类的生产规模亦得扩大。在这里，宋承先同志走到了另一极端，认为在Ⅰ（$v+\frac{m}{x}$）=Ⅱc的情况下，只有纯粹内涵的扩大再生产，而没有从马克思已经作出的图解中看到，这里也可能有外延的扩大再生产。第二，他认为在第三种情况下〔Ⅰ（$v+\frac{m}{x}$）<Ⅱc〕，第Ⅱ部类生产规模会缩小。这也未必尽然。如果这时第Ⅰ部类的可变资本的追加（Ⅰ$\frac{m}{z}$），达到足够的程度，那么也可以在补偿Ⅱc的不足部分之余，还与Ⅱ$\frac{m}{y}$相交换，使第Ⅱ部类取得扩大生产所需的生产资料。

$$\text{Ⅱ}\frac{m}{y}=[\text{Ⅰ}(v+\frac{m}{x})-\text{Ⅱ}c]+\text{Ⅰ}\frac{m}{z}。$$

这就是说，Ⅱ$\frac{m}{y}$的数值，不完全是由Ⅰ$\frac{m}{z}$来决定的；Ⅱ$\frac{m}{y}$的一部分，不是从Ⅰ$\frac{m}{z}$，而是从[Ⅰ($v+\frac{m}{x}$)－Ⅱc]取得补偿。针对这个情况，马克思指出："对于第Ⅰ部类，那固然仅仅是以消费资料来补偿所得，仅仅是以消费为目的的商品交换，但对于第Ⅱ部类，却不像在简单再生产上那样，仅仅是不变资本由商品资本形式转化为它的自然形态，而是直接的积累过程，是剩余生产物一部分由消费资料的形态，转化为不变资本的形态。"[①]既然第Ⅱ部类的生产资料积累可以同第Ⅰ部类的消费资料积累无关，而只同第Ⅰ部类以消费为目的的所得的实物补偿有关，那么怎么可以说，Ⅱ$\frac{m}{y}$的补偿必定要以Ⅰ$\frac{m}{z}$的实现为其决定的前提呢？

当然，在第Ⅰ部类的生产扩大，包含着外延的因素的时候，第Ⅰ部类仍然会有一个$\frac{m}{z}$，要与Ⅱ$\frac{m}{y}$相交换。但这也不是一切扩大再生产的普遍情况。如果第Ⅰ部类生产的扩大，纯然是以内涵方式进行的，换句话说，如果Ⅰ$\frac{m}{z}=0$，那么，我们可以由前述最后一个以等式来表现的基本公式，得出只适用于纯粹内涵的扩大再生产的条件式如下：

$$\text{Ⅰ}(v+\frac{m}{x})=\text{Ⅱ}(c+\frac{m}{y})，或者：$$

$$\text{Ⅱ}\frac{m}{y}=\text{Ⅰ}(v+\frac{m}{x})-\text{Ⅱ}c。$$

这时，只要Ⅰ($v+\frac{m}{x}$)＞Ⅱc，即使第Ⅰ部类不进行消费资料的积累，第Ⅱ部类仍有可能进行生产资料的积累。换句话说，Ⅱ$\frac{m}{y}$的存在和它的数值的确定，并不总是一定要以有Ⅰ$\frac{m}{z}$为其

① 马克思：《资本论》第2卷，第653页。译文根据俄文本略有改动。

决定的前提，更不需要以所谓“第二个基本公式”的成立为先决条件。只是在具有外延性的扩大再生产中，Ⅱ$\frac{m}{y}$才依存于Ⅰ$\frac{m}{z}$：当Ⅰ（$v+\frac{m}{x}$）$>$Ⅱc时，Ⅱ$\frac{m}{y}$的**一部分**要依存于Ⅰ$\frac{m}{z}$；当Ⅰ（$v+\frac{m}{x}$）$=$Ⅱc时，则**全部**Ⅱ$\frac{m}{y}$都要依存于Ⅰ$\frac{m}{z}$。[①]由此也可以看出，只有在具有外延性的扩大再生产中，所谓“第二个基本式”才有其存在的意义。

综上所述，扩大再生产的基本公式由不等式变换为等式，同所谓“第二个基本公式”是否成立之间，是没有必然的联系的。上述以等式来表现的基本公式，特别是

$$\text{Ⅰ}\left(v+\frac{m}{x}+\frac{m}{z}\right)=\text{Ⅱ}\left(c+\frac{m}{y}\right)$$

这个公式，同基本公式的不等式形式一样，是适用于**一切扩大再生产的基本条件式**，其中Ⅰ$\frac{m}{z}$可以大于零，也可以不大于零，那要取决于生产规模的扩大，是否含有外延因素而定。**这个以等式来表现的基本公式**，**便于帮助我们通过两大部类之间的产品交换条件**，**来揭示扩大再生产过程中两大部类之间的相互制约的关系**，**其中也包括第Ⅱ部类对扩大再生产的重要制约意义**。所以，这个以等式来表现的基本公式，在扩大再生产问题的研究中，应

① 以上我们没有考虑社会主义社会中剩余产品价值通过国家预算等再分配渠道而发生的两大部类之间的净转移。如果把由于再分配而发生的这种净转移考虑在内，则上文所述扩大再生产诸公式及其说明，就要作必要的相应的调整。这是一个需要另外研究的问题。

当得到足够的重视。①

① 奚兆永同志在《中国经济问题》1962年第5期的一篇文章中，也提出了这个公式，不过所用符号略有不同。他用的符号是：Ⅰ$(v+\frac{v}{x}+\frac{m}{x})$=Ⅱ$(c+\frac{c}{x})$。看来，他以为这个公式是有别于我们大家熟知的基本公式的另一个新公式。但事实上这不过是原来那个基本公式由不等式转化为等式以后的一种表现形式而已，它并不是什么新的公式。另有些同志，把Ⅰ$(v+\frac{m}{x}+\frac{m}{z})$=Ⅱ$(c+\frac{m}{y})$看成为所谓两个“基本公式”［Ⅰ$(v+m)$>Ⅱ$c$和Ⅱ$(c+m-\frac{m}{x})$>Ⅰ$(v+\frac{m}{x})$］的“综合统一”。这也是不对的。因为在前一个等式中，Ⅰ$\frac{m}{x}$可以$\gtreqless 0$，从而它不一定包含所谓“第二个基本公式”［Ⅱ$(c+m-\frac{m}{x})$>Ⅰ$(v+\frac{m}{x})$］的内容。

此外，宋则行同志在《经济研究》1962年第8期发表的一文中，以另一形式提出了同一公式：$(V_1+\Delta V_1)+m_1=C_2+\Delta C_2$；并且结合社会主义条件下由于国家统一安排而发生的剩余产品价值在两大部类之间的净转换问题，作了说明。蒋家俊同志也在《学术月刊》1962年第9期的一篇文章中，对这个公式作了比较详细的说明。

有关再生产速度决定因素的一个问题*

（1962年11月）

1. 单位产品的基金占用量，是就每生产一单位产品所需要的全部生产基金来说的，这里包括全部生产固定基金（而不仅是其磨损部分）和流动基金。在其他条件为已定时，我们应当力求使单位产品的基金占用量尽可能的少，这样才能以最少的生产基金，取得最大的生产效果，从而有利于生产的高速度发展。但是，当条件变化时，在某些场合社会平均的单位产品的占用基金量，有时必须提高。拙文第二节（《经济研究》1961年第3期，第10—11页），曾经举出引起平均基金占用量提高的几种情况，如第Ⅰ部类在社会生产中的比重提高（因为第Ⅰ部类单位产品的基金占用量，一般比第Ⅱ部类高），新区建设占全国建设的比例扩大（因为在新区开发初期，投资效果还来不及充分发挥出来），手工劳动为机械化生产所代替的技术进步（如以拖拉机代替木犁来耕作），等等。在这些情况下，社会平均的单位产品占用基金量的提高，在客观上是必要的。必须指出，即使在这种情

* 《经济研究》1961年第3期发表了“关于社会主义再生产发展速度的决定因素的初步探讨”一文后，曾有读者来信对文中所提出的如下论点：“社会生产最大可能的速度，完全有可能通过既提高基金装备程度，又提高单位产品的基金占用量来达到”，要求作者作进一步的说明，作者作了答复，此文为刘国光同志回信中所谈意见摘要。原载《经济研究》1962年第11期。

况下，我们也要通过计划工作和设计工作的努力，使每一部门、每一项目的单位产品占用基金量，尽可能小，或者使其增长幅度尽可能低。

2. 单位产品占用基金量对于生产发展速度的影响，不能孤立地观察。上述引起单位产品平均占用基金量提高的种种情况，会通过其他方面，对生产发展速度产生有利的影响。例如，第Ⅰ部类比重提高，会增加生产基金的积累、扩大技术改造的潜力；又如新区建设比例的扩大，在新资源的开发和利用的基础上，有利于后续时期的劳动生产率的进一步提高和基金占用量的降低；又如机械化生产代替手工操作，能够大量节约活劳动和提高劳动生产率，等等，这一切都会对当前时期或后续时期的生产发展速度，产生有利的影响。这些影响，当然要同平均占用基金量的当前变化的直接影响结合起来考虑。

3. 来信所引拙文的那一段话，是就积累基金资源相对充裕，而劳动力新增资源相对不足的场合来说的。在这种场合，社会平均的每一劳动者的基金装备程度，必须相应提高；否则，可能造成劳动力过度紧张，同时积累基金又不能充分有效利用的情况。如果在此场合，引起平均基金占用量提高的种种条件也同时存在着的话，那么，社会平均的每一劳动者的基金装备程度和每一单位产品的基金占用量，就要同时提高。当然，当单位产品的基金占用量必须与每一劳动者的基金装备程度同时提高的时候，我们仍应通过计划工作和设计工作的努力，使前者的提高的幅度，相对于后者的提高的幅度来说，尽可能的小。因为，根据 $\frac{G}{F}=H$ 的公式，如果单位产品的基金占用系数（F）提高的幅度，相对于劳动者平均基金装备系数（G）的提高幅度来说是越小，那么，社会劳动生产率（H）的提高幅度，也就越大。在劳动力新增资源相对不足的时候，社会劳动生产率的提高幅度，对于生产发展速度来说，尤其具有重要的意义，这一点，在拙文第一节中曾着重指出过。所以，在这种场合，即使单位产品的基金占用量必须有所提高，如果其提高的幅度，经过计划和设计工作的努力，是最小的，那么，也就有可能达到当时客观条件所能容许的最高速度。当然，如果在这些条件下，经过努力，使社会平均的单位产品的基金占用量能够不增加，甚至能够有所降低，那就更好了，因为在这种情况下，社会劳动生产率的提高幅度可以更大，从而生产发展速度也可以更高。

苏联关于统计科学的范围和性质问题的讨论*

（1962年）

苏联科学院经济、哲学和法学部编辑的《统计学学报》第六号，发表了几篇讨论统计的规律性问题的文章①，涉及统计学的对象、性质和范围等问题。其中有些问题对我国统计学界在这方面的讨论有一定的参考意义，兹简要介绍如下。

社会经济统计学是不是唯一的统计学？社会经济统计学的内容是不是只限于苏联中央统计局统计工作的内容？

过去苏联社会经济统计学界为了反对统计学中的通用主义和形式主义的影响，往往认为只有在社会经济领域才有统计学，除了社会经济统计以外，并没有什么别的统计学，并且把社会经济统计学的对象局限在苏联国家统计机关所从事的工作范围以内。这种看法，受到了尖锐的批评。

如凯得洛夫说：有些人认为社会统计即中央统计局所从事的

* 原载《经济学动态》1962年第19期。

① 《统计学学报》第六号，苏联科学院出版社1961年版；凯得洛夫：《作为统计科学基础的辩证范畴》；雅霍特：《论统计的规律性问题》；杜鲁日意宁：《关于统计规律性的性质问题》。

统计，是唯一的统计，所以这种统计不必冠以“社会”两字，而应当简单地叫作“统计”或“一般统计”。可是事实上，不仅社会经济领域有统计，任何其他领域，只要有服从于统计的规律性的物质客体，就有自己的统计。1954年全苏统计问题学术讨论会拟定决议时，大多数与会者主张把“社会经济统计学”简单地叫作“统计学”，好像除此以外并没有什么别的统计学了。但是，“不管这个决议，统计学在物理、数学、生物、技术、医疗卫生等领域中，仍然继续顺利地存在着和发展着，因为任何决议和易名都不能够把与科学无关的、与事实不符的东西强加于科学。会议以来七年多的情况，又一次清楚地证明：科学的真理不是靠投票来决定的，有争论的学术问题，是不能用大多数的投票来解决的。”凯得洛夫指出，“通用主义”的统计学是应当加以反对的，应当严肃地防止把物理、天文、生物、医疗卫生等领域的统计学，机械地搬用到社会现象的研究上面来。可是，“否认在社会经济统计以外存在任何其他统计的人，却取消了问题：由于害怕把社会统计同物理的或其他的统计混为一谈，他就索性否认后者的存在。”这种简单化的办法，并不利于反对统计学中错误观点的斗争。

雅霍特进一步指出，苏联统计学界过去对社会经济统计学的应用范围，也看得过狭。他说：“事实上，统计学的对象是同中央统计局机关的统计核算工作的内容混为一谈了。只要不属于这个工作范围内的，就不是统计。例如，中央统计局不从事对先进工艺过程的统计研究所必需的资料的搜集和加工——这就是说，这一知识领域就不属于统计学对象范围。中央统计局也不从事与研究共产主义道德和根除我国各种犯罪现象有关的资料的搜集和加工——这就是说，这‘也不是统计’。可是难道现在还不应想想，为什么所有这些问题都迫切地向统计学提出要求？这是偶然的吗？”雅霍特还指出，许多统计工作者因为把统计对象看得过狭，在许多迫切需要他们帮助的地方，他们却说不干。有的作者甚至认为只有属于经济基础的社会现象，才能应用精确的统计表现方法，这样就把上层建筑的广大领域中统计研究的可能性取消掉。可是在这个领域中，特别是社会学的许多问题，迫切地需要统计的研究方法，来揭示一些具体的规律性。雅霍特认为，统计学的使命在于以它所特有的方法，来研究客观的规律性；它应当在所有一切需要它的地方，来帮助研究这些规律性。当然，用统计方法来研究客观规律性，并不是统计学者单独所能做到的事情，要同有关领域的专家进行合作。重要的是，凡需要用统计方法来研究的社会问题，都不应当在统计学的视野范围内消失掉，否则统计学就会画地为牢，不能充分发挥其应有的作用。

社会经济统计同其他各种统计之间，有无共同之点？

在反对统计学中的“通用主义”的同时，要不要建立“统计学通论”？

否认社会经济统计之外尚有其他统计的观点，实质上反映着对社会经济统计同其他统计之间的关系的看法。苏联社会经济统计学界过去不少人认为，在社会经济统计同其他各种统计之间，没有任何共同之点，两者的联系，纯然是名称上的偶合。这种看法，也受到了批评。

凯得洛夫指出：“可以遇到这样的议论：作为社会科学的统计学，同那些也用‘统计’来命名的自然科学、数学、技术科学等部门，没有共同的基础；在社会经济统计学同统计‘物理学或物理统计学之间，除了极少数的术语外，实质上毫无共同之处。……这种说法在原则上是错误的。问题不在于术语，而在于一切统计学不管它们的性质如何不同，事实上（不是文字上）有着一定的共通的特点。”雅霍特也指出：“统计知识的每个领域都有其特定的具体的研究对象。但是同时不能忽视统计科学各不同领域之间的联系和它们所共同的东西。”

根据上述作者的意见，各种统计学所共同的东西，在于它们都是用统计的方法来研究统计的规律性，或研究“客观规律的统计表现形式。”所谓“统计的规律性”（статистическаяэакономерностъ），不同于另一种被称为“动力的规律性”（цинамическакэаконмерностъ）。后者是属于个体的“行为”的规律性；这种规律性可以通过个别对象或现象的试验来进行研究，并且把研究的结果推广于同类现象的全体。而“统计的规律性”所表现的，则是众多个体的运动所形成的总体的“行为”，这种规律性只能通过大量观察、确定总体所呈现的平均趋势来揭示。这里只能用统计的方法。这个方法的基础，即众所周知的大数法则原则。这个法则在自然现象和社会现象中都是存在的，在社会主义社会过程的统计研究中，这个原则仍然有其重要意义。

上述作者都指出，不结合各个领域的研究对象的、抽象的所谓“通用统计学”，是不存在的。统计学中的所谓“通用主义”（универсалэм）是应当反对的。可是，所谓通用主义并不在于认为统计学既应当研究社会现象也应当研究自然现象，而在于忽视这两种不同现象的统计研究之间的质的差别。雅霍特说：“适应于不同的研究对象，应当有一系列的统计科学，各有其特定的研究对象和研究方法。但是，既然它们全部是统计科学，那么，显然它们有共同的特点。而作为社会经济科学的统计学，同统计物理学、生物统计学等之间的联系和统一性，则应当由哲学家协同统计学家来共同研究。这应当成为‘统计学通论’（общалтеорилстатистики）的内容。在这个‘通论’中，目前不包括在统计科学范围内的一系列重要问题，应当得到反映：

关于统计的规律问题及与之有关的决定论（детерминивм）问题；与统计的神教解说（统计的宿命论）进行斗争的问题。统计学的方法论也应当在那里得到解决。那时，那种认为研究自然现象的统计同研究社会生活现象的统计之间除了名称外没有任何共同之处的错误论点，就会廓清了。”

统计学是研究物质运动的统计规律性的科学，还是关于方法论的科学？

客观世界存在着统计的规律性。既然如此，那么是否应当要有一种专门的“物质科学（матердънаннаука）来研究这种规律性呢？上述雅霍特等人对这个问题的答复是肯定的，他们都认为，统计学就是这样一种科学。但是，H. K. 杜鲁日意宁在《论统计的规律性的性质问题》一文中，却反对这种提法。他指出，统计的规律性有两个方面，即其“数学方面”和其“物质性质方面”。如果所讲的是统计规律性的数学方面，那么这是数学的一个分支，即概率论的研究对象。如果所说的是统计规律性的“物质性质”方面，则属于有关科学如物理、天文、社会科学等研究的范围。所以，统计的规律性，并不能成为专门的统计科学的研究对象。

杜鲁日意宁还指出，《统计学》教科书的作者认为研究大量现象的数量方面乃是区别统计学同其他科学的标志，这也是不正确的。因为任何现象都是质与量两方面的统一，不能设想同一对象的质的方面和量的方面，要分别由两门独立的“物质科学”来研究，同一对象的质与量两个方面都应由同一科学来研究。科学只能按研究对象来划分，而不能按事物的质与量的方面来划分。所以，把统计学看成研究大量现象的量的方面的独立的“物质科学”，是不妥当的。

作者认为，统计学是一门关于方法的科学。否认统计学是方法论科学的人往往说，不可能有“无对象的方法科学”。这种看法，是从对科学研究方法实质的不正确的理解所引起的。如果按照资产阶级唯心主义哲学所理解的那样，把方法视为纯然是主观的范畴，那么我们确实应当反对把统计学看成方法科学。但是如果根据马克思主义的哲学原理，即科学的方法应当决定于其研究的对象，并且应能反映实际的客观规律，那么就可以说关于方法的学问也是一种科学的学科。由于认识客观实际的方法是由客观实际来决定其性质的，所以，关于这个方法的学问，就不是“无对象”的；与这个方法所应用的相关的知识，也应当包含在这个关于方法的学问之中。只有在这个方法所应用的科学得到发展时，关于方法的学问才能得到发展。因此可以说，统计学除了关于方法自身的学问以外，还借着有关的科学(即统计方法所应用的科学)作为媒介，同时也有着自己的对象。

杜鲁日意宁还对奥斯特罗维季扬诺夫院士在1954年全苏统计问题学术会议上反对统计学是方法科学的意见，提出了反驳。在那次会议上奥院士指出，各种社会科学都各有其对象和方法。例如：政治经济学的方法是抽象分析法。政治经济学虽然也广泛利用统计科学的资料来论证理论原理，可是统计科学的研究方法却不能代替政治经济学的抽象分析法。所以，不可能有一种不问对象如何，专为所有社会科学来提供研究方法的科学。杜鲁日意宁认为，奥院士的立论是站不住脚的。首先，有着一系列的学科都使用同一种方法的情况，例如，数学方法就为自然科学和社会科学的许多部门所利用。统计方法也渗入许多科学部门。在社会科学方面，由于社会生活现象往往具有大量性，故统计方法几乎在所有部门都得到广泛利用。经济学家、历史学家、法学家，以至语言学家等都利用统计方法。其次，抽象分析法并不是政治经济学科所特有的方法，而是人类认识客观实际的一般方法；同时，也不应把抽象分析法同统计方法对立起来，看成互不兼容的东西。因为任何抽象，都是对感觉的结果的总结，都是以事实的分析和总结为依据的。

作者还指出，把统计学看成方法论科学，并不降低统计学的科学意义。如果说，从一方面看，关于方法的学问只能随着这个方法所应用的科学的发展而发展，那么，从另一方面看，任务的解决方法在科学研究中的意义，并不比任务的提出的意义为低。科学规律的发现要受到所利用的方法的制约，科学史上不乏新方法的发现大大推动科学前进的例子。反之，如果不把统计学视为方法科学，而当作关于某种“经验的规律性”（即统计的规律性）的不确定的科学，这无异于宣布统计理论的死亡，使统计学蜕化为计算工作，这种情况，对于统计方法的发展是不利的。

（柳谷岗）

社会产品和国民收入的增长对比关系*

（1963年）

一

社会产品和国民收入增长的对比关系，是社会主义再生产理论中的枢纽问题之一。这个对比关系，与两大部类的比例、扩大再生产的速度等问题有着十分密切的联系。在马克思主义经济学者中间，这个问题是一个经常受到注意和进行争论的对象。直到现在，还没有取得一致的意见。归纳起来，大致有以下几类看法。

第一类看法认为，社会产品和国民收入的增长对比，在实物量上和在价值量上是相反的。从实物量看，国民收入比社会产品增长得更快；从价值量看，则社会产品比国民收入增长得更快。

第二类看法认为，社会产品和国民收入的增长对比，在价值量上和在实物量上是一致的。并且，无论从价值量看还是从实物量看，社会产品的增长都比国民收入的增长更快。

第三类看法也认为，社会产品和国民收入的增长对比，在价值量上和实物量上是一致的。可是，与第二类看法相反，认为无论从实物量看或者从价值量看，国民收入都比社会产品增长得更快。

上述几类看法中，第一类是比较普遍地被人们所接受的，本

* 本文写于1963年。

文作者过去也持这种看法[1]。经过进一步的考虑，感到这几种看法都是不尽妥当的。社会产品和国民收入的增长对比，不可能总是在实物量上和价值量上持有截然相反的方向；并且，无论从实物量上看还是从价值量上看，并不存在社会产品的增长总是快于国民收入的增长的不变趋势，也不存在国民收入的增长总是快于社会产品的增长的规律性。在不同的具体历史条件下，社会产品与国民收入的增长对比具有不同的趋势。

引起社会产品和国民收入的比率发生变化的原因是多方面的，其中比较显著的有三：第一是技术进步和社会劳动生产率的提高；第二是国民经济部门结构的改变；第三是社会生产分工组织的改变。这三个原因中，后两个原因的作用是比较容易理解的，它们对社会产品和国民收入比率改变的影响，在实物量上和在价值量上，又是完全一致的，本文对此不拟多论[2]。比较复杂的是技术进步和社会劳动生产提高的影响，经济学界的争论，过去多半也是集中在对这一因素的作用的理解上，本文的分析，也以这个因素为限。

关于社会产品和国民收入增长的对比关系，缺乏系统的统计资料。在出版的文献中虽然偶尔可以遇到一些对比数字，但是零星片断，缺乏长期动态序列的对比，再加上这些资料受到价格表现上的歪曲，所以它们不能用来作为这种趋势的证明，因此本文的叙述，只能暂限于理论上的论证。

① 《经济研究》1961年第3期，第8页。

② 例如，当单位产品物质消耗较高的部门，在国民经济总产值中所占比重提高时，无论在实物量上还是价值量上，都会引起社会产品增长快于国民收入的增长。反之，结果也相反。又如，企业组织的分化和部门分工的细化，也会引起社会产品实物量和价值量的增长快于国民收入的增长；反之，企业组织的合并和联合化的过程，又会引起相反的结果等。

二

首先，从实物量上来考察技术进步和社会劳动生产率提高对于社会产品和国民收入增长对比关系的影响。

关于这个问题，有两种相反的见解。一种见解认为，技术进步和劳动生产率的提高，意味着生产技术构成提高，也就是每一单位活劳动所利用的和所消耗的生产资料物量的增大；而生产资料消耗相对于活劳动消耗的增大，必然导致社会产品中补偿基金物量的相对增大和国民收入物量的相对减少，从而使社会总产品的增长比国民收入的增长更快。另一种见解认为，技术进步和社会劳动生产率的提高不仅意味着活劳动的节约，而且也包含着生产资料消耗的节约；而每一单位产品的物质消耗的节约，必然导致社会产品中补偿基金物量的相对减少和国民收入物量的相对增大，从而使国民收入的增长比社会总产品的增长更快。

事情究竟是怎样的呢？

的确，技术进步和劳动生产率的提高，必然意味着每一单位活劳动所利用的和所消耗的生产资料物量的增大。“劳动的社会生产率的程度，是由一个劳动者在一定时间内以同一强度的劳动力转化为生产的生产资料的相对量来表示。他用来发生机能的生产资料的量，随他的劳动生产率一同增进……只要生产资料的量与合并在它里面的劳动力比较而言增大了，这种增大总表示着劳动生产率的增进。所以劳动生产率的增进，是表示在这个事实上：与所推动的生产资料的量比较而言，劳动量是在减少……”[①]大家知道，单位劳动时间所推动的生产资料的量，或者生产中消耗的生产资料量与活劳动量的比率，代表着生产的技

① 《资本论》第1卷，人民出版社1953年版，第782—784页。

术构成。随着技术进步和劳动生产率的提高，社会生产的技术构成总是要不断地提高，生产资料的消耗量总是要比活劳动消耗量增长得更快，这是必须肯定的。但是，生产技术构成不断提高的趋势，是否必然会在实物量上提高社会产品中补偿基金的比重，降低国民收入的比重呢?

社会总产品中补偿基金在实物量上所占比重的变化，不单纯决定于社会生产的技术构成的变化，而是决定于社会生产技术构成的变化同社会劳动生产率的变化之间的对比关系。前面虽然说过，劳动生产率的增进，必然表现为生产技术构成的提高；但是应当注意，生产技术构成的提高同劳动生产率的提高是两个不同的概念。前者是指单位活劳动时间所推动、利用或消耗的生产资料的数量，后者是指单位活劳动时间所生产的产品数量。这两个概念不但在含义上有区别，它们各自的动向，也并不总是一样的。以后我们将谈到，在不同的技术进步的情况下，生产技术构成提高的程度，与活劳动生产率提高的程度相比，有时候快些，有时候慢些，有时候一样。这些不同的情况，对社会产品中补偿基金的比重，从而对社会产品与国民收入的增长对比，会发生不同的影响。

下面分别考察一下社会劳动生产提高程度与社会生产技术构成提高程度之间的不同对比关系，对于社会产品与国民收入在实物量上的增长对比关系的不同影响。假定基期投入社会生产的活劳动量为2000单位，每单位活劳动所消耗的生产资料物量为1单位，每单位活劳动的社会产品产量（劳动生产率）为2。这样，基期社会生产的总技术构成（生产资料消耗总量与活劳动消耗总量之比）、社会总产品的实物构成（补偿基金物量与国民收入物量之比），可用下面的式子来表示（都按基期价值标准计算）：

技术构成 $\frac{C}{2000}:\frac{V+m}{2000}\rightarrow\frac{P}{4000}$

实物构成 $2000+2000=4000$

又假定，在所有不同情况下，本期投入社会生产的活劳动量都比基期增长5%，即增为2100单位（2000×105%）。现在先设想一种情况：本期社会活劳动生产率提高程度，与每单位活劳动所消耗的生产资料物量的增长程度是相等的，譬如说都提高10%。这样，本期生产资料消耗物量将为2310（2000×105%×110%），社会产品物量将达4620（4000×105%×110%）。本期社会生产的总技术构成改变为：

$$\frac{C}{2310}:\frac{V+m}{2100}\rightarrow\frac{P}{4620}$$

在这里，社会生产的技术构成，从基期的1∶1（2000∶2000）提高到1.1∶1（2310∶2100），即增长10%，这同社会活劳动生产率的增长程度是相等的。能不能由此得出结论，社会总产品中补偿基金与国民收入的实物构成，也同社会生产的技术构成一样地增长，即从基期的1∶1增为本期的1.7∶1，从而在实物量上社会产品比国民收入增长得更快呢？这个结论是不能得出的。因为，上述本期社会生产的总技术构成式子中的$V+m$——2100单位，只代表本期投入社会生产的活劳动量，而不代表本期国民收入的物量。为了得到本期国民收入物量，就要从上式中的本期社会产品物量P——4620单位，减去本期生产资料消耗物量C——2310单位；结果得2310单位。这样，本期社会总产品中补偿基金与国民收入的物量构成应为

$$\frac{C}{2310}:\frac{V+m}{2300}\rightarrow\frac{P}{4620}$$

在这里，本期社会产品实物构成的比率（2310∶2310=1∶1）与基期社会产品实物构成的比率（2000∶2000=1∶1）相比较，并没有发生变化；从而本期国民收入物量与社会产品物量的比率

（2310∶4620=1∶2）与基期同种比率（2000∶4000=1∶2）相比，也没有发生变化。由此可知，当社会活劳动生产率的提高程度与社会生产技术构成的提高程度相等时，社会产品物量与国民收入物量也将以相同的速度来增长（两者都增15.5%）。

再设想第二种情况：活劳动生产率的提高程度大于每单位活劳动所消耗的生产资料物量的增长程度，譬如说，前者增长10%，后者只增长8%。这样，本期生产资料消耗的物量将为2268单位（2000×105%×108%），社会总产品的物量将为4620单位（4000×105%×110%）。本期社会生产的总技术构成改为：

$$\frac{C}{2268} : \frac{V+m}{2100} \rightarrow \frac{P}{4620}$$

上式中的$V+m$——2100单位，是本期投入社会生产的活劳动量。这个活劳动所创造的国民收入物量，可以从本期社会产品物量P——4620单位减去本期生产资料消耗物量C——2268单位得出，结果是2352单位。这样，本期社会总产品中补偿基金与国民收入的实物构成应为：

$$\frac{C}{2268} : \frac{V+m}{2352} \rightarrow \frac{P}{4620}$$

在这里，虽然社会生产的技术构成从基期的1∶1（2000∶2000）提高到本期的1.08∶1（2268∶2100），但是社会总产品中补偿基金与国民收入的实物比率，却相反地从基期1∶1降低为本期的0.96∶1（2268∶2352）；从而社会产品与国民收入的物量比率，也从基期的2∶1（4000∶2000）降为本期的1.96∶1（4620∶2352）。社会产品物量比上期增长了15.5%，而国民收入物量则比上期增长了17.6%。由此可知：当社会活劳动生产率的提高速度大于社会生产技术构成提高程度时，国民收入物量的增长，将比社会产品物量的增长更快。

最后，设想第三种情况：社会活劳动生产率的一定程度的提高，是以每单位活劳动所消耗的生产资料物量的更大程度的增大来达到的，譬如说前者提高10%时，后者要提高12%。在这种情况下，本期生产资料物量消耗总额将为2352单位（2000×105%×112%），社会产品物量总额仍为4620单位（4000×105%×110%）。本期社会生产的总技术构成为：

$$\frac{C}{2352} : \frac{V+m}{2100} \rightarrow \frac{P}{4600}$$

依前述方法计算，本期社会产品中补偿基金与国民收入的物量构成应为：

$$\frac{C}{2352} : \frac{V+m}{2268} \rightarrow \frac{P}{4620}$$

在这个场合，社会生产的技术构成从基期的1∶1（2000∶2000）提高到本期的1.12∶1（2352∶2100）；同时社会产品中补偿基金与国民收入的实物构成，也从基期的1∶1提高到本期的1.04∶1（2352∶2268），从而社会产品与国民收入的物量比率，也从基期的2∶1（4000∶2000）提高到本期的2.04∶1（4620∶2268）。本期社会产品物量比上期增长15.5%，而国民收入物量则比上期只增13.4%。由此可知，当社会劳动生产率的提高程度小于社会生产技术构成的提高程度时，社会产品物量的增长将比国民收入物量的增长更快。

在以上分析的技术进步和社会劳动生产率提高的三种不同场合下，我们看到社会生产的技术构成都是提高的；生产资料物量的消耗总额与活劳动消耗总额相比，也都是增长得更快的。但并非在技术进步的任何情况下，社会产品中补偿基金与国民收入的物量比率都会提高，从而社会产品物量的增长比国民收入物量的增长都会更快。补偿基金占社会产品的比重提高、不变还是下降，从而社会产品物量比国民收入物量增长得更快、一样快还是更慢，这完全取决于社会活劳动生产率的提高程度是小于、等于还是大于社会生产的技术构成的提高程度。

三

现在从价值量的角度，来考察技术进步和劳动生产率的提高对于社会产品和国民收入增长对比关系的影响。

在这个问题上，比较普遍的看法认为，随着技术进步和劳动生产率的提高，投入生产的物化劳动在总劳动消耗中的比重会上升，活劳动的比重下降，从而社会产品在价值量上比国民收入增长得更快。但也有少数经济学者认为，随着社会劳动生产率提高，单位生产资料所含的劳动量会减少，从而促使社会产品总值中构成补偿基金那一部分产品的价值量相对降低，因而国民收入的价值量有可能比社会产品的价值量增长得更快。

应当指出，社会产品与国民收入在价值量上的增长对比关系（以及与此相应的社会产品中补偿基金价值量与国民收入价值量的对比关系），是不能脱离它们的实物量对比关系来看的。这是因为，社会总产品和它的各个组成部分的价值，不能脱离它们的使用价值和它们的实物存在。社会产品中补偿基金和国民收入的实物构成的变化，必然引起这两者间的价值构成的相应变化，从而引起社会产品与国民收入间的价值量对比关系的相应改变。

但是，补偿基金与国民收入间的价值量对比关系的变化，不只是由这两部分产品间的实物量对比关系的变化决定的，而且还要看这两部分产品的单位产品价值变化关系如何。随着技术进步和社会劳动生产率的提高，这两部分产品的单位产品价值都降低。十分明显，如果这两部分产品的单位产品价值降低的程度完全一致，那么补偿基金与国民收入间价值量比例的变化，便会与二者间的实物量比例的变化完全一致，而不会引起新的问题。这就是说，前面第二节中分析过的几种情况，不只适用于社会产品与国民收入的物量增长对比关系，而且也完全适用于二者间在价值量上的增长对比关系。可是，如果构成补偿基金的单位产品价值同构成国民收入的单位产品价值下降的程度不一致，那么就要引起新的复杂问题。

首先要搞清楚，社会总产品的两个组成部分（补偿基金和国民收入）的价值，应该怎样来确定。构成国民收入的那一部分产品的价值，可以根据投入社会生产的活劳动总量来估定，这应当是不成问题的。成为问题的是构成补偿基金那一部分产品，应怎样估价。有些经济学者认为应当按前一时期生产资料的单位产品价值来估价，因为据说本期生产过程中消耗的生产资料，都是从前一时期转移过来的。

我们认为，构成补偿基金的那一部分社会产品的价值，不能按前一时期的单位生产资料价值来估价，而应当按本期的价值标准来估价。这是因为，第一，本期生产过程中消耗的生产资料，虽然有一部分（特别是劳动手段的磨损）是从过去时期转来的；但是绝大部分（特别是劳动对象），却是当期生产和当期消耗。

例如，本年生产中消耗的煤炭，很大部分是本年生产的，本年生产消耗的电力，则全部是本年生产提供的。第二，即使是过去时期转移过来而在本期消耗的生产资料（不论是劳动手段还是劳动对象），它们的价值并不决定于过去生产条件下的社会必要劳动量，而决定于当前生产条件下的社会必要劳动量，也就是说应当根据当前的再生产价值予以重新估价。这是价值决定原则的确定不移的要求。第三，即使不考虑前述的两条理由，应当注意到，我们在这里所考虑的是本期生产出来的社会总产品中构成补偿基金的那一部分产品的价值。不论本期消耗的生产有多少来自过去，构成本期补偿基金的那一部分社会产品，终归是本期生产出来的社会总产品的一个组成部分，它们的价值，也只能依本期生产的社会平均必要劳动消耗的标准来评定。

在这里我们关心的，不是补偿基金价值的绝对量，也不仅仅是构成补偿基金的单位产品价值比上期下降的速率，而是构成补偿基金的单位产品价值的下降速率同构成国民收入的单位产品价值的下降速率之间的对比关系。在技术进步和社会劳动生产率提高的条件下，这两个部分的单位产品价值都要下降，但是下降的程度是否一样呢？

补偿基金，在实物形态上是由机器设备、原材料等生产资料构成的。这些物资，同样也是国民收入的积累基金部分的构成内容。一部新生产出来的机器，既可以用来补偿生产过程中消耗了的和退废的设备，也可以用于固定资产的积累。新生产出来的原材料，既可以用来补充库存物资的生产消耗，也可以用于流动资产的积累。既然构成补偿基金部分的产品同构成国民收入积累部分的产品在实物形态上和使用价值上是相同的，那么这两部分产品的价值，也只能依相同的价值标准来评定。这就是说，在技术进步和社会劳动生产率提高的条件下，补偿基金部分的单位产品价值，必然与国民收入（生产资料积累）部分的单位产品价值，以同一速率下降。

可是，这还不等于说，补偿基金部分的单位产品价值，会与构成全部国民收入的平均单位产品价值，以同等程度降低。因为全部国民收入的实物内容不仅包括积累的生产资料，而且包括当期生产的全部消费资料。没有理由可以说，消费资料的单位产品价值，会与生产资料的单位产品价值，必然依同一程度变化。生产资料的单位产品价值的下降程度，可以快于、等于或者慢于消费资料的单位产品价值的下降程度，这要看生产资料生产部分中全部劳动消耗（包括物化劳动和活劳动）的劳动生产率的提高程度，是大于、等于或小于消费资料生产部门中全部劳动消耗的劳动生产率的提高程度。[1]

由此可见，补偿基金部分的单位产品价值的下降程度，同国民收入部分的单位产品价值的下降程度之间，至少可能有三种不同的对比关系。随着生产资料生产部门全部劳动生产率的提高程度是大于、等于或者小于消费资料生产部门全部劳动生产率的提高程度，从而构成补偿基金部分的产品生产的全部劳动生产率的提高程度是大于、等于或者小于构成国民收入部分的产品生产的相应指标，补偿基金部分的单位产品价值的下降程度就会快于、等于或者慢于国民收入部分的单位产品价值的平均下降程度。

现在我们来看看上述不同情况对于社会总产品中补偿基金与国民收入间价值构成的影响，从而对社会产品与国民收入在价值量上增长对比关系的影响。为了节省篇幅，这里只以第二节所举技术进步的第二种情况为例。在这个例子中，社会活劳动的平均劳动生产率增长10%，快于社会平均生产技术构成的提高（8%），因而国民收入物量的增长速度（2352÷2000=117.6%）快于社会产品的物量增长速度（4620÷4000=115.5%）。

根据已经给予的数据和条件，基期社会生产的技术构成、社会产品的实物构成和价值构成[2]，有如下式所示[3]：

技术构成 $\frac{C}{2000} : \frac{V+m}{2000} \rightarrow \frac{P}{4000}$

实物构成 $2000 + 2000 = 4000$

① 在下面的叙述中，以“全部劳动生产率”来表示包括物化劳动消耗和活劳动消耗在内的劳动生产率，以区别于仅包括活劳动消耗的“劳动生产率”。

② 这里和本文其他地方讲到社会产品的实物构成和价值构成时，都是就补偿基金与国民收入的比率来说的，并不是通常意义上所指的两大部类的比率和$C : V : m$的比率。

③ 由于基期的各项数值都是用当期的价值标准来计算的，所以技术构成、实物构成和价值构成在数量上是一致的。

价值构成　2000 + 2000 = 4000

本期社会生产的技术构成和社会产品的实物构成，已知为：

技术构成　$\frac{C}{2268} : \frac{V+m}{2100} \rightarrow \frac{P}{4620}$

实物构成　2268 + 2352 = 4620

从上式可以看到，本期投入社会生产的活劳动总额（技术构成式中的$V+m$）为2100单位，这也可以视为本期创造的国民收入的价值总额；这个数值，与构成国民收入的产品生产中消耗的全部劳动量（包括活劳动和物化劳动），应该是相等的。从上式还可以看到，本期国民收入的实物量（实物构成式中的$V+m$）为2352单位，由此可知，在构成本期国民收入那一部分产品的生产中全部劳动消耗的平均劳动生产率为2352∶2100=1.12，比基期国民收入部分产品生产中的全部劳动生产率（2000∶2000=1）提高了12%；从而本期国民收入部分的单位产品的价值，比基期平均降低10.7%（1−1.00/1.12）。

由前述实物构成式中还可见到，本期补偿基金的实物量为2268单位。它的价值是多少呢？这要看这部分产品生产中全部劳动生产率提高了多少从而它的单位产品价值降低了多少。首先设想组成补偿基金部分的产品生产中的全部劳动生产率，同组成国民收入部分的产品生产一样，提高12%，从而前者的单位产品价值也比基期降低10.7%，那么本期补偿基金价值量就等于2268÷1.12=2025［或2268×（1−10.7%）］。这样，本期社会产品的价值构成为：

$$\frac{C}{2025} + \frac{V+m}{2100} \rightarrow \frac{P}{4125}$$

在这里，本期补偿基金价值量与国民收入价值量的比率为0.96∶1（2025∶2100），这同前述本期补偿基金与国民收入的物量比率（0.96∶1）是完全一致的。由此可见，当社会活劳动生产率比社会生产的平均技术构成以更大程度增长，同时补偿基金部分产品生产中的全部劳动生产率与国民收入部分产品生产中的全部劳动生产率以相同程度增长时，补偿基金在社会产品的价值量构成中所占比重，将与它在社会产品的物量构成中所占比重，以同等程度降低，从而无论在实物量上和价值量上，国民收入的增长都以相同的程度快于社会产品的增长①。

现在再设想组成补偿基金部分的产品生产中，全部劳动生产率的提高程度大于组成国民收入部分的产品生产中的情况，譬如说前者的增长率不是12%而是13%，那么本期补偿基金部分产品的价值总量应等于2268 ÷ 1.13=2007，从而本期社会产品的价值构成为：

$$\frac{C}{2007} + \frac{V+m}{2100} \rightarrow \frac{P}{4107}$$

在这里，本期补偿基金价值量与国民收入价值量的比率为0.956 : 1（2007 : 2100）。这个比率，低于前述本期补偿基金与国民收入间的物量比率（0.96 : 1）。由此可见，当社会活劳动生产率比社会生产的技术构成提高得更快，同时补偿基金部分产品生产中的全部劳动生产率，又比国民收入部分产品生产中的全部劳动生产率提高得更快时，补偿基金在社会产品的价值量构成中所占比重，就比它在社会产品实物量构成中所占比重下降得更快，这样就使得国民收入增长快于社会产品增长的程度，在价值量上就比在实物量上更大②。

---

① 国民收入价值量为上期的105%；社会产品价值量为上期的103.1%（即4125 ÷ 4000）。国民收入价值量的增长程度比社会产品价值量增长程度快1.8%（105/103.1−1）。这同国民收入实物量增长程度快于社会产品实物量增长程度是相等的（117.6/115.5−1=1.8%）。

② 国民收入价值量增长快于社会产品价值的程度，等于105 ÷（4107 ÷ 4000）−1=2.2%，这个数值，比实物量上国民收入增长快于社会产品增长的程度1.8%，是更大了。

最后，再设想组成补偿基金部分的产品生产中，全部劳动生产率的提高程度，小于组成国民收入部分的产品生产中的情况，譬如说前者只增长10%。这时本期补偿基金部分产品的价值总量应等于2268÷1.10=2062，本期社会产品的价值构成为：

$$\frac{C}{2062}+\frac{V+m}{2100}\rightarrow\frac{P}{4162}$$

在这里本期补偿基金与国民收入的价值量比率2062∶2100=0.982∶1；这一比率低于基期的价值量比率（2000∶2000=1∶1），但高于本期补偿基金与国民收入的实物量构成（0.96∶1）。这就是说，在这种情况下，补偿基金在社会产品的价值量构成中所占比重虽然比基期下降了，但下降的程度比它在社会产品的实物量构成中所占比重下降的程度为小。这是因为，在这个场合，社会活劳动生产率的增长程度大于社会生产平均技术构成的增长程度，对于降低补偿基金价值量比重的影响，会在一定程度上被补偿基金部分的单位产品价值的降低程度，小于国民收入部分的单位产品价值的降低程度的反影响所抵消。十分明显，补偿基金部分产品生产中全部劳动生产率的增长程度越是低于国民收入部分产品中的相应指标，从而前者的单位产品价值的降低程度越是小于后者的单位产品价值的降低程度，则补偿基金价值量比重的降低所受到的反影响也就越大，以至于被这种反影响所完全抵消，甚至出现补偿基金价值量比重不但不下降反而上升的相反趋势。

可以证明，社会产品的价值量构成所受到的上述两对因素的相反影响的互相抵消，是在补偿基金部分产品生产中全部劳动生产率的增长程度，降到等于全社会生产平均技术构成的提高程度之点时达到的。在刚才举的例子中，补偿基金部分产品生产中全部劳动生产率的增长程度（10%）虽比国民收入部分产品生产中的相应指标（12%）为小，但仍大于全社会平均的生产技术构成的增长程度（8%），因而不能完全抵消全社会活劳动生产率增长程度大于全社会平均生产技术构成增长程度的影响。如果补偿基金部分产品生产中全部劳动生产率的增长程度，降到与社会平均的生产技术构成的增长程度相等，即等于8%，那么，本期补偿基金的价值总额就等于2268 ÷ 1.08=2100，从而本期社会产品的价值构成应为：

$$\frac{C}{2100}+\frac{V+m}{2100}\rightarrow\frac{P}{4200}$$

在这里，补偿基金与国民收入间的价值量比率等于2100∶2100=1∶1，这同本期补偿基金的相应比率（2000∶2000=1∶1）是完全一样的。在这种情况下，国民收入价值量与社会产品价值量是以同一速率增长的（2100/2000=4200/4000=105%）。如果进一步设想本期补偿基金部分产品生产中，全部劳动生产率的增长程度，小于社会平均生产技术构成的增长程度，譬如说前者只增长6%，那么本期补偿基金的价值总额就等于2268 ÷ 1.06=2140，从而本期社会产品的价值构成应为：

$$\frac{C}{2140}+\frac{V+m}{2100}\rightarrow\frac{P}{4240}$$

在这里，本期补偿基金与国民收入间价值量比率为2140∶2100=1.02∶1，这一比率不但没有像二者间的实物量比率那样比基期降低，却反而比基期价值量比率提高了。在这种情况下，国民收入价值量的增长（105%）就会慢于社会产品价值量的增长（4240/4000=106%），这同二者在实物量上的增长对比，是相反的。

所以，当社会平均活劳动生产率的增长快于社会平均生产技术构成的增长，同时补偿基金部分产品生产中全部劳动生产率的增长，又慢于国民收入部分产品生产中的相应指标时，补偿基金在社会产品的价值量构成中所占比重，可以比它在社会产品的实

物量构成中所占比重以较小的程度下降，也可以不降，甚至也可能与实物量比重下降的趋势相反而呈现提高的趋势；这些不同的趋势，完全要取决于补偿基金部分产品生产中全部劳动生产率的增长程度，是大于、等于或者小于社会平均的生产技术构成的增长程度。这几种不同情况下，国民收入物量的增长始终快于社会产品物量的增长，然而国民收入价值量的增长却可以快于、也可以等于、也可能慢于社会产品价值量的增长。

本文的篇幅，不容许对技术进步的各种不同情况下社会产品与国民收入的物量增长对比和价值量增长对比的不同结合一一举例说明。对各种不同情况分析的结果表明，社会产品与国民收入的物量增长对比同价值量增长对比之间，可能有十三种不同的结合方式。现在把分析的结果概括地列述如下（下面叙述的十三种不同情况，读下去如感到困难，也可以略而不读，请直接看本节的结论）。

第一种结合：社会产品和国民收入在物量上和在价值量上都以同等速度增长。这种结合，发生于社会平均活劳动生产率的增长程度，等于社会平均生产技术构成增长程度，同时补偿基金部分产品生产中的全部劳动生产率的增长程度，也等于国民收入部分产品生产的相应指标的场合。

第二种结合：在实物量上，社会产品与国民收入以同一速度增长，但在价值量上，国民收入比社会产品增长得更快。这种结合，是在社会平均活劳动生产率的增长程度，等于社会平均技术构成的增长程度，同时补偿基金部分产品生产中全部劳动生产率提高程度，大于国民收入部分产品生产的相应指标的场合下发生的。

第三种结合：在实物量上，社会产品与国民收入以同一速度增长，但在价值量上，社会产品比国民收入增长得更快。这种结合，发生在社会平均活劳动生产率的提高程度，等于社会平均技术构成的提高程度，同时补偿基金部分产品生产的全部劳动生产率提高程度，小于国民收入部分产品生产的相应指标的场合。

第四种结合：在实物量上和在价值量上，国民收入的增长都快于社会产品的增长，并且前者快于后者的程度，在实物量上和在价值量上是一致的。这种结合，发生在下述场合，即社会平均活劳动生产率的增长程度，大于社会平均生产技术构成的提高程度，同时补偿基金部分产品生产的全部劳动生产率的提高程度，等于国民收入部分产品生产的相应指标。

第五种结合：在实物量上和在价值量上，国民收入的增长都快于社会产品的增长，并且，前者快于后者的程度，价值量上比在实物量上更大。这种结合，是在下述场合发生的：社会平均活劳动生产率的提高程度，大于社会平均生产技术构成的提高程度；同时补偿基金部分产品生产的全部劳动生产率的提高程度，也大于国民收入部分产品生产的相应指标。

第六种结合：在实物量上和在价值量上，国民收入的增长都快于社会产品的增长，但是，前者快于后者的程度，在价值量上比在实物量上为小。发生这种结合的场合是：社会平均活劳动生产率的提高程度，大于社会平均的生产技术构成的提高程度，同时补偿基金部分产品生产的全部劳动生产率的提高程度，小于国民收入部分产品生产的相应指标，但仍大于社会平均生产技术构成的提高程度。

第七种结合：在实物量上，国民收入比社会产品增长得较快，但在价值量上，二者以相同速度增长。引起这种结合的场合是：社会平均的活劳动生产率的提高程度，大于社会平均的生产技术构成的提高程度；同时补偿基金部分产品生产的全部劳动生产率的提高程度，小于国民收入部分产品生产的相应指标，但等于社会平均的生产技术构成的提高程度。

第八种结合：在实物量上，国民收入增长得比社会产品更

快，但在价值量上却相反，社会产品比国民收入增长得更快。这种结合，发生在下述场合：社会平均的活劳动生产率的提高程度，大于社会平均的生产技术构成的提高程度；同时补偿基金部分产品生产的全部劳动生产率，小于国民收入部分产品生产的相应指标，并且也小于社会平均生产技术构成的提高程度。

第九种结合：在实物量上和在价值量上，社会产品的增长都快于国民收入的增长，并且，前者快于后者的程度，在价值量上和在实物量上也都是一致的。这种结合，发生于如下场合：社会平均的活劳动生产率的提高程度，小于社会平均的生产技术构成的提高程度；同时，补偿基金部分产品生产的全部劳动生产率的提高程度，等于国民收入部分产品生产的相应指标。

第十种结合：在实物量上和在价值量上，社会产品的增长都快于国民收入的增长，并且，前者快于后者的程度，在价值量上比在实物量上更大。发生这种结合的情况是：社会平均的活劳动生产率的提高程度，小于社会平均的生产技术构成的提高程度；同时补偿基金部分产品生产的全部劳动生产率的提高程度，也小于国民收入部分产品生产的相应指标。

第十一种结合：在实物量上和在价值量上，社会产品的增长都快于国民收入的增长，但是前者快于后者的程度，在价值量上却比在实物量上为小。发生这种结合的情况是：社会平均的活劳动生产率的提高程度，小于社会平均的生产技术构成的提高程度；同时，补偿基金部分产品生产的全部劳动生产率的提高程度，却大于国民收入部分产品生产的相应指标，但仍小于社会平均生产技术构成的提高程度。

第十二种结合：在实物量上，社会产品比国民收入更快，但在价值量上，二者以相应速度增长。引起这种结合的场合是：社会平均的活劳动生产率的提高程度，小于社会平均的生产技术构成的提高程度；同时，补偿基金部分产品生产的全部劳动生产率

的提高程度，却大于国民收入部分产品生产的相应指标，但等于社会平均生产技术构成的提高程度。

第十三种结合：在实物量上，社会产品比国民收入增长得更快，但在价值量上却相反，国民收入比社会产品增长得更快。这种结合是发生在如下场合：社会平均的活劳动生产率的提高程度，小于社会平均生产技术构成的提高程度，同时，补偿基金部分产品生产的全部劳动生产率的提高程度，大于国民收入部分产品生产的相应指标，并且也大于社会平均生产技术构成的提高程度。

总起来看，在以上列述的十三种不同的结合情况中，社会产品和国民收入的对比关系，实物和价值量两个方面的变化方向和变化程度都是完全一致的，有三个场合；变化方向相同而变化程度不一的，有四个场合；一方不变而另一方改变的，也有四个场合；而变化方向完全相反的，则只有两个场合。由此可见，那些认定社会产品和国民收入的对比关系的变化，在实物量上和在价值量上只能完全一致，或者只能完全相反的见解，以及那些认定社会产品的增长只能比国民收入快，或者国民收入的增长只能比社会产品快的种种见解，都是有一定的片面性的。

四

根据以上的叙述，我们已知，技术进步和社会劳动生产率的提高，主要是通过两对因素的关系，对社会产品和国民收入的增长对比发生影响的。这两对因素是：第一，社会平均活劳动生产率的增长程度与平均每一单位活劳动所消耗的生产资料物量（即社会平均的生产技术构成）的增长程度之间的关系，这一关系同时从**实物量**上和从**价值量**上，对社会产品和国民收入的增长对比发生相同的影响。第二，组成补偿基金部分的产品（完全是生产资料）生产中全部劳动消耗的劳动生产率提高程度，同组成国民收入部分的产品（主要是消费资料）生产中全部劳动消耗的平均劳动生产率的提高程度之间的关系；对社会产品与国民收入在价值量上的增长对比，发生追加的影响，在实际经济生活中，这两对因素的关系，以及它们对于社会产品与国民收入增长对比的影响，究竟是怎样的呢？

先看前一对因素的关系。我们知道社会平均每单位活劳动的生产率与每单位活劳动所消耗的生产资料的比率，等于单位社会产品的生产资料消耗系数。对这一比率和系数的变化趋势，不少经济学者曾经作过详细的研究。研究的结果表明，这个比率和系数并不具有固定的变化趋势，而是有时候提高，有时候降低。

例如，在劳动手段的消耗方面，当手工劳动向机械化生产转变的场合，以及当机械化生产实现某些重大的根本性改造的场合，活劳动生产率的一定程度的提高，往往伴随着活劳动平均技术装备水平的更大程度的提高，从而增加单位产品生产的劳动手段消耗，无形损耗速度的加快和现有劳动手段更新周期的缩短，在某些情况下也可能增加单位产品所摊的损耗。另一方面，在已经实现了机械化或者已经实现了某些重大的根本性技术改造的生产过程中，生产技术和生产组织的进一步的改进，可以使劳动生产率进一步提高，以平均装备水平较小程度的提高来达到；对现有劳动手段不断实行的局部的现代化改造措施，既能提高它的生产效率，又能延长它的有效使用期限，从而可以使单位产品所摊的损耗减少，等等。

又如，在劳动对象的消耗方面，技术进步的影响也是矛盾的。随着机械化、电气化、化学化过程的向外延的扩张，某些燃料、动力和某些材料的消耗，往往可能比社会产品增长得更快。另一方面，产品设计、工艺过程和劳动手段的改进，又促使单位产品的原材料动力等消耗减少。原料构成和燃料动力构成的改变，又可以在整个国民经济范围上，节约大量的物质资源和社会劳动，等等。

看来，当国民经济的技术改造是以手工劳动向机械化生产的转变为主要内容时，单位社会产品的平均生产资料消耗系数可能呈现上升的趋势，这就是说，单位活劳动平均消耗的生产资料物量，可能比单位活劳动的产品生产率增长得更快。而当技术进步是以已经实现了机械化生产的进一步改进为主要内容时，单位社会产品的平均生产资料消耗可能呈现降低的趋势，这就是说，活劳动生产率的提高，可能比单位活劳动所消耗的生产资料物量的增长更快。但是当已经实现机械化的社会生产进一步进行某些根本性的重大技术改造时，也可能出现与机械化生产的一般技术改进时相反的情况。

与技术进步的上述变化情况相应，社会产品与国民收入在实物量上的增长对比，当国民经济的技术改造是以手工劳动的初步机械化为主要内容时，社会产品往往可能比国民收入增长得更快。当技术进步是以机械化生产的进一步改进为主要内容时，则国民收入往往可能比社会产品增长得更快。但是后一趋势，在国民经济实行某些根本性的重大技术改造时，也可能暂时受到阻碍而出现相反的变化。

如果不考虑补偿基金部分的单位产品价值和国民收入部分的单位产品价值降低程度不等的因素，那么，上述社会产品与国民收入在实物量上的增长对比，同时也决定了二者在价值量上的增长对比。我们已知，补偿基金部分单位产品价值与国民收入部分单位产品价值的下降程度的对比，是由这两部分产品生产的全部劳动消耗的生产率的提高程度的对比决定的；而后一对比，基本上又是由生产资料生产部门与消费资料生产部门的全部劳动生产率提高程度的对比来决定的。

现在来看看生产资料生产部门与消费资料生产部门全部劳动

生产率的增长对比关系。在这里更难觅出一个稳定不变的趋势。因为："劳动生产力的发展在不同产业部门是极不平衡的（不仅程度上不同，并且往往是依照相反的方向）……劳动的生产率，也与各种自然条件结合着。生产率——在它依存于社会条件的限度内——增进时，各种自然条件往往会依同比例，成为更不生产的。因此，不同各部门就发生了相反的运动，这里进步，那里退步。"①

撇开自然条件不说，从社会给予的物质条件看来，劳动生产力在各个生产部门之间的不平衡的发展，主要是各部门劳动技术装备水平和质量的增长不平衡的结果。从历史上看，生产资料部门特别是重工业部门技术装备的增长，一般快于消费资料部门，因而前一类部门中劳动生产率的增长，看来也应比消费品部门较快。这种倾向，在对国民经济进行技术改造的工业化过程中，尤为显著。但是这也不是一种绝对的倾向。第Ⅰ部类中最初原料的生产部门（采掘采伐部门、农产原料部门等），是与自然条件紧密地联系着的。自然条件丰富的变化和人们取得自然物资的难易程度的变化，不能不对生产资料生产部门全部劳动生产率的增长幅度，发生不同的影响。另一方面，随着整个国民经济工业化水平的提高，消费资料技术装备水平和质量得到增进的可能性也越来越大；特别是现代科学技术的成果在与消费资料生产有紧密关系的农业部门逐渐广泛地利用，将对消费资料部门全部劳动生产率的增进，发生越来越显著的影响。所以，在对国民经济进行技术改造的工业化过程中可能出现的、第Ⅰ部类全部劳动生产率的增长快于第Ⅱ部类的倾向，可能逐渐为两者互相接近的趋势所代替，甚至也可能出现第Ⅱ部类劳动生产率的增长快于第Ⅰ部类的情况。

① 《资本论》第3卷，人民出版社1953年版，第310—311页。

两大部类间劳动生产率增长对比的这些不同情况，对于前述不同时期社会产品与国民收入增长对比的不同变化趋势，会带来怎样的修正呢？看来，在技术进步是以手工劳动向机械化生产转变为主要内容的工业化初期，前述社会产品在实物量上比国民收入增长更快的倾向，可能在不同程度上被第Ⅰ部类劳动生产率较快提高的倾向所抵消，从而使社会产品在价值量上快于国民收入增长的程度，比在实物量上快于国民收入增长的程度为小；在个别情况下，在价值量上相反的国民收入的增长快于社会产品的增长，也不是完全不可能的。

另一方面，当技术进步是以机械化生产的进一步改进和提高为主要内容时，如果第Ⅰ部类的全部劳动生产率的增长仍然保持着快于第Ⅱ部类的倾向，那么前述国民收入在实物量上快于社会产品增长的倾向，从价值量上看来还会得到进一步的加强。随着第Ⅱ部类技术进步速度的增进和两大部类间全部劳动生产率增长速度的趋于接近，国民收入快于社会产品增长的倾向，在价值量上和在实物量上也可能趋于接近。

以上所述，是就技术进步的两大阶段的主要倾向来说的，这些倾向当然都不是绝对的。在技术进步的前一阶段，特别是如果结合社会主义改造所解放出来的生产力的巨大潜力来考虑，社会劳动生产率较之社会生产技术构成以更快的速度来增长的可能性，也是存在着的；在技术进步的后一阶段，特别是当国民经济遇到某些根本性的重大技术改造的场合，也不排除社会生产技术构成比社会劳动生产率增长更快的可能性。至于两大部类之间全部劳动生产率增长速率的对比，由于不同产业部门劳动生产力的不平衡发展的普遍规律，在技术进步的两个阶段上的各个时期与各个年份之间，也是经常地发生着方向不同、程度不等的变化。因而社会产品和国民收入的实物量增长对比与价值量增长对比的各种不同结合，也都是可能出现的。

由此可见，那些认定社会产品和国民收入的增长对比，在价值量上和在实物量上只能有某一种结合，或者只承认某几种特定的结合，把这几种特定的结合视为不变规律的意见，从经济发展过程的分析来看，也都是不能成立的。

本文以上关于社会产品和国民收入增长对比问题的考察，只限于技术进步和社会劳动生产力增长对社会产品中C与（$V+m$）间的实物量比率和价值量比率的直接影响的分析。至于国民经济部门结构的变化和社会生产分工组织的改变所产生的影响，在上面的考察中是被抽象了的。大家知道，部门结构和社会生产组织的变化，与技术进步有着十分紧密的关系，并且各具有一定的规律性。在进一步具体考察社会产品和国民收入的增长对比关系时，这些因素是必须引进来加以考虑的。由于篇幅关系，关于这方面的问题，本文就不多说了。

关于生产资料优先增长原理的适用范围和农业内部生产资料的优先增长问题*

（1963年7月）

在关于生产资料优先增长和发展农业的关系问题的讨论中，有些同志提出了生产资料优先增长不仅指重工业生产的生产资料，而且也“直接包括农业中的生产资料在内”[①]，不仅适用于整个国民经济范围，“而且也适用于农业一个部门内部”[②]等论点。这些论点，牵涉到对生产资料优先增长原理适用范围的理解，也牵涉到对农业内部两类产品增长速度对比关系的理解，似乎有进一步加以探讨的必要。这篇文章打算就这两个问题，提出个人一些粗浅的意见。

生产资料优先增长是马克思再生产理论的一个重要原理。这个原理揭示了在技术进步的扩大再生产中，社会生产两大部类产品增长速度的对比关系。在以机器生产代替手工劳动的技术进步过程中，由于每一劳动者平均技术物资装备水平的提高，由于社会分工特别是第Ⅰ部类内部分工的纵深发展，为生产每一单位消费资料，在社会分工各环节上劳动者所运用和消耗的生产资料总额，有越来越大的趋势。这就要求生产资料的生产不仅在价值量

* 原载《江汉学报》1963年第7期。

① 尹世杰：《生产资料优先增长与发展农业》，《江汉学报》1963年第2期，第3页。

② 蒋家俊：《谈生产资料优先增长和以农轻重为序的关系》，《光明日报》1963年4月1日。

上，而且在实物量上，必须比消费资料以较快的速度来增长。

一切生产资料的生产，归根结底，都是同消费资料的生产联系着的。生产资料优先增长本身不是目的，“因为生产资料的制造不是为了生产资料本身，而是由于制造消费品的工业部门对生产资料的需要日益增加”。[①]在技术进步的情况下，制造消费品部门对生产资料的需要，不仅在绝对量上增加，而且在与消费资料相比的相对量上增加。最终为制造消费资料而在社会分工各环节上所运用和消耗的生产资料相对增大的必然趋势，归根结底，是由消费资料生产中社会劳动（包括活劳动和物化劳动）消耗的节约和社会劳动生产率提高的客观要求所决定的。

生产资料优先增长原理，一般是从整个国民经济范围，就全部生产资料与消费资料的增长对比来说的。如果分别不同的生产资料来看，那么，上面所说的由消费资料生产中社会劳动节约所要求的生产资料优先增长，是不是对于任何生产资料都是适用的呢？

生产资料可以按照不同的标志来进行不同的划分。为了考察当前的问题，可以把生产资料作如下的分类：

1. 劳动手段（机器设备、厂房、水库等）；

2. 劳动对象：

甲、制造劳动手段的劳动对象（钢铁、建筑材料等）；

乙、劳动手段的发动、运用所需的劳动对象（燃料、动力等）；

丙、制造消费资料的劳动对象（棉花、糖料、油料、制造日用五金的原材料等）[②]。

上述各类生产资料中，对技术进步和提高劳动生产率有决定性意义的是劳动手段，特别是作为“生产的骨骼系统和筋肉系统”的

① 《列宁全集》第4卷，人民出版社1958年版，第143页。

② 这里对生产资料的分类，是按经济用途来划分的。有许多产品可能有不同的用途，应按实际用途划入有关项下。

机器设备等生产工具。技术进步意味着每一劳动者平均技术物资装备水平的提高，首先是劳动手段装备水平的提高。劳动者的劳动手段装备水平的提高，从物质条件上说，乃是社会劳动生产率提高的基本前提和动因。当然，在劳动生产率提高的时候，每一劳动者在同一时间所加工的劳动对象也要增加，但是后者的增加乃是劳动生产率提高的后果表现，而不是其前提动因。在现代科学技术进步条件下，某些新材料、新动力的采用，当然也会给劳动生产率的提高带来深远的影响，但是，一切新材料新动力的制造和应用，仍必须以新的生产设备的大量制造和运用为前提。

在技术进步的扩大再生产中，社会生产所需劳动手段的数量，不仅由于每一劳动者平均技术物资装备水平提高的要求，而比生产劳动者人数增长得更快[①]，而且，前者必然要比消费资料生产增长得更快。这是因为，第一，消费资料生产中社会劳动消耗的节约，不仅要求在消费资料生产部门中，而且要求在与消费资料生产直接间接联系着的一系列生产资料生产部门中，提高劳动者的技术物资装备水平从而提高劳动生产率。第二，随着技术进步和社会分工的纵深发展，直接间接与消费资料生产联系着的一系列生产资料生产部门的链条上，会不断地分化出新的专业化生产环节和部门，这些新生产环节、部门中的劳动者，需要追加的劳动手段来装备。第三，在机器生产代替手工劳动的场合，劳动者技术物资装备水平的提高，通常比劳动生产率提高得更快，这就促使劳动手段的增长，更加快于社会产品的增长[②]，从而也快于消费资料的增长。第四，在机器生产进一步发展提高的场

① 刘光杰：《试论生产资料优先增长的物质基础》，《江汉学报》1963年第3期。

② 如以K代表劳动手段量，N代表劳动者人数，P代表社会产品量，$\frac{K}{N}$代表劳动者的技术装备水平，$\frac{P}{N}$代表劳动生产率。那么，当$\frac{K}{N}$比$\frac{P}{N}$增长得更快时，K一定比P增长得更快。

合，虽然劳动手段的利用量与产品产量相比，可能得到节约，但是，随着新技术的不断出现和劳动手段无形损耗的加速，设备提前更新的规模会越来越大，这也对劳动手段提出日益增大的需要；加上前面所述的原因，所以，劳动手段比消费资料优先增长的趋势，仍然要继续下去。

既然在技术进步的扩大再生产中，劳动手段必须比消费资料更快地增长，那么，与劳动手段本身的制造、发动和运用直接有关的劳动对象（前述2甲、2乙类），也必须随着劳动手段而比消费资料优先增长。当然，在技术进步和劳动生产率提高过程中，制造劳动手段所用的劳动对象（例如制造机器用的钢材，建造厂房用的建筑材料），以及劳动手段本身的发动和运用所需的燃料、动力等，会得到节约，从而这些劳动对象的增长速度，可以低于劳动手段的增长速度。可是，由于在国民经济技术改造过程中，劳动手段的增长速度通常都以很大幅度超过消费资料的增长速度，所以，这些与劳动手段的制造和运用直接有关的劳动对象比消费资料优先增长的必然趋势，一般也不会因为这些劳动对象在生产过程中的节约而改变。

上述三类生产资料（1，劳动手段；2甲，制造劳动手段的劳动对象；2乙，与劳动手段的发动、运用有关的燃料动力等）比消费资料增长得更快的趋势，从各国工业发展的资料中是可以普遍看到的。例如，苏联从1950年到1959年，工业消费资料增长了147%，而劳动工具则增长了312%，大大超过消费资料的增长速度；至于与劳动手段本身的制造、发动、运用直接有关的劳动对象，则平均增长了169%，虽然低于劳动工具的增长速度，但仍超过消费资料的增长速度[①]。拿我国的情况来看，从1949年到1958年，工业消费资料增长了425.4%，而劳动工具如金属切削

① 《1960年苏联国民经济统计汇编》，苏联国家统计出版社1961年版，第221、224页。消费资料的增长速度是推算数。“与劳动手段的制造、运用等有关的劳动对象”，在原资料中“为第Ⅰ部类的劳动对象”，口径略有不同，但出入不大，因为基本上都是重工业生产的劳动对象。

机床增长了30.6倍，动力机械增长了约二百倍，等等，均大大超过消费资料的增长速度。属于与劳动手段本身的制造、发动和运用直接有关的劳动对象，如钢增长约50倍，水泥增长约13倍，原煤增长7.3倍，发电量增长5.4倍，等等。这些劳动对象的增长速度虽然低于生产工具的增长速度，但也都高于消费资料的增长速度[①]。

还有一类生产资料，即前述2丙项所列制造消费资料的劳动对象，则与上述三类生产资料的情况，有所不同。这类制造消费资料的劳动对象的增长动态，不像2甲、2乙两类劳动对象那样，随着劳动手段的增长动态而变化，而是直接同消费资料的增长动态联系着的。例如，棉花的增长，就是同棉纺织产品的增长直接联系着的。在技术进步条件下，由于工艺过程的改进，原材料的节约等，生产每一单位消费品所消耗的劳动对象量，一般总是趋于降低，因而这一类劳动对象的增长速度，一般也比其制成品的消费资料的增长速度为低[②]。只是在新材料扩大利用的场合（例如纺织工业中化学纤维扩大利用的场合），某些新材料的增长速度会超过消费资料的增长。但是，即使在这种场合，如果我们把新材料的增长动态同直接用它们来制造的那一部分消费资料的增长动态进行对比，也会看到后者往往比前者增长得较快。因为，在消耗定额的节约上，新材料往往比老材料有着更大的节约潜力。

制造消费资料的劳动对象，从最初原料的取得到最终消费品的制成，往往也要经过若干加工阶段（如棉花种植—清棉—纺纱—织布—印染—缝纫），其中每个阶段，还会包含若干生产环

① 《伟大的十年》，人民出版社1959年版，第77、88页。

② 在这里，我们假定消费资料扩大再生产的速度为一定。如果消费资料增长速度提高，则制造消费资料的劳动对象也要优先增长；但这是同技术进步无直接关系的另一个层次的问题，这里不去讨论。

节，并且，随着技术的发展，还会分化出新的专业环节来。这种社会分工的细化和加工环节的增多，难道不会对生产资料引起追加的需要吗？当然是会的。不过，制造消费品的原材料加工环节增多所引起的对生产资料的追加需要，主要是对劳动手段（如加工设备等）的追加需要，以及对与追加劳动手段的制造、运用等有关的劳动对象的派生追加需要（如制造设备的材料等），而不是对制造消费品的原材料本身的追加需要。在消费资料增长速度为一定时，制造消费品的原材料加工环节的增加，不但不会引起对最初原料的追加需要，而且由于技术进步和社会分工细化所带来的物化劳动节约的影响，还会使对最初原料的需要相应缩减，从而使制造消费资料的劳动对象的增长速度，可以低于其最终制成品消费资料的增长速度。

有些同志没有注意到制造消费资料的劳动对象同制造劳动手段等劳动对象的区别，笼统地认为在技术进步的扩大再生产中，一切劳动对象都比消费资料增长得更快。最主要的论据是：劳动生产率的增长，表现为每一劳动者在同一时间所加工的劳动对象数量的增加，因而随着劳动生产率的提高，所需劳动对象数额越来越大。①可是，应该看到，劳动生产率的增长，还表现为每一劳动者在同一时间所生产的产品产量的增加。在原材料节约的情况下，每一劳动者在同一时间所生产的产品产量的增加程度，会

① 刘光杰同志说："随着技术的进步和劳动生产率的不断提高，生产中所用劳动资料的增长速度会大于劳动者人数的增长速度（这反映出劳动者技术装备程度的提高），劳动对象的增长速度也会大于劳动者人数的增长速度（这反映出每一劳动者所加工的劳动对象的增多，反映劳动生产率的提高），而生产资料生产的增长速度又必然大于生产中所用劳动资料的增长速度。这样，在整个社会生产高速度增长的同时，生产资料生产的增长就必须快于消费资料生产的增长。"（"试论生产资料优先增长的物质基础"，载《江汉学报》1963年第3期，第13页。）从这段话中，可以看出，刘光杰同志也是笼统地认为，在技术进步的扩大再生产中，一切劳动对象都是比消费资料增长得更快的。

比他所加工的劳动对象量增加程度更大。这就不可避免地使劳动对象的增长速度，低于由劳动对象制成的产品的增长速度。当然，这个结论，对于制造劳动手段的劳动对象来说，和对于制造消费品的劳动对象来说，是同样适用的。不同的是，前一类劳动对象的增长动态，是同劳动手段的增长动态直接联系着的；而后一类劳动对象的增长动态，则是同消费资料的增长动态直接联系着的。如前所述，前一类劳动对象的增长速度，在原材料节约情况下虽然会低于其制成品劳动手段的增长速度，但仍可以随着劳动手段的动态而高于消费资料的增长速度。可是，制造消费资料的劳动对象的情况却不是这样，由于它们的动态是与其制成品消费资料动态直接联系着的，所以，在原材料节约的情况下，它们的增长速度就会直接低于其制成品消费资料的增长速度。

制造消费资料的劳动对象的增长速度，低于其制成品消费资料增长速度的趋势，同样也是可以从许多实际资料中得到证明的。例如，苏联从1950年到1959年，工业消费资料增长了147%，而工业为制造消费资料提供的劳动对象则只增长了133%[①]。考虑到工业消费资料所用原材料中，由工业本身提供的部分所占比重有逐渐提高的趋势，可以得出结论：从1950年到1959年，苏联农业向消费品工业提供的劳动对象的增长速度，不会高于上述工业自己提供的劳动对象的增长速度（133%），而只会比这一速度更低。如果把几种主要农产原料的增长动态同相应的工业消费资料增长动态加以对比，也可以直接看到：后者比前者是增长得更快的。

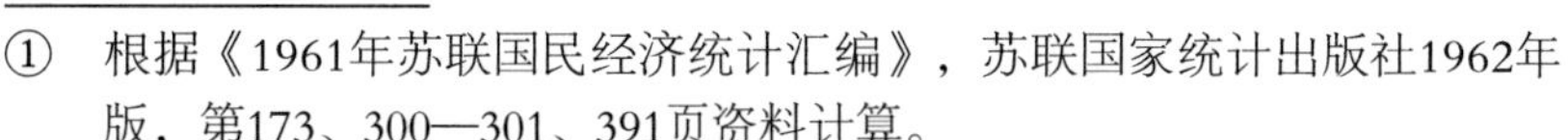

① 根据《1961年苏联国民经济统计汇编》，苏联国家统计出版社1962年版，第173、300—301、391页资料计算。

苏联几种主要农产原料与相应的消费品工业产值增长速度对比[①]

（1961年为1940年的%）

农产原料增长速度	相应消费品工业增长速度
籽棉　201	棉纺织业　210
羊毛　227	毛纺织业　470
甜菜　282	制糖工业　370
生肉[②]208	肉品工业　350

我国工业统计的公布资料中，没有关于制造消费资料的劳动对象的综合数字。但是若干种主要农产原料同相应的消费品加工工业的动态对比，可以从有关资料中得出。第一个五年计划时期这种对比关系如下：

我国第一个五年计划时期若干主要农产原料和相应工业消费品增长速度对比[③]

农产原料增长速度		工业消费品增长速度		
品名	1957年为1952年的%	品名	1957年为1952年的%	1957/1958年为1952/1953年的%
棉花	125.8	棉布	131.9	126.1
烤烟	115.5	卷烟	168.2	148.4
甘蔗	146.0	糖	191.6	161.9
油菜籽	95.2	食用植物油	111.9	117.9
花生	111.0			
大豆	105.5			

上表中，除了列出1952年到1957年两类产品增长速度的对比外，考虑到农产原料的工业加工有跨年度的情况，我们又对有关工业消费品分别计算了1957/1958年平均产量对1952/1953年平均产量的增长速度，来与从1952年到1957年相应农产原料的增长速度进行对比。这两种对比都表明了：农产原料增长速度，都低于

① 屠宰重量，包括牲畜增重。

② 《1960年苏联国民经济统计汇编》，苏联国家统计出版社1961年版，第221、224页。

③ 根据《伟大的十年》，人民出版社1959年版，第88、89、106、109页资料。消费品工业1957/1958年比1952/1953年的增长指数是推算数。

相应的工业消费品增长速度。当然，影响这两类产品增长对比关系的因素是复杂的，除了原材料消耗定额的变化外，还有农产品收购率、原材料储备、进出口贸易等变化因素的影响；但是，原材料消耗定额的降低，无疑是消费品生产比其原材料增长更快的一个重要因素。例如，棉纺织工业在第一个五年计划时期，每件纱的用棉量，就从1952年的198.97公斤降为1957年的193.6公斤，到1958年又降为192.85公斤[①]。这种情况，当然不能不对这一时期中棉纺织工业产品增长速度与其原料棉花增长速度的关系，发生一定的影响。

以上对不同生产资料增长动态和消费资料增长动态对比的分析表明了：在技术进步的扩大再生产中，生产资料比消费资料以较快速度优先增长的趋势，一般只能在劳动手段和与劳动手段本身的制造、运用直接有关的劳动对象方面看到，而不能在制造消费资料的劳动对象方面看到。这就是说，如果我们分别不同的生产资料来考察生产资料优先增长原理的适用范围，那么我们就会看到这个原理所讲的生产资料，是指劳动手段和前述2甲、2乙两类劳动对象，而不是指制造消费资料的劳动对象[②]。

这些指示中列举的生产资料，或者是劳动手段，或者是与劳动手段本身的制造和运用有关的劳动对象，却不包括制造消费资

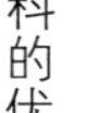

① 《伟大的十年》，人民出版社1959年版，第97页。

② 生产资料优先增长原理是指机器等劳动手段及与劳动手段本身的制造、运用直接有关的劳动对象，而不是指制造消费资料的劳动对象，关于这一点，还可以从列宁的以下指示中得到启示："生产资料增长最快这个规律的全部意义和作用就在于：机器劳动的代替手工劳动（一般指机器工业时代的技术进步）要求加紧发展煤、铁这种真正'制造生产资料的生产资料'生产。……技术愈发展，手工劳动就愈受排挤而为许多愈来愈复杂的机器所代替，就是说，机器和制造机器的必需品在国家全部生产中所占的地位愈来愈大。"（《列宁全集》第1卷，人民出版社1955年版，第88页。着重点是引者加的，下同）"……迅速发展的'生产资料'的主要部分，是由大规模的和专业的机器生产部门的材料、机器、工具、建筑物和其他一切装备组成的。"（《列宁全集》第3卷，人民出版社1959年版，第34页。）

料的劳动对象。

诚然，列宁在演算技术进步条件下的扩大再生产图式时，曾经提到“制造消费资料的生产资料”也比消费资料增长得较快（参见《列宁全集》第1卷，人民出版社1955年版，第71页）。但是这里“制造消费资料的生产资料”没有划分为劳动手段和劳动对象。我认为，如果作这种划分，那么，比消费资料增长得较快的“制造消费资料的生产资料”，应当理解为劳动手段，而不是指劳动对象。

大家知道，为国民经济提供现代化劳动手段的生产部门，主要是制造生产设备的重工业部门和生产性建筑事业（包括工、矿、交通等部门中的建筑安装工程，农业中农田水利建设工程等）；而劳动手段本身的制造、发动和运用所需的劳动对象，包括金属和非金属的原材料、建筑材料、燃料、动力等，则几乎全部是由有关重工业部门提供的。所以，以劳动手段和与之有关的劳动对象（2甲、2乙）为内容的生产资料优先增长，主要应当是指重工业和生产性建设事业所创造的生产资料的优先增长，而不能泛指任何生产资料都比消费资料优先增长。以农业为中心的国民经济现代化技术改造的任务，也只能依靠重工业和生产性建设事业（包括农田水利建设事业）所创造的生产资料来解决，而不能靠其他部门为制造消费品所提供的劳动对象来解决。

农业生产的生产资料，主要是为消费品工业提供的原料，即制造消费资料的劳动对象。如上所述，在技术进步的扩大再生产中，这类劳动对象的增长速度不一定高于其制成品消费资料的增长速度，而往往低于后者。这样看来，生产资料优先增长原理对农业生产的生产资料来说，基本上是不适用的；所以，那种认为生产资料优先增长直接包括农产生产资料在内的意见，未必是确切的。

主张生产资料优先增长原理适用于农产生产资料的同志，

对于上文的议论，可能会提出这样的反驳：难道农业生产的生产资料，对农业和国民经济的发展，没有重要意义吗？难道在农业内部，农产原料的增长速度，不是比农产直接消费资料的增长速度，有较快的趋势吗？

我们说生产资料优先增长原理不适用于农产的生产资料，丝毫也不意味着农产生产资料是不重要的；也不是说，农产原料不会比农产直接消费资料增长得更快。但所有这些，都不是生产资料优先增长原理范围以内的事情，不能用这个原理来说明；而是农业是国民经济的基础原理范围以内的事情，应当用农业是基础的原理来说明。

下面先说一下农产生产资料的重要意义，然后再分析农业内部两类产品增长速度的对比关系问题。

众所周知，农业不仅生产食品等直接可供个人消费的生活资料，而且在农产品总额中，有相当大的部分，是为农业自己和为工业提供的生产资料①。为农业自己提供的生产资料，是农业再生产的先决条件。无论农业生产技术水平如何之高，如果没有农业本身提供的种子、饲料等生产资料，农业的再生产根本不可能进行，更无从谈其作为国民经济基础的作用了。在我国目前农业生产技术水平较低，还处在以手工劳动为主的条件下，农业生产中的物质消耗，绝大部分要靠本部门来补偿。因此，为了加速农业的发展，在物质条件上，除了要及时调整重工业和生产性建设事业的构成，把工业和国民经济其他部门的发展转移到为农业服务的轨道上来，以便在农业生产的物质消耗中逐渐增加现代化技术物资消耗的比重外，同时还必须积极利用农业内部再生产的物

① 据苏联国家统计局编制的1959年部门联系平衡表的资料，农产品中直接供个人消费部分只占36%，而补偿生产消耗的生产资料则占62.7%，其中为工业提供的生产资料占农产品总额的39.6%，大于农产直接消费资料的比重。参见艾德里曼：《苏联国民经济产品生产和分配的部门际报告平衡表的编制经验》，《统计通报》1961年第7期。

质潜力，其中包括农业自己提供的力畜、农家肥料、种子、饲料等生产资料数量的增加和质量的提高。

至于农业为消费品工业提供原料的重要意义，也是十分明显的。没有充裕的农产原料，消费品工业的发展从而市场供应就会受到阻碍，以致影响整个工业和国民经济的发展。这是农业的基础作用的一个重要表现方面。就我国情况来看，近年来以制造消费品为主的轻工业所用原材料中，以农副产品为原料的占70%左右[①]。因此，农产原料的生产和供应状况如何，对轻工业、市场，以及对整个国民经济的状况关系甚大。当然，随着工业生产水平的提高，轻工业原料中由工业自己提供的比重将有逐渐增长的趋势[②]；但是在相当长时期内，农产原料将仍然是制造消费资料（特别是食品和服装）的主要劳动对象。随着国民经济的发展和人民生活的改善，轻工业所需农产原料的绝对量也将不断扩大。所以，在首先保证粮食生产增长的同时，必须大力发展棉花、油料等经济作物和羊毛、皮革等畜产品以及其他农产原料的生产，以保证消费品工业日益增长的需要[③]。

上述农业生产资料对国民经济发展的重要意义，在不涉及与消费资料增长速度对比关系的限度内，显然是无须援引生产资料优先增长原理来说明的。实际上，农产原料作为农业向国民经济提供的、超越于农业内部需要的剩余产品的一个重要组成部分，其对国民经济发展的促进和制约作用，已经包含在农业的基础作用意义之内。至于农业自用生产资料，虽然本身不构成农业向国民经济提供的剩余产品的组成部分，然而却是这些剩余产品得以

① 《轻工业原料和农业》，《人民日报》1963年3月6日第二版。

② 例如，上海轻工业原料中，金属和化工原料在全部用料中所占比重，1957年为32%，1962年已上升到60%左右。（载《人民日报》1962年8月31日第一版。）

③ 此外，农业还为生产资料工业提供原料，如工业用纸、包装绳索的原料等，此处暂不讨论。

产出的必不可缺的前提条件，因而它们对国民经济发展的重要意义，也是同农业作为基础作用的重要意义分不开的。

随着工农业生产水平和人民生活水平的提高，不仅消费品工业所需农产原料的绝对量要不断增长，而且由于后面将要述及的原因，农产品中需经工业加工才进入个人消费部分的比重会逐渐提高，而直接供个人消费部分的比重会逐渐降低。这就是说，农产原料的增长速度会有大于农产直接消费资料增长速度的趋势。这种趋势，在我国国民经济恢复时期和第一个五年计划时期，就已经有所显露。如以1949年为100，则1952年和1957年粮食生产指数分别为142.8与171.1；而棉花生产指数则分别达到293.4与369.0[①]。如以较长时期的苏联资料来看，则这种趋势更为明显。

苏联粮食与几种经济作物生产增长速度[②]

	1940年为1913年的%	1961年为1940年的%
粮食	111	144
棉花	316	202
植物油料	322	165
甜菜	159	282

农产原料比农产直接消费资料更快增长的趋势，单纯地从农业内部两类产品增长速度对比关系来看，未尝不可以说也是生产资料优先增长。但是，农业内部的这种生产资料优先增长，与生产资料优先增长原理所揭示的含义，是完全不同的。如前所

① 《伟大的十年》，人民出版社1959年版，第106页。这里和下面我们以粮食代表农产的直接生活资料，以棉花和其他经济作物等代表农产原料。可是应当注意，粮食除了由农民自己加工消费的部分外，有越来越大部分的原粮要经过工业部门的加工才进入个人消费；而棉花和其他经济作物等也有一个比重逐渐缩小的部分，不经工业部门的加工而由农民自用。这种情况并不改变文中所述趋势。

② 根据《1961年苏联国民经济统计汇编》，苏联国家统计出版社1962年版，第300—301页资料计算。

述，这一原理所揭示的生产资料比消费资料更快增长的必要性，最终是由消费资料生产的社会劳动节约和劳动生产率提高的要求所引起的，这种更快增长，最终是为了满足技术进步的扩大再生产中，消费资料生产对现代化技术物资装备日益扩大的需要。然而，在农产原料同农产直接消费资料之间，我们却看不到这种联系。显然不可以说，棉花、油料等经济作物和其他农产原料比粮食等直接消费资料的更快增长，乃是由于粮食等直接消费资料生产的劳动节约和劳动生产率提高的要求所引起的；同样，显然不可以说，上述农产原料的优先增长，乃是为了满足技术进步的农业扩大再生产中，直接消费资料的生产对现代化技术物资装备日益增长的需要。

由此可见，农产原料比农产消费资料以较快速度增长的趋势，是不能用生产资料优先增长的原理来说明的。这就是说，农业内部的生产资料优先增长，不应同以国民经济为范围的生产资料优先增长原理混为一谈。后者所讲的生产资料，是指重工业和生产性建设事业所创造的劳动手段和有关劳动对象来说的，而不包括农业生产的生产资料。那么，应当怎样理解农业内部生产结构的上述变化趋势呢？我认为，这种情况，同农业的基础作用，可能有更为直接的关系。

我们知道，农业之所以成为国民经济的基础，有两个根本前提，一是超越于劳动者个人需要的农业劳动生产率，这种劳动生产率使农业能够为国民经济提供剩余产品；二是农业劳动的具体属性在于生产粮食、其他食品，以及基本生活资料的原料，这种属性使农业劳动得以构成为社会总劳动中最基本的必要劳动，使农业提供的剩余产品构成为社会其他活动领域劳动者生活必需的最基本的产品。

在农业劳动所提供的剩余产品中，作为直接生活资料的粮食和其他食物（包括畜牧、捕鱼、狩猎、采集劳动得到的食物[①]），又是最基本的。粮食等食物生产中超越于劳动者个人需要的农业劳动生产率和剩余产品的出现和增长，不仅是工业和国民经济其他部门得以存在和发展的基础，而且也是农业内部原料生产得以从直接生活资料生产分化出来和进一步发展的基础。关于这一点，马克思作过十分重要的指示，他说："因为食物资料的生产，是直接生产者的生存和一切生产一般的最先决的条件，所以使用在这种生产上的劳动，经济学上最广义的农业劳动（包括畜牧、捕鱼、狩猎、采集在内的一切生产食物的农业劳动。——引者注），必须是充分丰沃的，使全部可以利用的劳动时间不致在直接生产者的食物资料的生产上被吸去；那就是，使农业剩余劳动，从而农业剩余产品成为可能的。更加推广来说，就是社会一部分人的全部农业劳动——必要劳动和剩余劳动——已经够为全社会，那就是，也够为那些不从事农业的劳动者生产必要的食物资料；以致农业劳动者与工业劳动者间的大分工是可能的；并且生产食物的农业劳动者与生产原料的农业劳动者间的大分工是可能的。"[②]

既然作为直接生活资料的食物生产中的农业剩余劳动和剩余产品，不仅是工业和农业间大分工的基础，而且是农业内部原料生产与直接生活资料生产间大分工的基础，那么从这里必然得出

① "农业劳动（这里包含有单纯采集、狩猎、捕鱼、畜牧的劳动），这种自然发生的生产率，是一切剩余劳动的基础；并且，一切劳动，首先原来也是把食物的占有和生产作为目的。……"（《资本论》第3卷，人民出版社1953年版，第826页。重点是引者加的。）

② 马克思：《资本论》第3卷，人民出版社1953年版，第829—830页，引文根据俄文本1951年版第647—648页略作改译。引文中的"食物""食物资料"，在中译本中原译为"生活资料"，系误译。着重点是引者加的。对该段文字中所说"经济学上最广义的农业劳动"，我国经济学界有不同的理解。个人认为，马克思在这里说的是指包括畜牧、渔业、狩猎、采集等在内的广义的农业劳动，是与只包括种植业的狭义农业劳动相对峙的概念。

结论：食物等直接生活资料生产中农业劳动生产率愈高，其所提供的剩余产品愈多，则不仅在社会总劳动中从事非农业劳动的比重可以愈大，而且在农业总劳动中，用于原料生产的剩余劳动所占比重，也可以愈大；这就是说，在农产品（包括农业的必要产品和农业剩余产品）构成中，原料所占比重也可以愈大。所以，农业作为基础作用的加强，特别是食品等直接生活资料生产中农业劳动生产率的提高和剩余产品量的扩大，就为农业内部原料生产比直接消费资料以较快速度增长，提供了客观的可能。

另一方面，农业作为基础作用的加强，又使农业内部原料生产的优先增长，成为客观的必要。这是因为，在社会主义制度下，农业作为基础作用的增强，必然促进国民经济的迅速增长和人民生活水平的逐步提高，而人民生活水平的提高，又必然会导致消费结构的改变：在逐渐增长的消费需求总额中，对粮食和其他未经工业加工的基本食品的需求比重将会下降，而对工业加工的食品、衣着和其他用品的需求则将提高。为了适应消费需求的上述变化，农业为国民经济提供的剩余产品从而全部农产品的构成，必须相应改变，即农产原料的比重要提高，而农产食物等直接消费资料的比重则趋于降低。这就要求农产原料的增长速度，从长期来看，必须快于农产直接消费资料的增长速度。在国民经济发展水平和人民消费水平不断增长的情况下，如果农业内部的生产构成和向国民经济提供的剩余产品的构成不作上述改变，如果农产原料不比农产食品等直接消费资料以较快速度优先增长，那么，农业就不能适应国民经济和人民生活日益增长着和变化着的需要，从而不利于工业和整个国民经济的发展，就是说，农业就不能进一步充分发挥其作为国民经济基础的作用。

这样看来，农业内部原料生产优先增长的趋势，一方面是农业作为基础作用增强的结果，另一方面又是这种基础作用增强的要求。由此可以得出结论：农产原料比农产直接消费资料优先增长的趋势，乃是农业是国民经济的基础这一规律的作用在农业内部生产构成变化上的一种表现。

农业内部原料生产的优先增长，同生产资料优先增长原理所揭示的劳动手段和有关劳动对象的优先增长之间，存在着密切的关系。概括来说，这种关系表现在以下两方面。第一，农业内部原料生产的优先增长，要以粮食等直接消费资料生产中劳动生产率的提高为前提条件，并且，原料生产本身的劳动生产率也要提高，以保证农产原料在实物量上迅速增长。而农业劳动生产率的提高的根本物质前提，是对农业生产各部门进行现代化的技术改造；这就要求为农业提供现代化技术装备和其他物质资料的生产部门优先增长。第二，在首先保证粮食等农产直接生活资料增长的前提下，农产原料在农业内部的优先增长，可以通过农业剩余产品构成的改变，使农业的发展适应国民经济和人民生活对农产品的不断增长和变化的需要，从而更好地发挥其基础的作用，这样也就为制造现代化劳动手段和其他有关生产资料的重工业和生产性建设事业的优先增长，创造了更有利的条件。

总之，在农业内部原料生产优先增长问题的认识上，我们既不应把农业是基础规律的作用同生产资料优先增长规律的作用混为一谈，也不应当忽视两者的密切联系。正确理解国民经济范围内生产资料优先增长规律的作用同农业内部生产资料优先增长的不同含义，并且弄清二者间的相互关系，这对于在国民经济综合平衡工作中贯彻以农业为基础、以工业为主导的总方针，是十分必要的。

试论固定资产无形损耗的补偿和折旧的关系*

（1963年9月）

在社会主义制度下，技术进步会不会使原有固定资产发生无形损耗？经过经济学界多年的讨论，这个问题可以说基本上已经得到了肯定的解决。但是，无形损耗是不是像有形损耗那样，要从折旧费中取得补偿，还是一个众说纷纭的问题。

我们认为，关于无形损耗是否要从折旧费中取得补偿的问题，应当根据各种无形损耗的不同性质，分别解决。大家知道，有两种无形损耗：第一种无形损耗是劳动手段的结构和性能不变，但它的再生产费用降低了，从而使原有劳动手段发生相应的贬值；第二种无形损耗是由于新的、具有更高生产效能的劳动手段的出现和推广，使原有劳动手段的价值，随着它的使用效能的相对减少而相应贬低，或者使它在经济上成为完全陈旧过时的，不得不提前报废，代之以新的效能更高的劳动手段。把这两种无形损耗合起来看，在技术进步过程中，原有固定资产遭受的无形损耗，或者表现为价值的贬低（两种无形损耗都有此表现），或者表现为使用期限缩短时残余价值的丧失（主要是第二种无形损耗有此情况）。固定资产无形损耗的这两类表现，具有完全不同的经济性质，它们的补偿问题，也不能按同一方式来解决。

* 原载《经济研究》1963年第9期，与梁文森合写。

先看固定资产原值贬损的补偿问题。

明确地提出固定资产原值的贬损，要由折旧费来补偿的意见，在我国经济学界出版的论著中，虽不多见，但是实际上持这种见解的同志是不少的。他们主张，在提取折旧费时，应当按固定资产的原始价值，而不按重置价值来计算。因为，“原始价值既包括着有形损耗的价值，也包括着无形损耗的价值”[①]；如果按贬低了的重置价值来提取折旧，那么，“所形成的损失（完全原始价值与重置价值之差）将无法得到合理的补偿”。[②]

主张按原始价值提取折旧、以补偿贬值损失的同志们所提论据中，最重要的论据是：折旧基金的使命，是保证原投入固定资产的资金价值量的简单再生产；他们确认，在社会主义制度下，固定资产简单再生产和扩大再生产的界限，应当从原投资金的价值量来看，而不应当从劳动手段的使用价值量或实物量来看。有这么一种说法：所谓简单再生产就是固定资金每经一次循环，仅仅按照原有的价值量得到补偿，所谓扩大再生产就是资金每经一次循环，不仅原有的价值量得到了补偿，而且增加了资金的价值量。所以，为了保证固定资产的简单再生产，折旧费就必须依据它的原始价值来计提，使原投资金的价值量得到补偿。在技术进步、固定资产发生贬值的情况下，如果不按原始价值，而按重置价值来提取折旧，那么，原投资金的价值量就不能全部收回，企业的法定基金就会不断减少，社会垫支的物化劳动和过去积累的国民财富就会蒙受损失，发生“老本销蚀”的现象。为了免除这种损失，他们认为原始价值与重置价值的差额，应当从提取的折旧费中取得补偿。

① 张维达：《关于生产用固定资产折旧指标的计算方法》，《经济研究》1956年第3期，第102页。

② 常胜、王恩荣：《略论工业企业中固定资产及其折旧》，《经济研究》1956年第5期，第72页。

问题在于：在社会主义制度下，能不能以原投资金价值量的补偿，作为固定资产简单再生产的尺度？

在资本主义社会，简单再生产和扩大再生产的界限，以及扩大再生产的程度，的确是以资本的价值量来衡量的。资本主义生产的目的是资本价值的增值。资本家的垫支资本每经一次周转，是否得到了补偿和扩大，并不依资本所体现的实际生产规模来判断，而要以垫支资本价值量的变化来判断。当固定资本的实物要素因技术进步而发生贬值时，如果资本家不能从产品价格中取回丧失的固定资本的价值，那么就会发生资本亏蚀，甚至企业破产倒闭的情况①。为了避免这种损失，资本家总是通过延长工时，增加劳动强度，加速固定资本周转的办法，一方面尽可能地捞回原垫支资本的价值，另一方面同时从劳动者那里榨取更多的剩余价值，来补偿垫支资本贬值的损失。固定资本发生了贬值的企业主，能不能按照个别价值来销售他的产品，从产品销价中收回固定资本原值与新值之间的全部差额呢？在垄断前的自由竞争时代，资本家要这样做是不可能的，因为转移到产品中的固定资产磨损价值和产品价格，并不决定于个别资本家要补偿全部垫支资本价值和取得剩余价值的愿望，而决定于劳动手段和产品再生产的社会必要劳动的平均水平。竞争会迫使资本家把自己产品的价格和所提的折旧降到这一水平上。在垄断资本主义时代，垄断资本家和集团有可能把产品价格维持在高于价值的水平上，从中提取超过社会平均必要水平的折旧费，把固定资本的贬值损失转嫁到广大劳动人民和其他中小资本家身上，并借此攫取超额利润。

---

① 马克思指出，当机器等劳动手段的再生产价值降落时，“大企业往往要在第一个所有者破产以后，转到第二个所有者手里才繁荣起来……这第二个人便宜地把它购买进来，所以，一开始就能以较少的资本支出，来开始他的生产。”（见《资本论》第3卷，人民出版社1953年版，第117—118页。）

在社会主义制度下，社会生产的目的根本不同于资本主义生产，它不是为了资金价值的增值，而是为了创造更多的物质产品，来满足日益增长的社会需要。在这种情况下，简单再生产和扩大再生产的界限，以及扩大再生产的程度，就不能从价值量上来看了，而应当从使用价值量和体现使用价值量的实物量来看。这个论断，对于社会产品再生产规模的衡量来说，是十分明显的。假定按不变价格计算的社会产品实物量增长了10%，并假定这个增长完全是由劳动生产率的提高而获得的，投入生产的劳动量并没有增加，或者可能还有些减少。这就是说，从价值量上看，社会产品不是增加了，而是不变或者减少了。在这种情况下，社会生产规模到底是扩大了呢？还是缩小了呢？从社会主义生产目的的实现来说，答案只能有一个：就是扩大再生产，而不是简单再生产或缩小的再生产。

同样，在社会主义制度下，固定资产简单再生产与扩大再生产的界限，也不能从原投资金价值量上看，而应当从固定资产的使用价值即生产能力来看，这种使用价值，是由固定资产的实物要素即劳动手段的数量和技术质量来决定的。不论从社会范围来说，或者从企业范围来说，固定资产每经一次周转，是否得到了补偿和扩大，只能依它的原有生产能力是否得到了维持和增大来判断，而不能依资金价值量的变化来判断。假定按不变价格计算的固定资产生产能力[①]，因劳动手段的实物数量增加和技术质量提高而有了扩大，但投入固定资产的资金价值量，却因社会劳动生产率提高而发生贬值，有所减少，在这种情况下，能不能说企业和社会的固定资产规模缩小了呢？不能。事实上，从满足社会

① 关于固定资产使用价值动态的计量，是一个十分复杂的问题。按不变价格计算的固定资产总额，只能用来一般地反映它的实物量的动态，而不能用来精确地表现它的生产能力的动态。关于这个问题，参见本文在《社会主义再生产问题》（生活·读书·新知三联书店1980年版）中的有关内容。

生产需要的角度来看，社会拥有的固定资产的实际规模，不但没有缩小，而是比以前更大了。

必须指出，固定资产因技术进步而丧失的价值，对于社会主义企业和对于社会，都不构成任何实际的损失，因而在这里根本不可能因资金贬值而发生企业破产倒闭的现象。正好相反，这种贬值却反映着社会主义社会从社会劳动生产率提高当中，获得了使社会需要得到进一步满足的潜力。这对于两种无形损耗的贬值，都是适用的。

在第一种无形损耗的情况下，由于新生产的劳动手段的结构和效能如旧，原有劳动手段除了账面价值降低外，它在经济上的使用效能不受任何影响，可以在其物理性能容许的限度内，继续使用，每年为国民经济提供同量的物质产品。当原有劳动手段报废更新时，企业还可以用较低的费用，购置效能相同的劳动手段，保持原有固定资产的生产能力。社会主义社会不但不因此遭受任何物质上的损失和财富的实际减少，而且还由于制造劳动手段部门中劳动生产率的提高，节约出大量社会劳动，为社会创造更多的物质财富。

在第二种无形损耗下，原有劳动手段的使用效能，与新的效能更高的劳动手段相比，是相对地降低了。但是它的绝对的使用效能，即生产产品的能力，在它还不可能以新的劳动手段来提前替换，而必须继续使用的时候，却也是不受影响的。企业的生产能力和社会的物质财富，都不会因这种劳动手段的贬值而变少。事实上，继续使用中的旧型劳动手段所遭受的这种贬值，不仅反映着新型劳动手段的制造部门中劳动生产率的提高，而且反映着新型劳动手段的使用单位中劳动生产率的提高，由此节约出来的社会劳动，也是发展社会生产的一个重要潜力。

既然固定资产因技术进步而发生的贬值，在原有劳动手段尚有可能和必须继续使用的限度内，并不伴随着生产能力的减少和社会财富的丧失，那么，显然这些贬值是没有从折旧费中补偿的必要的。大家知道，折旧费所补偿的价值，只能是固定资产实际转移到产品中的价值。而固定资产的价值，又只能随着它的使用价值的丧失，而转移到产品中去[①]。如上所述，固定资产的贬值损失，并不伴随着它的使用价值的丧失，因而这样贬损的价值，并不能够转移到产品中去，从折旧取得补偿。转移到产品中去的劳动手段的价值，只能是其再生产价值，而不能是原来的生产价值[②]。如果按原始价值来计提折旧，以折旧提成来补偿固定资产的贬值损失，那无非是把实际上并未转入产品的价值，人为地通过折旧额的虚涨，包括到产品销价中去，从而歪曲产品价值形成的实际情况。这无论对于企业经济核算，还是对于国民经济的综合平衡核算来说，都会发生不良的影响。

根据以上的分析，我们认为，固定资产因技术进步而发生的贬值，不应由折旧费来补偿。在提取折旧费的时候，不应当按固定资产的原始价值，而应当按再生产价值或重置价值来计算。以重置价值作为计价依据来提取的折旧基金，在固定资产折旧年限和折旧率的确定也是基本正确的条件下，可以保证原有生产能力的简单再生产所需资金，这是符合社会主义制度下，折旧基金应保证以使用价值为标准的固定资产简单再生产的使命的。

① “撇开无形磨损不说，磨损就是固定资本由于其使用，依它丧失使用价值的平均程度，而逐渐转移到产品上去的价值部分。”这段引文中的“无形磨损”，从引文前的叙述来看，是指固定资本的贬值，而不是指提前报废的损失来说的。（见《资本论》第2卷，人民出版社1953年版，第193页。据俄文本改译。）

② “和原料的价值一样，已经在生产过程中使用的劳动手段、机器等的价值，也可以变化，从而，由劳动手段移转到生产物去的价值部分，也可以变化。假设因有一种新发明，同种机器已经可以由较少的劳动支出再生产出来，旧机器的价值就多少要减低，从而，移转到生产物去的价值，也要依比例减少。”（见《资本论》第1卷，人民出版社1953年版，第234页。）

应当承认，严格地按照劳动手段的再生产价值来提取折旧，在实际工作中是有困难的，因为技术进步和劳动生产率的提高是一个不间断的过程，劳动手段的价值经常发生变化，而对原有固定资产则不可能不断地进行重估价；即使一年一次的全面重估价，工作量和费用也是很可观的。但是这种情况，不能成为反对折旧费在原则上应当根据重置价值来计算和提取的理由，正如同产品价格难以根据价值的变化，来进行经常的全面的调整这一实际困难，不能成为反对价格在原则上要依据价值来规定的理由，是一样的。应该注意，固定资产的各个构成部分所承受技术进步影响的程度，是不等的，例如某些劳动工具所承受的技术进步的影响程度大些，某些建筑物则影响程度小些。我们可以根据各类劳动手段所承受技术进步的快慢，分期分批地进行重新估价。这样，每次重新估价所涉及的固定资产，就可以限制在一定范围之内；而每经一定时期，固定资产的账面价值就可以得到全面调整，接近于实际再生产价值。在计算和提取折旧费时，应当尽量利用近期各次重新估价的资料，使计算的折旧额尽可能地接近理论上的固定资产转移价值。

当然，由于技术的不断进步和劳动手段再生产价值的不断降低，按上述重估价值计算和提取的折旧额，仍然不可避免地会超过理论上的转移价值额；各年提取的折旧的累计总数，也会超过更新时原有生产能力的重置价值。这些差额，可以用之于固定资产生产能力扩大再生产的投资。折旧提成中包含的这一差额，就其经济性质来说，并不属于简单再生产的补偿基金范围，而是来源于积累基金。通过有计划的重新估价的工作，我们可以把计算的折旧费中所包含的，不属于简单再生产补偿基金范围的要素，减少到最低限度，但是不能完全消灭这一要素。所以，计算的折旧基金，不可避免地会包含一小部分扩大再生产的要素，但是这种情况，是不能够用来否认折旧基金从理论上看，主要是为固定资产使用价值的简单再生产服务的[1]。因为计算的方法，并不能改变计算所涉及的事物的实际性质。这是我们在进行固定资产的平衡核算时，在安排固定资产的简单再生产和扩大再生产的关系时，需要注意的一个问题。

现在来看固定资产因提前报废，使用期限缩短而丧失的余值的补偿问题。这个问题，只是在第二种无形损耗下才有的。

发生第二种无形损耗的劳动手段，并不是在任何情况下，都要提前报废，代之以新的效能更高的劳动手段。只有当新技术设备的生产供应状况，经过国民经济综合平衡和经济比较的结果，容许进行这种提前更替时，原有劳动手段才发生提前报废、使用期限缩短的损失。劳动手段由于使用期限缩短而丧失的残余价值，对于社会主义社会是不是实际的损失？它能不能转移到产品中去？是不是应当相应于使用期限的缩短来提高折旧率，从提取的折旧费中补偿这种损失？对于这些问题，我们的答复都是肯定的。

劳动手段提前报废的损失与上节所述价值贬低的损失之间，有着原则性的区别。如前所述，劳动手段价值贬低的损失，在它还有可能和必要继续使用的限度内，并不伴随着它的年使用价值绝对量的任何丧失，并不影响固定资产的实际生产能力，并不带来国民财富的实际减少，因此，这种损失对于社会主义社会并不构成任何实际的损失。可是，与此不同，劳动手段提前报废时残余价值的损失，却是同它的残余使用价值的丧失相伴发生的。在这里我们遇到的情况是固定资产生产能力和国民财富绝对额的减少。这当然不是虚假的、账面上的损失，而是实际的、物质上的

① 这里把当年提取折旧基金总额超过当年更新所需的、可用之于扩大再生产投资的差额，暂予舍象。需要指出，这一差额并不是在任何场合都会出现的。即使考虑这一差额，它在折旧基金总额中所占比重，从整个国民经济来看，也是不大的。

损失。有一种意见，认为固定资产使用期限缩短时发生的损失，是不是实际的损失，完全取决于主观因素：如果把它从折旧费中收回来，就不是实际损失，如果不从折旧中收回来，它就构成实际损失[①]。这是倒果为因的说法。折旧是固定资产损失的一种补偿方式，补偿方式决定于损失的性质，而不是相反，损失的性质取决于补偿方式。提前报废的损失的客观经济性质，即实际财富减少的性质，是不因其补偿方式如何解决，而发生变化的。

有些同志承认提前报废的损失是一种实际的损失，同时他们以此为理由，认为丧失的残余价值，在任何情况下都不能转移到产品中去，故不能从折旧中取得补偿[②]。有些同志甚至拿提前报废的损失来同水、火等意外灾害造成的固定资产损失类比，认为这些损失都与生产过程无关，丧失掉的劳动手段不再能够作用于产品的生产，因而它们的价值不能像有形损耗的价值那样，计入折旧，而应当由“国家基金”等也就是说由国民收入来补偿[③]。

诚然，提前报废掉的劳动手段和意外灾害损毁掉的劳动手段，都意味着生产能力和社会财富的实际减少。可是，这两种实际损失之间，又有着根本的区别。意外灾害的损失，的确与社会生产和再生产过程没有任何关系，它纯然是由非生产的、经济外

① 赵振、王惠：《论工业企业固定资产基本折旧》，《光明日报》1963年7月15日。着重点是引者加的。

② 梁文：《略论社会主义制度下的无形损耗》，载《光明日报》1962年9月24日。该文作者把固定资产的贬值和提前报废的损失都视为“真正的损失”，并说，“在任何情况下……损失了的价值都不会转移到产品中去”。着重点是引者加的。

③ 例如，有一位作者说：“……只有‘物质磨损’应计入成本，无形损耗和灾害引起的损失都不应计入成本。因为后两者完全不是固定资产在生产过程中作用于产品的现象，产品生产与此并无关系。……”灾害引起的固定资产损失，如水、火灾损坏的机器，除了保险基金抵补部分损失外，都是由预算拨款或‘国家基金’来补偿……”（见夏轻舫：“论固定资产无形损耗的核算”，载《财经科学》1958年第3期，第56—57页。着重点是引者加的。）

的原因造成的；这种损失的补偿，只能来自新创造的国民收入，或者来自过去积累的保险基金。但是，由于新技术的出现和推广所引起的原有劳动手段提前更新的损失，却是与社会生产过程直接有关的，这种损失，乃是技术进步条件下社会生产的必要耗费的组成部分。社会为了保证劳动手段在经济上必要的期限内发挥机能，就要在劳动手段上花费一定量的社会必要劳动，其中也包括体现在提前报废的那一部分残余劳动手段上面的必要劳动，即残余价值。

固然，提前报废的那一部分残余劳动手段，就其使用价值来看，不再参加生产过程，作用于产品的生产。这个残余的劳动手段，在它们不能转给其他技术水平更低的生产单位继续使用的场合，只能当作废料来处理。但是劳动手段的残余价值，却仍应在社会必要耗费的限度内，与有形损耗的价值一道，转移到产品中去。这种情况，同棉纺工业中飞花的损失，金属加工业中的铁屑的损失，是类似的。飞花、铁屑等废料损失，虽然不参加产品使用价值的形成，却参加产品价值的形成。马克思曾说，有些生产资料，有时以全部参加价值增值过程，而仅部分地参加劳动过程[①]。对于第二种无形损耗下提前报废的劳动手段来说，也是这样。这种劳动手段，在实际使用期间，以全部价值[②]（包括有形损耗的价值和提前报废的余值），参加产品价值的形成，而提前报废部分的劳动手段，则不参加产品使用价值的生产过程。当然，报废部分劳动手段的余值，只能在社会平均必要的限度内（这决定于技术进步的速度、设备平衡的条件等因素），才以其价值转入产品，这同生产中其他废料的情况也是类似的。至于不合理的提前更新所引起的报废损失，则犹如超定额的废料损失一样，是不能参加产品价值的形成，不能从产品的补偿基金价值部

① 马克思：《资本论》第1卷，第227页。

② 按不同时期的实际再生产价值计算。

分收回的。

大家知道，固定资产的提前更新，只有当提前利用新技术设备所带来的经济效果，超过旧设备提前更新的损失时，才是合理的。有些同志据此认为，旧技术提前报废的损失，可以由新技术提前利用所得到的节约，或由新增国民收入来补偿，而不必通过提高折旧率，从折旧费中补偿[①]。有些同志还主张把提前报废的损失，加到新技术的投资费用中，来计算新技术的投资效果；或者把旧设备余值损失，并到新设备的折旧费中来考虑[②]。

的确，在许多场合，新技术的利用所带来的节约和新增加的国民收入，可以在很短时期内超过旧设备的损失而有余。但是，新技术的投资效果和旧设备提前报废损失的补偿，是两件不同的事情。提前报废的设备余值，是原来设置该项固定资产时的投资的一个组成部分，它应当在这项投资所形成的固定资产的实际使用期限内，通过转移到产品价值上去的折旧提成来补偿，而不应当加到新技术的投资中，从利用新技术所带来的经济效益中取得补偿。尤其不合理的是把旧设备的余值损失，并入新设备的折旧费中，从利用新设备生产的产品价值中收回，因为前者根本不可能参加利用新设备生产的产品价值的形成，不可能转移到这些产品的价值中去。此外，还要指出，把旧设备的余值损失加到新设备价值中，会歪曲新设备的原值，降低新技术的计算效果，并且使新设备在技术进一步发展过程中的重新估值，增加不必要的困难。

---

① 例如，一位作者说："……固定资产虽然可能贬值，也可能因提前更新而遭受所谓损失，但所有这些损失，实际上完全能够从技术进步带给社会的利益（节约社会劳动……）中得到补偿。"（见葛家澍："论社会主义经济中固定资产的无形损耗及其计算问题"，载《厦门大学学报》1957年第2期，第115页。着重点是引者加的。）

② 例如，在钱伯海"固定资产的无形耗损与技术改造"一文中，就主张在提前更新时，"在制定新（设备）折旧率的时候，考虑旧设备的损失，并把它列入折旧费之中……"（载《厦门大学学报》1958年第1期，第69页。）

所以，固定资产由于技术进步而提前报废的损失，只能通过实际使用期间折旧率的提高，从折旧提成中收回。这样提取的折旧，是符合它的保证固定资产使用价值（原有生产能力）简单再生产的使命的。如果在提取折旧费时，所依据的价值是劳动手段的再生产价值，所依据的折旧率是考虑了使用期限缩短的因素，那么，在固定资产实际使用期间提取的折旧基金，就足以在固定资产更新时，抵偿相当于原有生产能力的更新所需资金。应该指出，这样提取的折旧基金，并不等于提前更新时所需的全部资金。因为，新技术设备的生产能力和总值，不可能恰好同被提前替换的旧技术设备的生产能力和总值相等，在一般情况下，前者往往是比后者更大的。新技术设备的投资中，超过旧技术设备原有生产能力部分所需资金，是不应由折旧基金来补偿的，而应出自积累基金。按照折旧基金本身的性质来说，它也不负有满足固定资产更新时全部资金需要的使命，而只负担相当于原有生产能力简单再生产所需资金的补偿。

有些同志也同意固定资产的折旧率，应根据第二种无形损耗下实际使用期限的缩短而提高，以补偿提前更新时的损失。但是他们以为，按照较高的折旧率来提取的折旧基金，“可以使企业有足够的资金采用新技术，实行固定资产更新”。[①]他们不但把折旧基金看成为满足更新所需全部资金的来源，而且还认为企业是否能够提前采用新技术，要看它有没有足够用于满足更新时全部资金需要的折旧基金。上面我们已经说过，以折旧基金来满足固定资产更新时的全部资金需要，这是不完全符合折旧基金作为补偿基金的性质，不完全符合它应当保证固定资产使用价值简单再生产的使命的。事实上，在固定资产更新时，效能更高、总值更大的新技术设备所需投资，是不应当也不能够全部由折旧基金

① 赵振、王惠：《论工业企业固定资产基本折旧》，《光明日报》1963年7月15日。着重点是引者加的。

来支付的。提出上述看法的同志，实际上是模糊了折旧基金的经济性质，把应当由积累基金来解决的一部分更新资金（超过原有生产能力的、属于扩大再生产投资部分的资金），也要折旧来承担，这当然是不合理的。至于采用新技术设备来代替旧技术设备的时间、规模，在社会主义制度下，一般并不取决于企业有无足够满足更新需要的折旧基金，而是由国家在统一的资金（包括基本折旧基金和用于固定资产扩大再生产的积累基金）范围内，根据国民经济综合平衡以及各部门、企业投资效果比较的结果，通过国家的技术政策和投资计划来决定的。所以，以充分满足固定资产更新需要的资金为理由，是不能够说明为什么要考虑劳动手段实际使用期限的缩短来提高折旧率，为什么要用折旧基金来补偿固定资产提前报废损失的原因的。

但是同时我们也不能同意与上述看法相反的另一种观点。这种观点是：既然固定资产更新的时间和规模，并不决定于企业有无足够的折旧基金来采用新技术设备，而决定于国家统一的技术政策和投资计划，那么，用缩短折旧年限提高折旧率的办法来补偿提前报废的无形损耗，就是没有必要的了①。这种观点，同样地忽视了折旧基金作为补偿基金、保证固定资产原有生产能力简单再生产的使命。如前所述，为了使折旧基金能够完成这个使命，就必须根据劳动手段在经济上可能使用的时期，来规定折旧年限和制定折旧率，同时以劳动手段的再生产价值作为提取折旧时的计价依据。如果不考虑技术进步对于劳动手段使用期限可能发生的影响，而按照物理上可能的最长使用期限来制定折旧率，那么，在实际使用期间累计提取的折旧基金，就不能在固定资产

① 有些同志还认为，社会主义全民所有制企业的基本折旧和积累，不过是“一杯水”，是一个主人所有的，一边多了，另一边就少些；反之，情形也就相反。所以没有必要在有形损耗外，还考虑无形损耗，没有必要缩短折旧年限，提高折旧率。

提前更新时，充分保证新技术设备投资中相当于固定资产原有生产能力部分所需资金的补偿。同时，在这种情况下，新技术设备投资中由“积累基金”来支付的固定资产扩大部分的价值，就会发生虚假的扩大，因为在这里，一部分“积累基金”势必要用于原有生产能力的恢复，实质上它是属于固定资产简单再生产的补偿基金范围，本来就应该从原有固定资产的折旧费中提取的。所以，如果在制定折旧率时忽视固定资产使用期限可能缩短的因素，那么企业和国民经济的固定资产平衡核算就会受到歪曲，这对于正确安排固定资产的简单再生产和扩大再生产的关系，也是不利的。

为了正确地核算技术进步条件下固定资产的实际损耗，确保提取的折旧基金足够补偿固定资产使用价值简单再生产的资金需要，十分重要的问题是在制定折旧率时，正确地测定技术进步条件下劳动手段在经济上可能使用的期限。不言而喻，由于固定资产的更新时间和更新规模，受到技术政策和投资计划的因素所左右，所以事先精确测定各项劳动手段的经济使用时期，是不容易的。有不少同志正是根据这一点来反对在制定折旧率时考虑提前更新的因素，而主张只考虑劳动手段的物理使用期限[①]。可是，测定工作上的困难，不能成为理论论证上的依据。并且，随着历史经验的积累，各类固定资产再生产和更新的规律性，并不是不能掌握的；各类固定资产经济使用期限的测定，也不是不能从原则上获得解决的[②]。当然，过去的历史统计经验，对今后劳动手

① 例如，常胜、王恩荣在《略论工业企业中固定资产及其折旧》一文中，即有此类议论。（参见《经济研究》1956年第5期，第72—73页。）

② “一个人究竟还能活多少日数，那是谁也不能准确知道的。虽如此，但人寿保险公司仍能从人的平均寿命，推得极准确……的结论。劳动手段也是这样。我们可由经验，知道一个劳动手段……平均经用多少时候。”马克思的这个比喻，虽然直接是对劳动手段的物理使用期限来说的，但对经济使用期限的测定，也同样是适用的。（见《资本论》第1卷，第226页。）

段实际可用时间的测定，只有参考的意义。更重要的是进一步研究国民经济近期和远期的技术政策和投资计划的客观依据，这里包括技术进步的趋势、新技术设备的生产供应和劳动力综合平衡的变化趋势、新建扩建和更新改建之间投资效果的比较等问题。这些问题的阐明，对于固定资产的经济使用期限的测定，是十分要紧的①。

经验表明，生产力水平较低的国家，在进行社会主义建设的初期，由于技术装备十分不足，必须在劳动力条件容许的限度内，充分利用一切新的和旧的技术设备来扩大生产。这时新技术设备大部分用于新建扩建，而原有设备提前更新的规模是不大的；某些旧技术设备甚至有必要充分利用到物理性能耗尽的程度。在某些部门和企业进行设备的提前更新时，旧技术设备也要转给技术水平更低的生产单位，继续使用，这对于社会劳动生产率的提高，还是有利的。这些情况，至今犹常常成为某些同志否认社会主义社会中存在无形损耗，反对在折旧率中考虑使用时期缩短因素的借口②。可是，无形损耗不仅限于旧技术设备提前报废的损失，它首先表现为继续使用中的劳动手段重置价值贬低的

① 关于决定固定资产更新时间和规模的因素问题，本文不可能展开详细的讨论。顺便指出，前引葛家澍、钱伯海两篇文章，曾从更新效果与损失的比较的见地，来探讨旧技术使用的经济界限，却忽视了新技术设备在新建、扩建、改建、更新之间的分配平衡和效果比较的因素，以及国民经济综合平衡中的其他有关因素。在前引梁文的文章中，提到了设备分配平衡方面的因素，但是他的论述是不够确切的。例如，他说，新技术设备的分配，“首先应该用来满足扩大再生产（这里事实上是指新建扩建。——引者注）的要求。……只有在满足了扩大再生产的需要以后，还有剩余，才能用来替换原有的技术装备。”（见《光明日报》1962年9月24日。着重点是引者加的。）可是事实上，新技术设备用于新建、扩建和更新之间的优先次序和分配比例，未必像梁文同志所设想的那样简单。关于这个问题，我们拟在别的机会论述。

② 最近有同志说，在我国，既有无形损耗，又没有无形损耗。从企业来看可能有，从社会来看则没有；或者说理论上有，实际上没有。这种说法，也是以上述情况为背景的。

损失。随着新技术设备的出现和推广，即使旧技术设备不能提前更新，贬值的无形损耗却是一个不可避免的、不能否认的客观过程。如前所述，固定资产的贬值损失虽然不必从折旧费中取得补偿，但要通过定期分批的重新估值，以便使提取的折旧尽可能地反映固定资产的实际损耗。其次，在社会主义建设初期，虽然新技术装备的生产供应比较缺乏，但是对于与国民经济的技术改造和国防建设有重大关系的某些重点部门，以及在不宜于用增加劳动力人数而必须通过提高劳动生产率来扩大生产的场合，首先以新技术设备来替换使用中的陈旧技术设备，常常是十分必要的。随着生产力的进一步发展和新技术装备生产供应量的扩大，陈旧技术设备提前更新的范围和规模也会逐渐扩大。由此而产生的损失和补偿，不能不及时在折旧中予以考虑。至于提前更新时尚可转交给技术水平更低的生产单位继续使用的旧设备，由于拆除装卸等而发生的追加费用和损失，也会使旧设备的残余价值不能全部收回。可能收回的那一部分残余价值，在提取折旧费时，是应当从它所依以计算的旧设备再生产价值中予以扣除的。但是这并不取消折旧率要根据使用期限缩短来提高的必要性。并且，并非所有提前更新时的旧技术设备都能转给其他生产单位使用。随着国民经济各部门和企业技术水平的逐渐提高，随着各部门和企业专业分工的深入细化，提前更新的旧设备转交其他单位继续使用的可能性，也是会逐渐缩小的。所以，旧技术设备提前报废损失要从折旧费中来补偿的必要性，是不能否认的。

最后，简单谈一下对原有旧技术设备的技术改造同无形损耗补偿的关系。

在新技术设备生产供应不足的情况下，为了减轻设备平衡上的紧张，同时也为了节约投资费用，对于遭受第二种无形损耗的旧设备，可以不用提前更新的办法，而用添换新的零件部件、改变原有结构、提高技术水平的途径，来延长它的经济使用期

限。有些同志据此认为，既然技术改造的措施，可以提高旧设备的技术水平，延长其使用期限，那么无形损耗的两种表现形式（贬值和提前报废损失），都可以通过技术改造来消除，因而不必在折旧中考虑补偿问题[①]。不错，对陈旧劳动手段进行技术改造，是可以在一定程度上克服它所遭受的无形损耗的。但是，这种技术改造与完全更新不同，与企业、车间的彻底改建更不同，它只限于局部的改造，一般不能把旧设备的技术水平提高到与新技术设备相等，不能完全避免原有设备的部分贬值。同时，经过技术改造的旧设备，虽然它的经济使用期限可以延长，但在技术不断进步的条件下，它是否能够延长到旧设备原来在物理上可能使用的期限，常常是有疑问的；提前更新的必要和提前报废的损失，仍然是不能完全避免的。这种损失的补偿，应当在制定折旧率时，结合可能进行的技术改造措施所发生的影响，来加以考虑。

此外，用于局部地克服第二种无形损耗的技术改造措施的费用，要有一定的资金来源。有些同志认为，技术改造措施是扩大再生产性质，其费用应由积累基金来支付；另一些同志则认为应当由折旧基金来补偿。在我国实际工作中，企业技术改造措施费用是由财政预算拨款，在“四项费用”项下支付的。但是，财政资金中有关固定资产再生产的拨款（包括基建投资拨款和“四项费用”拨款中有关部分），可以是来自积累基金，也可以是来自企业上缴的基本折旧基金。从经济性质上看，技术改造措施费用究竟应该出自何处呢？

技术改造是针对原来已在生产过程中发挥机能的劳动手段来进行的，它既包含原有劳动手段某些技术上陈旧过时的部件、

① 例如，在常胜、王恩荣“略论工业企业中固定资产及其折旧”一文中，即有此类见解。（参见《经济研究》1956年第5期，第70、73页。）

零件的替换，也包含新的部件、零件的增添；它既保存原有劳动手段的使用价值，又增进它的使用效能。所以，技术改造既有简单再生产的要素，又有扩大再生产的要素。这种情况，同技术上陈旧的劳动手段的完全更新，是类似的；不过在这里是以局部的规模出现罢了。所以，技术改造费用也应当来自两个部分：相当于简单再生产的部分由折旧基金来补偿，相当于扩大再生产的部分由积累基金来支付。由折旧基金补偿的部分，应以原有劳动手段中被提前替换的部件、零件的价值为限，并且可以并入大修理费中一道在折旧中提取，这部分用于大修理和技术改造的折旧基金，由企业掌握使用；因为，技术改造通常总是与大修理一道进行，难以分开的。至于大修理和技术改造的折旧提成不足的部分（换置新部件、零件时价值超过旧零件部件价值部分以及添置新零件部件的费用），因为这基本上属于固定资产扩大再生产性质，所以应当从积累中增拨资金来解决。这种情况，与前述完全更新时，新技术设备投资费用超过折旧提成不足的部分，要由积累基金来解决，在性质上也是类似的。

现在把以上所述作一小结。

我们认为，折旧基金的性质，基本上是补偿基金，在社会主义社会中，它的使命，基本上是服务于固定资产使用价值的简单再生产。从这个前提出发，我们认为，在技术进步条件下，表现为固定资产贬值的无形损耗，不必从折旧提成中取得补偿，折旧费应当按照固定资产的再生产价值来提取；表现为固定资产提前报废的无形损耗，必须从折旧提成中取得补偿，折旧率应当考虑固定资产经济使用期限的缩短来制定。只有这样，才能正确计算技术进步条件下固定资产的实际消耗，核算固定资产的经济效果，安排固定资产的综合平衡，处理固定资产的简单再生产和扩大再生产的关系。

这篇文章中提出的见解，可能未必都是正确的，仅供同志们

讨论指正。即使是正确的意见，实行起来也还有一系列的理论问题需要研究，一系列的实际困难需要克服，例如固定资产的重新估价问题，固定资产经济使用期限的确定问题，等等。如果提出的理论原则是反映客观经济过程的实质的，在方向上是对头的，那么，实行中可能发生的困难，就不是不能逐步解决的。

关于固定资产使用价值和价值的表现形态的一些问题*

（1963年12月）

生产性固定资产，[①]是由生产过程中使用的机器设备、厂房建筑物等劳动手段构成的。同社会主义社会生产的其他产品一样，劳动手段是使用价值，又具有价值。劳动手段的双重性，决定了固定资产的再生产，既是使用价值的再生产，又是价值的再生产，构成为一个矛盾统一的运动过程。为了理解这个过程的内部机制，有必要弄清楚固定资产的这两个方面及其运动，具有怎样的表现形态，以及在使用价值和价值的各种不同的表现形态之间，存在着怎样的关系。

一

大家知道，生产资料的使用价值，不同于消费资料。后者是直接满足人们的生活需要的，而前者只能通过生产的消耗，间接满足人们的需要。生产资料中，劳动手段的使用价值又不同于劳动对象。劳动对象在产品生产过程中，一次性地被消耗掉，并且通常以其实体参加产品使用价值的形成。劳动手段在生产过程中不是一次性地被消耗掉的，它参加多次的生产周期，而不改变原

* 原载《经济研究》1963年第12期。

① 以下简称固定资产。这篇文章不讨论非生产性固定资产问题。

来的实物形态；它是以自己的技术性能作用于产品的生产，而不以自己的实体加入产品使用价值的形成。

就一个生产单位来看，它所拥有的固定资产，是由多种劳动手段组成的。这些劳动手段作用于产品生产的能力，是由它们当中最主要的结构部分决定的。这种主要结构物的数量，表明该生产单位固定资产使用价值的数量。例如，钢铁企业固定资产的使用价值，可以用高炉的有效容积（m^3）和平炉的有效面积（m^2）来计量，纺织企业固定资产的使用价值，可以用安装的纱锭和织机的数目来计量，等等。可是，由于固定资产的物质构成十分复杂，选择某种设备或者某种结构物的某一物理属性，来代表整个生产单位固定资产的使用价值，在很多场合是很困难的，甚至是不可能的。所以，在实际工作中，通常借助“生产能力”指标，来综合表现一个生产单位或一个部门的固定资产的使用价值。

所谓“生产能力”，是指一个组合的劳动手段在正常条件下和得到充分利用时，每一单位时间（年、日、小时等）所能提供的产品产量的能力。劳动手段在其发挥职能的全部期限内，如果得到正常的维护和修理，一般总能保持着原有的实物形态和一定的生产能力。一定劳动手段的单位时间生产能力，在其全部使用期限内，总是相对稳定的。可是，在使用过程中，劳动手段的物理性能会逐渐磨损，它可以继续使用于生产的时限会逐渐缩短，以致最终报废。劳动手段的使用价值在使用过程中逐渐发生的这种变化，用相对稳定的“生产能力”指标是反映不出来的。为了反映这种变化，有必要在生产能力的计量上，考虑可用时限的因素。换句话说，一定劳动手段的使用价值，不能只用单位时间的生产能力来表现，必须还要补充一个能够把可用时限变化因素反映在内的生产能力指标。这个指标，就是单位时间生产能力同可用时限的乘积，我们把它叫作“生产能力累计余额”指标。如果以M代表某一劳动手段单位时间的生产能力，以P代表生产能力累计余额，又以N代表该项劳动手段的全部使用期限，以n代表已经使用的时间，那么，该项劳动手段在尚可继续利用的时限内的生产能力累计余额$P=M\times(N-n)$。当$n=0$，即该项劳动手段刚开始投入生产时，$P=M\times N$，即生产能力累计余额等于全部使用时期内生产能力累计总额。当$n=N$，即全部使用期限终了时，$P=0$，即该项劳动手段的物理性能已消耗殆尽，不能继续使用，必须予以报废。

上述表现劳动手段使用价值的补充指标，虽然在若干年前即已曾经有人提出，但是一直没有得到应有的注意。实际工作中对于固定资产使用价值的计量，通常只限于利用单位时间的生产能力指标。当然，后一指标在编制生产和建设计划中的重要意义，是毋庸置疑的。可是，生产能力累计余额的计算，也有着不能忽视的重要意义。应当指出，社会主义社会在某项固定资产上所拥有的物质财富的多寡，不能单从单位时间的生产能力的总额来看，而必须考虑这项固定资产在今后尚可继续利用的时限。设有甲、乙两个钢铁企业，各拥有年产50万吨钢生产能力的固定资产，其全部使用期限各为25年。甲企业是20年前建成的老厂，只能续用5年，今后5年内可为国民经济累计提供5×50=250万吨钢的生产能力。乙企业是刚建成1年的新厂，尚可续用24年，今后24年内为国民经济提供的钢生产能力累计达24×50=1200万吨。这两个厂的固定资产，到底哪一个具有更大的使用价值、体现更大的社会财富呢？如果单从年生产能力来看，似乎社会在这两个企业的固定资产上所拥有的物质财富是相等的。可是事实上，把尚可利用的年限考虑在内，从生产能力累计余额的指标来看，显然乙厂的固定资产，体现着比甲厂更大得多的社会财富。

在国民经济长期计划的编制中，考虑现有固定资产尚可使用的年限，尤其有十分重要的意义。假定钢铁工业现在固定资产拥有的年生产能力为1000万吨，又假定在五年计划期间，每年固

定资产投资提供的新增生产能力为100万吨。现在要问：到五年计划期末，年生产能力将达到多少呢？在五年计划期间，累计的生产能力总额又有多少呢？如果不分析钢铁工业现有固定资产的年龄构成，不知道今后五年内的报废数额和时间，那么上述问题是不能得出准确的答案的。十分明显，如果假定钢铁工业的现有固定资产，全部都是由不久前建成投产的新企业组成的，五年内不会发生任何退废，那么到五年计划期末，固定资产拥有的年生产能力将达到1000+5×100=1500万吨，比期初增长50%；但是如果现有生产能力中，有一半（500万吨）是具有20年年龄以上的老固定资产，这部分固定资产将在今后五年内陆续报废，那么到五年计划期末，固定资产的生产能力将不会有任何增加。至于五年内各年生产能力变动情况和生产能力累计总额的大小，还需要知道现有固定资产在五年内报废部分的退废时间。现在让我们继续上面的例子，假定五年内报废生产能力总计为250万吨，并且设想三个不同的报废年序数额：（1）100，100，50，0，0；（2）50，50，50，50，50；（3）0，0，0，0，250。这样，我们便可得到五年计划期间各年生产能力变化动态和五年生产能力累计总额的三种不同情况（见下表）。

下述三种情况的计划期间退废能力总额（250万吨）和新增能力总额（500万吨）都是一样的，因而计划期末达到的生产能力（1250万吨）也是相同的。可是由于现有生产能力报废的时间迟早不同和退废时间分布的均匀程度不一，因而五年累计的生

第一种情况

年份	年初能力	退废能力	新增能力	年末能力	年末比年初增减	年末年初平均
1	1000	−100	+100	1000	0	1000
2	1000	−100	+100	1000	0	1000
3	1000	−50	+100	1050	+50	1025
4	1050	−0	+100	1150	+100	1100
5	1150	−0	+100	1250	+100	1200
五年累计		−250	+500		+250	5325

第二种情况

年份	年初能力	退废能力	新增能力	年末能力	年末比年初增减	年末年初平均
1	1000	−50	+100	1050	+50	1025
2	1050	−50	+100	1100	+50	1075
3	1100	−50	+100	1150	+50	1125
4	1150	−50	+100	1200	+50	1175
5	1200	−50	+100	1250	+50	1225
五年累计		−250	+500		+250	5625

第三种情况

年份	年初能力	退废能力	新增能力	年末能力	年末比年初增减	年末年初平均
1	1000	0	+100	1100	+100	1050
2	1100	0	+100	1200	+100	1150
3	1200	0	+100	1300	+100	1250
4	1300	0	+100	1400	+100	1350
5	1400	−250	+100	1250	−150	1325
五年累计		−250	+500		+250	6125

产能力总额和各年生产能力的变化动态，在三种情况之间却大不相同。从表中的数字可以看到，平均报废的时间越早，则五年累计的年平均生产能力总额也越小；报废的时间分布愈是不均匀，则年度之间生产能力的波动幅度也越大。例如，在第三种情况下，报废的时间比前两种情况为晚，因而五年累计的生产能力总额（6125万吨）也比前两种情况（5325万吨和5625万吨）为大。可是，在第三种情况下报废的时间集中于第五年，这一年固定资产的生产能力比前一年发生了剧烈的变化，由过去的扩大再生产突然变为缩小的再生产（过去每年增加的100万吨，第五年突减150万吨），这是在前两种情况下所没有的。

计划期间各年固定资产的生产能力的变化动态、累计总额，以及计划期终达到的年生产能力总额，对于国民经济发展的规模和速度来说，绝不是无关宏旨的事情，而是它的基础。所有这些

数值的确定，都是同现有固定资产的年龄构成和可用时间的估计，同它们在计划期间报废规模和报废时间的测定，有着密不可分的关系。根据上面的分析，可以得出这样几点结论：

1. 现有固定资产（按年生产能力计算，下同）在计划期间将予报废的数额越大，当固定资产每年投资规模为一定时，则计划期末达到的年生产能力总额便越小，从而计划期间的再生产速度就越低；为要在计划期末达到年生产能力的一定水平和实现扩大再生产的一定速度，则所需固定资产投资的规模就越大。

2. 现有固定资产在计划期间将予报废部分的平均退废时间越早，当固定资产每年投资规模为一定时，则计划期间生产能力的累计总额从而国民经济可以获得的产品累计总额也就越小；为要达到一定量的累计生产能力和累计产品产量，则所需固定资产投资的规模也越要扩大。

3. 计划期间将予报废的原有固定资产的退废时间的分布越是不均匀，当固定资产每年投资额为一定时，则年度之间生产能力水平和再生产速度的波动就越频繁；退废的时间越是集中，则波动的幅度就越剧烈。为了使生产能力水平得以比较稳定的增长和使扩大再生产的速度得以比较稳定的实现，就必须在年度之间分配固定资产投资时，首先保证预期各年退废能力的更新和补偿，然后再安排各年能力的增长；或者在退废数量较小的年份建立生产能力的储备，以应集中退废年份的弥补之需①。

上述固定资产退废规模、时间与再生产水平、速度的变化之

① “……死灭掉的从而必须在自然形态上替换的固定资本部分……会逐年发生变动。如果它在某年极其大（像人一样超过平均死亡率），它在以后诸年就一定会依比例较小。……这个情形，只能由不断的相对的过剩生产来救治；那就是，一方面必须有一定量的固定资本，比直接需要的更多；另一方面，并且特别是原料等物品的储备也要比直接的常年的需要更大……”（马克思：《资本论》第2卷，人民出版社1953年版，第586页。着重点是引者加的。）

间的客观内在联系，是在国民经济长期计划的编制和安排中，必须重视的一个问题。特别是在生产计划和基本建设投资计划的安排中，如果忽视上述联系，则在计划执行过程中，就可能发生失算的错误，在简单再生产和扩大再生产的关系上，给国民经济的发展带来不良的后果。这种情况是应该努力避免的。社会主义计划经济的优越性，也提供了防止出现这种情况的可能性。问题在于加强对国民经济各部门固定资产的年龄构成，损耗状况和可用时限的变化动态的观察和研究，并且对行将退废的固定资产，适时地安排更新或者采取其他的补偿措施。

二

固定资产的价值量，由于劳动手段的长期使用、逐渐消耗，以及它在长期存在过程中不断地受到技术进步的影响等特点，而采取种种不同的表现形态。在这一节，我们暂不考虑技术进步的影响，先看看劳动手段的长期使用。逐渐消耗的特点，在固定资产的价值表现上所引起的问题。这个特点，决定了固定资产的价值量，要区别为完全价值和净余价值。

所谓完全价值，就是固定资产在设置和开始动用时所具有的全部价值。它是由机器设备的全部购价、建筑安装工程的全部造价等构成的。固定资产在投入生产后，在多次的生产过程中，保持着原来的实物形态，直到它的生命终结。同时，随着劳动手段的物理性能的逐渐磨损，固定资产的价值也逐渐销蚀，转移到新制造的产品中去。每经过一次生产过程，都使固定资产损耗的价值增加，使留在它身上的价值减少。固定资产随着使用时间和损耗的增加而逐渐减少的留在它身上的价值，便是它的净余价值。

完全价值作为计算固定资产的损耗、核算它的效果和观察它的结构和动态的计价依据，在一定条件下是有着十分重要的意义的。

可是应当指出，完全价值只是在固定资产开始动用的时点，才代表后者实际包含的价值。在其他时点上，完全价值只在固定资产保持着原有实物形态的限度内，才能继续以原来的数值，取得观念上的存在，但不能代表固定资产的实际存在价值。后者只能以净余价值来表现。指出这一点之所以必要是因为，在观察一个生产单位所拥有的固定资产在价值量上的规模变化时，人们往往只看完全价值指标，而忽视了净余价值的变化，从而作出不准确的判断。

例如，在采掘部门，对于一个具有一定产矿能力的矿井（如煤矿）的固定资产投资，照例不是在这个矿井开始投入生产之前一次投资完毕的；通常在矿井动用以后，还有后期工程和开拓延伸的追加投资，特别是开拓延伸的追加投资，在该矿井开发的全部期间，直到资源耗竭矿井报废之前，需要不断地进行。由此人们得到一个印象，似乎一个具有一定设计能力的矿井，为要达到和保持这个能力水平，就要不断地扩大固定资产的价值量。就完全价值来看，未尝不可以作出这个结论，可是这并不符合矿井固定资产实有价值量的变化情况。矿井固定资产的实有价值即净余价值，在它开始投入生产以后，即随着磨损和转移到产品上去的价值的增加，而逐渐地低离于其完全价值；只是在后期工程项目和每次开拓延伸的工程项目完工动用的那些时点上，矿井固定资产的实有价值量才会有所增长，但在全部开发时期的所有其他时点上，它都呈现着下降曲线的趋势。

应当指出，每项固定资产损耗价值的增大从而净余价值的减少，并不总是与它的已用年龄成正比例的，还受着已经负担过的工作量以及其他因素的影响。为了简化起见，我们假定固定资产的损耗价值只是随着已用时间的增加而增加，从而它的净余价值，也只是随着已用时间的增加而减少。如果以K代表固定资产的完全价值，以K'代表它的净余价值，以L代表它的损耗价值，又以N代表该项固定资产的全部使用时限，n代表已经使用的时

间；那么，当该项固定资产已经使用的时间达到n时，它的损耗价值累计为$L=K\times\frac{n}{N}$①，而净余价值为$K'=K-L=K(1-\frac{n}{N})$。随着已用时间n的数值从零向N移动，固定资产的损耗价值也从零向K的方向移动，而净余价值则相反地从K向零的方向移动。

在目前固定资产的核算实践中，各项固定资产的净余价值，是用已经提取的折旧基金（包括基本折旧和大修理折旧）冲减法定基金（完全价值），再加上已经完工的大修理支出计算而得的。这样计算的结果，往往不能确切地反映固定资产净余价值及其变化情况。这可以举一个例子来说明。设某项固定资产的完全价值为1000元，可用20年，每年损耗50元（$1000\times\frac{1}{20}$），为此每年提取的基本折旧基金也是50元；又预计20年中有五次大修理（分别在第4、8、12、15、18年进行），每次费用140元，共计700元，分摊每年提取大修理折旧35元（$700\times\frac{1}{20}$）。如果分别用现行核算方法和前述公式来计算，那么就可以得到两个不同的净余价值的序列如下表：①

第n年末	1	2	3	4	5
账面净值(1) 实际净值(2)	915 950	830 900	745 850	660+140=800 800	715 750
第n年末	6	7	8	9	10
账面净值(1) 实际净值(2)	630 700	545 650	460+140 =600 600	515 550	430 500
第n年末	11	12	13	14	15
账面净值(1) 实际净值(2)	345 450	260+140 =400 400	315 350	230 300	145+140=285 250
第n年末	16	17	18	19	20
账面净值(1) 实际净值(2)	200 200	115 150	30+140 =170 100	85 50	0 0

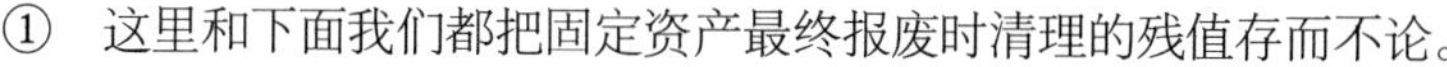

① 这里和下面我们都把固定资产最终报废时清理的残值存而不论。

（1）账面净余价值是按目前核算方法计算的，等于：（完全价值-已提折旧累计+已完工大修理支出累计）。

（2）实际净余价值是按前述公式$K'=K\left(1-\frac{n}{N}\right)=1000\times\left(1-\frac{n}{20}\right)$计算的。也可以从完全价值减去已提存的基本折旧基金累计额计算而得。当基本折旧率等于年损耗率（1/20或5%）时，计算结果是一样的。

从这里可以看到，按照现行核算方法计算的账面净余价值，比理论上的实际净值以更大的幅度下降；而在进行大修理的几个年份（第4、8、12、15、18年），由于冲减折旧基金的结果，账面净值却有所上升。我们还看到，在大多数场合，账面净余价值低于实际净余价值，这是由于大修理折旧的提取，通常先于大修理费用的支出而造成的。只是在少数几个时点上（第4、8、12、16、20年），当已经支出的大修理费用累计等于已经提存的大修理折旧累计时，账面净值才与理论上的实际净值相符。

以上两列净余价值的变化及两者的差离情况，如下图所示。

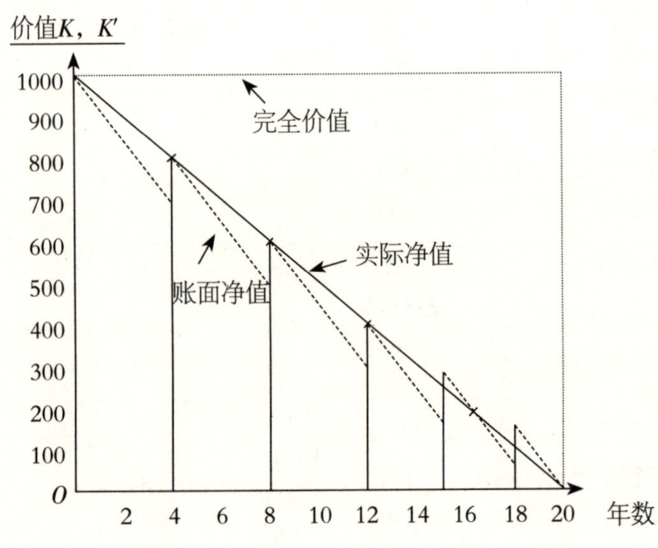

上例中假定了大修理工程实际进行次数、每次支出费用和完工时间，都如事先的预计。即使在这些假定条件下，账面净值在绝大多数场合仍然不免于背离理论上的实际净余价值。在实际生活中，由于各种原因，大修理的实际施工次数、实支费用和完工时间，往往与事先的预计有很大出入，因而账面净值背离于理论上的实际净值的程度，会更甚于图上所示。在个别场合，当实际进行的大修理次数和费用比预计大大缩减时，账面净值甚至可能变为负数；或者相反，当大修理的实际进行次数和实支费用比预计大大增加时，账面净值甚至可能超过固定资产的完全价值，或者在折旧账户上出现所谓“红字”的现象。所有这些，显然都是背离的假象。

账面净余价值与实际净余价值的背离，除了我们在这里未予讨论的其他原因外，主要是由于核算净值时把大修理折旧与基本折旧混一处理所引起的。折旧基金的这两个组成部分虽然合并在一起提取，可是具有不同的经济性质。我们知道，基本折旧基金是为补偿固定资产的全部损耗价值而提存的基金，这部分折旧提存是反映固定资产的实际损耗价值的。但是大修理折旧基金则是为保证固定资产的正常运转所需追加费用而预先摊提的基金，这种基本上属于预提性质的“折旧”，并不反映固定资产的已经损耗的价值，因而它的提存和支用，不应对固定资产的原值发生影响。为了使固定资产的核算价值尽可能地符合实际情况，看来在计算净值时，似宜改变先用全部折旧提存（其中包括大修理折旧）来冲减法定基金，再加上完工的大修理费用支出的计算方法，而应采取以完全价值减去已经提存的基本折旧基金的计算方法。在基本折旧基金所依以计提的折旧年限是正确规定的前提下，已经提取的基本折旧基金便能正确地反映固定资产已经损耗

的价值，从而足以用来作为计算净余价值的依据[①]。

上面已经说过，固定资产的净余价值在全部使用期间，是从K（完全价值）的数值向接近于零的方向变化的。由此也可以知道：净余价值占完全价值的比率（即$\frac{K'}{K}$），是从1的数值向零的方向逐渐接近的。可是需要指出，这种运动方向，只是对单项固定资产来说，才是适用的。如果就拥有多项固定资产的企业、部门和国民经济范围来看，那么全部固定资产的净值占全值的比率，虽然也不能够越出1至零的范围，但并不具有从1向零的固定的变化方向，而是有时候提高，有时候降低。在这里，对$\frac{K'}{K}$比率的变化起决定影响的主要有两个因素：一是各年新动用固定资产（按完全价值计算）与当年退废固定资产（按完全价值计算）的对比关系；二是各年退废固定资产的完全价值额与当年全部固定资产的损耗价值额（按当年提存的基本折旧计算）的对比关系。十分明显，如果固定资产是维持着简单再生产的规模（各年新动用的固定资产恰好抵补当年退废的固定资产），同时退废的固定资产又恰好与当年固定资产的损耗额相等，那么，净余价值占完全价值的比率（$\frac{K'}{K}$）就不会发生任何变化。

如果固定资产的规模有所扩大（即新动用固定资产大于当年退废额），或者固定资产的退废额大于当年的损耗额，那么，

① 翁福绥同志在《关于提取固定资产折旧问题的商榷》一文中，也曾指出大修理折旧提取和支出的差离，会使固定资产净值的计算受到歪曲，并建议把大修理折旧与基本折旧分别核算（参见《中国轻工业》1963年第8期）。关于大修理及其折旧提存的性质，是存在着许多不同看法的，这里不拟详论。

$\frac{K'}{K}$的数值就会提高；反之，则结果亦相反[①]。因此，固定资产的增长速度越大，或者退废固定资产价值额超过当年损耗价值额越大，则净余价值占完全价值的比率提高的程度也就越大。应当注意的是，在固定资产的规模扩大以及它的增长速度提高的场合，各年全部固定资产的损耗价值往往会超过当年退废的固定资产的价值[②]，因而前者对$\frac{K'}{K}$数值的上提影响，会在不同程度上被后者对$\frac{K'}{K}$数值的下抑影响所抵消。在实际生活中，一个企业、部门，或者整个国民经济的固定资产净值占全值的比率究竟是上升还是

① 以K和K'分别代表固定资产的完全价值总额和净余价值总额，以k代表新动用固定资产总值，b代表退废固定资产总值（按完全价值计算），I代表全部固定资产的年损耗价值总额；又以各符号右下角的0、1分别代表基年和现年。则：

$$K_1=K_0-b_1+k_1 \quad K'_1=K'_0-I_1+k'_1 \qquad (1)$$

$$\frac{K'_1}{K_1}=\frac{K'_0-I_1+k'_1}{K_0-b_1+k_1} \qquad (2)$$

由上式可知，$\frac{K'_1}{K_1}$比$\frac{K'_0}{K_0}$是提高还是降低，要取决于：（1）k_1与b_1的关系；（2）b_1与I_1的关系。先不考虑（2），假定b_1与I_1是相等的，看看（1），即k_1与b_1的不同关系，对$\frac{K'_1}{K_1}$数值的影响：

由于$K_0>K'_0>0$，则：当$k_1>b_1$时，$\frac{K'_1}{K_1}>\frac{K'_0}{K_0}$，即净值占全值的比率提高；当$k_1=b_1$时，$\frac{K'_1}{K_1}=\frac{K'_0}{K_0}$，即净值占全值的比率不变；当$k_1<b_1$时，$\frac{K'_1}{K_1}<\frac{K'_0}{K_0}$，即净值占全值的比率下降。

现在不考虑（1），假定k_1与b_1是相等的，看看（2），即b_1与I_1的不同关系，对$\frac{K'_1}{K_1}$数值的影响：

由于$K_0>K'_1>0$，则：当$b_1>I_1$时，$\frac{K'_1}{K_1}>\frac{K'_0}{K_0}$，即净值占全值的比率提高；当$b_1=I_1$时，$\frac{K'_1}{K_1}=\frac{K'_0}{K_0}$，即净值占全值的比率不变；当$b_1<I_1$时，$\frac{K'_1}{K_1}<\frac{K'_0}{K_0}$，即净值占全值的比率下降。

还有其他许多交错结合的情况，这里就不再详述。

② 这种情况，通常是以各年基本折旧提存额超过当年退废更新所需资金额的形式表现出来的。

下降，要看各年固定资产的损耗、退废与增长之间的具体关系如何而定。

在一个经济比较落后的国家开始进行社会主义建设的一定时期，固定资产的规模虽然增长得很快，但是它的绝对额一时还不可能达到很大的数值。在这种情况下，各年全部固定资产的损耗价值比当年退废固定资产价值的超过额，也不会是很大的。这样，固定资产增长的高速度对$\frac{K'}{K}$数值的上提影响，不至于被损耗额超过退废额带来的反影响所完全抵消。所以在社会主义建设初期的一定阶段上，我们往往可以观察到国民经济固定资产净值占全值的比率呈现着上升的趋势。当固定资产的绝对规模已经大大增加后，在高速度的扩大再生产条件下，各年固定资产损耗价值超过当年退废固定资产价值的差额也会大大增加，从而对$\frac{K'}{K}$数值提高的抵消影响也会增大。所以当社会主义建设经过一定时期后，国民经济固定资产净值占全值的比重是不可能继续永远保持着不断上升的趋势的，它将随着各年固定资产的损耗、退废和增长速度之间的具体关系的变化，而呈现时上时下的波动。因此，在一定条件下，固定资产净值占全值的比率暂时发生某些下降，也是完全可以理解的现象。但是如果个别部门$\frac{K'}{K}$的比率下降幅度过大，这就给我们提出一个信号，表明这个部门固定资产耗蚀程度的加深，有必要及时采取更新补偿的措施，使之适应该部门生产和整个国民经济进一步发展的需要。

三

固定资产的价值，除了由于劳动手段的长期使用和逐渐消耗的特点，而区别为完全价值和净余价值外，还由于劳动手段在长期存在过程中，因新技术的不断出现而发生贬值，又区别为原始价值和重置价值[1]。

固定资产的原始价值是由当初设置固定资产时，制造劳动手段所需社会必要劳动消耗量决定的。随着技术的不断进步和社会劳动生产率的不断提高，结构性能与前相同的劳动手段，可以用较少的社会必要劳动量生产出来；或者出现了新型的效能更高的劳动手段，按单位生产能力计算体现着较少的价值。这样，在不同时间投入生产的劳动手段，便具有不同的原始价值。

每个时点上存在的固定资产，总是由过去不同时期陆续投入生产的各个部分所组成的。这些部分各自按照不同的原始价值计价，混合相加即得某一时点上固定资产总值。这个总值，在实际工作中通常是用来观察固定资产动态、计算它的耗损和折旧的依据。可是，按照不同的原始价值混合相加的固定资产总值，由于它的各个组成部分的估价标准不一，是不能代表固定资产在被观察的时点上的价值量的；它既不宜于用来观察固定资产价值量的时间动态，也不宜于用来计量各个时期固定资产价值的损耗和折旧。为了消除混合估价的缺点，就必须定期地对所有既存的固定资产，不论其投入生产时间的迟早，都按劳动手段在当前条件下的再生产价值，进行重新估价，换句话说，必须使全部固定资产的数额，定期地取得重置价值的表现。

按照当前条件下劳动手段的再生产价值，对现有全部固定资产重新估价，这是价值决定的要求。根据这一要求，不仅新生产的产品价值，而且过去生产的、积累至今的产品的价值，都决定于当前产品再生产所需社会必要劳动消耗，不问过去生产此产品时的实际消耗是多少。随着社会劳动生产率的提高和单位产品价值的降低，过去生产的、积累至今的产品也要相应贬值。发生了

① 在我国固定资产的统计中，以“原值”和“净值”作为互相对待的指标，这里的“原值”，事实上是指“全值”。我们认为，以“原值”作为“原始价值”的简称比较妥当；与“原值”相对的，不是“净值”，而是“现值”即“重置价值”。

贬值的劳动手段，在使用过程中被消耗的和转移到产品上去的价值，也不是按照它的原始价值，而是按照重置价值被消耗和转移的。所有这些，都是大家熟悉的马克思价值理论中颠扑不破的命题。可是直到现在，经济学界仍有些同志认为，过去设置的固定资产，在其全部使用期限内，都应当保持其当初投入生产时的原始价值，并依此"价值"来计量损耗和提取折旧。这种见解，实质上是把产品价值从一个被劳动的社会关系所决定的相对物，看成为一个能够自我保存的绝对的东西。这种错误的观点，是马克思早就批判过了的[①]。

上面已经说过，按照不同的原始价值估价混合加总的固定资产总值，是不宜于作为观察固定资产价值量的时间动态的依据的。同样明显的是，这种估价标准不一的固定资产总值，也不能用来反映它的使用价值量（生产能力）的动态。在这里，一个十分有趣同时又十分重要的问题是：固定资产总额的这三种不同表现（原始价值总额、重置价值总额、生产能力总额），在时间动态上会出现怎样的差异。在这里，按原始价值和重置价值计价的固定资产总值，要用完全价值指标来计算，以便与年生产能力总额的动态进行对比[②]。

为了简化分析条件，我们假定在被观察的时期中只有新增固定资产，而没有退废的固定资产。现在来看看固定资产总额的上述三种不同表现，在各个时点上是如何确定和怎样变化的。

---

① "说一个商品的价值……会由一个相对物变成为一个绝对物，是全然错误的。正好相反。当作使用价值，商品是表现为一种独立物。反之当作价值，它只表现为被规定物，只是由它对社会必要的等一的单纯的劳动时间之关系决定，极其相对的，以致只要再生产所必要的劳动时间发生了变动，它的价值就会发生变动，虽然实际包含在它里面的劳动时间是依然不变的。"（马克思：《剩余价值学说史》第3卷，生活·读书·新知三联书店1957年版，第149页。）

② 为什么在与年生产能力动态进行对比的时候，要用完全价值指标而不用净余价值指标，这在后面一节的叙述中将会得到说明。

1. 各个时点上完全原始价值总额的确定。

以V_0代表基期固定资产的完全价值额（按基期重置价值标准计价，对于后续时期来说它又是原始价值）。以Δv代表各年新增的固定资产价值（按各年重置价值标准计价，对于后续年份来说也是原始价值）。这样，固定资产的完全原始价值总额（K），在第一年末为$K_1=V_0+\Delta v_1$；在第二年末为$K_2=V_0+\Delta v_1+\Delta v_2$；在第三年末为$K_3=V_0+\Delta v_1+\Delta v_2+\Delta v_3$；……到第$j$年末，按原始价值计算的固定资产总值为：

$$K_j=V_0+\sum_{i=1}^{j}\Delta v_j \qquad (1)$$

（$j=1，2，3，\cdots，n$）

2. 各个时点上完全重置价值总额的确定。

上述各年年末按原始价值标准计算的固定资产总值中，只有当年新增价值部分（Δv），才是以当年的重置价值标准计算的；其余部分都是按以往投入生产时的价值标准计算的，应当随着社会劳动生产率的提高而予以贬低；并且，投入生产的时间越久，贬值的程度也越大。设各年社会劳动生产率平均提高的百分率都等于h。这样，固定资产的完全重置价值总额在第一年末为$V_1=\frac{V_0}{1+h}+\Delta v_1$；在第二年末为$V_2=\left(\frac{V_0}{1+h}+\Delta v_1\right)\div(1+h)+\Delta v_2$；在第三年末为$V_3=\left[\left(\frac{V_0}{1+h}+\Delta v_1\right)\div(1+h)+\Delta v_2\right]\div(1+h)+\Delta v_3$；……到第$j$年末，按重置价值计算的固定资产总值应为：

$$V_j=\frac{V_0}{(1+h)^j}\sum_{i=1}^{j}\frac{\Delta v_i}{(1+h)^{j-i}} \qquad (2)$$

（$j=1，2，3，\cdots，n$）

3. 各个时点上年生产能力总额的确定。

我们已知，随着劳动生产率的提高，每一单位生产能力的固定资产价值会相应贬低；反过来说，每一价值单位的新增固定

资产会体现更大的生产能力[①]。以此为前提，设基期固定资产的年生产能力总额为M_0，并令基期固定资产生产能力与其价值的比值为a（即$\frac{M_0}{V_0}=a$）；各年新增固定资产价值和劳动生产率的提高程度仍同前述；这样，固定资产的年生产能力总额在第一年末为$M_1=aV_0+a\Delta v_1(1+h)$；在第二年末为$M_2=aV_0+a\Delta v_1(1+h)+a\Delta v_2(1+h)^2$；……到第$j$年末，固定资产的年生产能力总额应为

$$M_j=a[v_0+\sum_{i=1}^{j}\Delta v_i(1+h)^j] \qquad (3)$$

$(j=1, 2, 3, \cdots, n)$

根据上述（1）（2）（3）三个公式，现在举一个例子来比较完全原始价值总额、完全重置价值总额和年生产能力总额的各年变化情况。假设基期固定资产的完全价值总额为100个价值单位，年生产能力总额为100个产品单位[②]；又设每年新增固定资产价值都是10个价值单位，社会劳动生产率平均每年提高5%。这样，我们便可得出不同表现的固定资产的动态序列如下：

年份j	完全原始价值总额K	完全重置价值总额V	年生产能力总额M
0	100	100	100
1	110	105.2	110.5
2	120	110.2	121.5
3	130	115	133.1
4	140	119.5	145.3
5	150	123.8	158.1
6	160	127.9	171.5
7	170	131.8	185.6
8	180	135.5	200 4
9	190	139.2	215 9
10	200	142.5	232.2

① 在这里，我们假定劳动手段的物量与生产能力量成正比例地变化。关于劳动手段物量与生产能力量之间的关系，将在本文下一节说明。

② 即假设$a=\frac{M_0}{V_0}=1$。

从这个例子可以看到，在技术不断进步、劳动生产率不断提高的情况下，增长得最快的是固定资产的生产能力总额，其次是它的原始价值总额，增长得最慢的是按重置价值计算的固定资产总额。固定资产按原始价值计算的总额动态，一般总是介于按重置价值计算的动态和按生产能力计算的动态之间[①]。由此可以得出结论：实际工作中通用的以完全原始价值计量的固定资产的增长动态，从价值量来看一般是偏高的，而从使用价值量来看，则往往是偏低的。[②]

以上的分析还证明了：固定资产使用价值量的增长动态，在技术进步和劳动生产率提高的情况下，一般总是快于其价值量的增长动态。必须注意的是，固定资产使用价值量运动同价值量运动的不一致，不仅会发生在扩大再生产的程度的差别上，而且也可能发生在简单、扩大与缩小的再生产的方向差别上。为了说明这一点，让我们取上例的第1年为例，假定劳动生产率每年仍增5%，但固定资产的新增价值（Δv）则有四种不同情况：

第一种情况：$\Delta v=0$，即没有新增的固定资产。这时固定资产的生产能力总额不变，维持简单再生产的规模，即$M_1=a\left[V_0+\Delta v_1(1+h)\right]=1\times(100+0\times1.05)=100$；而固定资产的价值量按重置价值标准计算，则比基期减少，是缩小的再生产（$V_1=\frac{V_0}{1+h}+\Delta v_1=\frac{100}{1.05}+0=95.2$）。

第二种情况：$\Delta v>0$，但小于原有固定资产贬值之数（小于

① 如果把退废更新的因素考虑在内，那么，由于固定资产的补偿和更新应当以原有生产能力为尺度，并按重置价值来计算，所以上述三列数值中，重置价值的数列和生产能力的数列并不受到影响，只是原始价值的数列会比上例以较低的速度增长，但仍然快于上例中的重置价值数列。因此，文中所述结论仍然不变。

② 在这里我们是假定作为计价工具的单位货币代表的价值量是不变的。如果单位货币代表的价值量发生变化，那么文中所述的诸关系就会受到不同程度的掩盖，这里不去详论。

$V_0-\frac{V_0}{1+h}=100-95.2=4.8$）。假定$\Delta v=3$，这时生产能力总额增为$M_1=a[V_0+\Delta v_1(1+h)]=1\times[100+3\times 1.05]=103.2$，是扩大的再生产。而固定资产的价值量按重置价值计算，却仍然是缩小的再生产（$V_1=\frac{V_0}{1+h}+\Delta v_1=\frac{100}{1.05}+3=98.2$）。

第三种情况：$\Delta v>0$，并且等于原有固定资产贬值之数（4.8）。这时固定资产的价值量不增不减，保持着简单再生产的规模（$V_1=\frac{V_0}{1+h}+\Delta v_1=95.2+4.8=100$），而其生产能力则比上述第二种情况有了更大的扩大。

第四种情况：$\Delta v>0$，并且大于原有固定资产贬值之数。这就是前表中设计的情况。在那里，固定资产的价值量和使用价值量都是扩大的再生产，并且后者的扩大程度，比前者更大。

固定资产的使用价值量动态和价值量动态在方向上和程度上的背离，向我们提出了一个问题，即在社会主义制度下，区别简单再生产和扩大再生产的界限和判断扩大再生产的程度，究竟应当从使用价值量来看，还是应当从价值量上看？对于这个问题，是不能有含糊的答复的。从社会主义生产的目的是满足社会需要这一前提出发，判断的尺度只能是使用价值量而不是价值量①。当然，以使用价值作为判断再生产规模变化的尺度，丝毫也不意味着忽视考察社会垫支的物化劳动的经济效果的意义，更不是否定社会主义制度下产品的两重性，如某些主张以资金价值量作为判断尺度的同志所指责的那样。应当指出，就固定资产规模变化的表现来说，价值量动态如果不与生产能力动态相比较，而单就前者自身来看，是很少有什么实际意义的。对于社会主义社会来说，重要的是同生产能力相比的固定资产价值量，而不是价值量的自身。固定资产的生产能力超越于其价值量的增长，表明了社

① 《试论固定资产无形损耗的补偿和折旧的关系》，《经济研究》1963年第9期。

会垫支在固定资产上面的物化劳动效果的提高；前者的增长超过后者增长的幅度越大，则社会垫支的物化劳动效果提高的程度也越大，扩大再生产的速度就越是可以加快。在这个联系上，考察固定资产价值量的动态，是有着十分重要的意义的。

四

在第一节，我们已经叙述过，固定资产的使用价值，通常是用生产能力来表现的。但是这种表现，只是对用于生产同种产品，或者生产可以互相代替的产品的固定资产，才是适用的。我们知道，不同种类的使用价值，不能直接地互相比较、加总和进行综合的动态观察。它们的相互比较和加总，只能间接地借助于统一的、可比的抽象劳动或者价值指标来表现，而它们在时间上的动态变化，则只能借助于统一的、可比的、某个时点上的不变价值（其货币表现为不变价格）来计量。这对于不同种类固定资产的使用价值的计量来说，也同样是适用的。

在固定资产使用价值的计量上，有两个不同于一般产品的特殊问题。第一个问题是，如前所述，每项固定资产在每个时点上的使用价值，可以从年生产能力来看，也可以从生产能力的累计余额来看；固定资产使用价值的这两个不同侧面，要借用怎样的价值指标来表现呢？第二个问题是，同一种类不同项目的固定资产，在年生产能力和劳动手段物量之间，是没有固定不变的比例的；在这种情况下，以价值指标计量的固定资产，究竟是只反映它的物量呢还是同时也反映它的使用价值量？

让我们暂时撇开第二个问题，即假定同种固定资产的年生产能力总是同它的劳动手段物量成正比例的，譬如说，两套设备总是比一套设备多一倍的生产能力。在这个假定前提下，先看看第一个问题。

十分明显，固定资产使用价值的前述两个不同侧面，不能由一种价值指标，而需要借助两种价值指标来代表。这两种指标就是第二节所述的完全价值和净余价值。我们已知，每项固定资产在其全部存在和使用期间，只要修理维护正常，一般总能保持其原有的实物形态和年生产能力；换句话说，每项固定资产的**年生产能力**，在其全部存在和使用期间，与它的实物形态一起，一般总是**相对稳定**的。但是它在今后尚可利用的时限内的**生产能力累计余额**，则随着已用时间的增加和物理损耗的累积，而**不断减少**。另一方面我们看到，每项固定资产的**完全价值**，在其全部使用期间代表着它的不变的实物形态，继续以其**原来的数值**，取得观念上的存在；但是它的净余价值，却也是随着已用时间的增加，并且**比例于它的物理损耗而不断减少**。这样看来，当我们借用价值指标来计量固定资产的使用价值时，如果所指的是**年生产能力**这一侧面，就应当利用**完全价值指标**；如果所指的是**生产能力累计余额**这一侧面，则应当采用**净余价值指标**。

在这里必须强调指出，利用完全价值指标和净余价值指标来计量的每种固定资产的总值，并不能够分别代表年生产能力和生产能力累计余额的**绝对水平**。须知每种固定资产的年生产能力总额，在绝对量上一般总是小于其能力累计余额的总和；而按完全价值计算的固定资产总值，在绝对量上却相反地大于净余价值总额。由此也可以看出，以固定资产价值量的两种表现来判断它的使用价值两个侧面的**绝对水平**，是断断不可的。严格地说，用价值指标来计量的各种固定资产，只能代表它们所体现的抽象劳动的绝对数额，而不能代表它们的使用价值的绝对数额。对于固定资产**使用价值**的每一个侧面的计量来说，上述相应的价值指标只能够被借用来反映它的**相对水平**。这些价值指标可以用于分析同一时点上固定资产的各组成部分（国民经济中的各个部门，部门中的各类企业，等等）之间的**结构**和**比例**，以及用于观察不同时点上固定资产使用价值量的动态变化。

当然，在考察固定资产使用价值每一侧面的构成、比例时，所用的计价标准，同在考察动态变化时是有区别的。当考察的问题是一定时点上固定资产的构成、比例时，应当以该时点上的重置价值作为计价标准，因为只有这种重置价值，对于该时点上所有的固定资产才是可比的。如果考察的问题是不同时点上固定资产的动态变化，就要选择一定时点上的重置价值作为不变价值，来计算各个时点上的固定资产，因为只有这种不变价值，对于所有时点上的固定资产才是可比的。上述两种计价标准的运用，同计量社会产品的生产和分配的结构、比例时要用现价，计量社会产品的时间动态时要用不变价，在道理上是完全一样的，所产生的缺点和问题也是相仿的，这里就不多说。

现在来看第二个问题。上面我们假定，不同项目的同种固定资产，在年生产能力量与劳动手段物量之间有一定的比例关系。在这个假定前提下，以完全价值计算的各种固定资产和全部固定资产，既可以用来反映它们的物量结构和物量动态，又可以用来反映它们的使用价值量结构和动态。可是，各项固定资产的物量与年生产能力量之间，并不存在固定的比例关系。这是与其他产品不同的。其他产品的使用价值总额，大体上是与按可比价值计的物量总额成正比例地变化的[①]。但是固定资产的使用价值总额，不仅取决于劳动手段的物量，而且更重要的是取决于它的技术构造和经济特征。例如，有两部用途相同的机器，其一的能力比其二大10%，但由于技术构造和经济特征不同，按可比价格计算，其一比其二只大5%。不独机器设备，就是建筑结构物等，都有类似情况。这种情况，不但在比较、选择不同的设计和投资

① 当然，其他产品的物量与有用效果量的比率，并不是绝对地不变的。例如，某种产品的质量改变了，那么它的物量与有用效果量的比率也会发生变化。在劳动手段方面，这种情况尤为显著。

方案时，而且在已有固定资产的静态和动态的观察中，都是常常可以遇到的。在这种情况下，按可比价值计算的固定资产（包括按重置价值计算的某一时点上的各种固定资产，以及按不变价值计算的若干不同时点上的固定资产）数值，能不能用来反映它们的使用价值的结构和动态呢？

在一定时点上，某个部门或者某种用途相同的固定资产，是许多个别项目的固定资产的总和。由于各个项目固定资产的技术构造和经济特征不同，因而按同一可比价值（这里是用该时点上的重置价值）计算的固定资产额与其生产能力额（以产品物量来表现）的比率，在各个项目之间是参差不齐的。但是，若就该部门或者该种固定资产的全体来看，这种内部参差不齐的比率便获得平均化，因而按当时的可比价值计算的某一部门或某种固定资产的总值，是与其生产能力总额成正比例地变化的；换句话说，前一数值的相对变化，可以准确地反映后一数值的相对变化。由此可以得出结论：按当时可比价值计算的一定时点上国民经济各类固定资产的数值，不仅可以用来观察它们的物量结构和比例，而且可以用来观察它们的使用价值量结构和比例。

如果考察的是许多时点上固定资产的动态变化，情况就有所不同。由于劳动手段制造部门的生产技术和劳动手段本身的技术构造不断改变的结果，不但每一单位生产能力平均的再生产价值，而且它依以存在的劳动手段的平均物量，都会发生变化。在这种情况下，按可比价值（这里是用不变价值）计算的某种固定资产在各个时点上的数值，会与它在各个时点上所体现的生产能力总额，不依同一程度而变化。所以在这里，按不变价值计算的固定资产总值的时间序列，只能反映它的物量动态，而不能确切地反映它的使用价值量动态。

上述固定资产的物量与使用价值量的比率在不同项目之间和在不同时点上的变化，对于国民经济计划工作来说，有着十分重要的意义。我们知道，按可比价格计算的固定资产额同按产品实物量计算[1]的生产能力额的比值，就是通常所说的每一单位生产能力的固定资产占用系数。这个系数，不但在不同投资方案的效果比较和最优方案的选择上，而且在国民经济和各部门的发展规模、速度与固定资产投资的关系的安排上，都是十分有用的、不能忽视的指标。需要指出的是，由于固定资产对产品生产的实际效果，不只决定于劳动手段本身的技术结构和经济特征，还决定于它在使用中被掌握利用的程度，因此在国民经济动态的分析研究中，还要有一个单位产品的固定资产占用系数指标。这个指标，较之单位生产能力的固定资产占用系数，更切合用于观察各部门和整个国民经济固定资产生产效果的变化。单位产品的固定资产占用系数的变化，受着许多复杂的经济和技术因素的影响，它对各部门和国民经济的发展速度和投资需要的确定，具有关键性的意义。所以这个系数的观察、分析和研究，应当在国民经济计划和统计工作中，受到应有的重视。

① 或者按产品的可比价值计算。

关于固定资产更新规模的决定因素的一些问题*

（1964年3月）

固定资产的更新问题，是牵涉到简单再生产与扩大再生产的关系、技术进步、生产布局、投资效果以及社会主义经济的许多其他方面的一个十分复杂的问题，需要进行多方面的研究。这篇文章只打算从国民经济综合平衡的角度，对决定固定资产更新规模的一般因素，作一些初步的探索。

本文分五个部分。第一部分交代一下本文所使用的“固定资产更新”概念的范围和内容，并略论引起固定资产更新的客观原因。第二部分从新技术装备的生产供应条件、从而可能实现的新固定资产投资条件，来看原有固定资产的更新规模。第三部分从劳动力资源条件，来看固定资产的更新规模。第四部分进行综合的考察，确定计划期原有固定资产更新规模的适宜界限。在第五部分，打算简略地讨论一下固定资产的更新规模同折旧基金的关系。

一

我国经济学界和从事实际经济工作的同志，对于“固定资产

* 原载《经济研究》1964年第3期。

更新”这一概念，有着种种不同的理解。这里只举一种最窄的理解和一种最宽的理解。

先说最窄的理解。有些同志认为，所谓固定资产更新，就是当生产中原来使用的劳动手段（如机器设备等）已经损耗到不能继续使用的程度时，以原来型号和相同性能的新劳动手段来替换。在实际经济生活中，这种简单的替换，并不是完全不存在的。但是，在技术不断进步的条件下，简单的替换应当只是极少数的、非典型的现象；而固定资产更新中大量的、普遍的现象，应当是以效能较高的、更完善的劳动手段来代替退废的旧型劳动手段。只有这样，才能使社会原有固定资产的技术面貌不断地翻新，加速整个国民经济的技术改造过程。把更新仅仅看成为劳动手段的简单替换的观点，是不符合社会主义制度下生产技术不断进步的要求的。

再看最宽的理解。持这种见解的一些同志，正确地把固定资产更新的概念，同新技术的利用联系起来。可是他们认为，固定资产更新的范围，不仅是指以新技术设备来代替从生产中完全退废的旧型劳动手段，而且还包括一切以新技术的利用为内容的新建和扩建，以及一切针对尚在继续使用中的旧型劳动手段而进行的、与新技术的利用相结合的修理和小型技术改造措施。换句话说，他们把与新技术的利用有关的、固定资产再生产的所有一切方式，都看成是固定资产更新。按照这种见解，更新就不再是固定资产再生产的许多方式中的一种方式，而是与固定资产再生产的其他方式没有区别的普遍方式了。并且，这样一来，固定资产更新问题，便融入技术进步这一更宽泛的问题中，而失去它作为一个特殊问题的独立意义。所以，这种观点对固定资产更新问题的研究，也是不适用的。

本文所讲的固定资产更新，是指固定资产再生产的一种方式，它一般是以较经济和较完善的新劳动手段，来代替物理上不

能继续使用或经济上不宜继续使用，而必须退废的原有劳动手段。与纯粹属于扩大再生产性质的那一部分新建和扩建相区别，固定资产更新必须是与原有劳动手段的退废和补偿相联系的①。与具有局部补偿性质、针对尚在继续使用的劳动手段而进行的修理（及有关的小型技术改革措施）相区别，固定资产更新是针对不能继续使用的劳动手段而进行的，它含有退废资产的完全补偿的性质。

固定资产更新既然是与原有劳动手段的退废和完全补偿分不开的，那么，引起原有劳动手段退废的原因，也就是引起固定资产更新的原因。

原有劳动手段的退废，可以起因于有形损耗，也可以起因于无形损耗。有形损耗引起的退废，是在劳动手段的物理性能耗用殆尽，不能够再用修理的办法来延续其生命时发生的。无形损耗所引起的退废，则是由于技术进步、由于更经济和更完善的劳动手段的出现和推广，使物理上尚可使用的原有劳动手段的修理和续用，在经济上成为不利的情况下发生的，因而在它的物理生涯完毕以前，就需要提前报废，代之以新的劳动手段。

在考察固定资本的有形损耗和无形损耗问题时，马克思曾经指出无形损耗对于缩短固定资本使用期限的决定性作用。他说过，“生产资料的不断的变革又使它缩短，而在资本主义生产方式发展时，这种变革是不断增加的。那就是，跟着它，会有生产资料的变化，使生产资料在其物理生涯完毕以前，因有精神磨

① 在实际经济生活中，有些新建扩建，也具有补偿退废资产的性质。特别是在采掘部门，旧矿井报废后，要以新建的矿井或者别的旧井的扩建来补偿。这部分新建扩建由于与原有资产的退废和完全补偿有联系，所以也包含在本文所用“固定资产更新”的概念范围之内。当然，更新是在原有企业的基础上来进行，还是另起炉灶，在经济意义上是有区别的。这个问题，需要另行研究，本文不拟详论。

损，而有不断替换的必要”[①]。他还指出“竞争战又使旧的劳动手段，在它的自然寿命未满以前，必须由新的劳动手段来替换，而在有决定性的变革时，尤其是如此。使经营工具未到时候就依赖大的社会的规模来更新的，主要是大恐慌，危机”[②]。

在社会主义制度下，不存在迫使劳动手段在其自然寿命未完以前就予报废的竞争，也不存在引起劳动手段周期地大规模提前更新的经济危机。社会主义社会中的固定资产更新，是服从于提高劳动生产率和发展生产的任务，是有计划地进行的。但是，这是不是说，在社会主义制度下，固定资产的更新规模，只是由有形损耗所引起的退废规模来决定，而无须考虑无形损耗对于固定资产提前报废和更新的要求呢？在这个问题上，也存在着种种不同的认识。

有些同志认为，社会主义社会中固定资产更新的规模，应该以物理上不能继续使用的劳动手段的退废规模为转移，新制造出来的劳动手段，在补偿了有形损耗引起的退废以后，应该全部用于扩大再生产的新建和扩建，而不应该用于提前更新物理上尚可继续使用的劳动手段。这样，现有劳动手段和新增劳动手段都能得到最大限度的利用，从而可以获得社会产品的最大产量和最高的增长速度。

应该看到，与纯粹属于扩大再生产性质的那一部分新建扩建不同，固定资产的更新（即使与新技术的利用相结合）首先是补偿退废的生产能力，因而必须在很大程度上包含着简单再生产的要素。如果在有形损耗所引起的退废以外，还要考虑遭受无形损耗的资产的提前更新，那么，新技术设备和其他新制劳动手段就要有一个部分，从纯粹是扩大再生产性质的新建扩建，转向基本上是简单再生产性质的补偿更新，从而给社会产品的产量和增长

① 马克思：《资本论》第2卷，人民出版社1953年版，第212页。

② 同上书，第193页。

速度带来损失。单从这一点看，上述观点未尝没有一定的道理。

可是，还要看到，遭受无形损耗的原有劳动手段的继续使用，与换用新技术相比，在生产能力指标上，或者在产品品种和质量指标上，或者在劳动力消耗、原材料消耗、燃料动力消耗以及在成本指标上，是不利的。当社会有可能以新技术来提前替换旧技术时，如果不进行这种替换，那么社会劳动就会有一部分被继续占用在效率很低或者产品不能适应社会需要的生产上。这种情况，会使社会劳动生产率的提高和社会主义积累的增长受到阻碍，反过来也会不利于社会产品产量和速度的进一步提高。所以，从经济效果的角度来看，不考虑无形损耗的更新需要的观点，是不正确的。

另一种观点与上述相反，认为社会主义社会中固定资产更新的规模，完全是由无形损耗决定的。持这种观点的一些同志主张，凡是遭受无形损耗的劳动手段，都应缩短其经济使用期限，代之以新的技术。他们认为，这样做便有利于加快国民经济技术改造的过程，提高社会劳动生产率的增长速度。

一般地说，以新的技术来代替遭受无形损耗的旧型劳动手段，对社会劳动生产率的提高是有利的。并且似乎还可以说，旧型劳动手段代之以新技术的时间越早，更新的规模越大，则社会劳动生产率的提高程度也可以越大。但是，能不能由此得出结论，在发生无形损耗的情况下，原有劳动手段的经济使用期限缩得越短越好，它们的退废和更新的规模越大越好呢？

暂且不论新技术设备和其他新型劳动手段的生产供应状况和国民经济综合平衡的其他条件，是否容许把现有固定资产的使用年限作最大限度的缩短；即使单纯从局部的经济效果的见地来看，最大限度地提前更新的论点，也是不能成立的。要知道，提前以新技术来代替旧技术，不只是给社会带来节约劳动的利益，它还要社会承担原有固定资产提前报废的损失和追加投资的费用[1]。十分明显，原有固定资产的经济使用年限缩得越短，提前退废更新的时间越早和规模越大，则社会所承担的费用和损失也越大。社会主义社会在确定各项固定资产提前退废更新的时间和规模时，不能不比较得失，权衡利弊。

从局部经济效益的见地来研究原有固定资产的续用和换新的经济界限，有些经济学者曾经作过一些探索。例如，有的同志提出，当用新技术设备生产的单位产品成本，加上因旧设备提前退废应摊的损失，低于用旧设备生产的单位产品成本时，旧设备的提前更新在经济上就是适宜的，否则仍应继续利用[2]。另有同志提出，当利用旧型劳动手段生产的劳动生产率，落到因新技术的利用和推广而逐渐提高的社会平均劳动生产率的水平以下时，旧技术设备就应提前更新。还有些经济学者，通过对固定资产大修理费用的经济界限的研究，接触到原有劳动手段的续用或者换新的经济适宜性问题，等等。所有这些研究，是值得进一步地讨论和加以具体化，以作为确定各项固定资产更新时间和规模的参考的。

本文不打算详细讨论固定资产更新的个别经济效果的比较问题。在这里，有必要指出，新旧技术的效果比较、提前更新和提前报废的得失比较，以及修理费用与更新费用的比较，等等，虽然对原有固定资产的续用或更新的经济适宜性的判断，有着十分重要的意义，但是它们不能够最终地确定一个部门和整个国民经济的固定资产退废和更新的规模，从而也不能最终地确定新技术设备用在固定资产更新和扩大之间的分配界限。在实际经济生活中往往可以遇到，虽然从局部经济损益的直接比较上看，提前更

① 葛家澍：《论社会主义经济中固定资产的无形损耗及其计算问题》，《厦门大学学报》1957年第2期，第124—125页。

② 钱伯海：《固定资产的无形损耗与技术改造》，《厦门大学学报》1958年第1期，第53—54页。

新具有无可争辩的优越性，然而旧技术设备常常仍不得不继续利用，有时甚至要用到物理性能损耗完毕为止。这些情况，在某些场合是同经济组织工作中的一些局部缺点有关的，但是根本的原因却不完全在这里。在社会主义制度下，各项固定资产的平均使用时限和国民经济固定资产更新的规模，不单纯是由经济效果的个别比较来决定的，而主要是由国民经济综合平衡的客观条件来决定的①。下面我们就来考察这些条件对固定资产更新规模确定的影响。

二

从国民经济的范围上看，以新技术代替旧技术为内容的固定资产更新的规模，首先要受到劳动手段制造部门（机器设备制造业、建筑业等）的生产能力的限制，从而也受到实际可能实现的固定资产投资规模和动用规模的限制。

新型劳动手段的出现，并不能够立即促使效能较低的现有劳动手段缩短其使用期限。因为，劳动手段制造部门不能够立即向使用部门提供新的技术装备，来代替旧的技术装备。从新技术装备的发明、试制，到掌握它的成批生产，再到完全停止旧型劳动手段的继续生产，需要有一个过程。舍此不论，即使劳动手段的制造部门已经完全从旧技术装备的生产转移到新技术装备的生产上面来，它所能够提供的新技术装备的数量，也要受到原有制造能力的限制。

① 在社会主义经济中，当局部经济效果的要求与国民经济综合平衡的要求不相一致的时候，前者应服从后者，因为，国民经济综合平衡的利益体现着国民经济整体的长期的经济效果。关于综合平衡同经济效果的关系，是社会主义计划经济的核心问题之一，但是在过去的政治经济学文献中讨论得很少，还有待于进一步的探索；在这里我们只提出这个问题，不打算在这篇文章中展开研究。

在原有固定资产的数额为一定时，它的更新规模的扩大意味着它的平均使用年龄的缩短。而现有固定资产平均使用年限的任何程度的缩短，都要求改变劳动手段使用部门和制造部门之间的比例关系。在其他条件相同时，现有固定资产平均使用年限的缩短和更新规模的扩大，只有当劳动手段制造部门及与之有关的相邻部门的生产能力有了相应的扩大时，才是可能的。

为了说明固定资产平均使用时限的缩短对劳动手段的制造部门提出的要求，让我们先设想一个没有技术进步，同时固定资产的规模也保持不变的静态状况。假定某种设备的使用部门（以下称甲部门）拥有15万台设备，每台平均的物理使用期限是15年，每年平均因有形损耗而退废1万台（15万台×$\frac{1}{15}$）。该种设备制造部门（以下称乙部门）每年生产原有型号的设备也是1万台。这样，甲部门每年因有形损耗而退废的设备，恰好能够得到更新补偿，从而能够年复一年地保持着原有规模。

现在引入技术进步的条件。假定乙部门经过新产品的设计、试制等阶段，已经能够掌握用途相同但效能更高的新型设备的制造，开始停止原有型号设备的生产而完全转向生产新型设备。并且，在原有生产能力的基础上，乙部门每年生产的新型设备假定仍为1万台。在这种情况下，甲部门每年因有形损耗而退废的1万台旧型设备，可以完全由效能更高的新型设备来更新。但是甲部门固定资产的年更新率，仍同过去一样为1/15，其平均使用时限或更新周期仍为15年，这就是说，甲部门物理上尚可继续使用的旧型设备，并不因为新技术的出现和无形损耗的发生而能够缩短其使用时限，提前退废和更新。

如果甲部门要加速以新技术代替旧技术的过程，譬如说把更新率从每年$\frac{1}{15}$提高到$\frac{1}{7.5}$（原来要15年才能全部更新，现在缩短为7.5年），那么，每年退废的旧设备和需要用于更新的新设备，

就要从1万台增为2万台（15万×$\frac{1}{7.5}$）。为了满足甲部门固定资产加速更新的需要，制造该种设备的乙部门的年生产能力，就必须从1万台扩大为2万台。

事情还不是到此为止。乙部门生产能力的扩大，本身需要增加用于制造甲部门所需设备的工作母机设备。假定乙部门在生产能力扩大以前，原来拥有各种工作母机设备1000台，每台平均使用年限为25年，从而每年退废更新40台（1000×$\frac{1}{25}$）；并且，为乙部门提供工作母机的设备制造部门（丙部门），每年也生产40台工作母机，恰好满足乙部门的更新需要。现在，既然乙部门的生产能力要扩大一倍，它所拥有的各种母机设备就要从原来的1000台增为2000台。为了满足这项需要，制造母机设备的丙部门的产品产量和生产能力，就要从原来的40台增为1040台（40+1000），即增加25倍。

这样看来，即使不考虑使用部门（甲）设备规模的扩大的需要，单纯为了加倍现有设备的更新速度从而将其平均使用时限缩短一半，就要把新设备制造部门（乙）的生产能力扩大一倍，把母机设备制造部门（丙）的生产能力扩大25倍。这里还没有考虑为乙、丙部门提供原材料、燃料、动力等相邻部门的追加生产能力的需要。按照部门联系的原理，与新技术设备的制造直接间接关联着的生产资料工业部门，都要随着设备使用部门原有固定资产使用年限的缩短和更新速度的加快，而必须有相应的扩大。

十分明显，与新技术设备和其他劳动手段的制造有关的生产资料工业部门和建筑业部门的大幅度的扩大，需要投资和时间，而不是一蹴就可至的。由此看来，超越于有形损耗所决定的，固定资产退废更新规模的扩大，从而现有固定资产的经济使用时限的缩短，牵涉到整个重工业优先发展的规模和结构问题，要求巨额人力物力的投资和先行的基本建设工作。所有这些，都需要国民经济长期计划的统一安排。

在一定的计划时期内，劳动手段制造部门扩大的速度从而实际可能实现的固定资产投资规模，总是有一定限度的。因此，即使不考虑使用部门固定资产扩大的需要，而假定将全部新造出来的劳动手段用之于现有固定资产的更新，在一定的计划期内原有固定资产经济使用年限的缩短和更新规模的扩大，也是有一定限度的。可是，新制造出来的劳动手段和可能实现的固定资产投资，在首先补偿了因有形损耗而必须报废的固定资产之后，显然不能全部用于缩短现有固定资产的使用年限，增大无形损耗的退废和更新的规模，而必须同时考虑固定资产和社会产品进一步地扩大再生产的需要。这种考虑，将使现有固定资产无形损耗的退废和更新的规模，受到进一步的限制。

现在我们来研究一下原有固定资产可能退废更新的规模，可能实现的固定资产投资规模[①]同社会产品扩大再生产的需要这三者之间的数量关系。在下面的叙述中，以P_0和K_0分别代表基期社会产品量和固定资产量，以e_0（$=\frac{P_q}{K_q}$）代表基期单位固定资产的平均产品产出系数；以K_q和P_q分别代表计划期可能实现的固定资产投资额和新动用固定资产所能提供的产品额，以e_q（$=\frac{P_q}{K_q}$）代表新固定资产的平均产出系数；又以K_r代表原有固定资产在计划期可能的退废更新额，以P_r代表由于固定资产退废而丧失的产品产量；最后，以ΔP代表计划期社会产品的增长量。

假定原有固定资产的利用效果不变，那么，计划期新增社会产品量ΔP应等于新固定资产的动用而提供的产量（P_q），减去原有固定资产的退废而丧失的产量（P_r）；用公式来表示：

① 为了简化分析条件，下面我们假定计划期的新技术装备的生产供应规模，固定资产投资规模和动用规模，是完全一致的，并假定动用的固定资产，是完全配套的。

$\Delta P=P_q-P_r$

由于$P_q=K_q\times e_q$，$P_r=K_r\times e_0$，所以上式可以改写为：

$\Delta P=K_q\times e_q-K_r\times e_0$

移项，得：

$$K_r=(K_q\times e_q-\Delta P)\div e_0 \tag{1}$$

上式中，e_0即基期原有固定资产的平均产出系数，是已知的。为了简化分析条件，我们再假定e_q（即新动用固定资产的平均产出系数）也已经由固定资产投资的技术方案和劳动手段制造部门的生产技术水平所决定。剩下来要研究的，就是K_r（原有固定资产退废更新规模）、K_q（新固定资产投资和动用规模）和ΔP（社会产品增长规模）之间的关系。从（1）式可知，原有固定资产在计划期间可能退废和更新的规模（K_r）取决于两个因素：它与计划期可能实现的固定资产投资和动用规模（K_q）以相同的方向变化，而与计划期所要求的社会产品增长规模（ΔP）则以相反的方向变化。

现在举一个简化的例子来说明上述关系。假定基期固定资产量K_0=800单位（亿元），社会产品产量P_0=2000单位（亿元），从而$e_0=\frac{P_0}{K_0}=2.5$；又假定计划期固定资产投资的技术方案和劳动手段制造部门的生产技术水平，决定了新动用固定资产的平均产出系数e_q=3。在这些假定前提下，再设想新固定资产的投资和动用规模（K_q），分别采取20，40，60，80……不同的数值（单位亿元）。根据公式（1）的计算，我们可得在不同投资规模情况下，原有固定资产的退废更新规模（K_r）与社会产品增长规模（ΔP）之间的关系，如图1所示。

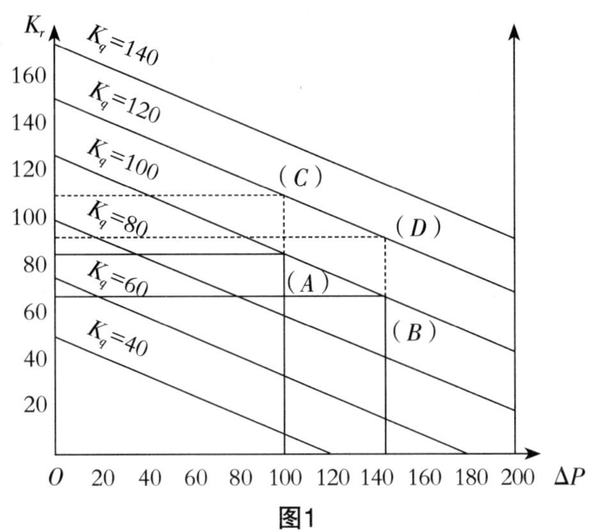

图1

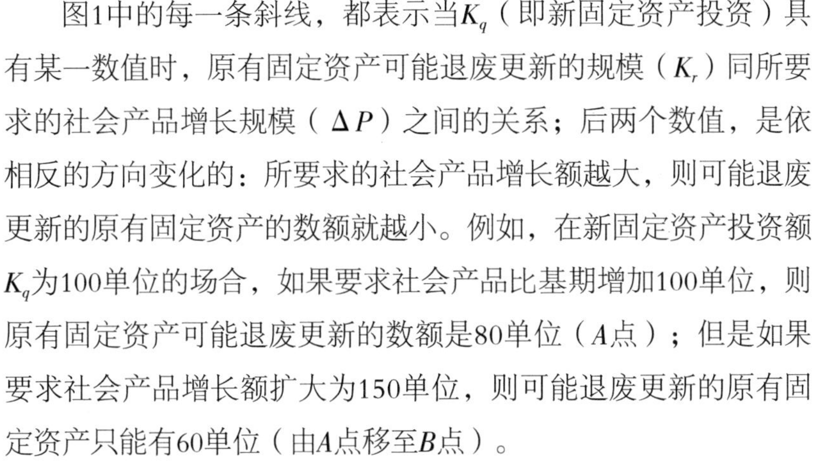

图1中的每一条斜线，都表示当K_q（即新固定资产投资）具有某一数值时，原有固定资产可能退废更新的规模（K_r）同所要求的社会产品增长规模（ΔP）之间的关系；后两个数值，是依相反的方向变化的：所要求的社会产品增长额越大，则可能退废更新的原有固定资产的数额就越小。例如，在新固定资产投资额K_q为100单位的场合，如果要求社会产品比基期增加100单位，则原有固定资产可能退废更新的数额是80单位（A点）；但是如果要求社会产品增长额扩大为150单位，则可能退废更新的原有固定资产只能有60单位（由A点移至B点）。

从图中还可看到，新固定资产的投资规模K_q越大，则K_r与ΔP的关系线就越是往上移动；这就是说，当ΔP的数值为一定时，则K_r的数值将随着K_q数值的增大而增大。例如，当社会产品增长量仍如A场合那样定为100单位，但投资额却从原来规定的100单位增为120单位，那么原有固定资产可能退废更新的数额，就可以从80单位增到104单位（从A点移向C点）。但是，如果在投资规模增为120单位时，要求社会产品增长额从原来规定的100单位扩大到150单位，这时原有固定资产可能退废更新的规模，就只能从80单位增到84单位（从A点移至D点）。

从以上的分析可知，原有固定资产在计划期可能退废更新的规模，不仅依存于新技术装备的生产规模以及由此决定的基本建设投资规模，而且要取决于规定的社会产品增长速度。在新技术装备的生产量从而投资规模为一定时，扩大固定资产更新规模的任务，是同扩大社会产品产量的任务有矛盾的。前面已经指出，与无形损耗相联系的退废更新，对于改进现有生产的质量指标（广义的质量指标，包括产品品种、质量、单位产品的活劳动消耗、物质消耗、成本等），有着十分重要的意义。所以，扩大更新规模与扩大产品规模的矛盾，在一定意义下也可以说是质量指标与数量指标的矛盾①。在社会主义建设的不同时期和不同情况下，有时有必要强调数量指标方面，另有些时候则需要强调质量指标方面。可是，根据我国社会主义建设总路线的多快好省相结合的要求，这两个方面都是不能偏废的。在社会主义建设中，如果稍一忽视质量成本等指标，就会带来巨大浪费；而如果忽视数量的扩大，则不能满足国民经济日益增长的巨大需要。因此，在首先保证补偿有形损耗退废的固定资产的前提下，新技术装备的投资究竟应该按怎样的界限来用于扩大原有固定资产无形损耗的退废更新和用于扩大社会生产机构，是一个需要十分慎重考虑的问题。

到现在为止，我们的分析还不能为固定资产的更新和扩大提供一条具有原则意义的界限。要解决这个问题，还要考虑国民经济综合平衡的另一个重要条件，即劳动力资源条件。

---

① 与新技术的利用有关的更新，不仅可以改进现有生产的广义质量指标，而且在许多场合也会使原有生产能力扩大，即对产品数量指标也有影响。不过，更新时新动用资产的生产能力，总有一部分要用于补偿退废资产的能力，因此更新对产品数量扩大的影响，总不若把新技术装备不用于提前更新现有资产，而用于扩大现有资产。所以我们说，更新对现有生产的影响，主要是在广义的质量指标方面。

三

现在来看看劳动力资源条件对于原有固定资产退废更新规模的制约作用。

大家知道，仅有劳动手段自身是不能进行生产的。它必须由最主要的生产要素即劳动者来掌握，作用于劳动对象，才能发挥生产的职能。新制造出来的劳动手段，不是用来装备物质生产领域的新增劳动者，就是用来重新装备已经就业的生产劳动者，替换原有的装备。在技术进步的过程中，新增劳动者和重新装备的那一部分原有劳动者的平均的技术装备水平，一般要高于原有劳动者过去的平均装备水平，这乃是提高社会劳动生产率的一个最主要的物质条件。新的劳动手段，有多少用于装备新增劳动力，又有多少用于重新装备原已就业的劳动力？原来使用的劳动手段，有多少应该退出生产，换以新的技术装备呢？这不仅取决于新技术装备的生产供应量，而且还要看劳动力资源会有怎样的变化。

为了说明劳动力资源的变化对于原有固定资产退废更新规模的影响，我们还是先设想一个固定资产规模、劳动力资源和生产技术条件都不变化的静态情况。假定社会拥有各种机器设备100万台，平均每台的物理使用期限和更新周期为10年，每年因物理损耗而退废更新10万台（$100\times\frac{1}{10}$）。社会生产劳动者人数为1000万人，平均每10人使用一台机器。这1000万人中，有50万人从事机器设备的生产，每年生产各种原有型号的机器设备10万台，恰好补偿有形损耗退废更新的需要。新生产出来的各种原型设备的利用，需要劳动力100万人（10×10），也恰好由原有设备的退废所腾出来的100万人（10×10）来抵补。

下面进一步假定，由于技术进步、劳动生产率提高的结果，在机器设备制造业就业的劳动者50万人，能够一年生产20万台各

种新型的、效能更高的机器设备，这些机器设备在利用时，平均每台只需要8人（旧的每台需要10人）。新生产出来的机器设备的全部利用，总共需要160万人（20×8）。160万人从哪里来呢？如果劳动力资源仍然假定不变，从原有设备有形损耗的退废只能取得100万人（10×10），另外的60万人就要靠缩短现有机器设备的使用年限，扩大无形损耗的退废更新的规模来解决。十分明显，在这个场合，除了因有形损耗而退废的10万台外，还要有6万台因无形损耗而退废，总共退废16万台旧型设备，代之以20万台新型设备。

但是，如果这时社会劳动力资源也有了增长，譬如说增长了20万人，那么，除了因有形损耗而退废的10万台所腾出的100万人外，要求由无形损耗的退废而腾出的原有劳动者人数就只需要40万人；由无形损耗而退废的旧机器设备，也只要4万台就够了。十分明显，如果新增劳动者人数达到60万人，那么，原有机器设备的更新规模就只能限制在有形损耗的退废范围上，而无须进一步地扩大提前退废和更新的规模①。在这里我们又遇到一个例子，表明物理上尚可继续使用的旧型设备，并不总是因为新技术设备的出现和无形损耗的发生而能够缩短其使用时限，提前退废和更新。

为了加速现有生产的技术改造过程，我们是否可以不管劳动力资源的变化状况，最大限度地扩大原有固定资产的更新规模呢？在这个问题上，社会主义的计划经济同资本主义的市场经济之间也是存在着根本的区别的。

在资本主义社会，资本家为了在市场上击败竞争对手，攫取最大利润，被迫地要通过提前更新固定资本、提高个别资本的技术构

① 新增劳动力资源当然还可能比60万人更多，这时由有形损耗决定的退废更新的规模却不能减少。为了保证新增劳动力的就业，需要重新考虑固定资产投资的平均技术装备水平问题。参见拙作“关于社会主义再生产发展速度的决定因素的初步探讨”一文的第三节（载《经济研究》1961年第3期）。

成和有机构成的办法，来加强自己的竞争能力。不但社会新增劳动力的就业问题，不在资本家的视野之内，而且原来就业的劳动者，也随着原有资本有机构成的提高而一批一批地被抛在街头，补充失业大军的队伍。这是资本积累的法则，也是资本更新的法则。

社会主义社会消灭了失业现象。保证全体有劳动能力的居民的就业，是社会主义计划经济的任务之一。无论是在安排固定资产的积累时，还是在安排固定资产的更新时，都必须考虑尽可能使所有的劳动者得到就业。同时，充分利用一切现有的和新增的劳动力资源，又是使社会生产在外延上扩大的一个决定性因素。

可是，社会主义的社会再生产，不但要在外延上扩大，而且，更重要的是要从内涵上扩大，也就是要依靠社会劳动生产率的提高。新增劳动人口和由原有固定资产有形损耗的退废而腾出来的劳动力，用新的更完善的劳动手段装备起来，当然也可以提高社会劳动生产率的平均水平，从而使社会生产规模扩大，同时具有外延的和内涵的性质。然而，在新的劳动手段的平均技术指标为一定时，社会劳动生产率提高的程度，从而扩大再生产的内涵成分，还是要受到新增劳动力资源和原有固定资产有形损耗退废更新规模的限制。如果要进一步提高社会劳动生产率，增强扩大再生产的内涵因素，那就必须要在有形损耗决定的退废更新之外，扩大无形损耗的退废更新规模，使更多的原来就业的生产劳动者，得到新技术的重新装备。

现在我们来考察一下，新增劳动力资源、原有固定资产退废更新规模（通过这种退废更新，原有劳动者得到重新装备）以及社会产品增长规模这三者之间，具有怎样的数量关系[①]。在下

① 在第二节，当我们从新固定资产投资和动用规模的变化的角度，来分析原有固定资产的退废更新规模同社会产品增长规模间的关系时，曾经撇开劳动力资源条件，暂时把它存而不论。在这里，当我们从劳动力资源变化的角度，来考虑原有固定资产的退废更新规模同社会产品的增长规模之间的关系时，就要反过来，撇开固定资产投资和动用规模变化的条件，把后者暂时存而不论。

面的叙述中，除了续用第二节中用过的符号外，再以N_0代表基期生产劳动者人数，ΔN代表计划期新增劳动者人数，N_q代表新动用的固定资产能够装备的劳动者人数，N_r代表退废固定资产所腾出的劳动者人数。在保证所有劳动力资源都得到就业的前提下，$N_q=\Delta N+N_r$。又以g_0（$=\frac{K_0}{N_0}$）代表基期每一劳动者平均的装备系数，h_0代表基期社会平均劳动生产率；g_q代表新固定资产的平均装备系数，h_q代表新固定资产能够保证的劳动生产率。

从第二节我们已知$\Delta P=P_q-P_r$。由于$P_q=N_q\times h_q$，$P_r=N_r\times h_0$，所以$\Delta P=N_q\times h_q-N_r\times h_0$。经过代替和移项，从这个式子可以得出下面的关系式①：

$$K_r=\frac{(\Delta P-\Delta N\times h_q)\times g_0}{(h_q-h_0)} \qquad (2)$$

上式中，g_0（基期每一劳动者平均装备系数）和h_0（基期社会劳动生产率）是已知的。再假定h_q（新动用固定资产所能保证的劳动生产率）也已经由固定资产投资的技术方案和劳动手段制造部门的生产技术水平所决定。剩下来要研究的，就是K_r（原有固定资产的退废更新规模）、ΔN（新增劳动力资源）和ΔP（社会产品增长规模）之间的关系。从（2）式可知，原有固定资产在计划期间需要退废更新的规模（K_r），取决于两个因素：它与计划期新增劳动力资源（ΔN）以相反的方向变化，而与计划期所要求的社会产品增长规模（ΔP），则以相同的方向变化。这种关系，同前面第二节中研究过的K_r与K_q、ΔP的关系，恰好形成一个相反的对照；在那里我们看到，K_r与K_q是以相同方向变化，

① 从$\Delta P=N_q\times h_q-N_r\times h_0$得出公式（2）的过程如下。

由于$N_q=\Delta N+N_r$，代入上式得$\Delta P=(\Delta N+N_r)\times h_q-N_r\times h_0=N_r\times(h_q-h_0)+\Delta N\times h_q$。

但$N_r=K_r\div g_0$，代入上式，得$\Delta P=K_r\times\frac{(h_q-h_0)}{g_0}+\Delta N\times hq$，移项，即得公式（2）。

而K_r与ΔP则是以相反方向变化的。

以上所述原有固定资产的退废更新规模（K_r）同新增劳动资源（ΔN）和社会产品增长规模（ΔP）之间的关系，也可以用一个图解来说明。这里我们仍然利用第二节中对基期社会产品产量（P_0=2000单位）、固定资产量（K_0=800单位）规定的数字，再规定基期生产劳动者人数N_0为1000单位（万人），从而基期每一劳动者平均的装备水平（$g_0=\frac{K_0}{N_0}$）为0.8，基期社会劳动生产率平均水平（$h_0=\frac{P_0}{N_0}$）为2[①]。又假定计划期固定资产投资的技术方案和劳动手段制造部门的生产技术水平，决定了新固定资产所能保证的劳动生产率h_q为2.7[②]。在上述前提下，设计划期新增劳动力资源（ΔN）分别采取0，10，20，30……不同数值（单位万人）。根据公式（2）的计算，我们可得在不同的劳动力增长人数的情况下，原有固定资产的退废更新规模（K_r）同社会产品增长规模（ΔP）的关系，如图2所示。

图中每一条斜线，都表示当ΔN即新增劳动力人数为一定时，原有固定资产的退废更新规模（K_r）同社会产品增长规模（ΔP）之间的关系，后二者的数值，是以相同的方向变化的：所要求的社会产品增长额（ΔP）越大，则需要退废更新的原有固定资产额（K_r）也越大。这种关系，恰好同前面图1所示ΔP与K之间的关系，是相反的。从图2还可以看到，ΔN即新增劳动力资源的数值越大，则K_r与ΔP的关系线就越是向下方移

① 第二节中举过基期单位固定资产的平均产出系数e_0=2.5这个数值与g_0和h_0是有机地联系着的。三者的关系是

$$\frac{h_0}{g_0}=e_0\left(\frac{2}{0.8}=2.5\right)。$$

② 第二节中举过新动用固定资产的平均产出系数e_q=3，由此可以知道新固定资产的平均装备系数g_q=0.9（$g_q=\frac{h_q}{e_q}=\frac{2.7}{3}=0.9$）。

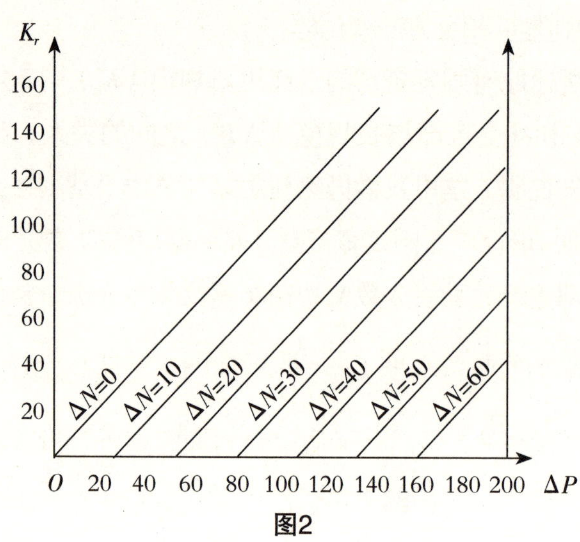

图2

动；这就是说，当所要求的社会产品增长规模ΔP为一定时，原有固定资产的退废更新额（K_r）就随着新增劳动者人数ΔN的加大而减少。这种情况，同前面图1所示情况，也恰好是相反的。

从公式（2）和图2所揭示的关系来看，似乎当新增劳动力资源ΔN为一定时，原有固定资产的退废更新规模（K_r）越大越好，因为这样不仅可以改进原有生产的其他各项质量指标，而且还可以通过原有劳动者的重新装备和劳动生产率的提高，有助于社会产品的增长量（ΔP）和增长速度的扩大。可是应当注意，这里的分析，是把固定资产投资的条件存而不论的。然而当新增劳动力人数为一定时，原有固定资产的退废更新规模越大，则为装备新增劳动力和重新装备原有劳动力所需的固定资产的投资量也越大。前面已经指出，社会主义社会在扩大原有固定资产的退废更新规模时，不能不从经济效果上考虑追加的投资费用与生产的质量数量指标的改进相比是否合算，更不能不从新技术装备和其他劳动手段的生产供应状况上来考虑追加的投资有无实际的可能。

在第二节，当我们从劳动手段的生产供应量和实际可行的固定资产投资量的变化的角度，来考察原有固定资产的退废更新规模同扩大再生产的关系时，由于舍象了劳动力资源的条件，因而得不出关于更新规模和再生产速度的准确答案。在这里，当我们从新增劳动力资源量变化的角度，来考察同一关系时，由于舍象了新技术装备的生产供应条件和投资条件，因而同样不能准确确定原有固定资产的退废更新的规模和扩大再生产的速度。要解决这个问题，必须把这两个方面的条件结合起来，进行综合的考察。

四

下面，我们同时从固定资产的投资条件和劳动力资源条件，来考察原有固定资产的退废更新规模和社会产品的增长规模的确定问题。

在解决这个问题时，任务在于：在新增劳动力资源和固定资产投资额都为一定的条件下，既要尽可能保证新增劳动人口的完全就业，充分利用社会劳动力资源；又要充分利用新提供的技术装备，尽可能提高社会劳动生产率；以使社会产品的增长规模，取得在给定条件下最大可能的数值。要达到在给定的人力和物力条件下最大可能的增长速度，原有固定资产的退废更新的规模，就应该被确定在由于退废而腾出的那一部分原有劳动力，加上全部新增的劳动力，能够使固定资产投资所提供的全部新技术装备，都得到充分利用的规模上。

在新增劳动力资源和固定资产投资规模都为一定的条件下，原有固定资产的退废更新规模和社会产品增长规模的适宜的结合，可以由前述公式（1）和（2）的联立方程组的求解中得出。这一组联立方程式是：

$$K_r = (K_q \times e_q - \Delta P) \div e_0 \qquad (1)$$

$$K_r = \frac{(\Delta P - \Delta N \times h_q) \times g_0}{(h_q - h_0)} \qquad (2)$$

根据前面两节所讲的例子，（1）（2）两式中有关固定资产的技术经济指标（e，g，h）的数值，都假定是已知的①。如果新增劳动力资源ΔN为30单位，固定资产的投资和动用额K_q为100单位，通过上列联立方程组的计算，便可确定原有固定资产的退废更新规模K_r应等于64.9单位，同时可以确定社会产品的增长规模ΔP为137.8单位。

如果新增劳动力资源比上述场合为少，只有20单位，而固定资产投资和动用额比上述场合为大，有120单位，则经过运算，原有固定资产的退废更新额增大为90.7单位，同时社会产品增长规模为133.3单位。反之，如果新增劳动力资源比前述第一场合更大，为40单位，而固定资产的投资动用额比第一场合为小，为80单位，则原有固定资产的退废更新规模就只能有39.1单位，同时社会产品的增长规模可以确定为142.3单位。

在以上所举新增劳动力资源和固定资产投资规模的三种不同场合下，原有固定资产退废更新的规模和社会产品增长规模的确定，还可以参见图3。在这个图解中，交叉点A表示第一场合（ΔN=30，K_q=100）的解答（K_r=64.9，ΔP=137.8）；交叉点B表示第二场合（ΔN=20，K_q=120）的解答（K_r=90.7，ΔP=133.3）；交叉点C表示第三场合（ΔN=40，K_q=80）的解答（K_r=39.1，ΔP=142.3）。

利用上述公式的运算或者图解方法，为每个不同场合所求得的退废更新规模和产品增长规模，对于每个场合来说，都是最恰当的解决。这就是说，当原有固定资产的退废更新规模被安排在求得的数值上时，就可以为新固定资产在装备了新增劳动力之后

① 这里重提一下：e_0=2.5；g_0=0.8；h_0=2；e_q=3，g_q=0.9，h_q=2.7。

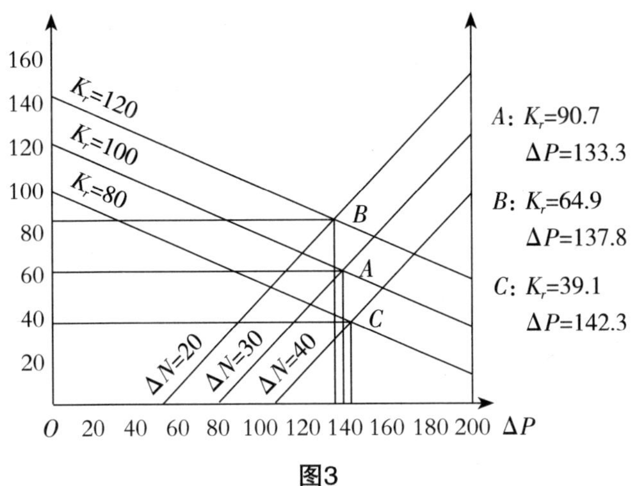

图3

的余额部分，从原有就业劳动者中腾出必要的劳动力，从而使全部新增劳动力资源和新提供的技术装备，都能得到充分的利用；在这种情况下，社会产品的增长规模便能取得在当时条件下最大可能的数值。

拿上述第一个场合来看。新固定资产的投资动用额K_q为100单位，共可装备劳动力111.1单位（因新技术的平均装备系数g_q=0.9）。可是这时新增劳动力资源ΔN只有30单位，所以还需要从原有在业劳动者中腾出81.1单位（N_r）。为此，原有固定资产必须退废更新的规模K_r，应当等于64.9单位（根据原有固定资产的装备系数g_0=0.8计算，81.1×0.8=64.9）。这个数值，恰好与前述方程式的演算和图解的结果相符。用新技术装备起来的新增劳动力所提供的产量等于81单位（$\Delta N \times h_q = 30 \times 2.7$）；而用新技术重新装备起来的那一部分原来在业的劳动者，由于劳动生产率提高而提供的追加产量等于56.8［$N_r \times (h_q - h_0) = 81.1 \times (2.7-2) = 56.8$］。因而社会产品增长总额等于81+56.8=137.8单位，也恰好同前述公式的演算和图解的结果相同。由于新增劳动力资源和新技术装备都得到了充分的利用，所以这里取得的社会产品增长量，就是当前场合下最大可能的数值。

如果我们不按照劳动力资源和固定资产投资综合平衡的结果所决定的最优数值，来安排原有固定资产的退废更新的规模，那么就会造成新增劳动力资源或者新技术装备的不能充分利用，引起社会人力物力资源的浪费，从而在产品产量和速度上受到不必要的损失。仍以第一场合为例。如果把原有固定资产的退废更新规模定得比64.9更高，譬如说定为80，那么，计算的结果表明，由于新固定资产过多地用于重新装备已经就业的劳动者，将有接近三分之二的新增劳动力资源得不到固定资产的装备，因而不能用于生产领域；由此而丧失的社会产品的数量，将达原来可能增长的产量的四分之一以上。反之，如果把原有固定资产的退废更新规模定得小于最优规模，那么由于被腾出来进行重新装备的劳动力过少，将使新技术装备得不到充分的使用而有一部分被迫闲置；在这种情况下，社会产品的增长同样也不能够达到客观条件容许达到的最大数值。

由此可见，只有当原有固定资产的退废更新所腾出的劳动力，连同新增劳动资源在一起，恰好足以使固定资产投资所提供的全部新技术装备得到充分的利用时，原有固定资产的退废更新的规模才是适宜的，这时达到的社会产品的增长规模和速度，也是客观上可能最大的。

由前面对三个假定场合的分析，我们还可以看到，新固定资产的投资和动用规模，相对于新增劳动力资源来说越大，则原有固定资产必须和可能退废更新的规模也越大（如前述第二场合与第一场合相比，或图3的*B*点与*A*点相比）。反过来看，新增劳动力资源相对于固定资产投资动用额来说越大，则原有固定资产必须和可能退废更新的规模就越小（例如前述第三场合与第一场合相比，或图3的*C*点与*A*点相比）。这些关系，用来说明，在社会主义建设的不同时期和不同情况下，固定资产更新问题会具有不同的意义。

例如，在一个经济技术上比较落后的国家进行社会主义建设的初期，由于重工业基础比较薄弱，所能提供的新技术设备和其他劳动手段的数量是比较少的；另一方面，由于旧社会遗留下来的失业人口和社会上尚未能及时充分利用的劳动力的存在，劳动力资源则是比较多的。新增劳动力资源比之于新增劳动手段的相对丰裕，决定了固定资产投资的绝大部分，要用之于装备新就业劳动者的新建和扩建上面，而不能用之于提前更新尚可继续使用的固定资产。这时原有固定资产虽然因为技术陈旧而发生无形损耗，但是仍然必须充分利用，有不少的旧技术设备不得不一直继续用到物理上不能再用时，才予报废更新。可是，随着重工业基础的逐步建立和加强，随着新技术设备和其他劳动手段可能供应的数额的扩大，以及随着原有劳动力资源的充分利用，固定资产的投资和动用规模比之新增劳动力资源会逐渐加大，这样，新技术装备就可以有较大的部分用于改造现有的生产，从而使原有固定资产因无形损耗而提前退废更新的规模，逐渐增大。

又如，大家知道，工业的发展要以农业为基础，这首先是就农业所能提供的剩余农产品和可能供养的工业人口来说的。当农业的状况容许工业人口较大地增长时，把工业投资较多地安排用于装备新就业劳动者的新建和扩建，也是可以容许的。但是，在农业的状况对工业人口的增长有较大的限制的条件下，工业固定资产投资的安排就应当更多地注意原有生产的技术改造，主要通过原有在业劳动者的重新装备和提高其劳动生产率的途径，来扩大工业生产的规模。在这种情况下，加强现有工业固定资产的更新不但有助于进一步发展工业以支援农业和整个国民经济的技术改造，而且对于减轻农业的负担来说，也是有必要的。

以上关于原有固定资产更新规模的决定因素的分析，适用于整个国民经济和全部工业。每个具体工业部门在一定时期原有固定资产的退废更新规模，也要看国民经济可能给予该部门的新技术装备的数量、可能实现的固定资产投资的规模以及分配给该部门的劳动力资源情况如何而定。当然，对每个工业部门给定这些条件时，较之整个国民经济或全部工业范围有着更大的伸缩余地，因而各个部门之间原有固定资产在计划期可能更新的规模和程度，也会有很大的差别。在具体安排每个工业部门固定资产更新的规模时，必须考虑一系列具体条件，如国民经济对该部门产品数量、质量和品种的要求；该部门产品对国民经济技术改造和对巩固国防的意义；该部门新旧技术的经济指标的比较；该部门原材料、燃料、动力消耗情况和各种物资、动力的供产销平衡情况；该部门生产布局的调整；以及国家对各部门的技术政策，等等。这些问题，需要进一步专门研究，这里就不拟详论了。

五

最后，简略地谈谈固定资产更新规模的确定同折旧基金的关系。

前面已经说过，更新首先是退废固定资产的补偿。因此，实现更新所需资金，首先应当来自属于补偿基金的折旧①。可是，有些同志由此得出结论：似乎固定资产的更新规模，就是由折旧基金的数额来决定的；似乎解决固定资产更新问题的关键，仅仅在于要有足够的折旧基金。这种观点，看来有商榷之必要。

大家知道，固定资产再生产的根本特点之一，在于它的磨损时间和提取折旧的时间，同它的退废更新的时间，是不一致的。一项固定资产在投入生产后，就立即开始提取折旧，然而无须立即更新。从一个部门和从全社会范围上看，在每个时期（例如一

① 本节所说“折旧”，是指“基本折旧”，不包括“大修理折旧”。

年），总是一方面有许多固定资产在提取折旧；另一方面有一部分固定资产要退废更新。舍开偶然的情况不说，每年提取折旧基金的数额同每年更新所需资金的数额，只有在下面这样严格的条件下，才可能是相等的：那就是，全部固定资产逐年地保持着原有的、简单再生产的规模，并且，每年退废和更新的规模，也是均衡地进行着的。

可是，固定资产的退废更新逐年以不变的均衡的规模进行，即使在简单再生产的情况下，也是不存在的。马克思在考察简单再生产下面的固定资本的补偿问题时，就曾经指出："死灭掉的从而必须在自然形态上替换的固定资本部分……会逐年发生变动。如果它在某年极其大（像人一样超过平均死亡率），它在以后诸年就一定会依比例较小。"[①]十分明显，在固定资产的总额逐年不变，同时它的平均年龄也不变的场合，每年提取的折旧基金的数额也应当是不变的。在这种场合，如果固定资产退废更新的规模，在年度之间发生波动，那就必然引起各年所提折旧大于或小于当年更新所需资金的情况。如果某年退废更新的数额极大（超过平均的年更新率），那么该年提取的折旧基金就不敷当年更新的需要。反之，在退废更新较少的年份，则提取的年折旧基金就会多于当年更新的需要。

在实际生活中，上述固定资产总额逐年保持不变的假定场合，也是不存在的。在社会主义社会，作为发展社会生产的条件和结果，固定资产的规模，总是不断地扩大的。当固定资产的规模不断扩大时，每年从全部固定资产提取的折旧基金的数额，一般会超过若干年前投入生产而在当年退废更新的固定资产额。扩大再生产的速度越高，则各年提取的折旧超过当年更新所需的数额也会越大。当然，由于以往各年新增固定资产的投产规模不

① 马克思：《资本论》第2卷，第586页。

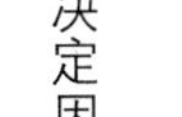

一，由于各项固定资产使用年龄参差不齐，所以在扩大再生产的场合（与在简单再生产的场合同样），固定资产退废更新的规模，在不同年度之间也会发生波动，从而当退废数额骤增、更新需要比较集中的某些年份，也可能发生年折旧提成总额不敷当年更新需要的情况。但在其他年份，年折旧提成的数额会依更大的程度，超过当年更新的需要。

无论在简单再生产的情况下，还是在扩大再生产的情况下，当固定资产的折旧提成不敷当年退废固定资产的更新需要时，更新所需资金的不足部分，就必须由当年的积累资金（当年剩余产品价值）或过去的储备资金来解决。反过来，当固定资产的年折旧提成总额超过当年退废固定资产的更新需要（这是扩大再生产场合的一般情况）时，多余的折旧基金便可以转化为积累资金，用于再生产规模的进一步扩大，或者转化为储备基金[①]。

有些同志认为，折旧基金既然是补偿基金性质的，就不应当用于固定资产的扩大，而只应当用于更新现有的固定资产。当某年折旧提存大于当年原定的退废更新的需要时，就应当把多余的折旧基金用于进一步缩短现有固定资产的使用年限，进一步扩大它的无形损耗的退废和更新的规模。可是，能不能仅仅根据有无多余的折旧基金，来把现有固定资产的使用年龄缩短，进一步扩大它的更新规模呢？不能。如前所述，原有固定资产的无形损耗的退废更新规模的扩大，既要看进一步提前报废更新在经济损益的比较上是否合算，又要看国民经济综合平衡的客观条件是否

① “一切部门的固定资本之单纯的再生产，……会形成一个蓄积基金，那就是，为规模扩大的再生产，提供……不变资本。”（马克思：《剩余价值学说史》第2卷，上海三联书店1957年版，第591页。）“……在有许多不变资本，从而有许多固定资本被使用的地方，在生产物的这个价值部分（那代置固定资本的磨损）内，存有一个蓄积基金。这个基金，是可以被使用者利用来设置新的固定资本（或流动资本）的，……”（同上书，第580页。）

容许。如果进一步扩大提前更新的规模在经济损益的比较上是不适宜的，并且国民经济综合平衡的条件又不容许，那么，即使有多余的折旧基金，也不能把现有固定资产的更新规模进一步地扩大。反过来，如果经济损益的效果比较和国民经济综合平衡的客观条件，都容许进一步扩大现有固定资产的更新规模，那么，即使折旧基金不足，这种扩大的更新还是应当进行的；在这种情况下更新所需资金的不足部分，则应当由积累资金来解决。

从以上的分析来看，固定资产在一定时期更新规模的大小，与同时期折旧提成的大小之间，并不存在必然的、直接的联系。一方面，折旧基金虽然主要是用于原有固定资产的更新补偿，但在一定情况下也可以有一部分用于扩大的再生产；另一方面，原有固定资产更新所需资金，虽然主要应由折旧来补偿，但在一定情况下也要部分地依靠积累资金[①]。由前面几节的叙述我们已知，原有固定资产的更新规模与扩大再生产规模之间，存在着紧密的联系；在这一节的叙述中我们又看到，折旧基金和积累基金在固定资产更新和扩大的用途上，是互相渗透的。所以，无论是折旧基金和积累基金[②]的使用方向，还是固定资产更新规模和扩大规模的安排，都必须根据“先简单再生产，后扩大再生产”的原则，通过国民经济计划的综合平衡，来统一考虑。

由此可见，那种认为固定资产的更新规模决定于折旧基金的大小，认为只要把折旧率定得正确，只要把折旧基金管理制度

① 这个结论，不仅适用于整个国民经济和各个部门，而且对每个个别的更新场合，也是适用的。在每个个别场合，退废的劳动手段的完全重置价值，与代替它的新劳动手段的价值，由于生产能力、结构性能等的不同，也不可能是相等的。所以，即使该项退废资产在过去已经提足了折旧基金（累计额等于该资产的完全重置价值）。也不能担保所提折旧基金恰好满足更新所需资金。在不足时，显然要有一部分应从积累资金来补足，而不能因为折旧基金不够更新所需资金，就不进行更新。

② 指与固定资产的投资有关的那一部分积累基金。

加以完善化，就可以完全解决更新问题的见解，是片面的。当然，折旧率的正确制定和折旧基金的足额提取，对于正确核算固定资产的实际消耗和经济效果，有着十分重要的意义。可是，无论如何，折旧问题的解决，并不等于固定资产更新规模问题的解决。在一定的计划时期中，原有固定资产的更新规模究竟应该如何安排，这个问题只有在国民经济的范围上，通过与固定资产的再生产有关的人力、物力、财力的综合平衡，才能最终地确定和解决。

折旧基金与扩大再生产的关系*

（1964年8月）

一

在社会主义再生产问题的讨论中，有不少同志正确地指出，由当年创造的剩余产品形成的积累基金，并不是扩大再生产的唯一源泉；除了这个积累基金外，还有一部分固定资产折旧，也可以当作“积累”，用于扩大再生产。在关于固定资产更新问题的讨论中，人们也接触到折旧基金的这一特点。折旧基金与扩大再生产的关系问题，逐渐引起大家的注意。

折旧基金按其经济性质来说，是补偿基金。提取折旧基金的目的，首先在于补偿固定资产的磨损，满足固定资产简单再生产所需的资金。但是，在一定条件下，折旧基金可以作为扩大再生产的源泉来利用。应当指出，折旧基金作为扩大再生产源泉之一的可能性，并不是什么新的发现。马克思在研究资本主义社会中固定资本周转和资本积累问题时，早就不止一次地指出这种可能性。例如，在《剩余价值学说史》中，马克思写过：

“在有许多不变资本，从而有许多固定资本被使用的地方，在生产物的这个价值部分（那代置固定资本的磨损）内，存有一个蓄积基金。这个基金，是可以被使用者利用来设置新的固定资

* 原载《学术月刊》1964年第8期。

本的……”[①]

在资本主义制度下，折旧基金用于扩大再生产的可能性，是由固定资本再生产的特点产生的。大家知道，在固定资本再生产过程中，它的价值补偿和实物替换，在时间上有较长的距离。固定资本在多次的生产过程中，继续保持着自己的实物形态；同时，随着物理的和精神的磨损，渐次地把自己的价值转移到生产物上去，与生产物一道转化为货币，形成一个准备用于代置更新的基金，这就是折旧基金。这个基金当固定资本无须在实物上进行更新以前，资本家可以利用来“将营业扩大，或用来把各种改良施于机器，以增进机器效率”。并且，“这种规模扩大的再生产，不是由积累（剩余价值到资本的转化）发生的，却是由于从固定资本身体分离出来但还在货币形态上独立着的价值，已经再转化为追加的或效率较大的同种类的固定资本”。[②]

社会主义制度下固定资产的社会性质，根本不同于固定资本。作为生产资本的一个组成部分，固定资本表现着资本家对生产过程中利用的劳动手段的所有权，它被用来对劳动者进行剥削，以增加资本的价值。社会主义制度下的固定资产，是社会生产基金的组成部分，它表现着社会主义社会对生产过程中利用的劳动手段的所有权，它被劳动人民利用于提高劳动生产率、增加物质财富的生产、满足社会需要的目的。但是，在固定资产再生产过程中，同样存在着它的价值补偿和实物替换在时间上有差离的特点。这一特点，使得固定资产随着它的磨损和价值转移而提取的折旧，在它还无须从实物上进行更新以前，可以被社会利用来扩大生产设施，或者用来改造现有生产设施，以提高它们的效率。这种规模扩大的再生产，也不是由剩余产品转化的积累发生

① 马克思：《剩余价值学说史》第2卷，上海三联书店1957年版，第580页。

② 马克思：《资本论》第2卷，人民出版社1953年版，第194—195页。

的，而是由固定资产补偿基金的价值，在一定条件下再转化为追加的或效率更大的固定资产的结果。

根据我国和其他社会主义国家的经验，全民所有制企业的折旧基金，一般分为两个部分。一部分是大修理提成，这是为了维持劳动手段在其使用期间的正常运转所需大修理费用而摊提的折旧，这部分折旧由国家留给原提折旧的企业，用于上述目的。另一部分是基本折旧提成，这是为了固定资产的更新目的，按照它的完全价值的磨损速度来提取的折旧。这一部分折旧，一般是以不同的方式，主要由国家或主管部门掌握[①]，并同另一部分积累资金结合在一起，根据国民经济按比例发展的需要，按照先简单再生产后扩大再生产的原则，有计划地用于各部门、企业固定资产的更新和扩大。基本折旧基金的这种有计划的使用，可以避免资本主义企业折旧基金的使用中必然发生的浪费和闲置现象，使折旧基金在国民经济范围内得到最充分最合理的利用；使它既能够保证到期退废的固定资产的更新补偿，又能够在一定条件下以一部分折旧作为积累的追加源泉，充分发挥其促进扩大再生产的作用。

根据社会主义制度下基本折旧基金使用的特点，在考察折旧基金同扩大再生产的关系时，显然应当从国民经济的角度，而不能从个别企业的角度来看待这个问题。从个别企业着眼来看待这个问题的不合理性，只要举一个例子来加以分析，就可以明白。下面我们仿照某些经济学者常用的方法，试举一个简单的例子。

设有一个新的机器制造厂，开始投产时拥有100台机器设备，每台价值1万元；使用年限为5年，从而基本折旧率为20%（$=\frac{1}{5}$）。每年提取的基本折旧，由企业用于购置新的机器设

① 后来的情况表明，企业也可以掌握一部分基本折旧基金。但这并不影响本文的分析（1979年补注）。

备。这样，单是由于折旧基金的利用，该企业生产规模的扩大，将如表1所示：

表1

年份	年初机器（台数，万元）	提取折旧（万元）	加上年折旧结余后可用折旧额(万元)	利用折旧可以购置的机器（台数，万元）	年底折旧结余（万元）	年底退废机器（台数，万元）
	①=上年①+上年④−上年⑥	②=①×20%	③=②+上年⑤	④=③栏的整数	⑤=③−④	⑥=五年前投产数
1	100	20	20	20	—	—
2	120	24	24	24	—	—
3	144	28.8	28.8	28	0.8	—
4	172	34.4	35.2	35	0.2	—
5	207	41. 4	41.6	41	0.6	100
6	148	29.6	30.2	30	0.2	20
7	158	31.6	31.8	31	0.8	24
8	165	33	33.8	33	0.8	28
……	……	……	……	……	……	……

按照上表的计算，这个机器制造厂单是利用本企业固定资产的基本折旧，就能够把拥有的机器设备，从建厂时的100台，到第五年增至207台，即增加一倍以上。从第五年末开始，因有到期退废的设备需要补偿，该厂拥有设备台数逐年有所波动，但根据对后续若干年的计算，该厂设备将维持在165台以上，即比原有规模增长2/3。

对于上表描述的折旧基金的利用过程，我们首先要问，企业规模的这种渐次的扩大，是否必要和合理。在社会主义社会中，一个企业的规模是否需要扩大，和依怎样的速度来扩大，这牵涉着国民经济对该企业产品的需要，该企业所需设备、原材料等的供应条件，其他前后左右各方面的衔接，以及该部门的生产布局等问题，总之是同整个国民经济和部门内外的许多比例关系牵连着的。所有这些问题，都要通过国民经济的综合平衡来安排，而不是一个企业所能掌握的。如果像上表所设计的那样，任由每个企业根据本单位所提基本折旧的多少，把企业的生产规模加以扩大，那么势必打乱国民经济综合平衡的部署，使社会生产陷于无政府状态，这是同社会主义计划经济根本不相容的。

其次，从企业的技术特点和经营管理来说，各类企业生产规模的扩大，往往有一个合理的限度，超过这个限度，经济效益就会降低。各类机器制造厂的规模，也各有其合理的限度。如果上表设想的厂子，在当初建造时就是按照技术上和经济上最适宜的规模来设计的，那么它在建成投产以后，就再没有渐次扩大到一倍于原有规模的必要。

再次，即使假定一个企业在完全建成投产以后，仍有渐次扩大的必要和可能，按照上表利用折旧来进行扩大再生产的程序，也是有问题的。上表的计算表明，由于前几年基本折旧提成逐年都用于添置新机器设备来扩大生产规模，到固定资产的第一个更新周期的末年（第五年末），由于建厂时设置的机器设备使用期满集中退废，就会出现当年折旧提成（41万余元）不敷该年年底到期退废设备（100台）的更新所需资金（100万元），以致这个厂不得不在第六年大大缩减其生产规模的情况。在第五年末和第六年初，这个厂拥有的设备台数，曾由248台（207+41）的高峰，骤降为148台，即减少40%。企业生产规模的这一不均衡的波动，在以后几年还可以继续看到，虽然波动的幅度渐趋减弱。企业生产水平的这种激烈的上下波动，显然是一种不正常的现象。不难想象，如果每个企业都像上表设想的那样利用其折旧基金，使生产水平忽增忽减，这将给社会生产的安排带来怎样的困难！

有些同志可能认为，上引表格中的计算，只是为了理论分析的方便而假设的情况；如果不把这个设计当作企业固定资产再生产的模型来看，而把它当作国民经济固定资产的再生产模型来看，那么未尝不可以从中找出折旧基金同扩大再生产的某些数量联系。当然，在设计理论模型的时候，是可以把次要的条件尽量予以舍象的，但是不能把与研究对象分不开的主要东西抛掉。当我们从国民经济范围来研究折旧基金在社会主义扩大再生产中的地位时，下面两个情况是不能忽视的。

第一，社会再生产的连续性。就固定资产的再生产来说，从社会范围看，在任何时候，总是一方面有新的固定资产开始投入生产，另一方面有过去若干时以前投入生产、现在到期退废的资产需要更新。在任何时候，总是一方面要为现有固定资产的磨损，提取折旧，另一方面要为到期退废资产的实物更新，支用资金。而且，只有在补偿了退废资产的更新所需资金后，才可以把多余的折旧基金，用于固定资产的扩大。从社会范围来看，不能设想有一个相当长的时期，只有折旧基金的提取而没有更新资金的需用，从而全部折旧可用于扩大再生产的情况。而这正是前引计算中，为前五年所设想的情况。这种设想，只是对一个新建的企业来说，才是适用的，它对社会固定资产再生产的考察，是完全不适用的。

第二，社会主义社会的再生产，不单纯具有连续性，而且是一个不断的、高速度的扩大再生产。就固定资产的再生产来说，其结果也应当是国民经济固定资产的不断的、高速度的增长。为达到这一点，固定资产再生产的资金源泉，就不能像上引计算中所设想的那样，以年折旧提成为限，而必须结合社会用于固定资产投资的积累资金[①]来统一考虑。否则，如前表所示，必将不仅引出再生产速度下降，而且引出增长中断的图像，这是不符合社会主义社会再生产的基本特征的。并且，也只有把折旧基金同社

① 指当年创造的剩余产品价值转化的部分，下同。

会用于固定资产投资的积累资金结合起来考察，才能看出折旧基金在整个扩大再生产中的地位变化。

二

下面，我们试图从整个国民经济的角度，来研究一下固定资产的折旧[①]同扩大再生产的关系。在我们的分析中，从一开始就应当注意到固定资产再生产的连续性，考虑到折旧基金首先要用于到期退废资产的更新补偿；而在扩大再生产的场合，折旧基金又是同积累基金结合在一起使用的。

折旧基金同扩大再生产的关系，包含两层问题：第一是可用于扩大再生产的折旧，在全部基本折旧提成中所占的相对额的变化，是由什么决定的？第二是这部分折旧基金在固定资产扩大再生产的全部资金源泉中所占地位的变化，又是由什么决定的？

为了说明折旧基金在什么条件下才能成为扩大再生产的源泉，我们暂先设想社会拥有的固定资产，逐年保持不变的规模，即设想一个稳定的简单再生产的情况。假定社会拥有固定资产总额10 000单位，平均使用期限5年，每年平均退废更换1/5，即2000单位，并设劳动手段生产部门每年的产品产量恰好满足这一不变的年更新需要。在固定资产折旧方面，按5年折旧期限或20%的折旧率计算，每年共提取折旧也是2000单位。这2000单位折旧中，有1600单位，是从那些未满更新周期、仍将继续使用的资产上取得的［（10 000−2000）×20%=1600］。对于这部分仍将继续使用的固定资产来说，这1600单位的折旧是暂时“闲置”的资金，似乎可以用于扩大再生产的。可是，前述各年到期退废

① 指基本折旧，下同。我们假定，年折旧提成的数值与固定资产价值的年磨损是相符的。

资产的更新，需要资金2000单位，而它在各年份提供的折旧，只有400单位（2000×20%），尚缺1600单位。不足之数，恰好由继续使用的那一部分资产的年折旧来补偿。所以，从全社会范围看，在固定资产简单再生产的假定情况下，并不存在任何“闲置”的折旧，可供扩大再生产之用。这里每年提取的折旧，都要全部用于当年退废资产所需更新资金的补偿。

从社会范围看，折旧基金用于扩大再生产的可能性，是在固定资产从简单再生产向扩大再生产过渡，和在扩大再生产赓续进行的情况下才出现的。这种可能性之所以出现，是因为，在固定资产扩大再生产条件下，每年从全部固定资产提取的折旧，一般要大于若干年以前投入生产、而在该年退废的固定资产价值，这样在弥补更新所需资金之后，就可以多出一个余额来满足扩大再生产的一部分资金需要。所以在这里出现了一个有趣的现象，即固定资产的扩大再生产，会在折旧形态上，为自己的扩大提供一部分资金源泉，而不必全部依靠剩余产品价值转化的积累基金。现在要研究的是，折旧基金的这个余额，它占折旧总额的比重，以及它在固定资产扩大再生产所需全部资金中所占比重，有多么大？这些数值在固定资产扩大再生产过程中，会发生怎样的变化？

让我们继续来看方才所举的例子，假定从某年起，劳动手段制造部门的生产状况，容许国民经济的固定资产从简单再生产过渡到扩大再生产，并且逐年以5%的不变的速度来扩大。固定资产的平均使用年限，仍假定始终保持5年的周期。在这些假定条件下，可用于扩大再生产的折旧的绝对额，它在全部折旧提成中所占相对额，以及它在固定资产扩大再生产所需资金中所占地位的变化，有如表2所示。

从表2可以看到这样几点情况：

第一，在转向扩大再生产后的第一个更新周期内（第1年到

表2

年份	固定资产额	折旧提成	退废和更新资产	可用于扩大再生产的折旧	备注	年份	固定资产额	折旧提成	退废和更新资产	可用于扩大再生产的折旧	备注
	①	②=①×20%	③=5年前的⑧	④=②−③			⑤=④÷②×100	⑥=本年①−上年①	⑦=④÷⑥×100	⑧=⑥+③	
	10 000	2000	2000	0	简单再生产		—	0	—	2000	简单再生产
1	10 500	2100	2000	100		1	4.8	500	20	2500	
2	11 025	2205	2000	205		2	9.3	525	39	2525	
3	11 576	2315	2000	315		3	13.6	551	57.1	2551	
4	12 155	2431	2000	431		4	17.7	579	74.4	2579	
5	12 763	2553	2000	553		5	21.6	608	90.9	2608	
第一周期		11 604	10 000	1604		第一周期	13.8	2763	58.1		
6	13 401	2680	2500	180		6	6.7	638	28.2	3138	
7	14 071	2814	2525	289		7	10.3	670	43.1	3195	
8	14 774	2955	2551	404		8	13.6	703	57.4	3254	
9	15 513	3103	2579	524		9	16.9	739	70.9	3318	
10	16 289	3258	2608	650		10	19.9	776	83.8	3384	
第二周期		14 810	12 763	2047		第二周期	13.8	3526	58.1		
11	17 103	3420	3138	282		11	8.2	814	34.6	3952	
12	17 958	3592	3195	397		12	11.0	855	46.4	4050	
13	18 856	3771	3254	517		13	13.7	898	57.6	4152	
14	19 799	3960	3318	642		14	16.2	943	68.1	4261	
15	20 789	4158	3383	775		15	18.6	990	78.3	4373	
第三周期		18 901	16 288	2613		第三周期	13.8	4500	58.1		
…	…	…	…	…			…	…	…	…	

第5年），每年退废的资产从而所需的更新资金，都是由过去简单再生产条件下各年稳定的投产规模（每年2000单位）所决定的。而第一个更新周期内各年的折旧提成，则随着固定资产规模的扩大而逐年增长。这样，可用于扩大再生产的折旧差额，和它在年折旧提成中占的比率，都是逐年增大的。这部分折旧在固定资产扩大再生产所需全部资金中占的比重，也从第1年的20%，到第5年提高为91%；这就是说，各年固定资产的扩大所需资金中，依靠剩余产品价值转化的积累来解决的份额，相应地可以从第1年的80%，降低到第5年的9%。

第二，在第一个更新周期届满之次年（第6年），由于转向扩大再生产时（第1年）增加投产的资产的到期退废，引起对更新资金的大量需要，因此这一年可用于扩大再生产的折旧的绝对额，和它在该年折旧提成中所占比率，都比前一年发生急剧的减少。这部分折旧占固定资产扩大再生产所需资金的比重，也从上一年的91%降为该年的28%；这就是说，固定资产的扩大所需资金中，有更大的份额要依靠积累基金来解决。在这个大量更新的影响过去后，可用于扩大再生产的折旧的绝对额和有关的相对数值，又恢复上升的趋势。

第三，以后每届更新周期期满的次年（第11年、第16年等），由于与上述相同的原因，也就是由于当初转向扩大再生产时投产资产骤增部分的周期更新的影响，可用于扩大再生产的折旧的绝对额和有关的相对数值，都会有所降低；在此影响过去后，它们又重新恢复上升趋势。但是，这种周期发生的波动，其幅度将随着时间的推移和扩大再生产的赓续进行，而渐趋平缓。这是因为，由简单再生产转向扩大再生产时带来的周期更新的影响，会随着全部固定资产规模的不断扩大，而逐渐减弱。值得注意的是，**可用于扩大再生产的折旧的上述周期波动，不只是由简单再生产向扩大再生产过渡所引起**；而且，**每当扩大再生产由一**

个稳定的速度转向另一个更高的速度时，也会引起类似的周期波动。

第四，如果把每个更新周期的各年变化综合起来看，将会发现，折旧基金中可用于扩大再生产部分所占比重，和这部分折旧在固定资产扩大再生产需用资金中所占比重，虽然在年度之间发生变化，但它们在每个周期的平均数值，却是大略相等的。在我们的例子中，可用于扩大再生产的折旧占基本折旧的平均比率，在各个周期都略等于13.8%；这部分折旧在固定资产扩大再生产需用的全部资金中所占的平均比重，在各个周期略等于58.1%。不难看到，可用于扩大再生产的折旧的这两个比率，在各个年度之间的前述周期波动，随着时间的推移和等速扩大再生产的赓续进行，最终也将分别趋于稳定在13.8%和58.1%的水平上。由此可见，从长期平均趋势来看，在稳定的扩大再生产的条件下，折旧基金是扩大再生产所需资金的一个相对稳定的源泉。[①]

上述折旧提成中可用于扩大再生产部分所占比值（13.8%），和这部分折旧在固定资产扩大再生产资金中所占比值（58.1%），是在固定资产的增长速度稳定为5%，其平均使用年限稳定为5年的条件下得出的。十分明显，如果固定资产的增长速度和它的平均使用年限稳定在别的数值上，那么可用于扩大再生产的折旧的有关比率，也会改变。

对固定资产增长速度和使用周期的各种不同的结合情况进行的计算表明：折旧提成中可用于扩大再生产部分所占比重，将随着固定资产增长速度的提高和使用周期的加长而增大。在其他条件相同，而固定资产稳定在不同的使用年限和不同的增长速度上

① 本文在讲到折旧基金作为扩大再生产的源泉时，一般都指作为扩大固定资产资金源泉来说的。但在固定资产规模扩大时，流动资产也要相应扩大。我们假定，流动资产的扩大所需资金，完全由积累基金来解决。

时，折旧基金中可用于扩大再生产部分所占比重的近似数值，将如表3所示：

表3　折旧基金中可用于扩大再生产部分的折旧所占比重（%）

年增长速度＼使用年限	5年	10年	15年	20年	…
+5%	13.8	24.2	33.4	42.4	…
+10%	25.5	43	57.1	68.3	…
+15%	35.5	57.1	72.6	83	…
+20%	44	67.9	82.6	91.1	…
…	…	…	…	…	…

由表3可见，当固定资产年增长速度稳定为5%，其平均使用年限稳定为5年时，折旧基金中可用于扩大再生产部分所占份额约等于13.8%。当固定资产年增长速度稳定为10%，其平均使用年限稳定为15年时，则可用于扩大再生产的折旧占年折旧提成总额的比率就要提高到57.1%，等等。这一比率之所以会随着扩大再生产速度和平均使用年限以相同方向变化，是因为在其他条件相同时，固定资产的扩大再生产速度越高，其平均更新周期越长，则各年从不断增长的全部固定资产上提取的基本折旧，就会以越大的程度，超过若干年前投入生产而现在届满更新周期的资产额及其所需补偿资金额。

至于用于扩大再生产的折旧在固定资产扩大再生产所需全部资金中所占比率的变化，则与上述比率相反：随着固定资产增长速度的提高和平均使用年限的加长，这部分折旧占固定资产扩大再生产所需资金总额的比率，将会减小。计算表明，在其他条件相同，而固定资产的年增长速度和平均使用年限稳定在不同的数值上时，固定资产扩大再生产所需资金总额中可由年折旧来解决的份额，大略如表4所示：

表4　可用于扩大再生产的折旧占固定资产扩大再生产需用资金的比重

单位：%

使用年限 / 年增长速度	5年	10年	15年	20年	…
+5%	58.1	51	47.3	44.5	…
+10%	56.2	47.3	41.9	37.5	…
+15%	54.5	43.9	37.1	31.9	…
+20%	52.9	40.7	33.1	27.3	…
…	…	…	…	…	…

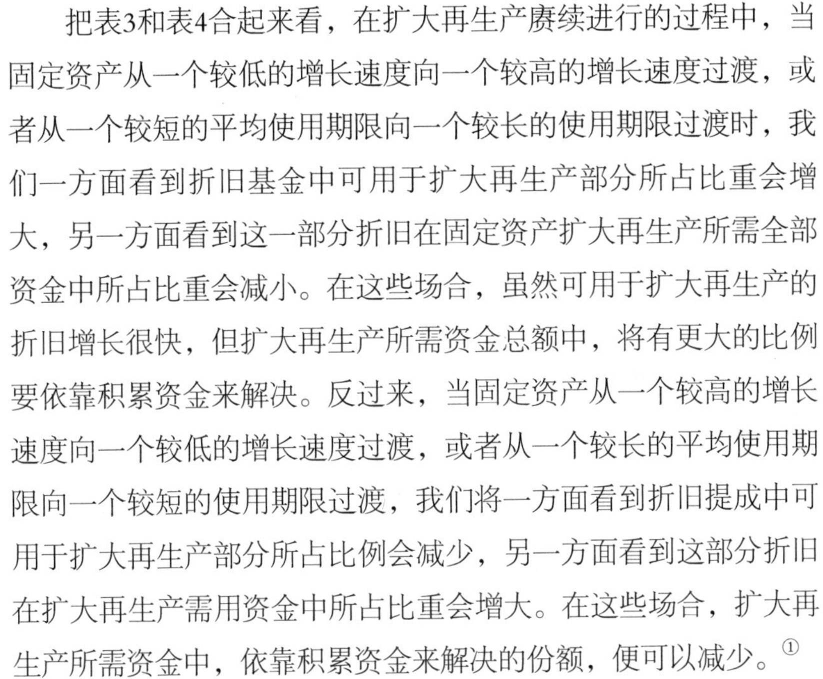

把表3和表4合起来看，在扩大再生产赓续进行的过程中，当固定资产从一个较低的增长速度向一个较高的增长速度过渡，或者从一个较短的平均使用期限向一个较长的使用期限过渡时，我们一方面看到折旧基金中可用于扩大再生产部分所占比重会增大，另一方面看到这一部分折旧在固定资产扩大再生产所需全部资金中所占比重会减小。在这些场合，虽然可用于扩大再生产的折旧增长很快，但扩大再生产所需资金总额中，将有更大的比例要依靠积累资金来解决。反过来，当固定资产从一个较高的增长速度向一个较低的增长速度过渡，或者从一个较长的平均使用期限向一个较短的使用期限过渡，我们将一方面看到折旧提成中可用于扩大再生产部分所占比例会减少，另一方面看到这部分折旧在扩大再生产需用资金中所占比重会增大。在这些场合，扩大再生产所需资金中，依靠积累资金来解决的份额，便可以减少。[①]

应当指出，当固定资产的增长速度或者平均使用期限发生变化时，与上述可用于扩大再生产的折旧有关的两个比率，并不是一下子从一个数值变为另一个数值。在这里，上述两个比率也都要通过一系列逐渐减缓的周期波动，而趋向于新的水平。所以

① 这里我们只说明了扩大再生产速度和固定资产平均使用年限的变化对可用于扩大再生产的折旧基金有关数值的影响；至于扩大再生产速度本身和固定资产平均使用年限本身的变化，又是由什么来决定，这是另一个层次的问题，不打算在这篇文章中讨论。

上面讲的变化，只是就长期趋势而言的。当然，在实际经济发展中，扩大再生产速度和固定资产的平均使用期限，一般都不是像上面所述那样，从一个长期稳定的水平突然过渡到另一个长期稳定的水平，而是逐年地发生方向不一、程度不等的变动，所以上述周期的和趋势的变化，也往往会相互抵消，而不能明白地显现出来。但是，认识和掌握上述可用于扩大再生产的折旧的两个比率的变化因素和变化规律，对于瞻前顾后地安排扩大再生产速度及其资金来源的关系，有着十分重要的意义。所以，在国民经济长期计划的编制工作中，必须对这个问题予以密切的注意。

三

有关折旧基金在扩大再生产资金源泉中所占地位的指标，在国内外统计资料中很难找到。统计资料中可以遇到的，是折旧基金占基本建设投资的比重指标。在谈到简单再生产和扩大再生产的关系时，或者谈到折旧基金同扩大再生产的关系问题时，人们常常援引这个指标。鉴于统计资料在这方面只提供这个指标，人们又常常提到这个指标，所以对它有稍加研究的必要。

经验证明，折旧基金占基本建设投资比重的大小和变化，也受着固定资产（资本主义制度下为固定资本，下同）再生产速度高低和平均使用周期长短的影响。其他条件相同时，固定资产扩大再生产速度越高、平均使用周期越长，则折旧基金占基本投资的比重就越小。反之，这一比重就越大。下引美国加工和采掘工业固定资本折旧占生产性厂房、建筑和设备的投资支出的比重的变化，在一定程度上反映了这一关系，见表5。

从表5引数字可以大体看到，当资本的年平均增长速度降低的时候，折旧提成在固定资本投资支出中所占比重，一般是提高的。1929—1937年，美国加工和采掘工业企业资本的绝对额不但未增，反而减少，同期固定资本折旧提成超过了固定资本的投资支出，这就是说，固定资本的购置额不能抵偿它的价值损耗。在1937—1948年和1948—1953年，折旧提成占固定资本投资支出的比重，较20世纪初提高。这不仅是在资本主义总危机的条件下，美国再生产的长期平均速度趋于降低的结果，而且同众所周知的固定资本更新周期的缩短，也是有关的。第二次世界大战时开始实行的，便于垄断资本集团掩盖其实际利润的所谓快速折旧法，对上述折旧提成占投资比重指标的提高，看来也有很大的影响。

表5　美国加工和采掘工业折旧提成占固定资本支出的百分比

时期	资本额的年变化（%）	折旧提成占生产性厂房、建筑物和设备支出的比重（%）
1900—1904	+9.7	36.7
1904—1914	+5.1	51
1919—1929	+4.2	81.5
1929—1937	−2.4	115.4
1937—1948	+7	69
1948—1953	+7	64

资料来源：Daniel Creamer等著：*Capitalin manufacturing and mining*，美国普林斯顿大学1960年版（俄译本第254页）。因缺乏各有关时期固定资本变动的数字，该书用所谓“资产”（assets）额的年变化来与折旧占厂房设备等支出的比重进行比较。这里的“资产”包括了除有价证券投资外的全部资本，但其中固定资本价值是扣掉了折旧的。因此上表中“资本额的年变化”并不能完全代表固定资本额的动态，但作为固定资本额变化趋势的参考来看，是可以的。

折旧提成占固定资本投资比重指标，同固定资本增长速度和平均使用周期成相反的关系，还可以从不同行业的比较中看出。例如，大家知道，美国电力工业的发展，长时间以来快于一般加工工业，而电力工业的建筑设施和设备的平均使用期限，又是最长的。因此美国电力工业固定资本折旧占投资的比重，大大低于一般加工工业。美国私人电力工业和私人加工工业的这一指标，在1951—1955年分别为31%和62.2%，在1955—1960年分别为

44.8%和75.9%。

我国工业固定资产基本折旧占基本建设投资的百分率，根据中央几个工业部的统计，在第一个五年计划期间平均约为12%。[①]这个比率在新中国成立以来的不同时期和各个年份之间，也是随着扩大再生产速度的变化，随着具有不同更新周期的部门构成的变化，以及随着固定资产投资的动用系数的变化等因素，曾经出现过程度不一的变动。总的来看，由于社会主义国家经济发展速度大大快于资本主义国家，所以在我们这里，折旧基金占基本建设投资比重的平均水平，一般总是远远低于资本主义国家的相应指标。这就是说，社会主义国家能够用份额更大的积累基金，投入基本建设，以保证更高的扩大再生产速度。这也是社会主义经济优越性具体表现之一。

上面我们简略地分析了折旧占基本建设投资比重指标的一些实际统计数字。现在再谈谈对这个指标的一些认识问题。

有些同志在提到折旧占基本建设的比重时，认为这个指标代表着简单再生产同扩大再生产的关系，[②]因为，在他们看来，这个指标的分子部分（折旧提成）只是固定资产简单再生产的补偿基金，而这个指标的分母部分（基本建设投资）则是用于固定资产扩大再生产的积累基金。有些同志也是笼统地认为，这个指标反映着折旧基金在固定资产扩大再生产资金中所占地位。我以为，这两种看法，都是对这个指标的误解。

持这两种看法的同志，都把这个指标的分母部分（基本建设投资），全部看成是扩大再生产的投资。可是事实上，每年基本建设投资和固定资产动用额中，首先有一个部分，要用来补偿到期退废资产的补偿更新。没有这个简单再生产性质的实物补偿，

① 《经济研究》1958年第4期，第66页。

② 这里和本文其他地方使用的“扩大再生产”这一术语，常常是指“再生产的扩大”部分，而不是指包括简单再生产在内的全部扩大再生产。这是套用一般习惯的用法。

根本谈不上固定资产规模的实际扩大。只有超过实物补偿部分的投资和动用的固定资产，才属于扩大再生产的范围。

另一方面，对这个指标的分子部分（折旧提成），上述两种看法的理解是相反的。前一种看法把全部折旧基金理解为只能用于固定资产实物更新的资金，后一种看法则把它全部看成是可用于扩大再生产的“闲置”资金。可是，事实上，如前所述，如果不是从一个新建的个别企业的角度来看，而是从社会范围来看，各年折旧提成首先总是要用于到期退废资产的更新，行有余力才能用于固定资产的扩大。而在扩大再生产的一般情况下，折旧基金的这两个使用方向，总是同时并存的。[①]

由此可见，统计资料中折旧提成占基本建设投资的比重指标，在分子分母两个方面，都首先包含着简单再生产的要素，同时也包含着扩大再生产的要素。所以，绝不能笼统地说，这个指标反映着折旧在扩大再生产资金中所占地位，更不能笼统地说，它表明简单再生产同扩大再生产的关系。如果要观察折旧基金在固定资产扩大再生产所需资金中的地位，那就必须从上述指标的分子分母两个方面，把到期退废资产的更新补偿部分扣除。如果要观察固定资产简单再生产同扩大再生产之间的对比关系，那就必须从上述指标的分母部分（基建投资），扣除到期退废资产的更新补偿，而从分子部分（折旧提成），扣除用于扩大再生产的折旧。

应当指出，折旧基金占基本建设投资的比重指标，虽然不能确切表明折旧在扩大再生产资金中的地位，也不能确切表明简单再生产同扩大再生产的对比关系，但是这一指标本身的重要意

① 当然，由于各年固定资产投产动用规模的不均衡性，并由于固定资产各组成部分的可用年限的参差，在某些年份，可能出现大量集中退废，以致年折旧提成不敷更新资金需要，从而折旧提成只能用于简单再生产的补偿的情况。但是，在社会主义社会固定资产不断高速度增长条件下，上述情况的出现是极其个别的现象。

义，是不应忽视的。在社会主义社会中，固定资产的实物更新和扩大，是在国家的统一计划下，按照先简单再生产后扩大再生产的原则，以基本建设和技术改造的方式来实现的。而基本建设的资金来源，一般是由集中的基本折旧基金和用于固定资产扩大再生产的积累资金所构成的。折旧基金在基本建设投资来源中所占份额越小，则一定规模的基建投资所要求于积累基金者就越大，反之则所要求于积累基金者就可以小些，从而对国民收入消费积累的比例以及积累基金的分配比例等，带来一定的影响。因此，折旧基金占基本建设投资的比重指标，是有其实际意义的。

还应该看到，年折旧提成额虽然与固定资产的年更新补偿额并无等量对应的关系，但前者却代表着固定资产的年实际损耗的价值。[①]另一方面，基本建设所实现的，不只是固定资产的实物再生产，而且也是它的价值再生产，其中包含着它的价值的最终补偿和价值的扩大。[②]这样，从价值量上看，折旧基金同基本建设投资的对比关系，可以相当准确地反映固定资产扩大再生产的程度：这个指标越低，则固定资产价值量的增长程度越大；反之，这个指标越高，则固定资产价值量的增长程度越小。当然，固定资产价值量的增长，并不是社会主义生产的目的；对于社会主义社会来说，更重要的是固定资产实物量及其所体现的生产能力的增长。但是，与固定资产的使用价值量动态联系起来观察它的价值量的动态，对于考核社会投入固定资产的物化劳动的经济效果来说，有着十分重要的意义。[③]从这一点来看，上述折旧基金同基本建设投资的对比指标的考察，也是不能忽视的。

---

① 前提是折旧率要定得正确。

② 固定资产的价值补偿分两个阶段，第一个阶段是货币折旧的提取，第二个阶段是在物质更新上完成的。

③ 刘国光：《关于固定资产使用价值和价值的表现形态的一些问题》，《经济研究》1963年第12期，第11页。

再论折旧基金和扩大再生产的关系*

（1964年10月）

关于折旧基金利用于扩大再生产的条件和决定因素，我们已在另一篇文章中作了论述[①]。这篇文章打算讨论一下有关这个问题的一个流行的观点。

这个流行的观点认为，除了固定资产周转上的特点以外，技术进步和社会劳动生产率的提高，也能够使折旧基金成为固定资产实物量扩大的资金源泉。为什么呢？因为，在技术进步和社会劳动生产率提高的情况下，单位劳动手段（机器设备等）的再生产费用和价值会降低；而折旧基金则是按固定资产的原值来提取的。按原值提取的折旧，逐年累计到固定资产的实物更新时，就能够按较低的价值，换取更多的机器设备。

上述议论，初看起来似乎是合理的。但是问题在于，折旧基金是否应当按固定资产的原值（原始价值）来提取？折旧基金提取的依据，应当是固定资产在使用过程中实际消耗的和实际转移到产品上去的价值。而固定资产在每段时间里实际消耗和实际转移到产品上去的价值，只能依它在当时实有的重置价值来计算，而不能依它在当初设置时的原始价值来计算。只有按重置价值来提取的折旧，才能反映固定资产的实际损耗，有利于产品成本和

* 本文初稿写于1964年，原载《社会主义再生产问题》，生活·读书·新知三联书店1980年版。

① 刘国光：《折旧基金与扩大再生产的关系》，《学术月刊》1964年第8期。

价值的核算，同时能够保证固定资产的实物更新所需的资金。这样提取的折旧，也是符合社会主义制度下简单再生产的资金补偿，应以使用价值的恢复为尺度的要求的。[①]

当然，在实际生活中，按固定资产**原值**提取的折旧，在劳动手段的再生产价值逐渐降低时，最后确实可以用来购置更多的实物资产。但是这样提取的折旧，并不能够确切地反映固定资产的实际损耗和实际转移到产品上去的价值，而是夸大了这种消耗。其他条件相同时，这就使得产品成本被人为地夸大，从而使企业盈利被人为地缩小。

这样看来，所谓在技术进步条件下折旧基金可以用来扩大固定资产的实物规模，这乃是计算产品生产费用时，违反了价值决定的要求的结果。这里提取的折旧，已经不是严格意义的补偿基金，而是包含了一部分积累基金在内。在这种情况下，名义上由折旧来实行的扩大再生产，实际上是由积累基金来支付的。要消除这种假象，以使名副其实，就必须把固定资产的重置价值，作为提取折旧基金的计价依据。

有些同志认为，这种校正名实的工作，对社会主义全民所有制的企业来说，是没有必要的；因为折旧和积累同属国家所有，一边多了，另一边少些，反正都是一样。可是这种看法忽视了按原值提取的折旧，会使固定资产购置条件不同的企业，在成本计算上处于不同地位；这对于企业的经济核算是不利的。这种看法还忽视了：这样计算的折旧由于歪曲了社会产品生产的物质消耗，因而对国民收入的正确确定和对积累消费关系的正确安排，也是不利的。

在明确了折旧基金不应按原始价值，而应按重置价值来提取的命题之后，现在要进一步搞清楚，按重置价值来提取的折旧，

① 刘国光、梁文森：《试论固定资产无形损耗的补偿和折旧的关系》，《经济研究》1963年第9期，第40—41页。

在劳动手段的再生产价值不断降低的条件下，是否也能够成为固定资产实物量扩大的资金源泉。

十分明显，对某项固定资产按重置价值来提取折旧时，我们所依据的，不可能是它在未来退废更新时的预期重置价值，而只能是它在提取折旧时当前再生产条件下的重置价值。这不仅是因为，若干年后价值的改变，受着许多复杂因素的决定，难于事先精确预知。更重要的是因为，折旧提成所反映的固定资产的价值损耗，只能是提取折旧时固定资产当前实际价值的损耗，而不能是它在将来的预期价值的损耗。

社会主义社会中的技术进步和社会劳动生产率的提高，一般是一个不间断的过程；劳动手段的再生产价值和固定资产的重置价值，一般也应当是逐年不断降低的。在这种情况下，对每项固定资产逐年按当时重置价值提取的折旧，累计到这项固定资产的退废更新时，不是也会超过它的完全重置价值（或更新所需资金），从而折旧基金的累计额中，不是也会有一部分，可以用来扩大固定资产的实物规模吗？

假定一个拥有100台机床、每台机床使用周期为10年的企业，建成投产时每台机床价值1万元，固定资产总值①为100万元。随着社会劳动生产率的提高，每台机床的再生产价值，从而固定资产的完全重置价值，每年降低2%。在这些条件下，这个企业在每年末按当时重置价值提取的折旧基金（折旧率为10%）数值如下（见表1）：

① 不考虑机床以外的其他资产。

表1

单位：百元

第n年末	每台机床单价	固定资产完全重置价值	按重置价值提取折旧
0	100	10 000	—
1	98	9800	980
2	96.04	9604	960.4
3	94.12	9412	941.2
4	92.24	9224	922.4
5	90.39	9039	903.9
6	88.58	8858	885.8
7	86.81	8681	868.1
8	85.08	8508	850.8
9	83 37	8337	833.7
10	81.71	8171	817.1
累计总额	—	—	8963.4

上例中，如果企业把各年提取的折旧，在未满固定资产更新期前，作为“更新准备基金”而积存起来，那么到第10年末需要更新时，便可得“累计金额”896 340元。这项“累计”的折旧金额，按第10年末机床的再生产价值（每台8171元）计算，似乎不仅可以满足100台机床全部更新所要的资金（817 100元），而且还可增置9台设备［（896 340−817 100）÷8171］而有余。

有些经济学家，就是用上述方法，来论证即使按重置价值提取的折旧基金，在技术不断进步和劳动手段价值不断降低的条件下，也能成为固定资产实物量扩大的资金源泉。在这个问题上，他们忽视了社会主义全民所有制企业的折旧基金根本不同于资本主义企业折旧基金的特点。

在资本主义制度下，折旧基金作为固定资本价值周转的一个存在形态，是属于个别资本主义企业所有的。在固定资本无须进行实物更新时，暂时闲置的折旧基金不是被用来扩大本企业的营业规模，就是作为本企业的“更新准备基金”而积存起来。在作为“准备基金”而积存起来的场合，企业的折旧基金，一般总是通过银行信贷，转借给其他资本主义企业使用；这项折旧金额，不管商品价值发生了如何的变化，到期总是要如数归还的。如果机器设备的再生产价值降低了，那么前一企业就可将这项到期如数归还的折旧金额，不仅用于固定资本的实物更新，而且还可将营业规模扩大。这一过程的实质，是资本家无偿地占有社会劳动生产率提高的果实，以形成追加的积累，来吸吮更多的剩余价值。

在我国和其他一些社会主义国家的实践中，为固定资产更新目的而提取的企业基本折旧，一般都是通过不同方式，由国家或主管部门集中掌握，以抵充固定资产再生产资金的一部分。在这里，提取折旧的企业，当它无须进行固定资产更新时，既不能任意利用这项资金来扩大本企业的生产规模，也不能把它作为本企业的“更新准备基金”而积存起来[①]。各个企业固定资产的更新和扩大，是在国家统一计划的安排下进行的，而不能单纯根据每个企业自己过去提存的基本折旧基金有多少来决定。所以，社会主义企业的基本折旧基金，一般不能够像资本主义企业那样，在劳动手段再生产价值降低的条件下，成为本企业固定资产实物量扩大的资金来源。

在社会主义制度下，不仅从一个企业来看，而且从整个国民经济范围看，每年提取的基本折旧基金，都不可能也不必要长期地停留在货币形态上，为将来固定资产的更新形成一个“准备基金”。社会主义国家或主管部门每年从各个企业集中起来的基本折旧并非置而不用，而是当年就用来抵充基本建设投资（包括用于挖潜、革新、改造的投资）的部分拨款，按照先简单再生产后扩大再生产的原则，满足国民经济各部门和企业固定资产的当年更新和扩大的需要。在此之外，并无必要为现有固定资产的未来更新，另立一笔专门的货币“准备基金”。由于社会主义公有制和计划经济的特点，现在固定资产在将来更新所需资金，是可以由将来每年企业提成的

① 如折旧基金留给企业，当企业暂时不用于更新时也要存入银行。这种情况后面将要谈到（1979年补注）。

基本折旧来解决的。这样就可以使每年提取的基本折旧，在国民经济范围内或在一个部门的范围内得到充分合理的使用，避免资本主义企业折旧使用中的无政府状态的浪费现象。

既然从全社会范围看，社会主义企业的基本折旧在提取之后，并不存在一个长期的“准备基金”，而是在当年就抵充固定资产的投资，那么，提取折旧时的社会再生产条件，同支用折旧时的社会再生产条件，也应当是一致的。这就是说，如果折旧基金是按各年固定资产的重置价值来提取的，那么它也会按同样的重置价值，转化为新的固定资产。在这种情况下，折旧基金能不能形成固定资产实物量扩大的资金源泉呢？

为了在纯粹的形态上观察折旧基金的使用与固定资产实物规模的关系，我们举一个没有积累基金参加的简单再生产的例子。假设社会拥有1万台机器设备，更新周期为10年，每年退废更新1/10（1000台）。又设每台机器价值在基年为1万元，以后随着社会劳动生产率提高，每年降低2%。这样，按各年重置价值提取的折旧（折旧率为10%）及其使用情况，将如表2所示：

表2

年份	设备数（台数）	每台单价（元）	固定资产完全重置价值（万元）	折旧提成（万元）	利用折旧购置的设备（台数）*	到期退废设备（台数）
0	10 000	10 000	10 000	1000.0	1000	1000
1	10 000	9800	9800	980.0	1000	1000
2	10 000	9604	9604	960.4	1000	1000
3	10 000	9412	9412	941.2	1000	1000
4	10 000	9224	9224	922.4	1000	1000
5	10 000	9039	9039	903.9	1000	1000
6	10 000	8858	8858	885.8	1000	1000
7	10 000	8681	8681	868.1	1000	1000
8	10 000	8508	8508	850.8	1000	1000
9	10 000	8337	8337	833.7	1000	1000
10	10 000	8171	8171	817.1	1000	1000
…	…	…	…	…	…	…

*利用折旧购置的设备=该年折旧提成÷当年设备每台单价。

从表2可以看到，每年按重置价值提取的折旧，在当年就按相同的单价，转化为新的固定资产（1000台设备）；每年由折旧转化的新的固定资产，恰好等于每年退废的资产，从而保证了固定资产简单再生产的实物补偿。这样看来，如果折旧基金是按重置价值来提取的，即使在社会劳动生产率不断提高，劳动手段再生产价值不断下降的条件下，也不能够成为固定资产实物量扩大的资金源泉[①]。

当然，应该注意到，在上面的例子中，我们假设了没有积累基金参加的简单再生产，以便在纯粹的形态上，考察按重置价值提取的折旧同固定资产再生产规模的关系。如果在固定资产再生产过程中，有积累基金参加进来，从而固定资产的规模逐年扩大，那么，每年提取的折旧，也可能超过当年更新所需资金，形成扩大再生产资金的追加源泉。这种情况，我们在另一篇文章中[②]已经讨论过；它是由于固定资产周转的特点而产生，但同技术进步和劳动手段再生产价值的降低，是没有关系的。

由此可见，那种认为在社会主义制度下，技术进步和劳动手段再生产价值的降低，也能够使折旧基金成为固定资产实物量扩大的资金源泉的观点，是没有根据的。如前所述，这种观点错误的根源，在于混淆了社会主义折旧基金与资本主义折旧基金的根本不同性质，并且以资本主义个别企业的眼光，来看待社会主义经济中折旧基金的利用问题。

有些同志在讨论简单再生产与扩大再生产关系问题时，提出

---

① 在这里我们讨论的，是劳动手段再生产价值降低情况下折旧的利用同固定资产实物量变化之间的关系。可是随着技术的进步，不仅劳动手段的再生产价值会降低，而且它的技术结构和经济性能会改进；同样物量的固定资产（按实物单位计算或按可比价计算），会体现较大的生产能力。在这种情况下，折旧的利用虽然不能使固定资产的实物量扩大，却能对生产能力和产品生产规模的扩大，有一定作用。

② 刘国光：《折旧基金与扩大再生产的关系》，《学术月刊》1964年第8期。

了把全部基本折旧基金交给企业支配的意见。他们建议，当企业无须进行更新时，可把每年提取的基本折旧，作为该企业的“更新准备基金”存入银行，由银行转借给其他需要进行更新的企业使用。前一企业需要更新时，则从银行提回这笔“准备基金”。他们认为，在技术进步和设备价值降低的条件下，这种做法就可以使企业能够“在原有资金价值量的简单再生产范围内，实现固定资产实物量的扩大再生产”。

如果把基本折旧基金全部留给企业支配，而企业在无须更新时，把暂时不用的折旧作为“准备基金”存入银行，这个存入银行的折旧金额，在观念上是可以一直保存到支取用于更新之时的；但是它的实际价值，却不能不发生变化。为什么呢？要知道存入银行的折旧，并不是简单地停留在存款账户上，而是由银行随即转借其他企业，用于购置新的固定资产。这样前一企业折旧基金的实际价值，就转而体现在其他企业的新置固定资产上。而这些新置固定资产的价值，又将随着社会劳动生产率的不断提高和劳动手段价值的不断下降，而不断地发生贬值。这就是说，前一企业折旧存款所代表的实际价值，也要不断地降低。在这种情况下，折旧存款的名义金额与实际价值之间，必然会发生背离的现象。

拿本文前面举过的例子来看。假定那个拥有100台机床（每台原值1万元，使用期限10年）的企业，每年按重置价值提取的折旧，都作为本企业的“更新准备基金”而存入银行，并由银行转借本行业其他企业，用于购置同种机床。当这种机床的再生产价值每年以2%的幅度下降时，前一企业历年折旧存款的名义金额及其到第10年末时的实际价值，将如表3所示（这里不考虑存款利息）。

表3 单位：百元

第几年末	固定资产完全重置价值	基本折旧提存名义金额（完全重置价值×10%）	折旧转化的固定资产在第10年末的实际价值［名义金额×（1-2%）$^{10-n}$］
0	10 000	—	—
1	9800	980	817.1
2	9604	960.4	817.1
3	9412	941.2	817.1
4	9224	922.4	817.1
5	9039	903.9	817.1
6	8858	885.8	817.1
7	8681	868.1	817.1
8	8508	850.8	817.1
9	8337	833.7	817.1
10	8171	817.1	817.1
累计额		8963.4	8171

上例中，前一企业历年折旧提存的实际价值，随着它所依以体现的其他企业资产的贬值，到第10年末各依不同程度，低离于其原来存入银行时的名义金额；提存的时间越早，则实际价值低离于名义金额的程度越大。第10年末历年折旧提存实际价值的累计总额为817 100元，恰好等于这时100台机床的完全重置价值或更新所需资金。但是如果按照前述主张，企业在第10年末需要更新时，便可按历年折旧存款的名义金额，从银行提回累计折旧89 6340元，超过了实际更新的需要。折旧基金的这个名义金额累计同实际价值累计之间的差额（896 340−817 100=79 240元），便是前一企业之所以能够“在原有资金价值量的简单再生产范围内，实现固定资产实物量的扩大再生产”的秘密所在。

不难看到，在这个场合，折旧基金作为固定资产实物量扩大的资金源泉，是虚假的。因为，即使假定历年折旧能够当作企业的“更新准备基金”而积存起来，它们“累计”到更新时的实际价值总额，也只能够补偿固定资产实物量的简单再生产所需资

金。至于企业利用折旧存款的名义金额同实际价值的差额，来扩大固定资产的实物规模，那在实质上不过是占用了由于技术进步和社会劳动生产率提高而增长的社会积累而已。

在社会主义社会中，凡非由于企业自身的努力，而由于社会的技术进步和劳动生产率提高而增长的积累基金，应当由社会统一支配，由国家根据社会主义经济发展的需要，通过国民经济的统一计划来分配使用的。但是按照前述主张来做，那么由于技术进步、劳动手段再生产价值降低而增加的一部分积累，就会自动地按照折旧存款的名义金额与实际价值的差额，归各个企业自行支配，用于各自固定资产实物规模的扩大。这样的做法，同资本主义企业利用折旧基金来占有社会生产力发展的果实，盲目地扩大企业经营规模的实践，是十分类似的；但是它同社会主义公有制和计划经济的要求，则显然是背道而驰的。

在结束这篇文章时，还需要补充说明几点。

第一，我们说技术进步和社会劳动生产率的提高，不能是折旧基金成为固定资产实物量扩大的原因，这并不是说，技术进步和社会劳动生产率的提高，对社会主义扩大再生产是没有意义的。相反，技术进步和社会劳动生产率的提高，是社会主义扩大再生产的十分重要的因素。不过，它们对扩大再生产所起的作用，是直接通过单位社会劳动所提供的产品和积累的增大而发生的，而不是通过利用折旧基金使固定资产实物量增大而发生的。

第二，我们说技术进步和社会劳动生产率的提高，不能使折旧基金成为固定资产实物量扩大的价值源泉，这并不是说，折旧基金一般不能成为扩大再生产的一部分价值源泉。前面已经说过，由于固定资产再生产和周转的特点，在扩大再生产的条件下，每年折旧提成可能超过当年更新所需资金，从而形成固定资产实物量扩大的追加资金源泉。但这同技术进步和社会劳动生产率的提高，并无直接的联系。

第三，上文的叙述，是以折旧基金符合理论上的补偿基金的含义，严格按照固定资产的当前重置价值来提取为前提。但在实际生活中，劳动手段价值的货币表现，由于种种原因，不可能随着它的实际价值的不断下降而经常调整；固定资产的重新估价，也不可能经常地或者每年都进行。在这种情况下，按照固定资产账面价值来提取的折旧，就可能超过实际损耗的价值，这个超过部分，也是可以作为扩大固定资产实物量的资金源泉的。但是这时名义上由折旧来实现的扩大再生产，其真正源泉仍然不是补偿基金，而是积累基金。通过有计划地、定期地更新估价，并且按最近估定的重置价值来提取折旧，就可以把这种账面上的歪曲，减少到最低限度。[①]

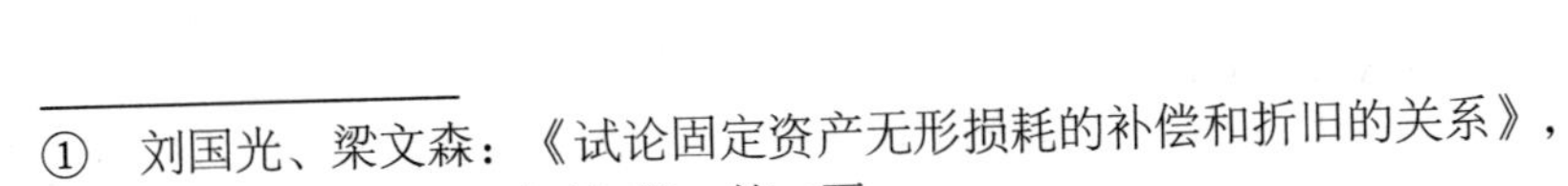

① 刘国光、梁文森：《试论固定资产无形损耗的补偿和折旧的关系》，《经济研究》1963年第9期，第42页。